KiWi

KiWi 74

Joe Heydecker, Johannes Leeb

Der Nürnberger Prozeß

Joe Heydecker. Johannes Leeb

Der Nürnberger Prozeß

Neue Dokumente, Erkenntnisse und Analysen
Überarbeitete und aktualisierte Ausgabe
Mit 130 dokumentarischen Fotos im Text,
einer ausführlichen Zeittafel und umfassenden Bibliographie
Verlag Kiepenheuer & Witsch, Köln 1985

Umschlag Hannes Jähn, Köln
Gesamtherstellung Clausen & Bosse, Leck
ISBN 3 462 01673 3

Inhaltsübersicht

Die Bank der Angeklagten in Nürnberg

Inhaltsverzeichnis

Inhaltsverzeichnis Band 2

Der Nürnberger Prozeß

Vorbemerkung von Eugen Kogon

Dieses Buch erfüllt eine doppelte Aufgabe.

Es unterrichtet, zum einen, über den folgenschwersten Abschnitt der neueren deutschen Geschichte, den Nationalsozialismus. Das geschieht auf eine einzigartige Weise: im Berichtrahmen des Prozesses, der die zwölf Jahre ›Drittes Reich‹ gerichtlich abschloß. Was sonst Jahrzehnte, zuweilen erst Jahrhunderte nachher die Geschichtswissenschaft zu leisten hat, ist hier in gewaltiger Szene mit einem ungeheuren Apparat als selbst politischer Akt von weltgeschichtlicher Tragweite sofort erfolgt: Dokumentation der Taten und Beurteilung der Akteure. Eine Million Personen haben die Alliierten Mächte, die Hitler und seine Organisationen in einer Gewaltauseinandersetzung ohnegleichen besiegten, aufgrund der Fahndungslisten, die für die Stunde der Kapitulation zusammengestellt waren, gesucht, einundzwanzig von ihnen saßen schließlich als die Hauptbeschuldigten, nachdem einige sich dem Prozeß durch Selbsthinrichtung hatten entziehen können oder sonstwie nicht mehr zur Verfügung standen, vor den internationalen Richtern.

Man erfährt im ausführlichen und doch zusammengefaßten Bericht vom Wesentlichen das Wesentlichste: die Vorgeschichte, die fürchterlichen Abläufe, das Ende. Ich kenne kein Werk, das den jüngeren Deutschen, die lediglich durch den Zusammenhang der nationalen Geschichte beteiligt sind, es aber nicht unmittelbar sein konnten, weder als Opfer noch als Täter, kein Werk, das geeignet wäre, jenes Stück unserer Zeitgeschichte, die nun über dreißig Jahre hinter uns liegt und doch natürlich noch weiterwirkt, lebendiger und eindringlicher zugleich zur Kenntnis und zu Bewußtsein zu bringen. Die Distanz, die die Jüngeren zum Geschehen von damals haben, erlaubt es ihnen, seine Abenteuerlichkeit und in vielem Absonderlichkeit als das politische und moralische Lehrstück aufzunehmen, zu dem es jetzt ja geworden ist. An ihm sieht man, was sonst unglaublich erscheinen müßte: wohin wir geraten können, wenn wir auf die Anfänge nicht achten.

Eine doppelte Aufgabe, sagte ich. Die zweite, die das Buch erfüllt, ist der Beitrag, den es zu der Erkenntnis leistet, daß der Nürnberger Prozeß, obschon von den siegreichen Kriegsgegnern des Nationalsozialismus geführt, ein wichtiger Schritt auf dem welthistorischen Weg zur Bändigung der Gewalt durch das Recht war. Wie im Lauf der Jahrhunderte innerstaatlich, so muß schließlich international Recht werden, daß die Androhung und Anwendung von Willkürgewalt in der Regelung der menschlichen Beziehungen als kriminell gilt und gesetzlich geahndet werden kann. Die Basis der Legitimation aller Politik ist die Förderung der Menschlichkeit, die Sicherung ihrer Bedingungen.

Robert M.W. Kempner: Der Nürnberger Prozeß

Der historisch gewordene Prozeß gegen die Hauptkriegsverbrecher vor dem Internationalen Militärtribunal in Nürnberg hatte zunächst den Zweck, die Hauptschuldigen einer gerechten Bestrafung zuzuführen. Aber der Sinn und die Ausstrahlungen des Prozesses und der darauf folgenden zwölf Nachfolgeprozesse waren viel weitgehender.

Das düstere Panorama des Dritten Reiches wurde durch Tausende amtliche deutsche Dokumente enthüllt: Die Befehle zum Überfall auf fremde Nationen, zur Ermordung Kriegsgefangener, abgesprungener Flieger, Juden, katholischer Priester, slawischer ›Untermenschen‹, ›nutzloser Esser‹, ›Minderrassiger‹ und der wirklichen und angeblichen Gegner des NS-Regimes konnten Deutschland und der Welt präsentiert werden. Das vorliegende Werk gibt dafür zahlreiche Beispiele. Mit diesen Befehlen und Anordnungen, teilweise auch ihren eigenen Tagebüchern — wie zum Beispiel das des Polengouverneurs Hans Frank — hatten sich die Angeklagten ihre eigene Anklage geschrieben.

Die Durchführung des Prozesses zeigte gleichzeitig der Weltöffentlichkeit, wer außer Hitler, Goebbels, Himmler und anderen, die bei Eintritt der Katastrophe Selbstmord begingen, die Hauptschuldigen waren. 199 Angeklagte, von denen 38 in Nürnberg freigesprochen worden waren, hatten in dreizehn Prozessen die Anklagebank gedrückt — der beste Beweis dafür, daß die Alliierten in Nürnberg nicht von einer Kollektivschuld des deutschen Volkes ausgingen. Durch die Bestrafung dieser Angeklagten wurde gleichzeitig den neuen deutschen Parteiführern und Politikern der Rükken von Elementen freigemacht, die sich trotz verbrecherischer Betätigung während des Naziregimes wieder in das politische Leben hineinzuschleichen versucht hatten.

Über diese Erkenntnisse hinaus ist ›Nürnberg‹ auch zu einem Meilenstein auf dem dornigen Wege des Völkerrechts und ein Menetekel für Staatsmänner und Politiker der ganzen Welt geworden. Die Konventionen über die Menschenrechte sowie gegen den Völkermord sind ein beredtes Beispiel für die Ausstrahlungen von Nürnberg, das zu einem völkerrechtlichen Begriff wurde. Worte wie Aggressoren, Angriffskriege, Völkermord (Genocidium) — auch im deutschen Strafrecht neu aufgenommen —, Verbrechen gegen die Menschlichkeit und Menschenwürde, ›Euthanasie‹, das heißt Vernichtung ›nutzloser Esser‹, Liquidierung von Minderheiten, gehören heute zum allgemeinen politischen und juristischen Sprachschatz, ebenso wie die ›Endlösung der Judenfrage‹. Das Protokoll über die Organisierung der Endlösung vom 20. Januar 1942 wurde in den Akten des Ribbentropschen Auswärtigen Amtes gefunden. Seit dem Nürnberger Hauptkriegsverbrecherprozeß will niemand mehr ein Aggressor sein, über dem das Damoklesschwert einer Hinrichtung schwebt.

Das vorliegende Werk, sachlich und objektiv geschrieben, ist gerade im Hinblick auf die heutige Bedeutung des Hauptkriegsverbrecherprozesses für Politik und Völkerrecht wichtig und lehrreich, besonders auch für die Generation, die das Dritte Reich und die Zeit der Nürnberger Prozesse nicht selbst erlebt hat. Sie kann sich nachträglich — und das ist wichtig — durch die Neuauflage der Schilderung der beiden Verfasser ein Bild der damaligen Vorgänge machen.

Die Nürnberger Prinzipien sollten, wie das der amerikanische Hauptankläger Robert H. Jackson und sein Nachfolger General Telford Taylor im Gerichtssaal hervorgehoben haben, für alle Kriegsverbrecher gelten, nicht etwa nur für Deutschland. Gewiß sind seit dem Ende der Nürnberger Prozesse andere Kriegsverbrechen begangen worden; wenn auch niemals in solchem Umfange und so geplant und dokumentiert wie die des Dritten Reiches. So tritt die Frage auf, ob das Völkerstrafrecht einen wirklichen Wert hat—ebenso wie das gewöhnliche Strafrecht, das auch nur eine beschränkte Zahl von Verbrechern fassen kann. In Nürnberg hat General Telford Taylor (im Fall 6) dazu folgendes ausgeführt:

›So traurig und entmutigend die heutigen Zustände auch sein mögen, so beweisen sie doch nicht die Schwäche des Rechts, sondern die Mängel seiner Durchführung. Das ist nichts Neues in der Rechtsgeschichte. Der Landfriede war niemals leicht herzustellen. Durch Jahrhunderte hindurch haben die Raubritter in ihren Schlössern den reisenden Kaufleuten aufgelauert, um sie zu berauben und zu ermorden, spielten mit dem Leben und dem Glück ihrer Sklaven auf dem Schloß und starben ungestraft in ihren Betten. Trotz der Ruhelosigkeit unserer Zeit läßt sich jedoch keine Stimme hören, die Angriffshandlungen in Schutz nimmt und erklärt, daß sie keine Verbrechen seien. Es besteht kein ernsthafter Zweifel mehr über die Existenz eines Rechts, das den kriegerischen Angriff verdammt, ebensowenig wie zu Bractons Zeiten ein Zweifel über das Bestehen von Rechtssätzen gegen Mord und Raub bestand. Die Richter zu Bractons Zeiten haben oft mitansehen müssen, daß des Königs Friede nicht beachtet wurde, aber wir können dafür dankbar sein, daß sie niemals verzweifelten und das Recht verwarfen, das den Menschen Hoffnung auf Friede und Sicherheit in der Zukunft gab.‹

Dieses vorliegende lehrreiche Buch über den weltgeschichtlichen Nürnberger Prozeß sollte in weiter Verbreitung dazu beitragen, daß die Idee der internationalen Strafverfolgung durch die Schaffung eines Internationalen Straftribunals und einer internationalen Polizeiexekutive gefördert wird. Die Verletzung der Menschenrechte muß ebenfalls stärker als bisher international bekämpft werden. In der Zeit der Satelliten, der internationalen Kommunikation, des internationalen Handels ist das Verbot der Einmischung in innere Angelegenheiten fremder Staaten längst veraltet. Die Schaffung einer energischen internationalen Exekutive zum Schutz der Menschenrechte ist dringend geboten.

Dr. Robert M. W. Kempner
fr. Mitglied des Anklagestabes des US-Hauptanklägers Robert H. Jackson

Vorwort der Verfasser

›Wir möchten klarstellen, daß wir nicht beabsichtigen, das deutsche Volk zu beschuldigen. Wenn die breite Masse des deutschen Volkes das nationalsozialistische Parteiprogramm willig angenommen hätte, wäre die SA nicht nötig gewesen, und man hätte auch keine Konzentrationslager und keine Gestapo gebraucht.‹

Diese Worte sprach der amerikanische Hauptankläger Robert H. Jackson bei der Eröffnung des Prozesses vor dem Internationalen Militär-Tribunal in Nürnberg 1945.

Die Verfasser folgen ihm in diesem Punkt.

Das vorliegende Buch ist ein Versuch, das Material des Nürnberger Prozesses im Querschnitt und in verständlicher Form einer breiten Öffentlichkeit zugänglich zu machen. Allein das wörtliche Protokoll des Gerichtsverfahrens umfaßt zweiundvierzig Bände; dazu kommen Zehntausende von Manuskript- und Druckseiten weiterer Berichte, die während der Verhandlung noch nicht geschrieben oder noch nicht greifbar waren, die aber heute berücksichtigt werden mußten, wenn eine objektive Darstellung der Vorgänge entworfen werden sollte. Schließlich waren die Verfasser bemüht, auch die damalige Zeit und die allgemeinen Zusammenhänge dem Leser lebendig zu machen – besonders für die jüngere Generation, die keine eigene Kenntnis mehr damit verbindet – sowie die Vorgeschichte des Prozesses aufzurollen, die bisher in Deutschland so gut wie unbekannt geblieben ist.

Die Verfasser glauben, mit dem vorliegenden Werk eine beträchtliche Lücke zu schließen, da hier der Versuch unternommen wird, das Prozeßgeschehen selbst an Hand der Dokumente, Zeugenaussagen, Protokolle und der geschichtlichen Chronologie in seiner ganzen Vielschichtigkeit darzubieten. Daß dies bisher von anderer Seite nicht geschehen ist, mag tieferliegende Gründe haben: Der Nürnberger Prozeß dräut im Bewußtsein oder Unterbewußtsein des deutschen Volkes vielfach noch als eine unklare, nebelhafte, auf jeden Fall aber unbehagliche Vorstellung. Statt klärend zu wirken, ist er zusammen mit der unliebsamen Vergangenheit verdrängt worden. Dazu haben die äußeren Umstände gewiß viel beigetragen: Zur Zeit des Prozesses bestand in Deutschland eine erhebliche Papierknappheit; die Zeitungen konnten gewöhnlich nur zweimal in der Woche erscheinen und hatten meistens nur einen Umfang von vier Seiten. Die Unterrichtung der Öffentlichkeit über das Geschehen in Nürnberg war daher auf knappsten Raum beschränkt, und schon deshalb höchst trocken und unvollständig. Überdies litt die damalige Berichterstattung unter dem Druck allgemeiner Ressentiments und unter einer gewissen Rücksichtnahme der nominell freien Lizenzpresse auf den herrschenden Standpunkt der Militärregierungen. Spätere Veröffentlichungen sind in das gegenteilige Extrem verfallen, nämlich in mehr oder weniger bedenkenlose Versuche, die Angeklagten reinzuwaschen, das Verfahren generell zu diskreditieren und das tatsächliche Beweismaterial beiseite zu schieben. Die umfangreiche Memoirenliteratur der neueren Zeit neigt oft aus verständlichen Gründen zu dem gleichen Fehler. Mit so vielen Vorbelastungen versehen, mußte der ganze Komplex schließlich in der Versenkung verschwinden.

Der Wert des Nürnberger Prozesses bestand nicht zuletzt darin, daß er in einer Zeit mäßigend wirkte, als der Rachegedanke bei den Siegern noch stark vorherrschte. Wer kann es auch den alliierten Soldaten und Reportern, die bei der Befreiung von Auschwitz oder Mauthausen unfaßbare Greuel gesehen hatten, verdenken, daß sie ihrem ohnmächtigen Zorn Luft zu machen versuchten. Der Nürnberger Prozeß beschwichtigte diese antideutsche Stimmung; er war eben nicht, wie mancher Autor der letzten Zeit ebenso publikumswirksam wie mühsam zu beweisen versucht, ein ›Tribunal der Sieger‹. Die Richter boten einen fairen Prozeß, den wir Deutsche damals wohl nicht hätten garantieren können. Auch wenn es Fehlurteile gab und einige (Schacht und Papen) zu milde, andere (Sauckel, Rosenberg) zu hart bestraft wurden. Sie vermieden es, die Nazi-Organisation pauschal zu verurteilen und ersparten damit Millionen von deutschen Mitläufern die Verurteilung. Schließlich hüteten sie sich davor, den Begriff der vier Anklagepunkte ausufern zu lassen. Aggressionskriege und Verbrechen gegen die Menschlichkeit konnten durch das Urteil von Nürnberg nicht vermieden werden, aber sie wurden klarer definiert und damit leichter erkennbar. So hat der Nürnberger Prozeß der Welt und den Deutschen einen unschätzbaren Dienst erwiesen.

In einer Zeit, da als Folge einer auch kommerziell bedingten Hitlerwelle der ›Führer‹ wieder in den Mittelpunkt des Interesses gerückt ist, kann der Nürnberger Prozeß viel dazu beitragen, die ganze monströse Einmaligkeit dieses Charakters aufzuzeigen. Denn wenn Hitler auch in der Liste der Angeklagten fehlte, da er sich durch Selbstmord der Justiz entzogen hatte, tauchte er im Lauf der fast einjährigen Verhandlung immer wieder auf. Er war der Mann, der von Anfang an alles plante und mit rigoroser Brutalität durchsetzte. Es gelang ihm nicht zuletzt deshalb, weil er in den 22 Angeklagten des Nürnberger Prozesses mehr oder weniger willen- und kritiklose Gefolgsleute gefunden hatte. Die Verbrechen, die Hitler an der Welt und an Deutschland beging (das er am Ende bewußt mit sich ins Verderben reißen wollte), werden deutlich durch die Schuld seiner Komplizen, die sich erst im Verlauf des Prozesses – einige wenigstens – von der teuflischen Faszination der Person Hitlers lösen konnten.

Die Verfasser haben bei diesem Bericht nichts der Phantasie oder ihrer Vermutung überlassen, sie haben sich streng von allen romanhaften Ausschmückungen und Zutaten ferngehalten. So ist alles in dieser Darstellung historisch belegt, selbst jede äußerliche Regung der vorkommenden Personen von Augenzeugen überliefert, jeder Umstand nachprüfbar, jedes zitierte Wort tatsächlich gesagt worden. Um diese Genauigkeit und dokumentarische Treue zu erzielen, haben die Verfasser neben dem Studium des Prozeßmaterials und der einschlägigen Literatur zahlreiche Reisen im In- und Ausland zu den weit verstreuten Quellen und Archiven unternommen, sie haben Prozeßteilnehmer aufgesucht – Anwälte, Zeugen, Gerichts- und Gefängnispersonal –, um Einzelheiten zu erforschen, sie haben alte Tonbänder mit den Stimmen aus der

Gerichtsverhandlung aufgetrieben und bisher unveröffentlichte Vernehmungsakten für ihre Arbeit erschlossen. Außerdem konnte einer von ihnen, Heydecker, seine persönlichen Erfahrungen und Milieukenntnisse mitverwerten, da er während der ganzen zehn Monate des Prozesses als Zeitungs- und Rundfunkreporter im Gerichtssaal anwesend war. Neueste Erkenntnisse (Reichstagsbrand und die geheimen Besprechungen der Richter für die Urteilssprüche) wurden berücksichtigt. So sind die Verfasser überzeugt, daß sie alles getan haben, was einer leidenschaftslosen Zusammenstellung nackter Tatsachen dienlich war: soll doch zu dem Urteil des Gerichts am Ende das unbefangene Urteil des Lesers treten können.

Der Prozeß vor dem Internationalen Militär-Tribunal von Nürnberg gehört heute der Geschichte an. Trotzdem wirkt er in Gegenwart und Zukunft fort. Im März 1975 fand in Washington eine Konferenz namhafter Wissenschaftler über die historischen und politischen Folgen der Nürnberger Prozesse statt. Welche Ideen jedenfalls 1945 damit verbunden waren, läßt sich aus einigen Worten aus der eingangs schon erwähnten Eröffnungsrede Jacksons ersehen: »Die moderne Zivilisation gibt der Menschheit unbegrenzte Waffen der Zerstörung in die Hand . . . Jede Zuflucht zu einem Krieg, zu jeder Art von Krieg, ist eine Zuflucht zu Mitteln, die ihrem Wesen nach verbrecherisch sind. Der Krieg ist unvermeidlich eine Kette von Tötung, Überfall, Freiheitsberaubung und Zerstörung von Eigentum . . . Die Vernunft der Menschheit verlangt, daß das Gesetz sich nicht genug sein läßt, geringfügige Verbrechen zu bestrafen, die sich kleine Leute zuschulden kommen lassen. Das Gesetz muß auch die Männer erreichen, die eine große Macht an sich reißen und sich ihrer mit Vorsatz und in gemeinsamem Ratschlag bedienen, um ein Unheil hervorzurufen, das kein Heim in der Welt unberührt läßt . . . Der letzte Schritt, periodisch wiederkehrende Kriege zu verhüten, die bei internationaler Gesetzlosigkeit unvermeidlich sind, ist, die Staatsmänner vor dem Gesetz verantwortlich zu machen.«

Und mit erhobener Stimme: »Lassen Sie es mich deutlich aussprechen: Dieses Gesetz wird hier zwar zunächst auf deutsche Angreifer angewandt, es schließt aber ein und muß, wenn es von Nutzen sein soll, den Angriff jeder anderen Nation verdammen, nicht ausgenommen die, die jetzt hier zu Gericht sitzen.«

Daß sich diese Hoffnungen nicht erfüllt haben, wie so vieles, was damals bei der Gründung der Vereinten Nationen oder den Plänen für eine Weltregierung Pate stand, ist dem völkerrechtlichen Versuch des Nürnberger Prozesses seither oft zum Vorwurf gemacht worden – ganz gegen alle Logik und auch zu Unrecht, wie die Verfasser trotz Korea, Indochina, Suez, Ungarn, Prag und Vietnam meinen. Nürnberg kann aus der Geschichte des Rechts und aus der Geschichte der Welt nicht mehr gestrichen werden. Solange sich die Völker bemühen, ihre Beziehungen auf Recht und Gesetz zu gründen und der Selbstvernichtung Herr zu werden, wird der Prozeß über alle Rückfälle und Tagesereignisse hinweg seine Wirkungen haben.

Der deutsche Völkerrechtler Professor Dr. Hermann Jahrreiß sagte in seinem grundsätzlichen Plädoyer vor dem Internationalen Militär-Tribunal: »Die Vorschriften des Status (dieses Gerichtshofes) nehmen das Recht eines Weltstaates vorweg. Sie sind revolutionär. Vielleicht gehört ihnen im Hoffen und Sehnen der Völker die Zukunft.«

Lassen wir es dabei bewenden. Denn auch für jene, deren Gedanken sich nicht in eine ferne, ungewisse Zeit richten mögen, die sich fragen, weshalb die düsteren Geister der Vergangenheit hier erneut auferstehen sollen, ist von Jackson ein Wort für die Gegenwart, für unsere Generation, für ein zwölf Jahre lang gepeinigtes, mit Schande beladenes, in Verruf gebrachtes, ausgeblutetes und zuletzt zerstörtes Deutschland gesprochen worden: »Wahrlich, die Deutschen – nicht weniger als die Welt draußen – haben mit den Angeklagten eine Rechnung zu begleichen.«

München, im Frühjahr 1985 Joe J. Heydecker und Johannes Leeb

Die große Jagd

1 Darf Adolf Hitler erschossen werden?

»Hätte ein britischer Soldat, der Hitler antrifft, die Pflicht ihn zu erschießen oder ihn lebend zu fangen?« Diese Frage wird am 28. März 1945 im britischen Unterhaus von dem Labour-Abgeordneten Ivor Thomas aus Keighley gestellt.

Wenige Minuten vorher hat der damalige Außenminister Anthony Eden bekanntgegeben, daß Adolf Hitler von den Alliierten als Hauptkriegsverbrecher betrachtet wird. Er steht an der Spitze einer Liste, die von der Londoner *Kommission für Kriegsverbrechen* zusammengestellt worden ist.

»Ich bin absolut geneigt«, beantwortet Eden die Anfrage, »diese Entscheidung völlig dem betreffenden britischen Soldaten zu überlassen.«

Gelächter und Beifall.

Im britischen Unterhaus, in England und auf der ganzen Welt weiß man, daß Deutschlands letzte Stunde geschlagen hat. Der Vormarsch amerikanischer, britischer und sowjetischer Truppen ist nicht mehr aufzuhalten. Mit ihnen rücken die Spezialisten des Geheimdienstes ein, deren Aufgabe es ist, nach den *Big Nazis* zu suchen und sie dingfest zu machen.

Eine Million Deutsche hat die *Kommission für Kriegsverbrechen* auf ihre Suchliste gesetzt. Jeder Ruinenkeller, jeder Bauernhof, jedes Gefangenenlager, jeder Flüchtlingszug auf den Landstraßen soll durchgekämmt werden.

»Die größte Menschenjagd der Geschichte ist im Gange von Norwegen bis zu den Bayerischen Alpen«, verkündet Eden im Unterhaus.

Er weiß, was er sagt.

Noch niemals sind eine Million Menschen gleichzeitig gesucht und gejagt worden. Trotzdem werden die Männer, die später auf der Anklagebank von Nürnberg sitzen sollen, vorläufig nicht gefunden. Im Chaos des deutschen Zusammenbruchs können sich auch die Kriminalisten in den Stäben General Eisenhowers und Feldmarschall Montgomerys kein klares Bild machen. Niemand weiß im Augenblick, was aus Hitler, Goebbels, Ribbentrop, Bormann oder Göring geworden ist.

2 Innenminister Wilhelm Frick wird ›aufgepickt‹ – Rundfunkkommentator Hans Fritzsche bietet die Kapitulation Berlins an Nicht auf der Anklagebank: Dr. Josef Goebbels

Wilhelm Frick, der einstige Reichsinnenminister, ist in der Nähe von München von Offizieren der amerikanischen 7. Armee ›aufgepickt‹ worden, wie es in der ersten Meldung darüber heißt. Von den anderen Gesuchten fehlt jede Spur.

Wie ist die Lage in Berlin?

Um elf Uhr vormittags, am 21. April 1945, fröstelt die Stadt unter einer eisgrauen Wolkendecke aus Trümmerstaub, Qualm und klebrigem Nebel. In den Straßen irren verzweifelte Menschen umher, zehntausend, hunderttausend Flüchtlinge. Der blutige Besen der heranrückenden Russen schiebt sie nach Westen.

Hitlerjungen, Frauen und alte Männer bauen Straßensperren. Drohender Donner kündigt die Front an. Rauch steigt aus den Resten niedergewalzter Stadtteile. Der schwelende, beißende Geruch des Untergangs hängt über Berlin.

Durch die Ritzen der vernagelten Fenster zieht ein kühler Aprilwind in den privaten Filmsalon des Reichsministers für Volksaufklärung und Propaganda in der Hermann-Göring-Straße. Durch die Erschütterungen naher Einschläge ist da und dort der Verputz von Decke und Wänden gebröckelt. Die kostbaren Sessel machen einen verstaubten, zerschlissenen Eindruck.

Im Zwielicht des trostlosen Raumes haben sich gut zwei Dutzend Männer versammelt. Fünf Kerzenstümpfe werfen einen flackernden Schein auf die ernsten, eingefallenen Gesichter der Anwesenden; es gibt hier keinen elektrischen Strom mehr.

Das ist die äußere Kulisse der letzten Konferenz, die Dr. Josef Goebbels mit seinen Mitarbeitern abhält. Jede Einzelheit, jedes Wort, das hier gesprochen wurde, ist uns von einem Augenzeugen überliefert worden — von dem späteren Nürnberger Angeklagten Hans Fritzsche.

Der Minister trägt einen peinlich korrekten dunklen Anzug, der blütenweiße Kragen schimmert im Dämmerlicht, und der Rundfunkkommentator Fritzsche empfindet dies als schreienden Kontrast zu dem trübseligen Salon und den grausamen Verwüstungen in der ganzen Stadt. Dr. Goebbels läßt sich in einem Sessel nieder und beginnt zu sprechen. Er hat lässig die Beine übereinandergeschlagen.

Was er sagt, ist weit davon entfernt, Gegenstand einer Mitarbeiterbesprechung zu sein. Er redet eigentlich zu einem anderen Publikum. Er spricht ein Verdammungsurteil über das ganze deutsche Volk, spricht von Verrat, Reaktion, Feigheit.

»Das deutsche Volk hat versagt«, bricht es aus Goebbels hervor. »Im Osten läuft es davon, im Westen hindert es die Soldaten am Kampf und empfängt den Feind mit weißen Fahnen.«

Seine Stimme gellt, als spräche er im Sportpalast: »Was fange ich mit einem Volk an, dessen Männer nicht einmal mehr kämpfen, wenn ihre Frauen vergewaltigt werden?«

Dann wird er wieder kühl. Ein ironisches Zucken spielt um seine Mundwinkel.

»Nun«, sagt er leise, »das deutsche Volk hat sich dieses Schicksal ja selbst gewählt. Denken Sie an die Volksabstimmung vom November 1933 über Deutschlands Austritt aus dem Völkerbund. Damals hat sich das deutsche Volk in freier Wahl gegen eine Politik der Unterwerfung und für eine solche des kühnen Wagnisses entschieden.«

Mit einer leichten Handbewegung setzt er hinzu: »Dieses Wagnis ist nun eben mißglückt.«

Ein, zwei Mitarbeiter springen auf, wollen Goebbels ins Wort fallen. Der Minister übergeht sie mit eisigem Blick. Ohne auf ihre Demonstration zu achten, fährt er in seiner Rede fort: »Ja, das mag für manche Leute eine Überraschung sein, auch für meine Mitarbeiter. Aber ich habe ja niemanden gezwungen, mein Mitarbeiter zu sein, so wie wir auch das deutsche Volk nicht gezwungen haben. Es hat uns ja selbst beauftragt. Warum haben Sie mit mir gearbeitet? Jetzt wird Ihnen das Hälschen durchgeschnitten.«

Goebbels erhebt sich. Er lächelt unmerklich über die Röte oder Blässe, die seine letzten, zynischen Worte in die Gesichter der Anwesenden getrieben haben. Er hinkt zu der hohen, rotgoldenen Flügeltür des Filmsalons, dreht sich noch einmal um und sagt pathetisch: »Aber wenn wir abtreten, dann soll der Erdkreis erzittern!«

Vorläufig erzittert nur die Tür, die er hinter sich zuwirft. Die Versammelten sind aufgestanden. Niemand sagt etwas. Alle sehen sich betreten an. Allen ist klar, daß das Ende gekommen ist. Sie schlagen ihre Kragen hoch und eilen auf die Straße.

Die russische Artillerie belegt das Regierungsviertel mit schweren Brocken. Fritzsche springt geduckt an den Ruinenwänden entlang, arbeitet sich durch Trümmer und Seitenstraßen vorwärts. Er ist jetzt wie aus einem Traum erwacht. Er hastet durch Berlin, sucht nach irgendwelchen Menschen, die ihm genauen Aufschluß über die Lage geben könnten, kehrt schließlich ratlos zur Villa von Dr. Goebbels zurück.

Hier findet er nur noch fluchende SS-Leute, ein paar verstörte Sekretärinnen, leere Zimmer, durchwühlte Schreibtische und Schränke, zurückgelassene Koffer. Der Leiter des Ministeramtes, Curt Hamel, steht verloren in Hut und Mantel herum. Als er Fritzsche sieht, sagt er tonlos: »Goebbels ist in den Führerbunker gefahren. ›Es ist aus‹, waren seine letzten Worte. Die Russen stehen am Alexanderplatz. Ich versuche jetzt, nach Hamburg durchzukommen. Wollen Sie mit? Ich habe einen Platz im Wagen frei.«

Fritzsche lehnt ab. Er will in Berlin bleiben. Er eilt ins Propagandaministerium und löst die Rundfunkabteilung auf, entläßt seine Mitarbeiter. Dann holt er seinen BMW aus der Garage und fährt zum Alexanderplatz, um nachzusehen, ob die Russen wirklich schon dort sind. Artilleriefeuer und ein Panzergefecht zwischen Danziger Straße und Ringbahn veranlassen ihn zur Umkehr. Im Rundfunkhaus erfährt er, daß die Verteidigung Berlins fortgesetzt werden soll.

Ein paar Tage noch hält sich der Kern der Stadt. Dann hört Fritzsche, das Ohr an einen verglimmenden Batterieempfänger gepreßt, über den Sender Hamburg die Nachricht von Hitlers Tod. Mit Staatssekretär Werner Naumann vom Propagandaministerium rennt er hinüber zur Reichskanzlei. Er hat einen ganz festen Plan. Berlin muß

›Aufgepickt‹: Innenminister Wilhelm Frick (Mitte), hier mit Gauleiter Bürckel und Goebbels

sofort kapitulieren. Aber er hütet sich vorerst noch, diesen Gedanken Martin Bormann zu unterbreiten. Fritzsche will von Bormann nur erreichen, daß sinnlose Aktionen unterbleiben. Er spielt mit seinem Kopf, aber es gelingt ihm, Hitlers mächtigsten Gefolgsmann umzustimmen.

Im Garten vor dem Führerbunker, zwischen rauchgeschwärzten Mauern, zwischen Benzinfässern und verbrennenden Geheimakten – oder was ist es sonst? – ruft Bormann einige SS-Leute zusammen und befiehlt ihnen in Fritzsches Anwesenheit: »Der Werwolf ist aufgelöst. Sämtliche Werwolfaktionen sind einzustellen, ebenso die Vollstreckung von Todesurteilen.«

Fritzsche stolpert ins Propagandaministerium zurück. Um einundzwanzig Uhr wollen alle, die noch im Bunker der Reichskanzlei sitzen, einen Ausbruchsversuch machen. Danach wird Fritzsche als Ministerialdirektor der letzte hohe Regierungsbeamte sein, der in der Hauptstadt des Deutschen Reiches zurückbleibt. In dieser Eigenschaft will er Marschall Georgi Schukow die Kapitulation Berlins anbieten.

Er verständigt einige Lazarette von seinem Entschluß, einige Befehlsbunker und Wehrmachteinheiten. Dann schreibt er dem Sowjetmarschall einen Brief. Der Dolmetscher Junius vom Deutschen Nachrichten-Büro übersetzt das Schreiben ins Russische.

Da wird die Tür aufgerissen.

General Wilhelm Burgdorf, Hitlers letzter Adjutant, stürzt mit flackernden Augen in das Kellergelaß.

»Sie wollen kapitulieren?« herrscht er Fritzsche an.

»Ja«, antwortet der Ministerialdirektor trocken.

»Dann muß ich Sie niederschießen!« schreit Burgdorf. »Der Führer hat in seinem Testament jede Kapitulation verboten. Es muß bis zum letzten Mann gekämpft werden!«

»Auch bis zur letzten Frau?« fragt Fritzsche.

Vor der Büste seines Führers: Dr. Hans Fritzsche spricht 1943 in Paris zur Lage

Der General zieht seine Pistole. Doch Fritzsche und ein Rundfunktechniker sind schneller. Sie stürzen sich auf Burgdorf. Der Schuß kracht, sirrt als Querschläger von der Decke zurück. Mit vereinten Kräften bugsieren sie den Adjutanten zur Tür hinaus.

Burgdorf versucht noch, zur Reichskanzlei zurückzukehren. Auf dem Weg dorthin richtet er jedoch die Waffe gegen sich selbst und setzt seinem Leben ein Ende.

Fritzsches Brief gelangt tatsächlich durch die Kampflinie auf die russische Seite. Im Morgengrauen des 2. Mai erscheinen die Parlamentäre im Propagandaministerium: ein sowjetischer Oberstleutnant, mehrere andere russische Offiziere und ein deutscher Oberst als Lotse. Marschall Schukow läßt Fritzsche auffordern, zu ihm zu kommen.

Schweigend marschiert die Gruppe durch ein Berlin, das keine Ähnlichkeit mehr hat mit der einstigen Hauptstadt. Pferdekadaver, Ruinen, ausgebrannte Fahrzeuge, gefallene Soldaten, herabhängende Drähte, tote Hitlerjungen, weggeworfene Panzerfäuste, zerfetzter Hausrat, stinkende Kellerlöcher säumen den Weg der Unterhändler. Am Anhalter Bahnhof überschreiten sie die Frontlinie. Ein russischer Jeep wartet.

Wie sieht es auf der anderen Seite aus, dort, wo die Rote Armee schon eingezogen ist?

»In zwei Weltkriegen habe ich viele Bilder des Kampfes gesehen«, sagt Fritzsche selber darüber. »Keines ist auch nur in irgendeiner Beziehung dem Bilde vergleichbar, das sich mir auf dem kurzen Weg vom Wilhelmplatz bis Tempelhof bot, der mehrere Stunden in Anspruch nahm. Welche Szenen sich bei der Übergabe einzelner Bunker und Häuser abspielten, vermag ich nicht zu sagen. Ich bin auch nicht in der Lage, die Tragödie einiger Frauen zu schildern, die sich mit ihren Kindern durch einen Sprung aus dem Fenster vor dem Zugriff der Hände hinter ihnen retteten. Aus Trümmern und Bränden, aus Reihen von Leichen und in Gesichtern einzelner Toter sah ich, was sich abgespielt hatte. Übermächtig wurde in mir der Wunsch, eine der vielen noch einschlagenden Granaten möge mich von diesem qualvollen Anblick befreien.«

Das Ende:
Die halbverkohlte Leiche Dr. Josef Goebbels' wird bei Bernau von Fritzsche identifiziert. Der Propagandaminister hatte seine fünf Kinder vergiftet, bevor er mit seiner Frau in den Tod ging

Gegenüber dem Eingang zum Flughafen Tempelhof wird Fritzsche in eine Villa geführt, in der ein sowjetischer Stab untergebracht ist. Dort erfährt der Ministerialdirektor, daß sich inzwischen auch einer der letzten Kampfkommandanten Berlins, General Helmut Weidling, hier eingefunden hat, um die Stadt zur Kapitulation aufzufordern: »Am 30. April 1945 hat der Führer uns, die wir ihm die Treue geschworen hatten, im Stich gelassen. Auf Befehl des Führers glaubt ihr noch immer, um Berlin kämpfen zu müssen, obwohl der Mangel an schweren Waffen, an Munition und die Gesamtlage den Kampf als sinnlos erscheinen lassen. Jede Stunde, die ihr weiterkämpft, verlängert entsetzlich die Leiden der Zivilbevölkerung und unserer Verwundeten. Im Einvernehmen mit dem Oberkommando der Sowjettruppen fordere ich euch daher auf, sofort den Kampf einzustellen.«

Fritzsches selbstgewählte Mission ist mit diesem Schritt Weidlings erledigt. Die Russen wollten jetzt auch ganz andere Dinge von ihm. Am 4. Mai machen sie eine Autofahrt mit ihm. Ziel ist eine kleine Siedlung zwischen Berlin und Bernau. Fritzsche wird die Stufen zu einem modrigen, feuchten Keller hinuntergeführt. Die begleitenden Offiziere bringen ihn in einen der trüb beleuchteten Räume. Hier bietet sich ein grausiges Bild. Auf dem Fußboden liegt eine fast nackte Leiche. Der Schädel ist stark verkohlt, doch der Körper ist gut erhalten. Von der Kleidung ist nur noch ein brauner Uniformkragen am Hals und ein Revers mit einem goldenen Parteiabzeichen vorhanden.

Neben dem Toten liegen die Leichen von fünf Kindern. Alle sind mit Nachthemden bekleidet und sehen aus, als ob sie friedlich schliefen.

Hans Fritzsche weiß und erkennt, wer hier vor ihm liegt: Dr. Josef Goebbels und seine Kinder. Er ist so verstört von dem Anblick, so verbittert über den billigen Ausweg seines Chefs, daß er in der Verwirrung gar nicht den siebten Leichnam bemerkt, eine Frau – wahrscheinlich Magda Goebbels.

Die Sowjets sind mit der Identifizierung zufrieden. Fritzsche wird wieder ins Freie gebracht – aber nicht in die Freiheit. In einem Keller in Friedrichshagen bleibt er zusammen mit anderen Deutschen gefangen. Es ist ein merkwürdiger Schwebezustand, der erst Tage später in eine juristische Form gebracht wird: Ein sowjetischer Unteroffizier sucht Fritzsche auf, zieht einen zerknitterten Zettel aus der Tasche und liest davon mühsam drei deutsche Wörter ab: »Sie sind verhaftet.«

Es wird lange dauern, bis Fritzsche die Freiheit wiederfindet. Sein Weg führt nach Moskau ins Lubjanka-Gefängnis und dann weiter auf die Anklagebank von Nürnberg.

3 Reichsmarschall Hermann Göring, Angeklagter Nr. 1, entrinnt dem Tode und begibt sich in alliierte Gefangenschaft

Die große Menschenjagd läuft auf vollen Touren. In den Bayerischen Alpen ist sie besonders intensiv. Auf den Landkarten der alliierten Suchgruppen zeichnen sich zwei Hauptgebiete ab: im Norden der Raum zwischen Hamburg und Flensburg, im Süden die Gegend von München bis Berchtesgaden. Aus dem untergehenden Berlin hat ein Teil der führenden Leute versucht, sich zu Großadmiral Dönitz durchzuschlagen: Himmler, Ribbentrop, Rosenberg und Bormann scheinen zu dieser Gruppe zu gehören. Die anderen werden in Bayern vermutet.

Bei der 36. Division der amerikanischen 7. Armee ist es trotz dieser Erkenntnis eine Überraschung, daß sich bei einem vorgeschobenen Posten am Morgen des 9. Mai ein deutscher Oberst meldet. Man weiß zwar, daß es hier in den Alpen noch von deutschen Truppen wimmelt, die auf eigene Faust operieren wollen, bis sie die Aussichtslosigkeit ihrer Lage einsehen und sich ergeben. In diesem Fall liegen die Dinge aber anders.

Der deutsche Oberst nennt seinen Namen: Bernd von Brauchitsch. Dann fügt er hinzu: »Ich komme als Unterhändler im Auftrage des Reichsmarschalls Hermann Göring.«

Die amerikanischen Posten werden nach dieser Erklärung sofort eifrig. Es ist ihnen klar, daß ihrer Division nun der Ruhm vorbehalten sein soll, einen der größten Fische zu fangen. Oberst von Brauchitsch wird in einen Jeep gepackt und zum Divisionsstab gebracht.

Dort hat ein Telefongespräch schon die Ankunft des deutschen Parlamentärs gemeldet. Es gibt kein Warten, keine Verzögerung. Der Divisionskommandeur, Generalmajor John E. Dahlquist, und dessen Vertreter, Brigadegeneral Robert J. Stack, stehen augenblicklich zur Verfügung.

Bernd von Brauchitsch erklärt den amerikanischen Generalen, daß er von Hermann Göring beauftragt ist, dessen Übergabe anzubieten. Der Reichsmarschall, so sagt der Oberst, befinde sich in der Nähe von Radstadt bei Zell am See.

Tatsächlich sitzt Göring dort in einer gewissen Klemme. Über seinem Haupt schwebt das Verdammungsschwert Hitlers, und es ist fraglich, ob sich trotz des allgemeinen Zusammenbruchs nicht noch ein paar fanatische SS-Männer finden werden, die den Erschießungsbefehl vollstrecken.

›Mein Führer‹, hatte Göring wenige Tage zuvor in die belagerte Reichskanzlei gefunkt, ›sind Sie einverstanden, daß ich nach Ihrem Entschluß, in der Festung Berlin auszuharren, auf Grund des Gesetzes von 29. Juni 1941 nunmehr die Gesamtführung des Reiches mit allen Vollmachten nach innen und außen übernehme? Wenn ich bis 22 Uhr keine Antwort erhalte, nehme ich an, daß Sie Ihrer Handlungsfreiheit beraubt sind, und werde die Bedingungen des Gesetzes als gegeben betrachten.‹

Die Antwort traf vor 22 Uhr ein, allerdings bei einem anderen Empfänger. Sie lautete: ›Göring ist aus allen Ämtern einschließlich der Nachfolge Hitlers entlassen und sofort wegen Hochverrats zu verhaften.‹ Ferner wurde befohlen, den ›Verräter des 23. April 1945 beim Ableben des Führers zu liquidieren‹.

Später erklärte der letzte Generalstabschef der Luftwaffe, General Karl Koller: »Die SS hat sich aber offenbar gescheut, Gewalt gegen den Reichsmarschall anzuwenden.«

»Ich wurde in ein Zimmer gebracht, in dem ein Offizier war«, sagte Göring bei einer Vernehmung in Nürnberg. »Vor der Tür stand eine SS-Wache. Dann nahm man mich mit meiner Familie am 4. oder 5. Mai nach dem Luftangriff auf Berchtesgaden mit nach Österreich. Fliegertruppen marschierten durch die Stadt — sie hieß Mauterndorf — und befreiten mich von der SS.«

General Koller, unter dessen Obhut Göring dann stand, kannte Hitlers Erschießungsbefehl.

»Ich bin aber gegen einen Mord gewesen«, sagte er dem Nürnberger Verteidiger Werner Bross, »wie ich immer gegen die Ermordung politischer Gegner eingestellt gewesen bin. Es ist dann auch nicht zu einer Ausführung dieses Befehls gekommen.«

Der deutsche Luftwaffenfeldwebel Anton Kohnle, der vor dem Mauterndorfer Jagdschloß Wache stand, wo Göring mit Frau, Tochter, Kammerdiener, Zofe und Leibkoch festsaß, bekam den Reichsmarschall bald zu sehen. Er berichtet: »Ich machte ihm Meldung, worauf er erstaunt stehenblieb und mich musterte. Er fragte mich, woher ich komme, und erzählte mir dann ganz undienstlich, daß alles anders gekommen wäre, wenn man auf ihn gehört hätte. Er gab mir zu verstehen, daß Hitler an Größenwahn gelitten habe. Nun aber, mit dem Ende des Krieges, wolle er, der Reichsmarschall, selber die Regierung Deutschlands übernehmen.«

Kohnle fährt fort: »Als sich Göring nach dieser Unterhaltung etwa zwanzig Schritt von mir entfernt hatte, stürzte er plötzlich zu Boden. Es bedurfte großer Mühe, diesen Koloß wieder auf die Beine zu stellen. Göring war morphiumsüchtig, und ich nehme an, daß sein Unwohlsein darauf zurückzuführen war, daß ihm die SS dieses Gift während seiner Gefangenschaft vorenthalten hatte.«

So also stellt sich die Verhaftung und Befreiung Görings in den nüchternen Worten der Beteiligten dar. Immerhin kann der Reichsmarschall zum damaligen Zeitpunkt nicht wissen, wie sich die Dinge weiterentwickeln werden. Kann die SS nicht doch noch zurückschlagen und ihn erneut festnehmen? Unter diesen Umständen ist es wirklich besser, sich in den Schutz der Alliierten zu begeben.

Jetzt ist es soweit!

Brigadegeneral Stack fährt persönlich zu dem Treffpunkt, den Oberst von Brauchitsch bezeichnet hat. An der Biegung einer schmalen Landstraße begegnen sich der Jeep des Amerikaners und der kugelsichere Mercedes Görings.

Die Wagen halten in gemessener Entfernung voneinander. Der General springt auf die Straße, Göring klettert etwas mühsamer aus seinem Fahrzeug.

Dann hebt er den Marschallstab zur Andeutung eines Grußes und geht dem Amerikaner entgegen. Brigadegeneral Stack legt die Hand an die Mütze und macht ebenfalls einige Schritte. Alles ist überaus korrekt.

In der Mitte des Weges treffen die beiden Männer zusammen, stellen sich förmlich vor und geben sich die Hand.

Brigadegeneral Stack wird dieses Händedrucks allerdings nicht froh werden. Die Nachricht darüber löst nämlich überall einen Entrüstungssturm aus.

›Händeschütteln mit Kriegsverbrechern!‹

›Shakehands mit Mördern!‹

In den Vereinigten Staaten und besonders in Großbritannien steigen die Zeitungen ganz groß in diese Sache ein. Der Lärm wird so laut, daß sich General Eisenhower veranlaßt sieht, offiziell seine Mißbilligung auszudrücken. Auch die britische Regierung läßt ihren Standpunkt öffentlich erklären, und zwar durch den Wiederaufbauminister Lord Woolton, der im Oberhaus feststellt: »Der Krieg ist kein Spiel, das mit Händeschütteln endet.«

Brigadegeneral Stack weiß freilich nicht, wie sauer ihm das Leben mit dieser Sache noch gemacht werden wird. Vorläufig glaubt er nur, der Form genügt zu haben. Göring wird zum Divisionsstab gebracht, wo sich Generalmajor Dahlquist selbst des prominenten Gefangenen annimmt. Das Hauptquartier der 7. Armee ist verständigt, und der dortige Abwehr-Chef, Brigadegeneral William W. Quinn, hat versprochen, gleich zur Division zu kommen und den kostbaren Vogel persönlich zu übernehmen.

Inzwischen hat der Kommandeur der 36. Division Zeit, ein wenig mit Göring zu plaudern. John E. Dahlquist ist ein alter Soldat, kampferprobt, offen und politisch völlig arglos. Dennoch überrascht ihn, was er von Göring schon in den ersten Minuten ihres Gesprächs zu hören bekommt.

»Hitler war engstirnig«, sagt der Reichsmarschall, »Rudolf Heß exzentrisch und Ribbentrop ein Schurke. Warum war Ribbentrop Außenminister? Mir ist einmal eine Bemerkung Churchills hinterbracht worden, die ungefähr lautete: ›Warum schickt man mir immer diesen Ribbentrop und nicht einen patenten Jungen wie Göring?‹ Nun bin ich also hier. Wann bringen Sie mich ins Hauptquartier von Eisenhower?«

Dahlquist erfährt, daß Göring wirklich glaubt, als Vertreter Deutschlands mit den Alliierten verhandeln zu können. Wie abwegig dieser Gedanke ist, kommt dem Gefangenen gar nicht in den Sinn. Ist sich dieser einst mächtigste Mann nach Hitler nicht klar über die wirkliche Situation?

In langen Ausführungen spricht er über seine gewaltige Luftwaffe und ahnt nicht, daß zur gleichen Stunde sein Amtsnachfolger, Generalfeldmarschall Robert Ritter von Greim, in Kitzbühel gefangengenommen wird und sich mit den klassischen Worten zu erkennen gibt: »Ich bin der Chef der deutschen Luftwaffe — aber ich habe keine Luftwaffe.«

»Wann werde ich von Eisenhower empfangen?« fragt Göring noch einmal.

»Wir werden sehen«, weicht Dahlquist aus.

Nach diesem Gespräch wendet sich Göring einer Platte mit Huhn, Kartoffelpüree und Bohnen zu, die hereingebracht worden ist. Mit einem Appetit, der Generalmajor Dahlquist in Erstaunen setzt, verzehrt der Reichsmarschall die Portion, läßt sich eine Schüssel Fruchtsalat als Nachtisch munden und lobt den amerikanischen Kaffee.

»Es handelte sich um eine Mahlzeit, wie sie an diesem Tag alle amerikanischen Sol-

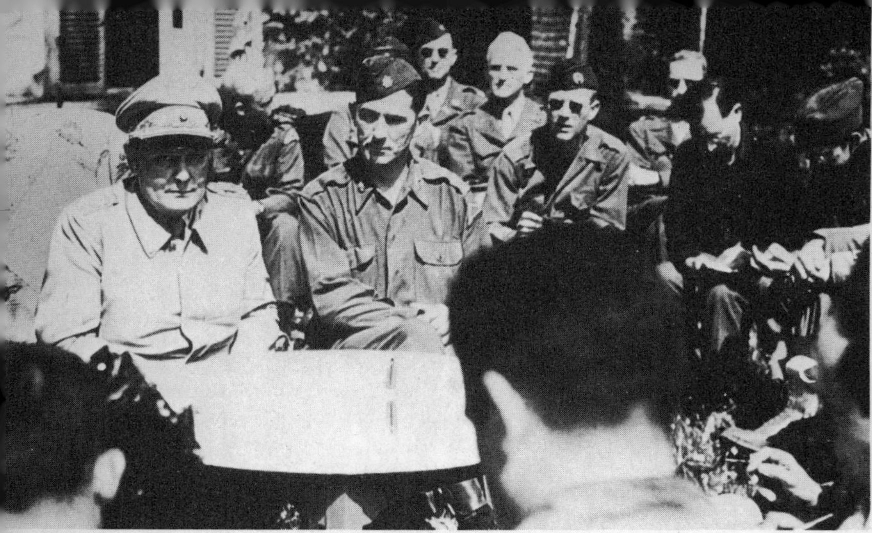

Viel Staub wirbelte Görings Pressekonferenz nach seiner Festnahme am 9. Mai 1945 auf

daten erhalten haben«, wird später aus Eisenhowers Hauptquartier amtlich bekanntgegeben, weil auch die Zusammenstellung des Menüs in der Welt Ärgernis erregte.

Der Abwehr-Offizier der 7. Armee, Brigadegeneral Quinn, veranlaßt nach seinem Eintreffen, daß Göring in einem Privathaus bei Kitzbühel untergebracht wird. Sieben Soldaten aus Texas, alte Haudegen von Salerno und Monte Cassino, führen den Reichsmarschall zu seinem neuen Quartier. Auf dem Weg wendet sich Göring lächelnd an seine Bewachung: »Paßt nur gut auf mich auf!«

Er hat es englisch gesagt, aber diese Männer der Kampftruppe verstehen keinen Spaß.

»Was sie ihm antworteten, kann nicht überliefert werden«, gesteht ein amerikanischer Reporter, der die Gruppe begleitete. Natürlich sind die Reporter zur Stelle. Die Nachricht von Görings Gefangennahme hat die Kriegskorrespondenten in weitem Umkreis alarmiert. Nun beeilen sie sich, denn der pressefreundliche Quinn hat ihnen ein Interview mit dem Reichsmarschall versprochen.

Hermann Göring besichtigt inzwischen zufrieden die Räume, die man ihm zur Verfügung gestellt hat. Seine Familie ist ebenfalls eingetroffen. Auch das auf siebzehn Lastwagen verstaute Gepäck wird gebracht. Es ist beinahe wie im Hotel. Der Reichsmarschall nimmt ein ausgedehntes Bad und bekleidet sich anschließend in langwieriger Prozedur mit seiner hellgrauen Lieblingsuniform, deren schwere Goldbesätze es ihm besonders angetan haben.

Wie sehr unterscheidet sich dies alles von den Lagern, in denen zur gleichen Stunde Zehntausende und Hunderttausende deutscher Soldaten zusammengepfercht werden, in Regen und Schlamm, ohne Verpflegung und Trinkwasser, ohne sanitäre Anlagen.

Göring wird kaum an dieses Elend denken. Frisch rasiert, gut gelaunt, mit beinahe federnden Schritten tritt er vor das Haus in die freundliche Nachmittagssonne und winkt lässig den zwei Dutzend Reportern zu.

Die Korrespondenten haben einen Halbkreis gebildet. Ein kleiner, runder Tisch und ein geblümter Ohrensessel stehen an der Hauswand. Hier soll der prominente Gefangene Platz nehmen. Ein Mikrofon wird aufgestellt. Die Verschlüsse der Fotoapparate klicken.

»Hello, Marschall, bitte lächeln!«

»Hierher, den Kopf hierher drehen!«

»Danke!«

»Noch ein Bild mit Mütze!«

Göring setzt seine Mütze mit dem goldschweren Schild auf. Er ist ungeduldig.

»Bitte, beeilen Sie sich«, sagt er zu den Fotografen, »ich habe nämlich Hunger.«

Dann prasseln die Fragen los. Zuerst sind es die üblichen: Wo ist Hitler? Glauben Sie, daß er tot ist? Warum wurde keine Landung in England versucht? Wie stark war die Luftwaffe zu Beginn des Krieges?

»Ich glaube, daß sie die stärkste Luftwaffe der Welt war«, antwortet Göring stolz.

»Wieviele Flugzeuge hatte sie ungefähr?« will der Reporter genauer wissen.

»Das ist sechs Jahre her«, sagt Göring, »und ich bin auf diese Frage nicht vorbereitet. Ich könnte Ihnen jetzt nicht sagen, wieviele Flugzeuge wir damals hatten.«

»Haben Sie die Bombardierung von Coventry befohlen?«

»Ja. Coventry war ein Industriezentrum, und mir lagen Berichte vor, daß sich dort auch große Flugzeugfabriken befanden.«

»Und Canterbury?«

»Die Bombardierung von Canterbury war von höherer Stelle befohlen als Vergeltung für den Angriff auf eine deutsche Universitätsstadt.«

»Welche deutsche Universitätsstadt war das?«

»Ich kann mich nicht erinnern.«

»Wann dachten Sie das erstemal, daß der Krieg verloren sei?«

»Sehr bald nach der Invasion und dem Durchbruch der Russen im Osten.«

»Was hat am meisten zu diesem Ende beigetragen?«

»Die ununterbrochenen Luftangriffe.«

»Ist Hitler über die Aussichtslosigkeit des Krieges informiert worden?«

»Ja. Verschiedene Militärs haben ihm auseinandergesetzt, daß der Krieg verloren sein könnte. Hitler hat darauf sehr negativ reagiert, und später waren Gespräche über dieses Thema verboten.«

»Wer hat sie verboten?«

»Hitler selbst. Er weigerte sich, den Gesichtspunkt eines verlorenen Krieges überhaupt zu berücksichtigen.«

»Wann wurde das verboten?«

»Als die Leute zuerst davon zu sprechen anfingen, etwa Mitte 1944.«

»Glauben Sie, daß Hitler Admiral Dönitz zu seinem Nachfolger ernannt hat?«

»Nein! Das Telegramm an Dönitz trägt die Unterschrift von Bormann.«

»Weshalb hatte eine farblose Persönlichkeit wie Bormann so großen Einfluß auf Hitler?«

»Bormann steckte Tag und Nacht mit Hitler zusammen und brachte ihn allmählich so sehr unter seinen Willen, daß er sein ganzes Leben beherrschte.«

»Wer hat den Angriff gegen Rußland befohlen?«

»Hitler selbst.«

»Wer war für die Konzentrationslager verantwortlich?«

»Hitler persönlich. Alle Leute, die etwas mit diesen Lagern zu tun hatten, unterstanden Hitler direkt. Die Staatsorgane hatten nichts damit zu tun.«

»Welche Zukunft erwarten Sie für Deutschland?«

»Wenn keine Lebensmöglichkeit für das deutsche Volk gefunden wird, sehe ich eine schwarze Zukunft für Deutschland und die ganze Welt voraus. Alle Menschen wollen Frieden, aber es ist schwer zu sehen, was noch geschehen wird.«

»Hat der Reichsmarschall noch irgend etwas, was er jetzt von seiner Brust wälzen möchte?«

»Ich möchte Verständnis dafür wecken, daß dem deutschen Volk geholfen werden sollte, und ich bin diesem Volk sehr dankbar, daß es bei den Waffen geblieben ist, auch als es schon wußte, daß alles aussichtslos geworden war.«

Die Korrespondenten eilen davon. Sie wollen das Interview möglichst schnell ihren Blättern kabeln. Aber sie haben Pech. Der Zensor im alliierten Hauptquartier läßt die Telegramme auf Befehl General Eisenhowers nicht durch. Und dabei bleibt es. Erst neun Jahre später, im Mai 1954, gibt Brigadegeneral Quinn ein geheimgehaltenes Stenogramm dieser Pressekonferenz einem amerikanischen Nachrichtenmagazin zur Veröffentlichung.

Eine Frage allerdings, die noch vor der Pressekonferenz an Göring gerichtet wurde, schlüpfte knapp vor dem Verbot am Zensor vorbei in die amerikanische Presse: »Wissen Sie, daß Sie auf der Liste der Kriegsverbrecher stehen?«

»Nein«, antwortet Göring. »Das überrascht mich sehr, denn ich wüßte nicht, warum.«

Die Nacht bricht herein. Der Reichsmarschall begibt sich zur Ruhe. Es ist das letztemal, daß er in einem weichen, gutgefederten Bett schläft. Vor der Tür seines Zimmers hält Leutnant Jerome Shapiro aus New York Wache.

4 Großadmiral Karl Dönitz übernimmt die Regierung

Um 22 Uhr 30 des 1. Mai 1945 überrascht der Reichssender Hamburg Deutschland und die Welt mit folgender Mitteilung: ›*Aus dem Führerhauptquartier wird gemeldet, daß unser Führer Adolf Hitler heute nachmittag in seinem Befehlsstand in der Reichskanzlei, bis zum letzten Atemzug gegen den Bolschewismus kämpfend, für Deutschland gefallen ist. Am 30. April hat der Führer den Großadmiral Dönitz zu seinem Nachfolger ernannt.*‹

Mit dieser Meldung, die Hitlers Selbstmord noch als Heldentod zu tarnen sucht, endet die nationalsozialistische Tragödie des deutschen Volkes. Zur gleichen Zei beginnt ein neues Stück vor den alten, zerfetzten Kulissen: das kurzfristige Regierungsspiel des ›Reichspräsidenten‹ Karl Dönitz.

Die Tragödie verwandelt sich in eine Tragikomödie.

Vier Männer, die später auf der Anklagebank von Nürnberg sitzen werden, sind an diesem operettenhaften Schlußakt des Großdeutschen Reiches beteiligt: der Oberbefehlshaber der Deutschen Kriegsmarine, Großadmiral Dönitz, ferner der Chef des Oberkommandos der Wehrmacht, Generalfeldmarschall Wilhelm Keitel, der Chef des Wehrmachtsführungsstabes, Generaloberst Alfred Jodl, und der Reichsminister für Bewaffnung und Munition, Albert Speer.

In Deutschland herrscht in jenen Tagen das Chaos. Amerikanische, britische, französische und sowjetische Truppen besetzen die letzten Reste des Reichsgebiets. Millionen Deutsche sind auf der Flucht vor der Roten Armee. Auf den Landstraßen wälzen sich endlose Ströme entwurzelter Menschen. In den Städten haben Bombenteppiche das Leben erstickt. Aufgelöste Wehrmachtshaufen fluten ziellos nach Westen. Fanatische Exekutionskommandos hängen Deserteure an Alleebäume. Brücken werden in die Luft gesprengt.

Doch in Flensburg wird regiert.

Hier gibt es keine Ruinen, hier herrscht keine Weltuntergangsstimmung. Hier herrscht Ordnung. Im Abglanz großer Zeiten marschiert das Wachbataillon Dönitz vor einem unscheinbaren Backsteingebäude auf, das äußerlich an ein kleinstädtisches Schulhaus erinnert. Es beherbergt jetzt die deutsche Reichsregierung und das Oberkommando der Wehrmacht. Es ist der Sitz des letzten deutschen Staatsoberhauptes.

Wie ist es zu dieser merkwürdigen Episode der deutschen Geschichte gekommen? Die Geschehnisse sind rasch berichtet.

Am 16. April 1945 ist Dönitz in Berlin. Am Morgen dieses Tages wird die Reichshauptstadt von einem gewaltigen Donnerschlag erschreckt. Auf die Sekunde genau haben bei Küstrin und Frankfurt an der Oder sämtliche russischen Batterien gleichzeitig das Feuer eröffnet: auf jeden Kilometer der ganzen Frontlänge kommen über sechshundert Geschütze. Das Aufbrüllen der lange erwarteten Offensive kündigt Berlin das nahe Ende an.

Im Führerbunker der Reichskanzlei raschelt Hitlers zitternde Hand ruhelos auf der Lagekarte hin und her. Er sucht nach Auswegen, operiert mit Armeen, die nur noch in seiner Phantasie existieren. Walter Lüdde-Neurath, der Adjutant des Großadmirals Dönitz, kann Hitler in diesen gespenstischen Stunden beobachten und berichtet darüber: »Körperlich macht er den Eindruck eines geschlagenen und gebrochenen Mannes: aufgeschwemmt, gebeugt, kraftlos und nervös.«

Die Lage ist aussichtslos. Eisenhower hat das Ruhrgebiet eingekesselt und zerschmettert die Divisionen der Heeresgruppe B, 325000 Mann gehen hier in die Gefangenschaft. Amerikanische Panzerspitzen stehen vor Magdeburg, Nürnberg und Stuttgart. Britische Truppen stürmen gegen Bremen und Lauenburg vor. Die Zange der Roten Armee greift nach Berlin.

Drei Tage lang zerpflügt die russische Feuerwalze jeden Meter Boden, auf dem sich noch deutscher Widerstand regt. Drei Tage lang halten Flak, Infanterie, Volkssturm, Schreibstubenkräfte, Marinetruppen und Polizisten dem Druck stand. Drei Tage lang – drei lange Tage.

Hitler glaubt schon wieder an Sieg. Mit verächtlichem Unterton in der Stimme gibt er seiner Meinung Ausdruck: »Der Russe ist am Ende seiner Kraft. Er kämpft nur noch mit Beutesoldaten, befreiten Kriegsgefangenen und rekrutierten Bewohnern der eroberten Gebiete, lauter zusammengelesenem Pack. Der letzte Ansturm Asiens wird zerbrechen, wie am Ende auch der Einbruch unserer Gegner im Westen trotz allem scheitern wird ...«

Keitel greift den optimistischen Ton Hitlers auf und verkündet zuversichtlich: »Meine Herren, es ist ein alter militärischer Erfahrungsgrundsatz, daß sich ein Angriff festfährt, wenn er nicht bis zum dritten Tag den erfolgreichen Durchbruch erzwungen hat.« »Mir scheint das nicht so«, murmelt Dönitz und gibt seinem Adjutanten Lüdde-Neurath den Befehl, innerhalb der nächsten sechzig Minuten das Oberkommando der Kriegsmarine aus der Gefahrenzone zu nehmen und an einen anderen Ort zu verlegen.

Tatsächlich hält sich die Rote Armee nicht an Hitlers Prophezeiungen und Keitels Erfahrungsgrundsätze. Sie erzwingt den Durchbruch am vierten Tag. Die letzte deutsche Front hört zu bestehen auf.

Dönitz hat richtig gehandelt. Für den Fall, daß die russischen und amerikanischen Stoßkeile Deutschland in zwei Teile spalten sollten, ist Dönitz von Hitler mit der Verteidigung des Nordraumes beauftragt worden. Nun rollt die kleine Autokolonne des Oberbefehlshabers der Kriegsmarine aus Berlin hinaus, durch die Nacht, voran die fünf Tonnen schwere, attentatsichere Panzerlimousine des Großadmirals. Über den Himmel huschen die bleichen Finger von Scheinwerfern. Am Horizont wetterleuchtet die Front mit einem unaufhörlichen Geprassel grollender Abschüsse und Einschläge.

In der Dahlemer Dienstwohnung von Dönitz, in den Gängen des zivilen Luftschutzkellers, zwischen abgestelltem Hausrat, verängstigten Frauen aus den Nachbarhäusern und schreienden Kindern wird die letzte provisorische Befehlsstelle der Obersten Seekriegsleitung eingerichtet.

Dann ist auch dieser Ort nicht mehr sicher. Dönitz verlegt das Oberkommando der Kriegsmarine nach Plön. Zwei Tage später flüchtet auch das OKW aus dem Berliner Raum nach Norden. Keitel und Jodl treffen mit einem Schwarm von Adjutanten, Offizieren, Reichsministern und Staatssekretären in Rheinsberg ein, setzen sich dann weiter nach Flensburg ab. Schleswig-Holstein wird damit zum Schauplatz des letzten Aktes.

Am 30. April 1945, um 18 Uhr 35, empfängt Dönitz in Plön einen überraschenden Funkspruch aus der Berliner Reichskanzlei: ›*An Stelle des bisherigen Reichsmarschalls Göring setzte der Führer Sie, Herr Großadmiral, als seinen Nachfolger ein. Schriftliche Vollmacht unterwegs. Ab sofort sollen Sie sämtliche Maßnahmen verfügen, die sich aus der gegenwärtigen Lage ergeben.*‹

Gezeichnet ist dieser Funkspruch mit dem Namen Bormann.

Am nächsten Nachmittag, um 15 Uhr 18, kommt eine weitere Funknachricht in Plön an: ›*FRR Großadmiral Dönitz. Chefsache! Nur durch Offizier! Führer gestern 15.30 verschieden. Testament vom 29. 4. überträgt Ihnen das Amt des Reichspräsidenten, Reichsminister Goebbels das Amt des Reichskanzlers, Reichsleiter Bormann das Amt des Parteiministers, Reichsminister Seyss-Inquart das Amt des Reichsaußenministers. Reichsleiter Bormann versucht, noch heute zu Ihnen zu kommen, um Sie über die Lage aufzuklären. Form und Zeitpunkt der Bekanntgabe an Truppe und Öffentlichkeit bleibt Ihnen überlassen.*‹

Unterschriften: Goebbels, Bormann.

Dönitz, der neue, durch Funkspruch ernannte Reichspräsident, macht sich über seine Situation keine Illusionen. Er läßt über Empfang und Wortlaut der Funksprüche ein kriegsgerichtliches Protokoll aufnehmen. Dann befiehlt er, Bormann und Goebbels zu verhaften, sobald sie in seinem Hauptquartier auftauchen sollten. Er kann jetzt keine Parteifunktionäre mehr gebrauchen. Er muß Frieden machen, und er weiß, daß die Alliierten mit keiner Regierung verhandeln werden, in der prominente Nationalsozialisten sitzen.

Der ›Löwe‹, wie Dönitz als einstiger Befehlshaber der U-Boot-Waffe in der ganzen Kriegsmarine genannt wird, versteht es, seine neue Position augenblicklich zu festigen.

Zivile und militärische Stellen erkennen ihn als Staatsoberhaupt an. Das Oberkommando der Wehrmacht und sogar Heinrich Himmler und die SS beugen sich unter den Befehl des ›Funkpräsidenten‹. Die Mitglieder der alten Reichsregierung, soweit sie in Schleswig-Holstein sind, treten zurück, um Dönitz freie Hand zu geben — unter ihnen der Parteiphilosoph und ›Reichsminister für die besetzten Ostgebiete‹, Alfred Rosenberg, sowie Reichsaußenminister Joachim von Ribbentrop.

Dönitz bildet ein neues Kabinett. Es soll so unpolitisch wie möglich sein und wird vorsichtig als ›Geschäftsführende Reichsregierung‹ bezeichnet. Den wichtigsten Posten in diesem Gremium nimmt der ehemalige Reichsfinanzminister ein, Lutz Graf Schwerin von Krosigk. Er wird ›mit der Gesamtleitung beauftragt‹ und ist damit eine Art Reichskanzler, dem gleichzeitig die Finanzen und die Geschäfte des Außenministers anvertraut sind. Albert Speer, später einer der Nürnberger Angeklagten, wird mit dem Ressort des Reichswirtschafts- und Produktionsministers bedacht. Diese und alle anderen Posten in der neuen Reichsregierung existieren freilich nur auf dem Papier. Die Schattenministerien des Präsidenten Dönitz haben keinerlei praktische Bedeutung. Auf dem engen Raum, der noch nicht von alliierten Truppen besetzt ist, in der winzigen Enklave am Rande des deutschen Untergangs, erinnern die großartigen Dienstbezeichnungen der frisch besetzten Ämter an ein fatales Possenspiel: Reichsminister für Ernährung, Landwirtschaft und Forsten, Reichsverkehrsminister, Reichspostminister, Reichskultusminister, Reichsarbeits- und Sozialminister ...

Karl Dönitz steht vor schweren Entscheidungen.

In seinen Händen befindet sich damals die Fotokopie einer Landkarte. Sie stammt aus dem britischen Geheimbefehl *Eclipse*, der von der deutschen Abwehr eingesehen wurde, und zeigt eine genaue Eintragung der Demarkationslinie zwischen Ost und West, wie sie von Roosevelt, Churchill und Stalin in der Konferenz von Jalta vereinbart wurde. Sie ist das Grundschema für die spätere Zoneneinteilung Deutschlands.

Das Geheimdokument *Eclipse* gibt Dönitz und dem Oberkommando der Wehrmacht Auskunft darüber, welche Gebiete endgültig von sowjetischen und welche von amerikanischen, britischen und französischen Truppen besetzt werden. Mit diesem Wissen sollen nun die Kapitulationsmanöver geführt werden.

Bei den internen Besprechungen, die im neuen Hauptquartier von Staats- und Wehrmachtsführung in Flensburg abgehalten werden, treten einige Tatsachen klar hervor:

1. Im Westen begrüßt die Bevölkerung die anglo-amerikanischen Truppen als Befreier aus der Not des Krieges und der Bombennächte.

2. Im Osten dagegen flieht die Bevölkerung aus Furcht vor den Russen. Auch die dort stehenden Wehrmachtteile wollen nicht in die Hände der Sowjets fallen.

3. Die deutschen Truppen im Westen werden einem von oben gegebenen Kapitulationsbefehl Folge leisten. Die Truppen im Osten aber werden diesem Befehl nicht gehorchen und versuchen, sich kämpfend auf die westliche Seite der rettenden Demarkationslinie zurückzuziehen.

4. Die Bevölkerung im Westen wird die Kapitulation billigen. Die Bevölkerung im Osten wird sie jedoch als Verrat betrachten, als Preisgabe der Millionen Menschen, die sich noch auf der Flucht befinden.

Der Kurs der Regierung Dönitz scheint damit festzustehen. Es soll versucht werden, im Osten weiterzukämpfen, um den Rückzug möglichst vieler Menschen und Truppen hinter die *Eclipse*-Linie zu decken und sie den Sowjets zu entziehen. Zugleich sind im Westen Kapitulationsverhandlungen zu führen, damit an dieser Front weitere Opfer so schnell wie möglich vermieden werden. Man glaubt in Flensburg, General Eisenhower für diese Lösung gewinnen zu können, obwohl bekannt ist, daß die Alliierten nur eine gleichzeitige Kapitulation aller deutschen Truppen an allen Fronten annehmen wollen.

So entscheidet sich Dönitz nach seinen eigenen Worten ›gegen den asiatischen Osten‹ und ›für den christlichen Westen‹.

Die Ereignisse überstürzen sich.

Am Nachmittag des 2. Mai 1945 telefoniert Korvettenkapitän Lüdde-Neurath, der Adjutant des Großadmirals, von Flensburg aus zufällig mit einer Firma in Lübeck. Sein Gesprächspartner dort fordert ihn auf, lauter zu sprechen.

»Ich kann überhaupt nichts verstehen«, brüllt er, »es ist hier ein solcher Lärm auf der Straße, da fährt nämlich ein Panzer nach dem anderen vorbei ...«

»Was für Panzer?« fragt Lüdde-Neurath zurück.

»Lauter englische — wollen Sie mal hören?«

Und dann hält der Mann in Lübeck den Telefonhörer zum offenen Fenster hinaus. Auf diese Weise erfährt die oberste deutsche Wehrmachtführung vom Durchbruch der Briten.

5 Bedingungslose Kapitulation

Es ist Zeit, mit der Kapitulation Ernst zu machen. Dönitz entsendet Generaladmiral Hans-Georg von Friedeburg, General Eberhard Kinzel, Konteradmiral Gerhard Wagner und drei weitere Offiziere ins Hauptquartier Feldmarschalls Montgomery bei Lüneburg.

Montgomery nimmt das Kapitulationsangebot fast wortlos entgegen. Das Abkommen, das von Friedeburg wenig später unterzeichnet, läßt ab 5. Mai, 8.00 Uhr, die Waffen im gesamten Nordraum schweigen.

Friedeburg fliegt weiter nach Frankreich und nimmt in Reims Verhandlungen mit dem Stab Eisenhowers auf.

Bald trifft auch Generaloberst Jodl dort ein.

Ein kleines Mädchen, das noch am späten Abend durch die dunklen Straßen von Reims läuft, sieht zufällig die Ankunft Jodls und seiner Begleiter am Gebäude der Gewerbeschule, wo sich das Alliierte Hauptquartier befindet.

Schreiend läuft das Kind davon: »Les Allemands! Les Allemands! – Die Deutschen sind da! Die Deutschen sind da!«

Die Nachricht verbreitet sich blitzschnell – viel schneller als die offiziellen Verlautbarungen. Die Deutschen sind da – doch diesmal können sie nur da sein, um ihre Niederlage und den Frieden in Europa zu unterschreiben.

Aus dem Mund eines Kindes erfährt die Welt zuerst, daß sechs Jahre Not, Verwüstungen und Tod zu Ende sind . . .

Zur gleichen Stunde verhandelt Jodl mit Eisenhowers Stabschef Bedell Smith um die Frage der Ost-Kapitulation.

›Uns war klar‹, schreibt Eisenhower in seinen Erinnerungen, ›daß die Deutschen Zeit gewinnen wollten, um möglichst viele Soldaten, die noch im Felde standen, hinter unsere Linien bringen zu können. Ich trug General Smith auf, er solle Jodl sagen, ich würde den Durchgang weiterer deutscher Flüchtlinge unter Gewaltanwendung verhindern, wenn sie nicht augenblicklich mit ihrer Vorspiegelungs- und Verzögerungstaktik aufhörten. Ich hatte es satt, mich dauernd hinhalten zu lassen.‹

Jodl sendet an Dönitz folgenden Funkspruch: *›General Eisenhower besteht darauf, daß wir heute noch unterschreiben. Andernfalls werden die alliierten Fronten auch gegenüber denjenigen Personen geschlossen werden, die sich einzeln zu ergeben versuchen, und alle Verhandlungen werden abgebrochen. Ich sehe keinen anderen Ausweg als Chaos oder Unterzeichnung.‹*

In einem kahlen Schulzimmer von Reims wird die bedingungslose Kapitulation am 7. Mai 1945 nachts unterzeichnet. Der amerikanische Kriegskorrespondent Drew Middleton ist einer der wenigen, die dem historischen Augenblick beiwohnen dürfen. Er berichtet: »In dem Zimmer steht ein langer Holztisch ohne Decke. An jedem Platz liegt ein gespitzter Stift neben einem Aschenbecher, obwohl niemand raucht. Anwesend sind Generalleutnant Walter Bedell Smith für General Eisenhower, Generalmajor François Sevez für General Alphonse-Pierre Juin, und Generalmajor Iwan Susloparow für das Sowjetkommando.

Jodl trägt das Ritterkreuz. Sein Gesicht ist ausdruckslos und arrogant, seine Augen wirken gläsern. Vor der Unterzeichnung stellt er sich in straffe Haltung und sagt auf deutsch: ›Ich möchte einige Worte sagen, Herr General! Mit dieser Unterschrift sind das deutsche Volk und die deutsche Wehrmacht auf Gedeih und Verderb in die Hände der Sieger gegeben. In dieser Stunde kann ich nur die Hoffnung ausdrücken, daß der Sieger sie großzügig behandeln wird.‹

General Smith sieht ihn mit müdem Gesicht an. Er gibt keine Antwort. Dann folgt die Unterzeichnung. Es ist 2 Uhr 41 Minuten.«

Anschließend wird Jodl in Eisenhowers Dienstzimmer geführt. Der amerikanische Oberbefehlshaber fragt ihn durch einen Dolmetscher: »Sind Ihnen alle Punkte des Dokuments klar?«

»Ja«, antwortet Jodl.

»Sie werden dienstlich und persönlich zur Verantwortung gezogen«, sagt Eisenhower, »wenn gegen die Punkte dieser Kapitulationsurkunde verstoßen werden sollte, auch gegen die, welche sich auf die offizielle Übergabe an Rußland beziehen. Das ist alles.« Jodl salutiert, macht eine Kehrtwendung und geht.

Der Krieg ist aus.

Was einen Tag später im sowjetischen Hauptquartier in Karlshorst folgt, ist eigentlich nur noch eine Bekräftigung. Generalfeldmarschall Wilhelm Keitel ist von Flensburg nach Berlin geflogen, um dort das zweite Kapitulationsdokument zu unterschreiben. In seiner Begleitung sind Generaloberst Paul Stumpff für die Luftwaffe und Generaladmiral von Friedeburg für die Kriegsmarine.

Zehn Minuten nach Mitternacht, am 9. Mai 1945, werden die Deutschen in das Verhandlungszimmer geführt.

An einem breiten Tisch sitzen Marschall Schukow und der sowjetische Außenminister Andrej Wyschinski; daneben der britische Luftmarschall Sir Arthur Tedder, General Carl Spaatz als Vertreter Eisenhowers, und der französische General Jean de Lattre de Tassigny.

Für die deutschen Teilnehmer ist ein separater Tisch am Eingang des Raumes bereitgestellt.

›Keitel kommt stolz und selbstbewußt herein‹, schreibt der amerikanische Kriegskorrespondent Joseph W. Grigg. ›Er trägt die Uniform eines Feldmarschalls und bewahrt bis zum Ende seine preußische Arroganz. Er schmettert seinen Marschallstab auf den Tisch, nimmt Platz und schaut unbeteiligt geradeaus, während die anwesenden Fotografen ihre Arbeit verrichten. Ein- oder zweimal fingert er an seinem Kragen herum und befeuchtet sich nervös die Lippen.‹

Der Krieg ist zu Ende: Generalfeldmarschall Keitel unterschreibt am 9. Mai 1945 die Kapitulation

Luftmarschall Tedder erhebt sich und richtet das Wort an Keitel: »Ich frage Sie: Haben Sie dieses Dokument der bedingungslosen Kapitulation gelesen und sind Sie bereit, es zu unterschreiben?« Keitel hört sich die Übersetzung an, nimmt die Kapitulationsurkunde vom Tisch auf und antwortet: »Ja, ich bin bereit.«

Marschall Schukow läßt Keitel nun auffordern, an den großen Tisch zu kommen und die Unterschrift vorzunehmen.

Grigg schildert die Szene: ›Keitel nimmt umständlich seine Mütze, seinen Marschallstab, seine Handschuhe, setzt langsam und vorsichtig sein Monokel ins linke Auge, geht zu dem Tisch, setzt sich und schreibt mit langwierigen, kritzelnden Bewegungen den Namen Keitel.‹ Dann unterschreiben die anderen. Inzwischen versucht Keitel noch einmal, Zeit für die zurückströmenden Flüchtlinge zu gewinnen. Er winkt den russischen Dolmetscher zu sich und erklärt ihm, daß wegen der schlechten Nachrichtenverbindungen der Befehl zur Feuereinstellung mindestens vierundzwanzig Stunden braucht, bevor er in den Händen der Fronttruppen ist.

Der Dolmetscher weiß nicht, was er tun soll. Er wendet sich ratlos an einen Offizier aus dem Stab Schukows und flüstert ihm Keitels Worte zu.

Eine Antwort erfolgt nicht. Schukow steht vielmehr unwillig von seinem Platz auf und sagt kühl: »Ich ersuche nun die deutsche Delegation, den Raum zu verlassen.«

Die Herren erheben sich. Keitel klappt den Aktendeckel mit der schicksalsschweren Urkunde zu, klemmt ihn unter den Arm, deutet mit leisem Hackenschlagen einen Gruß an und geht zur Tür hinaus. Ein paar Tage später, am 13. Mai, wird er in Flensburg verhaftet.

6 Das Ende der Herrlichkeit – mit Dönitz gehen in die Gefangenschaft: OKW-Chef Wilhelm Keitel, der Chef des Wehrmachtführungsstabes Alfred Jodl und der Reichsminister für Bewaffnung und Munition, Albert Speer

In Flensburg sitzt noch immer die Regierung Dönitz. Trotz der bedingungslosen Kapitulation darf sie weiter amtieren. Eine alliierte Kontrollkommission erscheint, um beim Oberkommando der Wehrmacht alle Kapitulationsmaßnahmen zu überwachen. Im übrigen bleibt der Raum Flensburg unangetastet. Die kleine Enklave ist damit der einzige Flecken Erde, wo auch nach der Kapitulation noch deutsche Soldaten und Offiziere in voller Uniform und bewaffnet einem betriebsamen Dienst nachgehen.

Doch nicht mehr lange. Die Verhaftung Keitels zeigt Dönitz, daß das Ende der Flensburger Regierung nur noch eine Frage von Tagen sein kann. Er löst den Werwolf auf und schließlich auch die NSDAP, um seinen guten Willen zu demonstrieren – doch das sind Maßnahmen, die durch die Zeit schon überholt sind.

Weshalb wurde Keitel verhaftet? Generalmajor Lowell W. Rooks, der amerikanische Leiter der Alliierten Kontrollkommission beim OKW, gab keine Begründung an. Er führte nur einen Befehl aus. Keitel selbst wußte es besser. Wie Lüdde-Neurath berichtet, nannte der Chef des Oberkommandos der Wehrmacht selbst die Gründe, als er sich bei Dönitz abmeldete. Danach stand seine Verhaftung wahrscheinlich ›im Zusammenhang mit der im April 1944 befohlenen Erschießung von fünfzig britischen Fliegeroffizieren‹. Im Nürnberger Prozeß wird diese Untat noch eine Rolle spielen.

Dönitz ernennt an Stelle von Keitel Generaloberst Alfred Jodl zum Chef des OKW. Es ist seine letzte Amtshandlung.

Am 17. Mai treffen auch sowjetische Delegierte bei der Alliierten Kontrollkommission in Flensburg ein. Bald darauf wird die ›Reichsregierung‹ aufgefordert, sich am 23. Mai, vormittags 9.45 Uhr, an Bord des abgestellten deutschen Passagierdampfers *Patria* einzufinden.

»Koffer packen«, sagt Dönitz nur, als ihm dieser Befehl überbracht wird. Er weiß, daß nun das Ende kommt.

In der Schiffsbar der *Patria* geht zur festgesetzten Stunde der letzte Akt des Großdeutschen Reiches über die Bühne. Der amerikanische Kontrollchef Rooks, der britische Brigadier Foord, der sowjetische Generalmajor Truskow und der New Yorker Dolmetscher Herbert Cohn sitzen feierlich am Tisch.

»Es ist ziemlich klar, was sie vorhaben«, flüstert Dönitz Jodl zu. Die Herren nehmen Platz.

»Gentlemen«, sagt Lowell Rooks steif, »ich habe Anweisung von General Eisenhower erhalten, Sie heute morgen zu mir zu rufen, um Ihnen mitzuteilen, daß die Geschäftsführende Deutsche Reichsregierung und das Oberkommando der Deutschen

Wehrmacht mit seinen verschiedenen Angehörigen als Kriegsgefangene festgenommen werden sollen. Hierdurch wird die Geschäftsführende Deutsche Reichsregierung aufgelöst. Diese Maßnahme geht nun vor sich. Jeder von Ihnen hat sich von diesem Augenblick an als Kriegsgefangener zu betrachten. Wenn Sie diesen Raum verlassen, wird sich Ihnen ein alliierter Offizier anschließen und Sie zu Ihren Quartieren begleiten, wo Sie packen, eine Mahlzeit einnehmen und Ihre Angelegenheiten regeln werden.«

›Während dieser Zeremonie‹, schreibt der anwesende Kriegskorrespondent Drew Middleton, ›sitzt Jodl kerzengerade auf seinem Stuhl, aber seine Nase wird rot und sein Gesicht bedeckt sich mit rötlichen Flecken. Er reibt unaufhörlich seine Hände und knackt mit den Fingern.‹

»Haben Sie noch etwas zu sagen?« fragt Rooks.

»Jedes Wort wäre überflüssig«, entgegnet Dönitz. Er macht einen geschlagenen Eindruck, wie Middleton bemerkt, bemüht sich aber um Haltung.

»Haben Sie etwas zu sagen?« wendet sich Rooks an Jodl.

»Jedes Wort ist überflüssig«, wiederholt der Angesprochene schnarrend. Sein Atem geht schnell und hörbar.

Generaladmiral von Friedeburg sitzt apathisch auf seinem Stuhl und sagt kein Wort. Es ist die vierte Kapitulation innerhalb von drei Wochen, der er beiwohnt.

»Wollen Sie mir bitte Ihre Papiere aushändigen«, sagt Rooks. Jodl greift in die Tasche und wirft wütend seine persönlichen Dokumente auf den Tisch.

»Well, Gentlemen«, sagt Rooks und steht auf, »dann sage ich Ihnen nun good-bye.«

Jodl sieht mechanisch auf die Uhr. Es ist genau zehn.

In Flensburg-Mürwik, dem Sitz der Reichsregierung und des OKW, ist indessen der Teufel los. Panzer rasseln, schwerbewaffnete Infanterie und britische Militärpolizei dringen in die bisher unberührte Enklave ein.

Brigadier Jack Churcher von der 159. Brigade, britischer Stadtkommandant von Flensburg, schreit mit angelaufenem Kopf auf der Straße herum: »Wir suchen die Kerle mit den roten Streifen an der Hose!«

Truppen der 11. englischen Panzerdivision rücken mit gefälltem Bajonett zwischen den Häusern vor. Sie dürfen noch einmal Krieg spielen. Es gilt, die verdammte deutsche Regierung und das verhaßte Oberkommando gefangenzunehmen.

Für die Deutschen kommt der Einfall völlig überraschend. Die Kabinettsmitglieder, die nicht auf der *Patria* waren, halten gerade eine Konferenz ab. Der geschäftsführende Kanzler, Graf Schwerin von Krosigk, spricht über die Lage, ohne eine Ahnung von der wirklichen Lage zu haben.

Die Aufklärung erfolgt allerdings blitzschnell.

Die Tür wird aufgerissen. Britische Soldaten mit Handgranaten und schußbereiten Maschinenpistolen stürzen in das Sitzungszimmer.

»Hände hoch!«

Die Mitglieder der Reichsregierung springen von ihren Stühlen auf. Niemand weiß, was geschehen ist. Da erfolgt schon der zweite Befehl: »Hosen runter!«

Die Tommies meinen es ernst. Sie verschaffen dem Befehl Nachdruck. Die Deutschen werden entwaffnet, und dann beginnt die groteske Szene: die entblößte Reichsregierung wird nach Giftampullen untersucht.

»Nichts blieb undurchforscht«, drückt sich Lüdde-Neurath in vornehmer Zurückhaltung aus.

Männer in Unterhosen und Pyjamas werden auf die Straße getrieben. Sekretärinnen stehen mit erhobenen Händen vor den Mündungen britischer Maschinenpistolen. Soldaten durchforschen Wäscheschubladen, Koffer, Handtaschen, Schränke, kehren Matratzen um, leeren Aktenmappen aus, tasten Körper nach versteckten Waffen ab, treiben Säumige mit Pistolenschüssen an.

Das ist das Ende der letzten deutschen Reichsregierung.

Eine Kompanie der britischen 159. Brigade von der 11. Division der 1. Armee rast mit schnellen Panzerfahrzeugen in das nahegelegene Glücksburg. Dort hat der Wirtschafts- und Produktionsminister des Kabinetts Dönitz, Albert Speer, seine Amtsräume. Auch er steht auf der Liste der Kriegsverbrecher.

Speer ist ein nüchterner Kopf. Vielleicht ist er in diesen Tagen der einzige, der die Lage kühl und nüchtern beurteilt. Als das Verhaftungskommando erscheint, gibt er sich ruhig gefangen und bringt es dabei sogar noch zu einem müden Lächeln.

»Ja«, sagt er zu dem britischen Offizier, »nun ist also das Ende da. Es ist gut so. Es war sowieso alles nur noch eine Art Oper.«

»Eine komische Oper?« fragt der Engländer. Er hat Sinn für hintergründige Gespräche.

Speer nickt resigniert.

Zur gleichen Stunde geht der kriegsgefangene Reichspräsident Karl Dönitz noch ein paar Schritte vor seiner Dienstwohnung in Flensburg-Mürwik auf und ab. Er hat seine Koffer gepackt und wartet auf den Abtransport ins Lager.

An seiner Seite ist Generaladmiral von Friedeburg. Beide Männer haben die Hände auf den Rücken gelegt und gehen schweigend auf dem kleinen Gartenweg hin und her. Dann erscheinen die Autos. Die Gefangenen werden abgeholt und sollen mit ihrem Gepäck zum Flensburger Polizeipräsidium gebracht werden. Dort wird der Transport zusammengestellt.

Bevor Friedeburg mit den Koffern seine Diensträume verläßt, fragt er seine englischen Bewacher, ob er rasch noch den Waschraum besuchen darf. Es wird ihm gestattet. Hans-Georg von Friedeburg verschwindet hinter der Tür und schließt ab. Draußen warten die Tommies und rauchen schnell noch eine Zigarette.

Minuten vergehen. In dem kleinen Raum rührt sich nichts. Die Soldaten werden unruhig. Sie klopfen. Keine Antwort. Sie schlagen mit den Fäusten gegen die Tür. Stille.

Ein stämmiger Korporal versetzt der Türfüllung einen Tritt. Holz splittert. Gleich darauf stehen die Engländer in der schmalen Kabine. Hier liegt der letzte Oberbefehlshaber der deutschen Kriegsmarine auf dem Rücken. Sein Körper zittert unter der Einwirkung des Zyankalis, seine Augen sind weit aufgerissen, aber er ist nicht mehr bei Bewußtsein.

Die Soldaten heben den Sterbenden vom Boden auf, tragen ihn ins nächste Zimmer, legen ihn auf das Bett. Einer von ihnen läuft davon und brüllt immerzu nach einem Arzt – als ob es gegen die Todesampullen aus dem einstigen Reichssicherheitshauptamt ein Mittel gäbe! Generaladmiral von Friedeburg ist tot, noch ehe der Hilferuf verhallt.

Die Reichsregierung wird aufgelöst: Speer, Dönitz und Jodl (v. l.) werden abtransportiert

Dönitz, Jodl und Speer warten indessen im Hof des Polizeipräsidiums auf ihren Abtransport. Ein englisches Maschinengewehr ist drohend auf sie gerichtet. Eine Handvoll uniformierter Kriegskorrespondenten hat sich eingefunden. Sie versuchen, ein Interview zustande zu bringen, aber es gelingt ihnen nicht. Jodl antwortet auf die erste Frage, die an ihn gerichtet wird, abweisend und eisig: »Ich bin Kriegsgefangener und muß nur meinen Namen und meinen Rang sagen — sonst nichts.«

Der Reporter grinst: »Gut, dann sagen Sie das!«

Jodl, wie aus der Pistole geschossen: »Generaloberst Jodl, Chef des Oberkommandos der Wehrmacht.« Dann kommen die Militärlastwagen und bringen die Gefangenen unter Panzerschutz zum Flugplatz. Für Jodl, Dönitz und Speer beginnt damit der Weg, der sie schließlich auf die Anklagebank von Nürnberg und von dort zum Galgen oder ins Spandauer Gefängnis führt.

Mit dem Ende der letzten deutschen Befehls- und Regierungsstellen liegt das Schicksal Deutschlands nun allein in den Händen der Alliierten.

›Viele Jahre, vielleicht eine Generation, werden vergehen, bevor die siebzig Millionen Menschen im eroberten Deutschland wieder in der Lage sein werden, in der Weltpolitik mitzureden, oder versuchen können, sich selbst zu regieren‹, schreibt die amerikanische Soldatenzeitung *Stars and Stripes* in jenen Tagen über die Pläne der Militärregierung.

Nachzutragen wäre noch, daß Churchills sogenannte ›Geisterarmee‹ über 30 Jahre später für erhebliche publizistische Unruhe sorgen sollte. Die Armee bestand aus drei Millionen deutschen Kriegsgefangenen, die den Status des entwaffneten Militärpersonals besaßen. Die Soldaten durften ihre Kriegsauszeichnungen behalten und waren teilweise sogar noch bewaffnet. Sie hörten antisowjetische Vorträge und wären in ihrer Mehrzahl vielleicht deshalb durchaus geneigt gewesen, noch einmal — diesmal für den Westen — gegen die Russen zu marschieren. Auf der Konferenz von Potsdam mußte sich Churchill deshalb herbe Kritik von den Sowjets gefallen lassen. Aber erst sein Nachfolger Attlee erfüllte Churchills Versprechen und löste bis zum Januar 1946 die letzten Kommandostellen der einstigen Wehrmacht auf.

7 Vizekanzler Franz von Papen fühlt sich zu alt – Generalgouverneur Hans Frank will Selbstmord begehen

Immer noch ist die ›größte Menschenjagd der Geschichte‹ im Gang. Die Zahl der gesuchten Deutschen — ursprünglich eine Million — ist von der Kriegsverbrechenkommission der Vereinten Nationen auf annähernd sechs Millionen erhöht worden.

Wo ist Heinrich Himmler? Wo sind Ribbentrop, Rosenberg, Ley, Bormann, Frank, Streicher?

Sie sind untergetaucht, vom Erdboden verschwunden, vom Chaos der Flüchtlingsströme und Bombentrümmer verschluckt. Ihre Bilder und Steckbriefe hängen in jeder Kaserne, aber ihre Spuren bleiben unauffindbar. Amerikanische und britische Dienststellen wissen, daß Radio Moskau fast jeden Tag die Langsamkeit der westlichen Fahndungsaktion kritisiert. Die Erfolglosigkeit der Suche droht ein politischer Skandal zu werden.

Moskau verlangt schließlich offiziell, daß die Jagd nach den noch vermißten Nazigrößen verstärkt wird.

Doch zaubern können auch die Kriminalisten Eisenhowers und Montgomerys nicht. Sie sind froh um jeden bekannten Namen. Eine ganze Menge haben sie ja schon. Viele von ihnen werden später in Nürnberg sitzen.

Da ist zum Beispiel Franz von Papen, für den sich überall die Bezeichnung ›Steigbügelhalter Hitlers‹ eingebürgert hat. Der ehemalige Reichskanzler, Vizekanzler und deutsche Botschafter in Wien und Ankara wird in Westfalen verhaftet.

Die Episode ereignet sich in den stürmischen Tagen, in denen die amerikanische 9. Armee ins Ruhrgebiet vorstößt. Franz von Papen und seine Familie, bis zuletzt unter Gestapoaufsicht, weil Hitler dem alten Herrenklub-Diplomaten mißtraute, sind in den Tagen des Zusammenbruchs der westlichen Fronten zu Baron Max von Stockhausen geflüchtet, dem Schwiegersohn Papens.

In einer abgelegenen Waldhütte halten die Männer mit Schrotflinten Wache, darunter auch Papens Sohn, Friedrich Franz von Papen. Die Gegend wimmelt von desertierten Soldaten und befreiten Fremdarbeitern. Die Frauen und Kinder in dem Blockhaus sollen geschützt werden. Bis zur Ankunft der Amerikaner kann ohnehin nur noch kurze Zeit vergehen.

Franz von Papen ist sicher, daß dieser Augenblick für ihn die Stunde der Befreiung sein wird.

Aber es kommt anders. Soldaten der 9. Armee entdecken nach der Besetzung des Ortes Stockhausen auch die einsame Jagdhütte. Ein Feldwebel betritt das Haus mit vorgehaltener Pistole. Die Männer werden zu Gefangenen erklärt.

In einer Jagdhütte in Westfalen wird Vizekanzler Franz von Papen aufgespürt

In einem US-Lager in Berchtesgaden wird Generalgouverneur Hans Frank entdeckt

»Und wer sind Sie?« fragt der Amerikaner den älteren Herrn, der in einer Ecke der Stube auf einer Holzbank sitzt.

»Franz von Papen«, antwortet der und langt nach seinen Ausweispapieren.

»Sie sind auch gefangen«, sagt der Feldwebel kurz.

»Aber ich bekleide keinen militärischen Posten und bin schon über fünfundsechzig Jahre alt . . .«

»Macht nichts«, entscheidet der Mann mit der Pistole. »Sie sind verhaftet.«

Papen fügt sich in sein Schicksal. Er bittet den Soldaten, Platz zu nehmen und erhält die Erlaubnis, noch einen Teller Suppe zu essen und seine Habseligkeiten in einen Rucksack zu packen. Dann wird der einstige Reichskanzler zusammen mit den anderen Gefangenen in einen Jeep gepackt und zum Divisionsstab nach Rüthen gebracht.

Die Offiziere dort behandeln ihn mit ausgesuchter Höflichkeit, machen ihm aber keine Hoffnungen. Außerdem muß geklärt werden, ob sein Name auf den alliierten Fahndungslisten steht. Im Hauptquartier Eisenhowers will man den wichtigen Gefangenen ebenfalls sehen. Das alles dauert seine Zeit. Papen bleibt in Haft — und er wird es bleiben, bis lange nach dem Prozeß von Nürnberg.

Auch die amerikanische 7. Armee kann einen Erfolg in das oberste Hauptquartier melden. Am 6. Mai 1945 setzt ihre 36. Infanteriedivision über zweitausend Gefangene fest, eine graue, unterschiedslose Masse. Die Männer werden durchsucht, registriert, in ein Barackenlager eingewiesen. Es ist Routinesache.

In derselben Nacht schrillt das Telefon bei Captain Philip Broadhead, dem Chef der Berchtesgadener Militärregierung. Der wachhabende Offizier des Gefangenenlagers ist am Ende der Leitung.

»Einer von diesen Burschen wollte Selbstmord begehen«, meldet der Leutnant.

»Na und?« fragt Captain Broadhead mürrisch. Er liebt es nicht, wegen Kleinigkeiten geweckt zu werden.

»Scheint ein dickes Tier zu sein«, meint der Lageroffizier unbeeindruckt. »Schlechtes Gewissen und so.«

»Wie heißt er?«

»Moment mal. Ja, Frank, Hans Frank.«

Broadhead springt aus dem Bett. Ein paar Minuten später steht er in dem provisorischen Sanitätsraum des Lagers neben dem bewußtlosen Generalgouverneur von Polen.

Franks linker Arm ist bis zu den Fingerspitzen bandagiert. Sein rundliches Gesicht ist kreideweiß und tief eingefallen. Der Atem geht ruhig, kaum hörbar.

»Rasierklinge, Captain«, sagt der Arzt sachlich. »Aber wir werden ihn durchkriegen.«

Ja, sie kriegen ihn durch. Franks linke Hand bleibt gelähmt, sein Arm fast bewegungsunfähig. Er hat sich beim Öffnen der Pulsadern auch die Sehnen verletzt.

Die Nachricht von Franks Identifizierung wirkt auf der ganzen Welt sensationell. Mit dem Namen des Mannes, unter dessen Herrschaft im einstigen Generalgouvernement die furchtbarsten Verbrechen begangen wurden, verbinden sich Schrecken, Gewalt und systematischer Massenmord: ›Der Henker von Polen‹, der ›Judenschlächter von Krakau‹. Und doch wird Frank in Nürnberg einer der wenigen sein, die ihre Schuld auf sich nehmen und sie nicht auf Über- oder Untergeordnete abzuschieben versuchen.

Frank zeigt den Amerikanern freiwillig, wo er die aus Polen mitgenommenen Kunstgegenstände untergestellt hat. Sie haben nach ersten Schätzungen einen Wert ›von einigen Millionen Dollar‹. Frank übergibt den Amerikanern aus eigenen Stücken sein Tagebuch. Es umfaßt achtunddreißig Bände und stellt die ungeheuerlichste Anklage dar, die jemals ein Mensch gegen sich selbst verfaßt hat. Erschüttert lesen die sprachkundigen Bearbeiter darin Sätze wie diese: ›Wenn ich zum Führer gekommen wäre und ihm gesagt hätte: ‚Mein Führer, ich melde, daß ich wieder 150 000 Polen vernichtet habe', dann hätte er gesagt: ‚Schön, wenn es notwendig war'.‹

›Wenn wir den Krieg gewonnen haben, dann kann meinetwegen aus den Polen und den Ukrainern und dem, was sich herumtreibt, Hackfleisch gemacht werden.‹

Oder: ›Hier haben wir mit dreieinhalb Millionen Juden begonnen, die anderen sind — sagen wir einmal — ausgewandert.‹ Und: ›Wir wollen uns daran erinnern, daß wir alle miteinander in der Kriegsverbrecherliste des Herrn Roosevelt figurieren. Ich habe die Ehre, Nummer eins zu sein . . .‹

Es ist klar: Frank wußte Bescheid. Er wußte, weshalb er sich in der Nacht nach seiner Gefangennahme die Pulsadern öffnete. Nun aber wird er wieder gesundgepflegt — für Nürnberg.

8 In alliierter Hand: Reichsbankpräsident Hjalmar Schacht, Reichsprotektor Constantin von Neurath, Reichswirtschaftsminister Walther Funk, Reichssicherheitshauptamtsleiter Ernst Kaltenbrunner, Reichskommissar Arthur Seyss-Inquart, Rüstungsindustrieller Gustav Krupp von Bohlen und Halbach, Arbeitsdiktator Fritz Sauckel

Viel freundlicher geht die Gefangennahme eines anderen Nürnberger Angeklagten vonstatten. Sie sieht nämlich zunächst wie eine Befreiung aus: Hjalmar Schacht, der ehemalige Präsident der Deutschen Reichsbank, ist zum Zeitpunkt seiner Ergreifung durch amerikanische Truppen ein Häftling Hitlers.

Er hat einen langen Weg durch Gefängnisse und Konzentrationslager hinter sich. 1944 war er im Zusammenhang mit dem 20. Juli von der Gestapo verhaftet worden. Ravensbrück, Moabit und zuletzt das Vernichtungslager Flossenbürg sind seine Stationen.

»Aus diesem Lager kommt keiner lebend wieder heraus«, flüstert Schacht seinen Mitgefangenen zu, als sie hier ankommen. Im Lagerhof ist durch die offene Tür eines Schuppens das Gerüst des Galgens zu sehen. Jede Nacht hört Schacht Schreie und Schüsse, die ihm die Vorgänge klarmachen. An manchem Morgen kann er bei seinem Sträflingsspaziergang bis zu dreißig Tote zählen, die auf Bahren von der Hinrichtungsstätte fortgetragen werden.

Viel später erst erfährt Schacht, daß der Kommandant von Flossenbürg ausdrücklichen Befehl hatte, ihn zu erschießen, sobald sich die Alliierten dem Lager nähern sollten. Doch dazu kommt es nicht. Angesichts der bevorstehenden Niederlage versucht die SS plötzlich, Milde walten zu lassen, um sich dadurch vielleicht selber zu retten.

So wird Schacht zusammen mit anderen Häftlingen beim Näherrücken der Amerikaner zunächst nach Dachau und dann weiter nach Österreich gebracht. Bei einem Aufenthalt des Transportes am Prager Wildsee befreit ihn die 9. Armee, und mit ihm eine Reihe anderer Internierter und ›Edelgefangener‹ Hitlers: den französischen Sozialistenführer Léon Blum; den letzten österreichischen Bundeskanzler Kurt Schuschnigg; Pastor Martin Niemöller; den Ruhrindustriellen Fritz Thyssen; den gestürzten ungarischen Reichsverweser Nikolaus von Horthy; Molotows Neffen Alexej Kokosin; die Generale Franz Halder und Alexander von Falkenhausen; die Prinzen Philipp von Hessen und Friedrich-Leopold von Preußen; den 62. Vetter des britischen Premiers, Captain Peter Churchill; die Franzosen Edouard Daladier, Paul Reynaud, Maurice Gamelin und viele mehr.

›Warum sind Sie von Hitler gefangengesetzt worden?‹ wird Schacht von den Amerikanern gefragt.

›Keine Ahnung‹, gibt der Bankier zur Antwort.

Er hat auch keine Ahnung, warum er nun nicht auf freien Fuß gesetzt wird, sondern weiter in Haft bleibt. Man behandelt ihn gut; er bekommt ausgezeichnetes Essen, darf sogar unbeaufsichtigt am Prager Wildsee spazierengehen. Doch dann wird er wieder einmal verladen und über verschiedene Etappen nach Anacapri und schließlich in das überfüllte Kriegsgefangenenlager Aversa bei Neapel gebracht.

Hjalmar Schacht, das Finanzgenie mit dem großväterlichen Stehkragen, hat wieder einmal nur das Lager gewechselt. Am Ende seines Weges steht vorläufig das Nürnberger Gefängnis.

In Deutschland zieht indessen die Verhaftungswelle immer weitere Tausende in ihren Sog. Kaum vergeht ein Tag, an dem nicht auch ein späterer Nürnberger dabei ins Netz gerät. Am 6. Mai verhaften die Franzosen in ihrem Besatzungsgebiet den einstigen Reichsprotektor von Böhmen und Mähren, Constantin von Neurath. Am 11. Mai wird in Berlin Schachts Nachfolger, Reichswirtschaftsminister Walther Funk, festgenommen. Am 15. Mai greifen amerikanische Truppen in Österreich Ernst Kaltenbrunner auf, den Leiter des gefürchteten Reichssicherheitshauptamtes. Sein Chef hingegen, SS-Führer Heinrich Himmler, bleibt trotz fieberhafter Suche weiter verschwunden.

Dafür greift die kanadische Armee ein deutsches Schnellboot auf. An Bord befindet sich Arthur Seyss-Inquart, zu diesem Zeitpunkt noch ›Reichskommissar für die besetzten Niederlande‹.

›Das Trojanische Pferd der Nazis verhaftet!‹ schreibt eine große amerikanische Zeitung wenige Tage später über diesen Fang der Kanadier. Umständlich erinnert das Blatt seine Leser daran, daß Seyss-Inquart es war, der 1938 wesentlich zum Einmarsch Hitlers in Österreich beitrug.

Das Schnellboot des Reichskommissars befand sich nicht auf der Flucht. Am 3. Mai hatte der amtierende deutsche Regierungschef, Karl Dönitz, die zivilen und militärischen Befehlshaber aller noch besetzten Gebiete nach Flensburg gebeten, und zwar aus Böhmen, Holland, Dänemark und Norwegen. Zweck der Besprechung war es, auch in diesen letzten Ländern eine rasche Kapitulation und unblutige Übergabe herbeizuführen.

Stürmisches Wetter hält Seyss-Inquart länger als erwartet in Flensburg zurück. Am 7. Mai endlich will er in die Niederlande zurückkehren. Der Seeweg ist die einzige noch offene Verbindung dorthin. Unterwegs packen die Kanadier zu.

Seyss-Inquart gelangt tatsächlich nach Holland – nun aber als Gefangener. In der Nähe von Schloß Twickel bei Henglo, wo er einst als Reichskommissar residierte, wird ihm eine neue Unterkunft eingerichtet. Sie besteht aus einem britischen Gefängniszelt, aufgebaut auf einem verlassenen Fußballplatz zwischen spiegelnden Regenpfützen.

Weiter gehen die Verhaftungen. Die Engländer stellen Gustav Krupp von Bohlen und Halbach, den Chef des größten deutschen Rüstungskonzerns, unter Hausarrest. Der altersschwache Industrielle muß sein feudales Wohnhaus verlassen und mit dem Gärtnerhaus des herrschaftlichen Besitzes vorliebnehmen. Hier wird bald darauf die Entscheidung fallen, ob es ihm sein Gesundheitszustand erlaubt, in Nürnberg zu erscheinen.

Die Verhaftung des Generalbevollmächtigten für den Arbeitseinsatz, Fritz Sauckel, geht im Nachrichtentrubel jener Tage fast unter.

9 Arbeitsfrontführer Robert Ley will Distelmeyer heißen – Partei-Philosoph Alfred Rosenberg liegt im Krankenhaus – Ein harmloser Künstler: Frankenführer Julius Streicher

Eine andere Sensation steht dafür auf den ersten Seiten der ausländischen Blätter: Dr. Robert Ley verhaftet!

›Die Ergreifung Leys ist wichtiger als die Gefangennahme Görings‹, schreibt die *New York Times* dazu, ›denn Ley ist der Mann, der hinter dem Werwolf steckt.‹

Der Werwolf, die totgeborene deutsche Partisanenbewegung, wird noch immer überschätzt. Auch die Bedeutung Leys. Der Führer der Deutschen Arbeitsfront war schon lange nicht mehr so einflußreich, wie man im Ausland noch glaubte. Ley war dem Trunk ergeben und liebte auf eine spießbürgerliche Art den Luxus, was sich darin ausdrückte, daß er sich in seine Villa ein schwarz gekacheltes Bad mit goldenen Hähnen einbauen ließ. Als sein Gehirn nach seinem Tode untersucht wurde, fanden die Mediziner Anzeichen für eine schwere geistige Erkrankung.

Leys Reden waren primitiv, verworren und häufig mit schwerer, lallender Zunge gesprochen. Vom Alkohol umnebelt, rief er einmal bei einer Massenkundgebung: »Mein Führer, ich melde Ihnen: Der Mai ist gekommen!«

Im Zusammenbruch der nationalsozialistischen Träume versucht Dr. Robert Ley, sich in den Bayerischen Alpen zu verstecken. Südlich von Berchtesgaden wählt er eine Almhütte als geheimen Unterschlupf. Doch die Amerikaner erhalten aus der Bevölkerung einen Fingerzeig.

Soldaten der amerikanischen 101. Luftlandedivision machen sich am 16. Mai auf den Weg. Mit entsicherten Maschinenpistolen dringen sie in die Berghütte ein.

Im Halbdunkel des Raumes kauert ein Mann auf dem Rand des Holzbettes. Er starrt den Eintretenden mit fiebernden Augen und herabhängendem Unterkiefer entgegen. Sein Gesicht ist von einem vier Tage alten Stoppelbart umrahmt. Sein Körper wird von nervösem Zittern geschüttelt.

»Are you Doctor Ley?«

Ley steht auf und schüttelt heftig den Kopf.

»S-Sie v-verwechseln mich«, stößt er hervor. »Ich h-heiße Dr. Ernst D-Distelmeyer.«

»Okay!« nickt der Amerikaner. »Kommen Sie mit.«

Der Arbeitsfrontführer leistet keinen Widerstand. Er trägt einen blauen Pyjama, wirft sich einen grauen Lodenumhang über, zieht braune Schuhe mit dicken Sohlen an und setzt sich einen grünen Tirolerhut auf. In diesem Aufzug wird er kurz darauf beim Divisionsstab in Berchtesgaden eingeliefert. Dort untersucht man ihn zunächst gründlich nach Giftampullen und Rasierklingen. Dann beginnt das Verhör.

Arbeitsfrontführer Dr. Robert Ley wird von seinem Almversteck nach Berchtesgaden gebracht

»Sie sind nicht Dr. Ley?«

»N-Nein. Hier sind meine P-Papiere.«

Sie lauten auf den Namen Dr. Ernst Distelmeyer. Der Vernehmungsoffizier legt ihm einige Fotos von Dr. Ley vor.

»D-Das bin ich nicht«, beharrt Ley.

»Ich will Ihnen etwas sagen«, dringt der Amerikaner in akzentfreiem Deutsch in ihn, »und das wird Sie in Erstaunen setzen. Ich gehöre dem Geheimdienst an, und meine Aufgabe in den letzten dreizehn Jahren bestand ausschließlich darin, Dr. Robert Ley zu beobachten. Ich kenne Sie ganz genau.«

Ley wird noch einen Grad bleicher. Dann flüstert er: »Sie irren sich.«

»Na schön«, sagt der Offizier. Er gibt einem Soldaten ein Zeichen. Der geht hinaus, kehrt gleich darauf wieder und bringt einen alten Mann mit ins Zimmer.

Es ist der achtzigjährige Franz Xaver Schwarz, gestern noch mächtiger Reichsschatzmeister der NSDAP, jetzt von den Amerikanern interniert (er stirbt 1947 im Lager Regensburg).

Schwarz weiß nicht, weshalb er in dieses Zimmer geführt wird. Er läßt unbedacht seiner Verblüffung freien Lauf, als er den Gefangenen sitzen sieht.

»Ja, Herr Doktor Ley!« ruft er teilnehmend. »Was machen Sie denn hier?«

Dann wird er sich seines Fehlers bewußt, schaut hilflos von Ley zu dem Amerikaner. Der Offizier lächelt.

»Nun«, wendet er sich an Ley, »heißen Sie immer noch Distelmeyer?«

Der Arbeitsfrontführer gibt keine Antwort. Sein Kopf ist auf die Brust herabgesunken.

Der amerikanische Soldat führt auf ein Zeichen seines Vorgesetzten einen zweiten Zeugen herein. Es ist Franz Schwarz, der Sohn des Reichsschatzmeisters.

Die Weltanschauung des Nationalsozialismus verkündete ›Parteiphilosoph‹ Alfred Rosenberg, wie hier am 16. April 1936 auf der Ordensburg Crössinsee vor Kreisleitern

»Kennen Sie diesen Mann?« wird er gefragt.

»Das ist Dr. Robert Ley«, sagt Schwarz junior ohne Umschweife. Er hat die Situation beim Eintreten mit einem Blick überschaut und weiß, daß es zwecklos wäre, hier noch etwas retten zu wollen.

»Was sagen Sie jetzt?« fragt der Amerikaner ruhig.

»S-Sie haben gewonnen«, antwortet Ley. Er hebt den Kopf nicht mehr von der Brust. In dieser Haltung trottet er zum Jeep hinaus. Leutnant Walter Rice bringt den Gefangenen in das Gefängnis von Salzburg.

»Wir Nationalsozialisten werden weitermachen«, sagt Ley dort bei seiner ersten Vernehmung. Er hat den Schock seiner Verhaftung überwunden und kehrt nun den treuen Gefolgsmann Hitlers heraus. Er will wenigstens das Gesicht wahren.

»Mein Schicksal spielt dabei keine Rolle«, fährt er fort. Er stottert nicht, weil alle Erregung von ihm abgefallen ist. »Das Leben bedeutet mir nichts mehr. Sie können mich wegbringen und auf der Stelle erschießen — es macht mir nichts aus.«

Leys Verhaftung wird von einer neuen Meldung verdrängt. Sie kommt aus dem Hauptquartier der britischen 2. Armee im deutschen Nordraum. Dort ist noch immer eine intensive und pausenlose Suche nach SS-Führer Himmler im Gang. Statt seiner stöbern die Fahnder dabei eine andere Parteigröße auf, den nationalsozialistischen Weltanschauungstheoretiker und einstigen Reichsminister für die besetzten Ostgebiete, Alfred Rosenberg.

In seiner Zelle in Nürnberg hatte Alfred Rosenberg viel Zeit zum Nachdenken. Nicht sein Buch ›Der Mythus des 20. Jahrhunderts‹, sondern seine scharfen Maßnahmen als Minister für die besetzten Ostgebiete hatten ihn auf die Anklagebank gebracht

Rosenberg, Verfasser der Parteibibel *Der Mythus des 20. Jahrhunderts,* hat sich zuletzt bei Dönitz in Flensburg aufgehalten. Wahrscheinlich hatte er gehofft, hier eine neue Verwendung zu finden und als Mitglied einer nicht nationalsozialistischen deutschen Regierung einen gewissen Schutz bei den Alliierten zu genießen.

Dönitz aber hatte auf seine Mitarbeit verzichtet und ihm nahegelegt, sich freiwillig den Engländern zu stellen. Rosenberg befolgte diesen Rat nicht — oder er konnte ihn nicht befolgen. Eine Knöchelverstauchung, die er sich am Tag nach seiner Besprechung mit dem Regierungschef in betrunkenem Zustand zuzog, behinderte seine Fortbewegung. So begab er sich in die Marinekriegsschule Flensburg-Mürwik, die zu dieser Zeit als Lazarett diente.

Am 19. Mai umstellen Panzer und Infanteristen das Gebäude. Die Briten haben Befehl, das Lazarett nach Heinrich Himmler zu durchsuchen. Sie finden den SS-Führer nicht, aber es ist doch ein Trost für sie, wenigstens Rosenberg zu entdecken und abführen zu können. Im November wird der Parteiphilosoph zusammen mit den anderen auf der Nürnberger Anklagebank sitzen: nicht wegen der Weltanschauung, die er verbreitete, sondern wegen seiner Amtsführung als Reichsminister für die besetzten Ostgebiete.

Nach dem Intermezzo in Flensburg wird wieder Südbayern zum Schauplatz der großen Menschenjagd.

Am 23. Mai 1945 rollt ein Jeep mit vier Amerikanern in Richtung Berchtesgaden. Sie gehören der 101. Luftlandedivision an. Major Henry Blitt hockt auf dem Rücksitz des Fahrzeugs, schaut nachdenklich auf die herrliche Berglandschaft und denkt vielleicht, wie schön es wäre, hier nicht als Soldat herumzufahren, sondern einmal Urlaub von New York zu nehmen, irgendwann im Frieden dieses einzigartige Fleckchen Erde aufzusuchen ...

Die Gebirgsbewohner in ihren heimischen Trachten sehen malerisch und friedlich aus. Schade, daß es lauter Nazis sind, mag Blitt denken. Da zum Beispiel der Alte auf der Terrasse des Bauernhauses, an dem der Jeep gerade vorbeifährt. Dieser Mann sitzt in der Sonne, sein Gesicht ist von einem weißen Bart umrahmt. Neben ihm steht eine Staffelei. Kuhglocken läuten auf der nahen Weide.

Plötzlich fühlt Major Blitt das unwiderstehliche Verlangen, hier ein Glas Milch zu

Julius Streicher, ›Judenfresser‹, 1937 in Pose und bei seiner Festnahme am 23. Mai 1945

trinken — echte, warme Landmilch, nicht das sterile, pasteurisierte Produkt aus den New Yorker Pappbeuteln.

Blitt läßt anhalten. Die Amerikaner gehen in das Bauernhaus. Der Major bekommt seine Milch. Er spricht jiddisch, denn das ist seine Muttersprache, aber kommt damit in Deutschland sehr gut zurecht. So beginnt er ein Gespräch mit dem bärtigen Alten.

»Wie geht's, Papa?«

»Gut, gut«, antwortet der.

»Seid Ihr hier der Bauer?«

»Nein«, sagt der Bärtige, »ich wohne nur hier. Ich bin Künstler, verstehen Sie, Maler . . .«

»Was halten Sie von den Nazis?« fragt Blitt lachend.

Der Alte winkt ab: »Davon verstehe ich nichts. Ich bin Künstler und habe mich nie um Politik gekümmert.«

»Sie sehen aber aus wie Julius Streicher«, amüsiert sich Blitt. Irgend etwas an diesem Mann hat ihn wirklich an den Steckbrief von Streicher erinnert. Jetzt macht er Spaß damit.

Doch der Alte reißt auf einmal die Augen auf, sein Gesicht sieht erstaunt und erschrocken aus. Dann fragt er tonlos: »Woher kennen Sie mich?«

Alles ist reiner Zufall.

Streicher hat den Scherz des Majors ernst genommen und sieht sich entlarvt.

Henry Blitt begreift sofort.

»Ahaaa!« macht er gedehnt.

»Ich heiße Sailer«, wirft Streicher rasch hin. Er glaubt, seinen Fehler noch korrigieren zu können. Doch dazu ist es zu spät. Major Blitt gibt seinen Begleitern schon die nötigen Befehle.

»Sie sind verhaftet«, sagt er zu Streicher.

Der Frankenführer zieht ein mürrisches Gesicht. Von seiner harmlosen Malerpose ist auf einmal nichts mehr übrig. Er sieht plötzlich viel älter aus als 59. Sein struppiger Bart und sein ungekämmtes Haar, das kragenlose, blaugestreifte Hemd und die zerknitterte Hose lassen ihn ungepflegt erscheinen.

»Ich möchte mir nur noch andere Schuhe anziehen«, sagt er zu Blitt. In seinen unruhigen Augen glänzt Haß.

»Bitte«, sagt der Major.

Streicher setzt sich in einen Lehnstuhl der Bauernstube. Eine junge, attraktiv aussehende Frau in knappem Dirndlkleid kniet vor ihm nieder, zieht ihm die Schuhe aus, zieht ihm andere an, knüpft sorgfältig die Schleifen. Sie hat alles mit angehört, spricht aber kein Wort.

Als die Amerikaner Streicher abtransportieren, bleibt die Frau zurück. Niemand weiß, wer sie gewesen ist.

Captain Hugh Robertson und der Soldat Howard Huntley nehmen Streicher in die Mitte. Major Blitt schwingt sich neben den Fahrer des Jeeps. Dann geht es von dem Bauernhof in der Nähe von Waldring nach Berchtesgaden.

Ein amerikanischer Korrespondent beobachtete Streichers Ankunft beim Divisionsstab.

›Julius Streicher‹, schreibt er an seine Zeitung, ›der Frankenführer und Herausgeber des antisemitischen Hetzblattes *Der Stürmer,* war der größte Judenhasser der Geschichte. Jetzt wurde er von einem Juden entdeckt und gefangengenommen.‹

Die Londoner Kommission für Kriegsverbrechen kann nun eine Zwischenbilanz der Großfahndung veröffentlichen. Sie besagt, daß die meisten Naziführer dingfest gemacht worden sind. Nur zwei fehlen noch — und gerade sie sind nach Ansicht der Alliierten die wichtigsten: der ehemalige Reichsaußenminister Joachim von Ribbentrop und SS-Führer Heinrich Himmler. Noch einmal wird ganz Deutschland durch das Sieb der Geheimpolizei geschüttet werden.

10 Das Ende des Reichsführers SS Heinrich Himmler

In der zweiten Februarhälfte 1945 reist ein schwedischer Beauftragter des Roten Kreuzes in einem weißgestrichenen und für Flugzeuge deutlich gekennzeichneten Wagen durch das zertrümmerte Deutschland. Es ist Graf Folke Bernadotte, derselbe, der drei Jahre später als Schlichtungskommissar der Vereinten Nationen in Jerusalem ermordet wird.

Er sucht eine Zusammenkunft mit Heinrich Himmler, dem gefürchteten Chef der gefürchteten SS, dem Gehirn der unheimlichen Geheimen Staatspolizei, dem Beherrscher der Vernichtungslager, Gaskammern und Todesmühlen. Er will ihn, den Befehlshaber der deutschen Polizei und des Heimatheeres, überreden, dänische und norwegische Häftlinge aus den Konzentrationslagern freizulassen, damit sie vom Roten Kreuz nach Schweden gebracht werden können.

In Hohenlychen bei Berlin trifft der Graf am 19. Februar in einem Lazarett mit Himmler zusammen. Der Reichsführer SS hat sich dorthin zurückgezogen, weil ihm seine vielseitigen Aufgaben und der nahe Zusammenbruch über den Kopf gewachsen sind. Er spielt krank und überläßt es anderen, sich um die verfahrene Karre zu kümmern.

Die Begegnung findet im Zimmer des berüchtigten Chefarztes Karl Gebhardt statt.

›Als Himmler plötzlich vor mir stand‹, gesteht Folke Bernadotte in seinen Erinnerungen, ›mit der horngefaßten Brille, in der grünen Uniform der Waffen-SS, ohne irgendwelche Dekoration, wirkte er zunächst wie irgendein unbedeutender Beamter. Wäre ich ihm auf der Straße begegnet, so hätte ich ihn nicht beachtet. Er hatte kleine, feine, gefühlvolle Hände, und ich bemerkte, wie gut sie manikürt waren. Ich fand an ihm wahrhaftig nichts Diabolisches, und auch von der kalten Härte seines Blickes bemerkte ich nichts.‹

Das also war der Mann, vor dem ganz Europa jahrelang zitterte, der Mann, dessen Wink genügte, um Hunderttausende von Menschenleben auszulöschen, Millionen auszurotten.

Ein Mann voll engstirniger Schwärmerei, Unentschlossenheit und sadistischer Herrschsucht. Ein Mann aus gutbürgerlichem Hause — sein Vater war Lehrer des Prinzen Heinrich von Bayern gewesen, und einer Patenschaft des Königssohnes verdankt der SS-Führer auch seinen Vornamen.

Kaum läßt sich eine zwiespältigere Natur denken: Himmler hatte sich einst ruhmlos als Geflügelzüchter und Verkäufer einer Düngemittelfabrik in Schleißheim versucht, schwärmte für den mongolischen Tyrannen Dschingis Khan, marschierte in den Freikorps der zwanziger Jahre, war Sekretär des Rebellen Gregor Strasser, förderte als mächtigster Mann neben Hitler den Anbau von Heilkräutern und ließ die furchtbarsten Experimente an lebenden Menschen vornehmen. Ein Mann, dessen einziges Ziel schließlich darin bestand, alle Macht allmählich in seinen Händen zu vereinigen, unumschränkt befehlen zu können und die Nachfolge Hitlers anzutreten.

Wie wird er auf die humanitäre Mission Bernadottes reagieren? Himmler lehnt das Ansinnen, skandinavische KZ-Häftlinge nach Schweden bringen zu lassen, vorerst ab: »Wenn ich auf Ihren Vorschlag einginge«, sagt er, »würden die schwedischen Zeitungen in fetten Schlagzeilen verkünden, der Kriegsverbrecher Himmler suche sich in allerletzter Minute noch loszukaufen und vor der Welt reinzuwaschen, weil er sich vor den Folgen seiner Taten fürchte.«

Er schätzt die Lage und seine eigene Situation also durchaus richtig ein.

Was geht in Himmler in jenen Tagen vor? Mit der Polizei, der SS, der Gestapo und dem Ersatzheer hält er die wichtigsten Machtinstrumente in seinen Händen. Er könnte damit, ohne sonderlichen Widerstand fürchten zu müssen, einen Staatsstreich unternehmen. Man weiß heute, daß er häufig mit diesem Gedanken spielte. Er zögerte aber und ist unentschlossen wie immer in seinem Leben. Er möchte Hitler die Treue halten und zugleich seinen Kopf aus der Schlinge ziehen.

»Ich bin bereit, für das deutsche Volk alles zu tun«, sagt er Anfang April in einer zweiten Unterredung zu Graf Bernadotte, »aber ich muß den Kampf fortsetzen. Ich habe dem Führer Treue geschworen, und durch diesen Eid bin ich gebunden.«

»Sehen Sie denn nicht ein, daß Deutschland den Krieg tatsächlich verloren hat?« fragt der Schwede offen. »Ein Mann, der sich in Ihrer Lage und Ihrer Stellung befindet, darf seinem Vorgesetzten nicht einfach blindlings gehorchen. Er muß den Mut haben, Maßregeln zu ergreifen, die seinem Volk zum Nutzen gereichen.«

Himmler wird ans Telefon gerufen und bricht die Unterhaltung ab. Durch einen Vertrauensmann, den SS-Gruppenführer Walter Schellenberg, läßt er Bernadotte aber einen anderen Vorschlag machen: der Graf soll sich zu Eisenhower begeben und die Kapitulation der deutschen Westfront anbieten.

Folke Bernadotte ist verblüfft. Dann stellt er Bedingungen. Zwei davon sind sensationell:

1. Himmler muß zuvor öffentlich verkünden, daß er die Nachfolge Hitlers angetreten habe, weil dieser etwa krankheitshalber an der Ausübung seiner Funktionen verhindert sei.

2. Himmler muß die NSDAP auflösen und alle Parteibeamten sofort absetzen.

Das müssen für Himmler unannehmbare Punkte sein. Zur grenzenlosen Überraschung Bernadottes geht der SS-Führer aber darauf ein. Der Schwede ahnt nicht, was sich inzwischen hinter den Kulissen ereignet hat.

Himmler weiß, daß der Krieg verloren ist. Er weiß es schon seit 1943. Damals bereits hatte er heimlich versucht, über den deutschen Industriellen Arnold Rechberg mit den Westmächten Verbindung aufzunehmen und die Möglichkeit eines Separatfriedens zu diskutieren. Bormann und Ribbentrop hatten die Aktion jedoch vereitelt.

Jetzt, kurz vor Torschluß, ist Himmler bereit, fast alles zu tun, was seinen Kopf retten könnte. Während er noch immer Soldaten aufhängen läßt, treibt er auf der anderen Seite ein verzweifeltes Spiel.

Er führt durch einen Mittelsmann erneut Verhandlungen mit Arnold Rechberg, der seinerseits im Westen Friedensfühler ausstrecken soll.

Er – der größte Judenvernichter der Geschichte – korrespondiert heimlich mit Dr. Hillel Storch, dem Stockholmer Vertreter des jüdischen Weltkongresses.

Er läßt den jüdischen Unterhändler Dr. Norbert Masur unter persönlichem Ehrenschutz aus Schweden nach Berlin fliegen, um mit ihm über die Freilassung jüdischer KZ-Häftlinge zu sprechen.

Er verhandelt mit dem ehemaligen Schweizer Bundespräsidenten Jean-Marie Musy über den Abtransport von Juden aus dem Vernichtungslager Belsen ins neutrale Ausland.

Er versucht, über den schwedischen Bankier Jacob Wallenberg mit den Westmächten in Fühlung zu kommen und Friedensgespräche aufzunehmen.

Er ist jetzt auch bemüht, Graf Folke Bernadotte in dieses Spiel einzubeziehen, und sagt ihm schließlich die gewünschte Freilassung der skandinavischen Häftlinge zu.

Himmler ist angesichts der sicheren deutschen Niederlage von einer fixen Idee besessen: Nachdem er zuvor Millionen Menschen hatte ausrotten lassen, glaubt er nun, die Rolle des großen Beschützers und eines Friedensengels spielen zu können. Er ist überzeugt, damit im Ausland anerkannt zu werden. Er will nicht einsehen, daß er für immer ein Ungeheuer und Massenmörder bleiben wird.

Bei alledem hat er auch noch Angst vor Hitler. Er hat Angst, sein Führer könnte das Doppelspiel erfahren und in letzter Sekunde zuschlagen. Deshalb plant er zusammen mit Schellenberg einen Umsturz in Deutschland.

Himmler will Hitlers schlechten Gesundheitszustand zum Angelpunkt machen. In Gesprächen mit Schellenberg weist er auf die zunehmend gebeugte Haltung des Führers hin, auf dessen schlaffes Aussehen und Händezittern. Professor Max de Crinis, der Chef der Psychiatrischen Abteilung der Berliner Charité, wird ins Vertrauen gezogen, ebenso Reichsgesundheitsführer Dr. Leonardo Conti. Die Ärzte äußern ihre Vermutung, daß Hitler die Parkinsonsche Krankheit hat – ein Leiden, das sich durch Maskenstarre des Gesichts und Lähmungserscheinungen der Gliedmaßen äußert.

Himmler bittet Schellenberg, ihn auf einem Waldspaziergang zu begleiten. Vor allen Lauschern sicher, lenkt er nun das Gespräch direkt auf den Kern seiner Gedanken: »Ich glaube nicht, daß wir mit dem Führer noch länger zusammenarbeiten können. Er ist seiner Aufgabe nicht mehr gewachsen. Meinen Sie, daß de Crinis recht hat?«

»Ja«, gibt Schellenberg zur Antwort.

»Wie soll ich mich aber verhalten?« fragt Himmler schwankend.

»Ich kann den Führer doch nicht einfach ermorden oder vergiften oder in der Reichskanzlei verhaften lassen ...«

»Es gibt nur eine Möglichkeit«, rät Schellenberg. »Sie müssen zu Hitler gehen, ihn über alles aufklären und ihn dann zur Abdankung zwingen.«

»Das ist ausgeschlossen«, sagt Himmler erschrocken. »Der Führer würde einen Tobsuchtsanfall bekommen und mich auf der Stelle erschießen lassen.«

»Dagegen braucht man nur geeignete Maßnahmen zu treffen«, bemerkt Schellenberg ruhig. »Sie verfügen doch über eine hinreichende Zahl von höheren SS-Führern, die imstande wären, eine derartige Verhaftung vorzunehmen. Und wenn eben nichts anderes hilft, müssen die Ärzte eingreifen.«

Doch Himmler kann sich auch jetzt wieder zu keinem Entschluß durchringen. Während des eineinhalbstündigen Waldspaziergangs überlegt er noch, was er alles tun will, sobald er Hitlers Nachfolge angetreten hat.

»Dann wird sofort die NSDAP aufgelöst«, erklärt er seinem Begleiter. »Es muß eine neue Partei gegründet werden. Welchen Namen würden Sie dafür nehmen, Schellenberg?«

»Partei der Nationalen Sammlung«, schlägt Himmlers Vertrauter vor.

Aber es kommt nicht zu diesem Putsch. Die Ereignisse an den Fronten geben keine Atempause mehr. Die Rote Armee rückt vor die Tore der Reichshauptstadt. Himmler hat Angst.

»Schellenberg«, sagt er bei einem anderen Gespräch, »mir graut vor allem, was jetzt kommen wird . . .«

In der Nacht vom 20. auf den 21. April trifft der Reichsführer SS in Hohenlychen erneut mit Graf Folke Bernadotte zusammen. Himmler sieht bleich und gehetzt aus.

›Er machte den Eindruck, als könnte er nicht mehr ruhig an einem Ort bleiben‹, berichtet der Schwede. ›Unstet lief er umher, bemüht, seiner Rastlosigkeit Herr zu werden.‹

Während des Gesprächs klopft sich Himmler dauernd mit den Fingernägeln an die Schneidezähne. Er kann seine Nervosität kaum noch unterdrücken.

»Die militärische Lage ist ernst, sehr ernst«, wiederholt er immer wieder. Er drängt Graf Bernadotte, Eisenhower endlich das Kapitulationsangebot im Westen zu überbringen, eine Aussprache zwischen ihm, Himmler, und dem amerikanischen Oberbefehlshaber zu vermitteln.

»Ich bezweifle sehr, ob die Alliierten eine Kapitulation nur an der Westfront annehmen werden«, sagt Bernadotte nachher zu Schellenberg. »Selbst wenn dies der Fall sein sollte, würde es eine persönliche Begegnung zwischen Himmler und Eisenhower nicht erforderlich machen. Es ist ausgeschlossen, daß Himmler im künftigen Deutschland irgendeine Rolle spielen könnte.«

Wieder bleibt alles offen.

Drei Tage später treffen Bernadotte und Himmler abermals zusammen — zum letztenmal. Die Begegnung findet im Gebäude des schwedischen Konsulats in Lübeck statt. Es ist die Nacht zum 24. April 1945.

›Diese Nacht mit ihrer unheimlichen Untergangsstimmung werde ich zeitlebens nicht vergessen‹, berichtet der Graf.

Fliegeralarm zwingt die Männer, den Luftschutzkeller aufzusuchen. Schweden und deutsche Hausbewohner hocken dort auf den Bänken. Niemand erkennt Himmler.

Um ein Uhr nachts ist Entwarnung. In einem Zimmer des Konsulats kann endlich die Aussprache stattfinden. Ein paar Kerzen beleuchten die Szene, denn das elektrische Licht funktioniert nicht mehr.

»Hitler ist wahrscheinlich schon tot«, beginnt Himmler. »Wenn es noch nicht so weit ist, wird er sicher im Lauf der nächsten Tage sterben. Bisher hat mich mein Treueid gebunden, aber nun ist die Lage anders. Ich gebe zu, daß Deutschland besiegt ist. Und was kommt jetzt?«

Himmler ist überzeugt, von Hitler als Nachfolger ernannt worden zu sein. So lauten auch seine Erklärungen: »In der Lage, die nun entstanden ist, habe ich freie Hand. Ich bin bereit, an der Westfront zu kapitulieren, damit die Truppen der Westmächte so schnell wie möglich nach Osten vorrücken können. Dagegen bin ich nicht bereit, an der Ostfront zu kapitulieren.« Noch einmal bittet er Graf Bernadotte, ihm ein Gespräch mit Eisenhower zu vermitteln. Mit Walter Schellenberg hat er sogar schon besprochen, wie er sich wohl bei einer Begegnung mit dem amerikanischen Oberbefehlshaber verhalten sollte.

»Soll ich mich nur verbeugen oder ihm die Hand reichen?«

In seinem nächtlichen Gespräch mit Folke Bernadotte phantasiert Himmler: »Ich würde Eisenhower folgendes sagen: ›Ich erkläre, daß die Westmächte die deutsche Wehrmacht besiegt haben. Ich bin bereit, an der Westfront bedingungslos zu kapitulieren.‹«

»Und was werden Sie tun, wenn Ihr Angebot zurückgewiesen werden sollte?«

»In diesem Fall übernehme ich das Kommando eines Bataillons an der Ostfront und falle im Kampf.«

›Es ist allgemein bekannt‹, schreibt Folke Bernadotte dazu, ›daß er diese Absicht nicht verwirklicht hat.‹

Der Vizepräsident des Schwedischen Roten Kreuzes erklärt sich schließlich bereit, Himmlers Kapitulationsangebot an das Außenministerium in Stockholm weiterzuleiten. Falls seine Regierung geneigt sei, sich einzuschalten, sollten die Alliierten von dort aus unterrichtet werden.

»Das war der bitterste Tag in meinem Leben«, sagt Himmler, als sie um halb drei Uhr morgens das Konsulat verlassen und ins Freie treten. Die Nacht ist sternklar.

Himmler setzt sich selbst ans Steuer seines gepanzerten Wagens.

»Ich fahre jetzt an die Ostfront«, bemerkt er beim Abschied zu Folke Bernadotte. Mit einem schmalen Lächeln fügt er hinzu: »Es ist ja nicht sehr weit.«

Dann heult der Motor auf, und gleich darauf gibt es einen dumpfen Krach: Himmler ist in den Stacheldrahtzaun gefahren, der das Konsulatsgebäude umgibt. Mühsam ziehen SS-Männer das Auto wieder heraus.

›Die Art und Weise, wie Himmler gestartet war‹, philosophiert Bernadotte in seinen Memoiren, ›hatte etwas Symbolisches.‹ Präsident Harry S. Truman antwortet selbst auf Himmlers Vorschläge. Er lehnt die Teilkapitulation ab und schließt sein Telegramm mit den Worten: *›Wo auch immer der Widerstand fortdauert, werden die Angriffe der Alliierten so lange rücksichtslos fortgesetzt, bis ein vollständiger Sieg errungen ist.‹*

Himmlers letzte Hoffnungen sind zerstört.

Er begibt sich zum Sitz des OKW, das sich zu diesem Zeitpunkt noch in Plön befindet. Hinter ihm blitzt der Bannstrahl Hitlers: *›Ich stoße vor meinem Tode den früheren Reichsführer SS und Reichsminister des Innern, Heinrich Himmler, aus der Partei sowie aus allen Staatsämtern aus. Göring und Himmler haben durch geheime Verhandlungen mit dem Feinde sowie durch den Versuch, die Macht im Staate an sich zu reißen ... unabsehbaren Schaden ... Treulosigkeit ...‹*

Himmler erfährt allerdings nichts von seiner Verstoßung. Er weiß nicht, daß Hitler durch ausländische Nachrichtensendungen über die Verhandlungen mit Folke Bernadotte unterrichtet wurde. Er ist nach wie vor felsenfest davon überzeugt, Nachfolger des Führers zu sein.

Diese Illusion wird ihm nun Dönitz nehmen.

Der Großadmiral hat Himmler zu einer vertraulichen Unterredung gebeten. Vor der Ankunft des SS-Führers trifft Dönitz besondere Maßnahmen. Er fürchtet mit Recht die Macht, die Himmler noch immer verkörpert.

Ein verstärktes Kommando zuverlässiger U-Boot-Männer marschiert auf. Schwerbewaffnete Wachposten werden im Haus und im Garten hinter den Büschen versteckt. Es ist wenige Minuten nach Mitternacht am 1. Mai 1945.

Die Zusammenkunft zwischen Dönitz und Himmler findet unter vier Augen statt. Ihr Verlauf ist jedoch durch einen Bericht überliefert, den der Großadmiral später selbst diktierte.

Unter Papieren versteckt hält Dönitz einen entsicherten Browning auf seinem Schreibtisch bereit. Er ist auf alles gefaßt, als er Himmler den Funkspruch zu lesen gibt, mit dem Hitler den Großadmiral zum Nachfolger und Reichspräsidenten ernannte.

Himmler überfliegt die Zeilen und wird blaß.

Er überlegt einige Sekunden lang. Dann steht er auf und beglückwünscht Dönitz. Es ist ein dramatischer Augenblick.

»Lassen Sie mich der zweite Mann im Staate sein«, bittet er nach einer Pause mit belegter Stimme.

Dönitz lehnt ab. Er erklärt Himmler, daß er in der neuen Regierung keine politisch belasteten Persönlichkeiten gebrauchen kann. Himmler sieht die Sache anders.

»Himmler erwies sich als reiner Phantast und Utopist«, berichtet Walter Lüdde-Neurath. »Er betrachtete sich selbst als den geeigneten Gesprächspartner und Unterhändler für die Verhandlungen mit Eisenhower und Montgomery. Diese warteten gewissermaßen nur darauf, mit ihm ins Gespräch zu kommen. Als ›Ordnungsfaktor im mitteleuropäischen Raum‹ sei er mit seiner SS unentbehrlich. Die Zuspitzung der Gegensätze Ost—West würde so rasch erfolgen, daß er und die SS in drei Monaten das Zünglein an der Waage bildeten.«

Am Ende aber muß Himmler einsehen, daß sein Spiel verloren ist. Dönitz schreibt: ›Er schied dann zwischen zwei und drei Uhr morgens mit dem Bewußtsein, daß er von mir in keiner führenden Stellung verwendet werden würde.‹

Eine Woche lang bleibt Himmler noch mit der Geschäftsführenden Reichsregierung in Verbindung. Dann, am 6. Mai von Dönitz offiziell aus allen Ämtern entlassen, verabschiedet er sich für immer. Lutz Graf Schwerin von Krosigk, Außenminister im Flensburger Kabinett, redet dem gestürzten SS-Führer bei dieser Gelegenheit ins Gewissen: »Es kann der Tag kommen«, sagt er, »an dem sich die Führer des Dritten Reiches vor ihre Untergebenen stellen müssen, um die Verantwortung selbst zu tragen ...«

Himmler entgegnet ihm nur, daß er jetzt untertauchen will: »Ich fühle mich gegen Entdeckung absolut sicher. Ich werde die Entwicklung im Verborgenen abwarten — und diese Entwicklung wird schnell für mich arbeiten.«

»Das darf nicht geschehen«, beschwört ihn Schwerin, »daß der ehemalige Reichsführer SS mit falschem Namen und falschem Bart aufgegriffen wird! Es gibt für Sie keinen anderen Weg, als zu Montgomery zu fahren und zu sagen: ›Hier bin ich.‹ Dann müssen Sie die Verantwortung für Ihre Männer übernehmen.«

Himmler murmelt etwas und läßt den Außenminister stehen.

»Später hat Dönitz es bereut, daß er Himmler gehen ließ«, gesteht Lüdde-Neurath. »Unter dem Eindruck des Nürnberger Prozesses hat er geäußert, daß er Himmler bei seiner Verabschiedung hätte verhaften lassen, wenn er bereits von den Maßnahmen der Menschenvernichtung und den Zuständen in den Konzentrationslagern gewußt hätte.«

Zu spät! Himmler wird nicht auf der Anklagebank von Nürnberg erscheinen. Er findet nicht den Mut, die Verantwortung für seine Taten und Befehle zu tragen.

Wo hielt er sich auf, nachdem er sich von Dönitz und Schwerin von Krosigk verabschiedet hatte?

Wahrscheinlich verbarg er sich zunächst noch in Flensburg zusammen mit seinen beiden Adjutanten Werner Grothmann und Heinz Macher. Als Unterschlupf soll ihnen die Wohnung einer Geliebten Himmlers gedient haben. SS-Brigadeführer Otto Ohlendorf will den einstigen Reichsführer noch am 21. Mai in Flensburg gesehen haben.

Den Geheimdiensten der Alliierten fällt jedenfalls sofort auf, daß der Name Himmler plötzlich aus den Nachrichten des Senders verschwunden ist.

Die besten Kriminalisten der Alliierten und mehr als hunderttausend Soldaten haben Alarmbereitschaft. Es gilt als sicher, daß der Massenmörder versuchen wird, unerkannt durch die Besatzungslinien nach Westen zu entkommen. Das Fangnetz zieht sich rund um den Flensburger Puppenstaat, und Himmler geht prompt in die Maschen.

Er hat sich seinen Schnurrbart wegrasiert und über sein linkes Auge eine schwarze Klappe gestülpt. In der Tasche trägt er einen Ausweis der Geheimen Feldpolizei auf den Namen Heinrich Hitzinger.

Himmler ist naiv genug, diesen billigen Mummenschanz als ausreichende Verkleidung anzusehen. Der einstige Chef der deutschen Polizei benimmt sich wie ein Schüler, der zu viele schlechte Kriminalschmöker gelesen hat. Überdies scheint er nicht zu wissen, daß die Geheime Feldpolizei von den Alliierten zu jenen Organisationen gerechnet wird, deren Mitglieder automatisch unter Arrest fallen.

Mit seinen beiden Adjutanten, die wie er ein Gemisch aus Uniformstücken und Zivilkleidung tragen, kommt Himmler am 21. Mai an dem britischen Kontrollpunkt Meinstedt in der Nähe von Bremervörde an.

Tausende von Menschen drängen sich hier zusammen. Flüchtlinge, Verwundete, entlassene Soldaten, befreite Kriegsgefangene und Fremdarbeiter. Jeder, der die Brücke über die Oste überqueren will, muß an dieser Sperre vorbei.

Himmler und seine Begleiter schieben sich in der Schlange der Wartenden vorwärts. Als sie an der Reihe sind, zeigt der ehemalige Reichsführer seinen Ausweis vor.

Der Tommy nimmt das Soldbuch erstaunt in die Hand, wirft einen Blick hinein, schaut den Mann mit der Augenklappe mißtrauisch an und befiehlt ihm dann, neben der Schranke zu warten.

»Himmler hat den Fehler gemacht«, gibt das Hauptquartier der britischen 2. Armee später bekannt, »seine Papiere vorzuzeigen – die meisten Menschen, die an dem Kontrollpunkt durchkamen, hatten nämlich keine. Wäre er mit Sack und Pack gekommen, ohne Papiere, und hätte gesagt, er wolle nach Hause, so hätte er zweifellos ungehindert passieren können. Das Polizeidenken Himmlers, daß ein Mensch nur mit Papieren unverdächtig ist, machte ihn verdächtig.«

Noch weiß jedoch niemand, daß der Verdächtige Himmler ist. Zunächst ist er nur ein Mann, der einen zu guten neuen Ausweis besitzt, der Geheimen Feldpolizei angehörte und Heinrich Hitzinger heißt.

Himmler bleibt in Gewahrsam. Er wird in rascher Folge durch zwei Lager geschleust, nämlich Bremervörde und Zeelos. Im dritten, Westertimke, kommt er vorläufig in Einzelhaft.

Inzwischen haben sich schon die Abwehroffiziere der 2. Armee mit dem Fall Hitzinger befaßt. Es fällt ihnen nicht schwer, zutreffende Schlüsse zu ziehen. Am Vormittag des 22. Mai gilt es im Stabsquartier als ziemlich sicher, daß dieser Mann Heinrich Himmler sein muß. Gegen neun Uhr abends machen sich drei höhere Offiziere auf den Weg nach Westertimke, um den Gefangenen persönlich in Augenschein zu nehmen. Aber bevor sie noch ankommen, gibt sich Himmler selbst zu erkennen. Niemand kann sich erklären, was ihn zu diesem Schritt bewegt.

Er bittet um ein Gespräch mit dem Lagerkommandanten, Captain Tom Sylvester. Der britische Hauptmann ist einverstanden und läßt den Gefangenen zu sich ins Zimmer führen. Die Wachen schickt er wieder hinaus.

»Nun?« fragt er.

Der Gefangene nimmt seine schwarze Augenklappe ab und setzt sich eine Brille auf.

»Ich bin Heinrich Himmler«, sagt er.

»In der Tat«, schluckt Hauptmann Sylvester. Vielleicht läuft es ihm in diesem Augenblick kalt über den Rücken.

»Ich möchte Feldmarschall Montgomery sprechen«, verlangt Himmler. Er glaubt immer noch, verhandeln zu können.

»Ich werde die Armee verständigen«, entgegnet der Captain. Dann läßt er Himmler ohne ein weiteres Wort abführen und unter besonders strenger Bewachung halten.

Kurze Zeit später treffen die Offiziere aus dem Hauptquartier ein. Sie übernehmen den Gefangenen und bringen ihn nach Lüneburg. Dort muß Himmler in den frühen Morgenstunden des 23. Mai endlich erkennen, daß es für ihn keine Chancen mehr gibt. Die Briten denken gar nicht daran, mit ihm zu diskutieren, zu verhandeln oder ihn gar zu schonen.

Im Informationszentrum in der Uelzener Straße, in einem für Militärzwecke geräumten Wohnhaus, muß sich Heinrich Himmler nackt ausziehen. Seine Kleidung und sein Körper werden von einem Arzt der Armee, Captain Wells, nach Gift und anderen anderen Selbstmordwerkzeugen untersucht.

In der Tasche von Himmlers Jacke wird dabei eine Zyankali-Phiole gefunden. Sie ist zwölf Millimeter lang und nicht ganz so dick wie eine Zigarette.

Dann muß der Gefangene eine alte englische Uniform anziehen und wird in eine leere Kammer gesperrt.

Am Abend trifft Oberst N. L. Murphy von der Nachrichtenabteilung Montgomerys im Informationszentrum ein. Er hat den Befehl, alle für Himmler getroffenen Maßnahmen zu überprüfen und den einstigen Reichsführer einer ersten Vernehmung zu unterziehen. Murphy läßt sich von den Offizieren Bericht erstatten.

»Wurde Gift gefunden?« will er vor allem wissen.

»Ja, eine Ampulle in seiner Tasche«, erklärt der Arzt. »Sie ist sichergestellt. Selbstmord kann er nicht begehen.«

»Ist auch die Mundhöhle untersucht worden?« fragt Murphy unbeirrt weiter.

Dr. Wells verneint.

»Dann holen Sie das bitte sofort nach«, ordnet der Oberst an. »Es ist denkbar, daß die Kapsel in seiner Tasche nur dazu da war, die Aufmerksamkeit abzulenken.«

Himmler wird aus seinem Gewahrsam geholt. Der Militärarzt fordert ihn auf, den Mund zu öffnen.

Die Augen des SS-Führers ziehen sich zu schmalen Schlitzen zusammen. Sein Kiefer macht eine mahlende Bewegung. Zwischen seinen Zähnen knirscht etwas.

Dann stürzt er wie vom Blitz getroffen zu Boden.

Captain Wells wirft sich neben ihm auf die Knie und versucht, dem Sterbenden den Rest der Ampulle aus dem Mund zu reißen. Befehle gellen.

Sekunden später wird dem Bewußtlosen ein Brechmittel eingegeben. Ein Schlauch wird in seinen Magen gesenkt, der Inhalt heraus geholt. Aber alles ist vergeblich.

Zwölf Minuten dauert der Kampf. Um 23 Uhr 04 gibt Dr. Wells seine Bemühungen auf.

Heinrich Himmler ist tot.

Während des ganzen nächsten Tages bleibt er an der Stelle des Zimmers liegen, an der er starb. Einige hundert britische Soldaten, ein Dutzend Kriegskorrespondenten und Fotografen sehen ihn hier. Sie ziehen schweigend an dem Leichnam vorbei, starren in das Gesicht des Schrecklichen, gehen wieder hinaus und schöpfen tief Luft.

Doch was soll nun mit dem toten Himmler geschehen? Im Hauptquartier Montgomerys wird ernsthaft erwogen, ihm ein militärisches Begräbnis in Anwesenheit hoher deutscher Offiziere zu bereiten. In einer anderen Abteilung beraten Militärgeistliche, ob dieses Begräbnis christlichen Charakter haben sollte.

Wahrscheinlich fällte Montgomery selbst die Entscheidung: Heinrich Himmler wird ohne jedes militärische oder kirchliche Zeremoniell an einem geheimgehaltenen Ort begraben. Niemals soll seine letzte Ruhestätte zu einem nationalen Wallfahrtsort der Deutschen werden können.

Ein Stabsoffizier telefoniert inzwischen mit einer britischen Dienststelle in Bergen-Belsen. Er hat sich etwas Besonderes einfallen lassen und möchte für Himmler unbedingt eine jener Holzkisten bekommen, in denen einst die Gebeine von KZ-Häftlingen gesammelt und verscharrt wurden. Er hat mit seinen Bemühungen keinen Erfolg.

So wird Himmler am Morgen des 26. Mai auf einem britischen Eintonner-Lastwagen mit unbekanntem Ziel abtransportiert. Zwei Feldwebel packten den Toten am Kopf und an den Füßen und warfen ihn mit Schwung auf die Ladefläche.

Ein hoher Abwehroffizier hat den geheimen Begräbnisplatz irgendwo in einem Wald in der Nähe von Lüneburg bestimmt. Ein Major und drei Feldwebel fahren mit hinaus. Fünf Menschen sind damit die einzigen, die den Ort kennen.

Die Erde wird sorgfältig abgehoben. Die drei Feldwebel stechen mit Spaten eine Grube aus. Himmlers Leiche wird hineingelegt, so wie sie seit dem 23. Mai noch immer ist: bekleidet mit einer britischen Armeehose, einem offenen Militärhemd und grauen deutschen Wehrmachtssocken.

Noch einmal schauen die Männer in das Grab. Einer der Feldwebel spürt das Verlangen, ein paar Worte zu sprechen. Er wirft die erste Schaufel Erde in die Grube und sagt: »Lasset den Wurm zu den Würmern gehen!«

Das ist alles. Stumm bringen die Soldaten ihr Werk zu Ende. Die Grasnarbe wird wieder aufgelegt, kein Schnitt, kein Hügel verrät die Stelle. Die Spuren des Mannes, dessen Platz in Nürnberg leer blieb, der mehr als alle anderen Angeklagten hätte aussagen können, sind ausgelöscht. Er hat sich der Verantwortung entzogen.

Nur einmal noch gibt es einen Nachhall: Unter einer Scheune bei Berchtesgaden finden die Amerikaner den vergrabenen Privatschatz Himmlers. Er hat einen Wert von rund einer Million Dollar und bestand aus einem seltsamen Währungsgemisch. Captain Harry Anderson von der Militärregierung zählt folgende Summen: 132 kanadische Dollar, 25 935 englische Pfund, acht Millionen französische Francs, drei Millionen algerische und marokkanische Francs, eine Million Reichsmark, eine Million ägyptische Pfund, zwei ganze argentinische Pesos, einen halben japanischen Yen und 7 500 palästinensische Pfund!

11 Im Bett verhaftet: Reichsaußenminister Joachim von Ribbentrop – Reichsjugendführer Baldur von Schirach stellt sich selbst – Auf einer Moskwa-Insel wartet Großadmiral Erich Raeder

Fast alle namhaften Größen des Dritten Reiches sind verhaftet oder tot. Es gibt nur wenige Rätsel für die alliierten Fahndungsabteilungen. Eines der wichtigsten: Wo ist Ribbentrop? Joachim von Ribbentrop hält sich zuletzt im Nordraum auf, wo Großadmiral Dönitz gerade im Begriff ist, eine unpolitische Regierung zu bilden. Dabei sucht der neue Reichspräsident händeringend nach einem unbelasteten Mann, dem er das Amt des Außenministers anvertrauen könnte. Es soll jemand sein, den die Alliierten nicht von vornherein als Verhandlungspartner ablehnen würden.

Wie naiv Ribbentrop bis zuletzt war, schildert der ehemalige Reichsfinanzminister Lutz Graf Schwerin von Krosigk genau dreißig Jahre danach, im Frühjahr 1975, einem der Verfasser des Buches, Leeb. In seinem Essener Haus erzählt der Graf, 1949 im ›Wilhelmstraßen-Prozeß‹ zu zehn Jahren Haft verurteilt und zwei Jahre später begnadigt: »Dönitz ließ mir durch Speer ausrichten, daß er mich als Außenminister in seinem Kabinett haben möchte. Ich hatte Bedenken dagegen und schlug Herrn von Neurath vor. Da ich nicht wußte, wo dieser sich aufhielt, empfahl ich, Ribbentrop anzurufen und ihn nach der Adresse zu fragen. Das tat denn auch ein Adjutant. Ribbentrop meinte, dieses sei eine Angelegenheit des Auswärtigen Amtes und das sei nicht dem Großadmiral unterstellt. Er ließ sich mit Dönitz verbinden und wollte von ihm wissen, warum Dönitz die Adresse von Neuraths haben wolle. ›Um ganz offen zu sein, Herr von Ribbentrop‹, sagte Dönitz, ›Sie wollte ich in meinem Kabinett nicht mehr haben, sondern den Grafen Schwerin von Krosigk, doch der hat Herrn von Neurath vorgeschlagen.‹ Um nicht noch lange mit Ribbentrop palavern zu müssen, machte Dönitz ihm noch den Vorschlag, er solle ihn in einer halben Stunde anrufen, falls er einen besseren Kandidaten wüßte. Tatsächlich meldete sich Ribbentrop nach einer halben Stunde: ›Herr Großadmiral, ich habe mir das eingehend hin und her überlegt und muß Ihnen ganz ehrlich sagen, daß ich Ihnen als Kandidaten nur mich selbst vorschlagen kann!‹ Daraufhin segnete das Telefon des Großadmirals das Zeitliche.«

Graf Schwerin von Krosigk ließ sich dann doch noch umstimmen und wurde – für 23 Tage – der letzte Außenminister des Dritten Reiches.

Doch zurück zu seinem Vorgänger. Ribbentrop verschwindet von der Bildfläche. Er schlägt sich nach Hamburg durch, mietet sich im fünften Stock eines unscheinbaren Hauses ein Zimmer und beginnt unter den Augen der britischen Militärregierung das Leben eines harmlosen Privatmannes.

Während einige Dutzend Detektive und Abwehroffiziere nach ihm suchen, während sein Steckbrief mit Bild in allen Kasernen und Fahndungsbüros hängt, geht Ribbentrop in einem eleganten Zweireiher, mit schwarzem Diplomatenhut und einer sehr dunklen Sonnenbrille in Hamburg spazieren. Er versucht, alte Beziehungen neu anzuknüpfen, um in irgendeiner Firma noch besser untertauchen zu können.

Immer wieder führt ihn sein Weg in das Geschäft eines vergessenen Geschäftsfreundes von damals. Hier pflegt der Mann mit der dunklen Sonnenbrille, der sich jetzt Reiser nennt, geheimnisvolle Verhandlungen.

»Ich habe einen testamentarischen Auftrag des Führers«, flüstert er dem Geschäftsinhaber zu. Er schaut dabei ängstlich über seine Schulter, ob auch niemand im Laden ist, der zuhören könnte. »Sie müssen mich verbergen, bis die Zeit dafür reif ist — es geht um die Zukunft Deutschlands . . .«

Der Hamburger Weinhändler zögert. Sein Sohn dagegen zögert nicht: er geht zur Polizei.

Alliierte Kriminalbeamte nehmen sofort die Spur des mysteriösen Fremden auf.

Am nächsten Morgen, dem 14. Juni 1945, kommt es zur letzten dramatischen Szene der großen Menschenjagd. Drei Briten und ein belgischer Soldat poltern zu der Wohnung im fünften Stock hinauf.

Sie klopfen an die Tür. Sie trommeln mit den Fäusten dagegen, als sich nichts rührt. Dann krachen ihre Stiefelabsätze gegen das Holz. Plötzlich pfeift Oberfeldwebel R. C. Holloway überrascht durch die Zähne.

Die Tür hat sich ein wenig geöffnet. Hinter dem Spalt sehen die Männer eine brünette junge Frau. Das knappe Negligé verhüllt kaum ihre attraktive Figur. Die aufgelösten Haare hängen in ihr eingekremtes, glänzendes Gesicht. Sie hat die Augen und den rot verwischten Mund weit aufgerissen.

Mit einem unterdrückten Schrei wirft sie sich einen Morgenmantel über.

»Haussuchung«, sagt Leutnant J. B. Adams. Die Soldaten stoßen die Tür auf und drängen die Frau beiseite. Sie durchsuchen jeden Raum. Im vierten Zimmer findet der belgische Soldat ein zerwühltes Bett. Er zieht die Decke ein wenig zur Seite.

»Hallo, da ist ja ein Mann drin!« ruft er überrascht.

Der Mann in diesem Bett schläft wie ein Stein. Er hat das Poltern an der Wohnungstür nicht gehört. Auch die Schritte und Stimmen der Soldaten haben ihn nicht zu wecken vermocht. Oder wollte er das alles nicht hören?

»He, aufstehen!«

Leutnant Adams ist auf den Ruf des Belgiers hereingekommen und rüttelt den Schlafenden an der Schulter.

Er muß lange rütteln. Dann kommt Leben in den Mann. Er dreht sich langsam um, verzieht schlaftrunken das Gesicht, blinzelt mühsam ins Tageslicht, starrt dann die fremden Soldaten an seinem Bett ungläubig an.

»Was ist los? Was ist los?« fragt er mit belegter Stimme.

»Stehen Sie auf«, sagt Adams, »und ziehen Sie sich an — aber schnell!«

Joachim von Ribbentrop, gestern noch Außenminister des Großdeutschen Reiches, schlägt die Daunendecke zurück. Ohne ein Wort zu sagen, kriecht er aus dem Bett. Seine nackten Füße schlüpfen in die Pantoffeln. Er trägt einen weiß und rosa gestreiften Pyjama. Sein Gesicht ist von einem kräftigen, grau und schwarz gesprenkelten Bartschatten bedeckt.

»Wie heißen Sie?« fragt der Leutnant.

»Sie wissen ganz genau, wer ich bin«, gibt Ribbentrop mit bösem Lächeln zur Antwort. Er macht eine steife Verbeugung und sagt ironisch: »Ich gratuliere Ihnen.«

»Gut, Herr von Ribbentrop«, knirscht Leutnant Adams gedehnt, »ziehen Sie sich an. Sie sind verhaftet.«

»Ich möchte mich zuerst rasieren.«

»Das hat später noch Zeit. Sie müssen jetzt mitkommen.«

Ribbentrop kleidet sich an, kämmt vor dem Spiegel sorgfältig sein Haar und wirft dann seine Sachen in einen Wehrmacht-Wäschebeutel.

»Bitte«, sagt er endlich.

Offenbar glaubt er, sich auch jetzt noch auf diplomatischem Parkett zu bewegen. Nichts in seinem Wesen hat sich geändert seit damals, als er bei seiner Antrittsaudienz als deutscher Botschafter in London König Georg VI. mit erhobenem Arm, Hackenschlag und blechernem ›Heil Hitler!‹ grüßte.

Im Hauptquartier der Briten wird Joachim von Ribbentrop am ganzen Körper gründlich durchsucht. Das gehört zu den Maßnahmen, die sich die Alliierten angewöhnt haben, seit ihnen einige Prominente mit Hilfe dieser teuflischen deutschen Giftkapseln durch die Finger gegangen sind. Tatsächlich wird eine Zyankali-Ampulle ans Licht befördert, die der Gefangene an einem verschwiegenen Ort bei sich getragen hatte.

Im Wäschebeutel Ribbentrops entdecken die Briten, sauber gebündelt, ›einige hunderttausend Reichsmark‹, wie später offiziell bekanntgegeben wird. Wie lange dachte er sich mit dieser hübschen Summe verborgen halten zu können?

»Ich wollte mich versteckt halten«, gesteht Ribbentrop bei seiner ersten Vernehmung, »bis sich die öffentliche Meinung wieder beruhigt hat.«

»Meinen Sie die öffentliche Meinung in Deutschland?«

»Ja, auch. Vor allem aber die Weltmeinung. Ich weiß, daß wir alle auf der Kriegsverbrecherliste stehen, und ich kann mir denken, daß es bei der gegenwärtigen Stimmung nur ein Urteil geben wird — ein Todesurteil.«

»Sie wollten abwarten, bis alles vorbei ist?«

»Ja.«

»Und dann wieder auftauchen?«

»Ja.«

Die verworrenen Vorstellungen Ribbentrops werden durch einen weiteren Beweis bestätigt. In seiner Rocktasche findet man drei Briefe: einen an Feldmarschall Montgomery, einen an Außenminister Eden und einen an . . . der Offizier stutzt . . . das ist doch nicht möglich . . . Aber es gibt keinen Zweifel: Der dritte Brief ist adressiert an ›Vincent‹ Churchill. Nichts gibt einen tieferen Einblick in den Dilettantismus des Reichsaußenministers als diese Kleinigkeit. Vincent statt Winston — und dieser Mann hielt die Außenpolitik eines Volkes in seinen Händen!

Ribbentrops Schwester, Frau Ingeborg Jenke, zur Sicherheit von den Briten geholt, nimmt eine einwandfreie Identifizierung des Gefangenen vor.

Dann wird der Mann, den die Welt als den bösen Geist neben Hitler kennengelernt hat, nach Lüneburg gebracht und von dort aus weiter in ein Internierungslager ›irgendwo in Europa‹. Bei seinem Abtransport trägt er noch immer seinen eleganten grauen Zweireiher und einen schwarzen Homburg . . .

Reichsaußenminister Joachim von Ribbentrop mit Frau und Tochter Ursula bei Hitler

Bis auf zwei Nachzügler befinden sich nun alle, die bald auf der Nürnberger Anklagebank sitzen werden, in alliierter Gefangenschaft.

Der erste Nachzügler ist Baldur von Schirach, einst Reichsjugendführer, zuletzt Gauleiter und Reichsverteidigungskommissar von Wien.

Als die Russen in die österreichische Hauptstadt einrücken, fährt Schirach mit frisch gewachsenem Schnurrbart nach Schwaz in Tirol. In einem Bauernhaus mietet er sich unter dem Namen Richard Falk ein. Er kann sich ziemlich sicher fühlen, denn die Amerikaner glauben irrtümlich, er sei tot. Eine Meldung aus den letzten Tagen des Zusammenbruchs sagt nämlich, die Wiener hätten ihren Reichsverteidigungskommissar an der Floridsdorfer Donaubrücke aufgehängt.

So kann Schirach unerkannt sogar bei einer amerikanischen Dienststelle als Dolmetscher arbeiten. In seiner freien Zeit betätigt er sich als Schriftsteller und tippt eifrig an einem Manuskript, auf dessen erster Seite der Titel eines Kriminalromans steht: *Das Geheimnis der Myrna Loy*. Dahinter verbirgt sich allerdings die Geschichte der letzten Tage Wiens.

Die Bauersleute schöpfen keinen Verdacht.

Um so mehr wundert sich die Militärregierung in Schwaz, als sie am 5. Juni 1945 einen eigenhändigen Brief des angeblich Toten erhält: ›Aus eigenem Entschluß begebe ich mich in amerikanische Gefangenschaft, um damit die Möglichkeit zu haben, mich vor einem internationalen Gericht zu verantworten. Baldur von Schirach.‹

»Aber Schirach ist doch tot!« ruft der Ortskommandant.

Dann schickt er einen Jeep los. Auf halbem Wege kommt Schirach den Soldaten entgegen. Er hat sich den Schnurrbart wieder abgenommen und gibt sich sofort gefangen.

Weshalb meldete er sich freiwillig?

Henriette von Schirach, Baldurs damalige Frau, ist der Geschichte nachgegangen und fand einen Zeugen, der ihr folgendes berichtete: »Am 5. Juni 1945 kam eine Drahtfunkmeldung: Alle HJ-Führer werden verhaftet, die ganze Hitlerjugend soll angeklagt werden, auch die Sechzehnjährigen werden gesucht. Nun wollte er einfach nicht mehr Richard Falk sein und bequem versteckt leben, nun war er plötzlich wieder der Reichsjugendführer, der sich vor die Jugend stellen wollte.«

»Aber er hatte doch nichts mehr mit der Jugend zu tun«, wendete Frau von Schirach ein, »Axmann war doch sein Nachfolger als Reichsjugendführer ...«

»Wir dachten doch alle, daß Axmann tot sei«, erklärte ihr der Gewährsmann, »und da fühlte er sich eben verantwortlich. Er wollte die vielen HJ-Führer, die man nun anklagte, nicht im Stich lassen, er wollte sagen: ›Ich trug die Verantwortung, gebt mir die Schuld.‹ Er hat immer geglaubt, daß er etwas retten könnte.«

»Warum bist du nicht geflohen?« fragt Frau von Schirach, als sie ihren Mann bald nach seiner Verhaftung im Gefangenenlager Rum sehen darf. »Du hättest nach Spanien fliehen können. Du warst totgemeldet. Du hättest verschwinden können.«

»Du weißt doch, daß ich so etwas nicht tue«, antwortet von Schirach. »Ich habe mir alles reiflich überlegt. Ich hatte ja Zeit, niemand suchte mich. Aber ich will aussagen, ich will vor ein Gericht gestellt werden und die Schuld auf mich nehmen. Durch mich hat die Jugend an Hitler geglaubt, ich habe sie im Glauben an ihn erzogen, nun muß ich sie davon frei machen. Wenn ich Gelegenheit habe, dies vor einem internationalen Gericht zu sagen, lasse ich mich hängen!«

»Hängen?« fragt seine Frau entsetzt.

Baldur von Schirach gibt sich keinen Illusionen hin.

»Sie werden uns alle hängen ...«, sagt er zu seiner Frau. Denkt er dabei an jene Dinge, die er in seinem rührseligen Gespräch nicht erwähnt, die aber in Nürnberg unerbittlich von der Anklage ans Licht gebracht werden?

Der Vorhang der Menschenjagd schließt sich am 23. Juni 1945 mit der Verhaftung des letzten Nachzüglers. In Berlin-Babelsberg erscheinen sechs sowjetische Offiziere unter der Führung von Oberst Pimenow in der Wohnung des einstigen Großadmirals Erich Raeder. Der frühere Oberbefehlshaber der deutschen Kriegsmarine, 1943 von Hitler in die Wüste geschickt und von Karl Dönitz abgelöst, lebt offiziell angemeldet und bisher unbehelligt im russischen Sektor.

Nun interessiert man sich plötzlich für ihn.

Zusammen mit seiner Frau Erika wird Raeder ins Lichtenberger Gefängnis gesperrt. Vierzehn Tage später fliegen die Russen das Ehepaar nach Moskau. In der Nähe der Hauptstadt, auf einer etwa zwanzig Kilometer außerhalb gelegenen Moskwa-Insel, müssen sie nun in einem Blockhaus das Leben von Internierten führen.

Den Sinn dieser Maßnahmen erfährt Raeder erst, als man ihn Anfang Oktober 1945 nach Nürnberg bringt.

12 Geheimnis und Sensation: Rudolf Heß, Stellvertreter des Führers, fliegt nach Schottland

In der ersten Reihe der Nürnberger Anklagebank wird 1945 ein Mann sitzen, der während des ganzen Prozesses dem Internationalen Tribunal ständig neue Rätsel aufgibt: Rudolf Heß.

Das äußerliche Bild, das er vor Gericht geboten hat, zwingt zu der Frage, ob dieser Angeklagte überhaupt verhandlungsfähig gewesen ist oder ob er nicht vielmehr in eine Heil- und Pflegeanstalt gehört hätte.

Heß hat behauptet, sein Gedächtnis verloren zu haben und sich an nichts erinnern zu können.

Er hat aber auch behauptet, diesen Gedächtnisschwund nur vorgetäuscht zu haben.

Der amerikanische Gefängnispsychiater Douglas M. Kelley hat sich viele Monate lang mit Rudolf Heß befaßt und zahllose Abende in dessen Zelle zugebracht. Das Hauptergebnis seiner Beobachtungen läßt sich in folgenden Worten zusammenfassen: Heß war während der ganzen nationalsozialistischen Zeit immer nur ›Zweiter‹, immer nur ›Stellvertreter‹. Diese Tatsache muß seinen Ehrgeiz verletzt haben, und da es keinerlei Aussicht für ihn gab, über den Rang der zweiten Rolle hinauszukommen, flüchtete er in das sensationelle Unternehmen seines Englandfluges: Als Friedensstifter zwischen den kriegführenden Mächten wäre Heß plötzlich auf der ganzen Welt ›Nummer Eins‹ gewesen.

Kelley meint, daß Heß durch seine amtliche Zweitrangigkeit schon bald einen ›Verdrängungskomplex‹ entwickelte, der sich in allen möglichen körperlichen Beschwerden äußerte. Tatsächlich hat er jahrelang immer neue Ärzte aufgesucht, immer neue Heilmittel und Kuren ausprobiert, aber jeden Versuch rasch wieder aufgegeben, wenn sich nicht innerhalb von ein oder zwei Wochen wunderartige Erfolge einstellten.

Am Ende war sein Vertrauen zur Schulmedizin dahin. Die nächste Station: Naturheilkundige, Pendler, Quacksalber, Scharlatane, Astrologen. Die Magenschmerzen, über die Heß am häufigsten klagte, verschwanden nicht.

Nach allem, was Kelley herausfinden konnte, ist es mit Heß seit 1938 steil bergab gegangen, sein Körpergewicht nahm ab, seine Spannkraft ließ nach. Zeugen sagen aus, daß er stundenlang an seinem Schreibtisch sitzen konnte und dabei untätig ins Leere starrte.

Der Gerichtspsychiater glaubt, die tiefere Ursache dafür zu wissen: Heß muß um diese Zeit erkannt haben, daß Hitler, zu dem er wie zu einem vergötterten Vater aufblickte, in Wirklichkeit gar nicht verehrungswürdig war.

Heß befindet sich wohl wirklich in einer Krise, aber der Ausweg, den er am Ende einschlägt, ist ebenso absonderlich wie seine ganze Gemüts- und Geistesverfassung um diese Zeit. In einem Gespräch mit Kelley hat er zugegeben, daß ihm im Jahre 1940 ein Astrologe prophezeite, er sei dazu ausersehen, der Welt den Frieden zu bringen.

Heß beschließt, auf eigene Faust nach England zu fliegen und dort Friedensverhandlungen zu führen. Er betreibt die Vorbereitungen in aller Heimlichkeit. Selbstverständlich darf Hitler nichts davon erfahren. In der Erklärung von Heß' Sekretärin Hildegard Fath heißt es: »Vom Sommer 1940 an mußte ich im Auftrage von Heß geheime Wettermeldungen über die Wetterlage über der britischen Insel und über der Nordsee einholen und an Heß weiterleiten. Die Meldungen bekam ich von einem Hauptmann Busch. Teilweise bekam ich auch Meldungen von Fräulein Sperr, der Sekretärin von Heß bei dessen Verbindungsstab in Berlin.«

Mehrmals unternimmt Heß heimliche Versuchsflüge. Der deutsche Flugzeugkonstrukteur Willy Messerschmitt hat im Jahre 1947 vor der Presse eine Erklärung über die Ereignisse abgegeben.

›Messerschmitt berichtete‹, heißt es in dem Interview, ›Heß habe ihm im Spätherbst 1940 in Augsburg den Wunsch vorgetragen, neue Jagdflugzeuge zu erproben. Er habe sich zuerst geweigert. Als Heß aber auf seinem Wunsch bestand und erklärte, daß seine Stellung ihm das Recht dazu gäbe, habe er schließlich dem ‚Stellvertreter des Führers' die Genehmigung erteilt, Me-110-Maschinen zur Erprobung zu fliegen.

Heß, den Messerschmitt als ausgezeichneten Piloten bezeichnete, habe etwa zwanzig Flüge vom Augsburger Flugplatz aus unternommen. Nach jedem Flug habe er Messerschmitt und seinen Ingenieuren Fehler, die er an den Maschinen entdeckt haben wollte, in der Hoffnung vorgehalten, daß dies die Ingenieure dazu bringen werde, ein für den heimlich geplanten Flug nach den britischen Inseln geeignetes Flugzeug zu schaffen.‹

Wörtlich fährt Messerschmitt fort: »Nach einem Flug sagte Heß einmal zu mir: ›Dieser Jäger ist ausgezeichnet, aber nur für kurze Flüge geeignet. Ich will wetten, daß er seine ganze Wendigkeit verlieren wird, wenn Sie zusätzliche Brennstofftanks in die Flügel einbauen.‹«

Kurz darauf wandte Heß die gleiche Taktik hinsichtlich einer Bordfunkausrüstung in großer Reichweite an.

Weiter heißt es in dem Interview: ›Messerschmitt ließ, nur um ihm zu zeigen, daß der zusätzliche Einbau des schweren Empfängers und Senders das Flugzeug in seinen Flugeigenschaften nicht beeinträchtige, diese Arbeiten vornehmen. Unter dem Vorwand des wissenschaftlichen Interesses brachte Heß den Konstrukteur ganz allmählich dazu, eine Maschine zu bauen, die für seinen geplanten Flug ideal war.‹

Endlich, am 10. Mai 1941, startet Heß von Augsburg aus mit der vorbereiteten Maschine, um nicht mehr zurückzukehren. Zuvor hat er sich von einer Münchner Astrologin versichern lassen, daß der Tag günstig gewählt ist.

Abends, um 22 Uhr 08, wird an der Küste von Northumberland von britischen Beobachtern ein feindliches Flugzeug gesichtet, wie es in dieser fernen, unwirtlichen Gegend noch niemals gesehen worden ist.

Die Meldung stößt bei den höheren Befehlsstellen auf Unglauben: Eine deutsche Me 110 an der Küste von Northumberland – das ist unmöglich, weil diese Maschinen gar nicht genug Treibstoff mitführen können, um wieder zurückzufliegen.

Die Beobachtung wird fortgesetzt, eine Jagdstaffel trifft Vorbereitungen zur Verfolgung des mysteriösen Flugzeugs.

Um 23 Uhr 07 kommt die Meldung, daß die Maschine in der Nähe von Eaglesham in Schottland abgestürzt und in Flammen aufgegangen ist. Der Pilot ist mit dem Fallschirm abgesprungen, auf einem freien Feld gelandet und von Angehörigen der Home Guard festgenommen worden . . .

Der Landwirt David MacLean ist der erste, der mit Rudolf Heß auf britischem Boden in Berührung kommt. Er hört die Maschine mehrmals über seinem Haus kreisen, vernimmt dann einen dumpfen Knall und läuft hinaus, um nachzusehen.

Am dunklen Himmel sieht er den Pilz eines Fallschirms hängen. Es sind nur wenige Schritte bis zu dem Feld, auf dem Heß niedergeht. Der fremde Fallschirmspringer stürzt zu Boden, MacLean hilft ihm beim Aufstehen. Heß hat sich einen Knöchel verletzt, kann aber noch laufen.

»Ich suche das Haus des Duke of Hamilton«, sagt er in bestem Englisch zu dem Bauern. »Ich habe eine wichtige Nachricht für die Royal Air Force. Ich bin allein und unbewaffnet.«

MacLean führt den unerwarteten Besuch in das Haus, wo ihm eine Tasse Tee angeboten wird.

»Nein, danke«, lehnt Heß ab, »ich trinke so spät keinen Tee.« Sein Name, so sagt er, ist Alfred Horn.

Während er auf einem Stuhl sitzt und seinen Knöchel massiert, nähert sich dem Farmhaus ein klappriges Automobil. Es gehört Robert Williamson, einem Hilfspolizisten, der von Eaglesham aus den Absturz der Maschine beobachtet hat. Im selben Wagen sitzt ein Mann namens Clark, ein Nachbar Williamsons.

Clark gehört der Home Guard an.

Beide Männer betreten wenige Minuten später das Bauernhaus von MacLean. Williamson trägt einen flachen Stahlhelm mit der Aufschrift *Police,* Clark ist mit einem altertümlichen Revolver aus dem Ersten Weltkrieg bewaffnet.

So treten sie Heß gegenüber und nehmen ihn fest.

»Wir hatten keine Ahnung, wer er war«, erinnert sich Williamson, »aber er sah irgendwie wichtig aus.«

Im Auto wird Heß nach Busby gefahren. Von dort müssen sie zu Fuß zu einer abseits gelegenen Kaserne, in der die Home Guard untergebracht ist. Williamson geht voraus, Heß humpelt in der Mitte, und Clark bildet die Nachhut.

»Am meisten Angst hatte ich vor Clarks Revolver«, erzählt Williamson heute noch, »und ich glaube, unserem Gefangenen ging es ebenso.«

Die Home Guard wird von dem Ereignis im Schlaf überrascht. Die Männer kommen in Nachthemden, Unterhosen, Pantoffeln oder barfuß heraus, nachdem Williamson Alarm geschlagen hat.

»Ziemlich unmilitärisch«, murmelt Clark, wie Williamson später einem Reporter berichtet.

Immerhin, Heß wird hereingeführt und soll in den Wachraum gesperrt werden, bis weitere Befehle kommen.

»Ich bin deutscher Offizier!« protestiert er.

Clark wedelt mit seinem Revolver.

»Sie haben hineinzugehen!« sagt er nur.

Heß gehorcht. In diesem Augenblick beginnt seine Gefangenschaft.

Die Gefangennahme des deutschen Hauptmanns Horn wird weitergemeldet. Ebenso die Erklärung des Gefangenen, er sei ›in besonderer Mission‹ nach England gekommen und wünsche den Duke of Hamilton zu sprechen.

Tatsächlich wird dieser Bitte entsprochen, und am nächsten Morgen erscheint der Herzog von Hamilton, um herauszufinden, was es mit diesem seltsamen Alfred Horn auf sich hat.

›Am Sonntag, dem 11. Mai, kam ich mit einem Vernehmungsoffizier in der Maryhill-Kaserne an‹, heißt es in des Herzogs amtlichem Bericht, ›wo wir zunächst die persönlichen Habseligkeiten des Gefangenen untersuchten. Dazu gehörten eine Leica-Kamera, Fotografien von ihm und einem kleinen Jungen, einige Arzneimittel, Visitenkarten von Dr. Karl Haushofer und dessen Sohn, Dr. Albrecht Haushofer.

Ich betrat den Raum des Gefangenen in Begleitung des Vernehmungsoffiziers und des Offiziers vom Dienst. Der Gefangene bat sofort, mit mir allein sprechen zu dürfen. Ich bat deshalb die anderen Offiziere, sich zurückzuziehen.

Der Deutsche begann damit, daß er mich während der Olympischen Spiele 1936 in Berlin kennengelernt habe und daß ich damals in seinem Hause einmal gespeist hätte.

‚Ich weiß nicht, ob Sie sich an mich erinnern', sagte er, ‚aber ich bin Rudolf Heß.'

Er sagte weiter, er sei in einer Mission der Menschlichkeit gekommen: der Führer wünsche nicht, England zu zerstören, und wolle den Kampf beenden. Sein Freund Albrecht Haushofer habe ihm gesagt, ich sei ein Engländer, der seinen Standpunkt verstehen werde. Weiter sagte er, er habe schon dreimal versucht, nach England zu fliegen, das erstemal im vergangenen Dezember, er sei aber jedesmal wegen schlechten Wetters wieder umgekehrt.

Der Führer, sagte Heß weiter, sei überzeugt, daß Deutschland den Krieg gewinnen werde, möglicherweise bald, sicherlich aber in ein, zwei oder drei Jahren. Er selbst, Heß, wolle das unnötige Gemetzel beenden.‹

Wie das gemacht werden könnte, weiß Heß allerdings selber nicht genau. Er schlägt dem Herzog vor, Mitglieder seiner politischen Partei zusammenzubringen, um Friedensvorschläge auszuarbeiten. Als Hitlers Friedensbedingung teilt er dem Duke of Hamilton mit, daß England seine traditionelle Politik ändern müßte.

Es ist klar, daß dieses Gespräch fruchtlos verläuft . . .

Am Abend des 11. Mai befindet sich Winston Churchill in Ditchley, um sich bei Freunden zu erholen. Man sieht sich im Heimkino einen Film an.

›Der lustige Streifen rollte ab‹, berichtet Churchill in seinen Erinnerungen, ›und ich genoß die Ablenkung. Da benachrichtigte mich ein Sekretär, man wünsche mich im Auftrag des Herzogs von Hamilton zu sprechen.

Der Herzog — einer meiner persönlichen Freunde — hatte ein Jagdfliegerkommando in Ostschottland inne; ich konnte mir aber keine Angelegenheit denken, deren Besprechung nicht bis zum Morgen hätte warten können.

Der Anrufer bestand jedoch darauf, mich zu sprechen; es handle sich um eine dringende Sache, mit der sich die Regierung befassen müsse.‹

So erfährt Churchill die erstaunliche Nachricht.

»Ganz ähnlich hätte es auf mich gewirkt«, sagt der Premier, »wenn mein vertrauter Kollege, unser Außenminister Eden, aus einer gestohlenen Spitfire mit dem Fallschirm in der Umgebung Berchtesgadens abgesprungen wäre.«

Doch was soll nun geschehen?

Churchill selbst gibt die nötigen Anweisungen. Sie haben folgenden Wortlaut:

›1. Es dürfte angezeigt sein, Herrn Heß nicht dem Innenministerium, sondern dem Kriegsministerium als Kriegsgefangenen zu übergeben, doch ohne außer acht zu lassen, daß man wegen politischer Verbrechen Anklage gegen ihn erheben könnte. Dieser Mann ist grundsätzlich ein Kriegsverbrecher wie andere Naziführer auch; er und seine Mitverschworenen mögen sehr wohl nach Kriegsende in Acht und Bann erklärt werden. Für diesen Fall kann er tätige Reue zu seinen Gunsten buchen.

2. Mittlerweile ist er in einem günstig gelegenen Haus unweit von London strikt zu isolieren; ferner ist jeder Versuch zu machen, seine Mentalität zu ergründen und ihn zum Sprechen zu bringen.

3. Für seine Gesundheit und Bequemlichkeit ist zu sorgen; ausreichende Ernährung, Bücher, Schreibmaterial und Erholung sind vorzusehen. Kontakte mit der Außenwelt und Besucher, soweit nicht vom Foreign Office zugelassen, sind zu vermeiden. Eine Sonderaufsicht ist zu bestellen. Zeitungen und Radio sind nicht zugelassen. Man sollte ihn aber mit der gleichen Achtung wie einen in Kriegsgefangenschaft geratenen Heerführer behandeln.‹

Nachdem diese Anordnungen Churchills ergangen sind, wird Heß zunächst einmal in den Tower von London gebracht, die berühmte Festung, bis eine freundlichere Unterkunft in einem Landhaus gefunden worden ist.

Das alles muß auf Heß niederschmetternd wirken. Statt als Friedensbringer empfangen zu werden, wird er von den Briten wie ein Kriegsgefangener behandelt. Statt Verwirklichung seiner phantastischen Träume nüchterne Wirklichkeit...

Konnte ein Mann wie Rudolf Heß, der ›Stellvertreter des Führers‹, bei klarem Verstand nach Großbritannien geflogen sein? War er so wenig mit der wirklichen politischen Lage vertraut? Den Briten jedenfalls liegt es nahe, zunächst einmal die Ärzte sprechen zu lassen.

Als wissenschaftliche Autorität gibt wenige Tage nach der Landung J. R. Rees einen medizinischen Bericht an Churchill: ›Heß gab an, daß er letzten Herbst von den schweren Luftangriffen auf London entsetzt gewesen sei, und der Gedanke an die toten Mütter und kleinen Kinder sei ihm fürchterlich erschienen. Diese Empfindung habe sich verstärkt, wenn er seine Frau und seinen eigenen Sohn angesehen habe, und das habe ihn auf den Einfall gebracht, nach Großbritannien zu fliegen, um mit der starken Antikriegspartei, an deren Existenz er glaubte, einen Frieden zu vereinbaren.

Da er bereits derartige Gedanken hegte, beeindruckte es ihn, als sein väterlicher Freund und Lehrer, der Geopolitiker Karl Haushofer, ähnliche Gedankengänge entwickelte und den Herzog von Hamilton als einen Mann mit gesundem Menschenverstand bezeichnete, den dieses sinnlose Gemetzel entsetzen müsse. Auch habe Haushofer im Traum Heß dreimal am Steuer eines Flugzeugs mit unbekanntem Ziel gesehen.

Diese Bemerkungen, die von einem solchen Manne kamen, erweckten in Heß das Gefühl der Berufung, als Friedensgesandter in unser Land zu fliegen und zum Herzog von Hamilton vorzudringen, der ihn zu König Georg bringen würde. Dadurch könnte

Rudol Heß, Stellvertreter des Führers, und sein engster Mitarbeiter, Martin Bormann (l.), 1936 auf dem Weg zur Reichskanzlei. Bormann verstand es, Heß immer mehr Verwaltungsarbeit abzunehmen. So wurde die Funktion von Heß immer repräsentativer und Bormann selbst immer unentbehrlicher. Bis er schließlich in den letzten Kriegsjahren zum mächtigsten Mann nach Hitler aufrückte

die derzeitige britische Regierung gestürzt und an deren Stelle eine Friedenspartei gesetzt werden.

Er bestand darauf, daß er mit dieser ›Clique‹ — der bestehenden Regierung — nichts zu tun haben wolle, denn diese werde alles tun, um seine Absichten zu vereiteln. Er hatte aber keine klare Vorstellung, welche unserer Staatsmänner sie ersetzen sollten, und auch über die Namen und Bedeutung unserer Politik schien er sehr ungenügend unterrichtet.‹

Die britische Presse stürzt sich auf die Sensation. Der Rundfunk verbreitet die Meldung — und damit läßt sich das Geheimnis auch in Deutschland nicht mehr länger wahren. Das Propagandaministerium des Dr. Goebbels sieht sich gezwungen, das deutsche Volk davon zu unterrichten, daß der Stellvertreter des Führers mitten im Krieg ins feindliche Ausland verschwunden ist!

Dr. Henry Picker, einer von Hitlers Stenografen, hat in seinen Aufzeichnungen festgehalten, wie die Nachricht im engsten Kreis wirkte: ›Hitler erfuhr vom Fluge seines Stellvertreters Heß nach Schottland, als er mit Göring und Ribbentrop am Kamin plauderte und von Lorenz für eine wichtige Meldung herausgebeten wurde. Er diktierte die erste Verlautbarung Lorenz sofort ins Stenogramm und verfaßte — nachdem er um Mitternacht von der ersten englischen Meldung unterrichtet worden war — nach Rücksprache mit Göring, Bormann und Ribbentrop die ausführliche Montagsmeldung, die den Flug mit einem langwierigen Leiden erklärte, das sich offenbar auf Heß' Geist geschlagen habe.‹

So gibt das amtliche Deutsche Nachrichtenbüro eine Meldung heraus, die von allen deutschen Zeitungen kommentarlos abgedruckt wird: ›Parteiamtlich wird mitgeteilt: Parteigenosse Heß, dem es auf Grund einer seit Jahren fortschreitenden Krankheit vom Führer strengstens verboten war, sich noch weiter fliegerisch zu betätigen, hat es entgegen dem vorliegenden Befehl vermocht, sich wieder in den Besitz eines Flugzeuges zu bringen.

Am Samstag, dem 10. Mai, gegen 18 Uhr startete Parteigenosse Heß in Augsburg wieder zu einem Flug, von dem er bis zum heutigen Tage nicht zurückgekehrt ist. Ein zurückgelassener Brief zeigte in seiner Verworrenheit leider die Spuren einer geistigen Zerrüttung, die befürchten läßt, daß Parteigenosse Heß das Opfer von Wahnvorstellungen wurde.

Der Führer hat sofort angeordnet, daß die Adjutanten des Parteigenossen Heß, die von diesen Flügen allein Kenntnis hatten und dies entgegen dem ihnen bekannten Verbot des Führers nicht verhinderten, beziehungsweise sofort meldeten, verhaftet wurden. Unter diesen Umständen muß also leider die nationalsozialistische Bewegung damit rechnen, daß Parteigenosse Heß auf seinem Flug irgendwo abgestürzt beziehungsweise verunglückt ist.‹

Mehr weiß die nationalsozialistische Parteikorrespondenz, die am 13. Mai in den deutschen Zeitungen bekanntgibt: ›Soweit die bisher vorgenommene Durchsicht der von Rudolf Heß zurückgelassenen Papiere ergibt, scheint Heß in dem Wahn gelebt zu haben, durch einen persönlichen Schritt bei ihm von früher her bekannten Engländern doch noch eine Verständigung zwischen Deutschland und England herbeiführen zu können.

Tatsächlich ist er auch, wie unterdessen durch eine Mitteilung aus London bestätigt wurde, in Schottland in der Nähe des Ortes, den er aufsuchen wollte, vom Flugzeug abgesprungen und wurde dort anscheinend verletzt aufgefunden.

Rudolf Heß, der seit Jahren, wie in der Partei bekannt war, körperlich schwer litt, nahm in letzter Zeit steigend seine Zuflucht zu den verschiedensten Hilfen, Magnetiseuren, Astrologen und so weiter. Inwieweit auch diese Personen eine Schuld trifft in der Herbeiführung einer geistigen Verwirrung, die ihn zu diesem Schritt veranlaßte, wird ebenfalls zu klären versucht.

Es wäre auch denkbar, daß Heß von englischer Seite bewußt in eine Falle gelockt wurde.

Die ganze Art seines Vorgehens bestätigt jedenfalls die schon in der ersten Mitteilung gegebene Tatsache, daß er unter Wahnvorstellungen gelitten habe. Er kannte die zahlreichen, aus ehrlichem Herzen kommenden Friedensvorschläge des Führers besser als irgendein anderer. Anscheinend lebte er sich nun in die Vorstellung hinein, durch ein persönliches Opfer einer Weiterentwicklung vorbeugen zu können, die in seinen Augen nur mit der vollkommenen Vernichtung des britischen Imperiums enden würde. Heß, dessen Aufgabenbereich, wie bekannt, ausschließlich in der Partei lag, hat daher auch, soweit es aus seinen Aufzeichnungen hervorgeht, irgendeine klare Vorstellung über die Durchführung oder gar über die Folgen seines Schrittes nicht gehabt.‹

Willy Messerschmitt hat in seinem schon erwähnten Interview geschildert, wie Hermann Göring auf das Verschwinden von Rudolf Heß reagierte: ›Die ersten Nachrichten, erklärte der Flugzeugkonstrukteur, seien ihm um acht Uhr am gleichen Abend, als er sich in einer Gastwirtschaft in Innsbruck aufgehalten habe, zu Ohren gekommen. Zwei Stunden später habe Göring ihn angerufen und ihm aufgeregt befohlen, zu einer Besprechung nach München zu kommen. Am nächsten Morgen habe er Göring in dessen Sonderzug im Münchner Hauptbahnhof aufgesucht.‹

Dann erzählte Messerschmitt wörtlich: »Göring zeigte mit seinem Marschallstab auf meinen Bauch und brüllte: ›Also, wenn es nach Ihnen ginge, kann offenbar jeder mit einer Messerschmitt losfliegen!‹

Ich fragte ihn, was er meine, worauf Göring antwortete: ›Sie kennen diesen Burschen Heß sehr gut!‹

Ich erwiderte: ›Aber Heß ist doch nicht irgendein x-beliebiger!‹

Göring, der sich langsam beruhigte, meinte: ›Sie hätten Nachforschungen anstellen sollen, ehe Sie einem solchen Mann eine Maschine zur Verfügung stellten.‹

Ich antwortete: ›Wenn Sie in mein Werk kommen und eine Maschine verlangen, soll ich dann erst den Führer um Erlaubnis fragen, ob ich sie Ihnen geben darf?‹

Das machte Göring wieder wütend, und er entgegnete scharf: ›Das ist schließlich ein Unterschied, ich bin Luftfahrtminister!‹

Ich entgegnete: ›Und Heß ist der Stellvertreter des Führers.‹

Göring antwortete: ›Aber Sie sollten bemerkt haben, Messerschmitt, daß dieser Mann verrückt war.‹

›Wie soll ich schließlich annehmen‹, konnte ich nur trocken erwidern, ›daß ein Wahnsinniger eine so hohe Stellung im Dritten Reich bekleiden kann? Sie hätten ihn halt zum Rücktritt bewegen sollen, Herr Reichsmarschall!‹

Göring lachte laut: ›Sie sind unverbesserlich, Messerschmitt. Fahren Sie zurück und bauen Sie Ihre Flugzeuge weiter!‹«

Messerschmitt bleibt unbehelligt, aber die Adjutanten von Rudolf Heß werden in Konzentrationslager gebracht. Briefe, die Heß aus Großbritannien mit der Kriegsgefangenenpost schreibt, unterliegen selbstverständlich der Zensur.

›Hitler sei heute noch verärgert‹, notiert Stenograf Picker ein Jahr später, ›daß man ihm über die von Heß vor seinem Englandflug unternommenen Versuchsflüge nichts berichtet habe. Heß' Rückkehr nach Deutschland hält Hitler für ausgeschlossen, da es nur die Alternative ‚Irrenhaus oder Erschießung' für ihn gäbe. Heß müsse sich schon eine neue Existenz im Ausland aufbauen.‹

Der Leiter der Parteikanzlei, Martin Bormann, schreibt in einem nach dem Krieg aufgefundenen Brief an SS-Führer Heinrich Himmler: ›Gerade in den ersten Aussagen der Adjutanten Pitsch und Leitgen und des Generals Haushofer und in einem der ersten Briefe von Frau Heß selbst wurde als mögliche Erklärung des Fluges angegeben, R. H. habe sich auszeichnen wollen, weil er unter Minderwertigkeitsgefühlen gelitten habe.‹

Das trifft genau die Auffassung des amerikanischen Gefängnispsychiaters Kelley.

Bormann verbreitet sich in seinem Brief dann ausführlich über das Eheleben von Rudolf Heß, wobei er dessen Frau nicht schont, und fährt fort: ›Nach Auffassung des Führers sind dies tatsächlich die wirklichen Gründe. Wie erst jetzt bekannt wurde, ließ sich R. H. seit Jahren immer wieder wegen Impotenz behandeln, auch während der Zeit, in welcher der *Buz* genannte Sohn gezeugt wurde. Vor sich selbst, vor seiner

Frau und vor der Partei und dem Volke glaubte R. H., durch dieses Unternehmen seine Männlichkeit unter Beweis stellen zu können.‹

An einer anderen Stelle heißt es in Bormanns Brief: ›Wie sich aus den Akten ergibt, hat R. H. selbst die Erfolgsaussichten seiner Gespräche zu hundert Prozent bejaht, als ihm der sogenannte Wahrtraum durch General Haushofer erzählt wurde und nachdem Schulte-Strathaus und Nagengast ihm in Horoskopen Glück und Erfolg prophezeit hatten. Heß glaubte an derlei Dinge, und nachdem ihm von drei Seiten der Erfolg prophezeit worden war, glaubte er besonders fest daran.‹

Der Münchener Arzt Dr. Ludwig Schmitt, der Rudolf Heß von 1936 bis 1939 wegen verschiedener Beschwerden behandelte, erklärte nach Kriegsende einem Reporter der *New York Times*: »Heß hatte eine Tendenz zur Schizophrenie und war leicht psychopathisch.«

Nach dem Mißerfolg seines Englandfluges müssen sich diese Tendenzen verstärkt haben. Wenn Heß vier Jahre später auf der Anklagebank von Nürnberg sitzen wird, werden sich die Ärzte erneut mit ihm zu befassen haben.

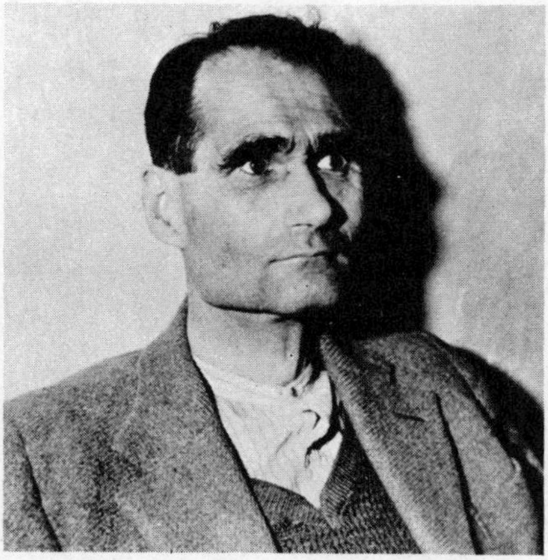

In Nürnberg bot Hitlers Stellvertreter Rudolf Heß ein jämmerliches Bild: Er konnte sich an nichts erinnern, stammelte wirres Zeug. Bis in die heutige Zeit hat sein Schicksal die Weltmeinung emotional beschäftigt

Der Weg nach Nürnberg

1 Irgendwo in Europa – Fragen, Fragen, Fragen

Irgendwo in Europa — so lautet die geheimnisvolle Bezeichnung, wenn die Alliierten einen bestimmten Schauplatz nicht bekanntgeben wollen.

Irgendwo in Europa: das ist in unserem Falle Bad Mondorf in Luxemburg.

Bad Mondorf ist die letzte Etappe, bevor die Gefangenen nach Nürnberg auf die Anklagebank gebracht werden. In Bad Mondorf beginnt die Voruntersuchung mit ihren zahlreichen Vernehmungen. In Bad Mondorf verrinnt die Zeit mit endlosem Warten.

Sie wohnen im hübschen Grand-Hotel — aber nur der Name des Hauses erinnert noch an einstigen Komfort und Luxus. Der deutsche Gefängnisarzt Dr. Ludwig Pflükker — selbst Gefangener im Lager Mondorf — hat in seinen Erinnerungen geschrieben: ›Die Lage der Internierten in Mondorf war gut. Die Unterbringung, meist zu zweit in den schönen Hotelzimmern mit dem Blick ins Grüne, war nicht schlecht. Für den Aufenthalt im Freien stand der Hotelgarten zur Verfügung, und bei dem meist schönen Wetter bildeten sich Gruppen von Spaziergängern, während sich andere auf Liegestühlen unterhielten oder ihr Ruhestündchen hielten. Der Aufenthalt in diesem Hotel mit seinem Garten und dem anschließenden Park mit hohen alten Bäumen war ein Idyll.‹

Und weiter: ›Die Verpflegung wurde aus amerikanischen Beständen in der gut eingerichteten Hotelküche durch deutsche Kriegsgefangene zubereitet und in einem kleinen Saal durch Kellner serviert. Als Verpflegung wurde morgens eine süße Suppe, oft auch Weißbrot und Kaffee oder Tee, mittags eine Suppe, Gemüse und Fleisch, oft eine Süßspeise oder Kompott und abends ebenfalls ein warmes Gericht oder Brei gereicht. Die Speisen waren gut zubereitet, reichlich, und auch für Abwechslung war gesorgt. Unser tüchtiger Koch Jakesch, ein Wiener, verstand sich besonders auf Mehlspeisen, unter denen Scheiterhaufen und Nudelauflauf sehr beliebt waren.‹

Kommandant des Lagers ist der amerikanische Oberst Burton C. Andrus, dem später auch das Sicherheitswesen im Nürnberger Justizpalast unterstehen wird.

Oberst Andrus ist kein Freund der Gefangenen. Kein Wunder, daß sich daraus ein Kleinkrieg entwickelt, den die Häftlinge mit Aufsässigkeit führen, Andrus mit allen möglichen Schikanen. Kein Wunder auch, daß der Oberst in allen ihren Schilderungen schlecht abschneidet.

Göring macht sich über den grün gelackten, stets auf Hochglanz polierten Helm des Kommandanten lustig und nennt ihn nur den ›Feuerwehrhauptmann‹.

»Er hatte ausdruckslose, aber unfreundliche Augen«, sagt Papen über ihn.

Als ›überaus unangenehm, subaltern-ängstlichen Mann‹ bezeichnet ihn Hjalmar Schacht.

Dr. Pflücker schreibt: ›Andrus war ein aktiver Offizier der Kavallerie. Er nahm sein Amt äußerst genau und wurde dadurch für die Internierten zu einer großen Plage. Ich muß aber um der Wahrheit willen feststellen, daß er sich auch ehrlich um die Versorgung der Internierten bemühte. Man muß bedenken, daß der Kommandant für die innere Sicherheit der Internierten zu sorgen hatte. Daß diese Sicherheit nur um den Preis großer Härten durchzuführen war, ist selbstverständlich. Um Selbstmorde zu verhüten, waren die Glasfenster entfernt und durch Drahtglas sowie feste Eisengitter ersetzt, an die man sich aber schnell gewöhnte, da das Grün des Parks allem die harte Note nahm. Übergriffe der Wachmannschaften sind nie vorgekommen.‹

»Zur Vernehmung!«

Diese Aufforderung ist die einzige Abwechslung im grauen Tagesablauf.

Die Verhöre dauern meist stundenlang. Die Vernehmungsoffiziere kommen immer wieder auf die gleichen Dinge zurück, springen dazwischen von einem Thema zum anderen, streuen harmlose Tarnfragen ein und suchen nach Widersprüchen.

Es gehören eiserne Nerven dazu.

Stets ist ein Stenograf dabei, der jedes Wort festhält. Und nur wenn man einem dieser Protokolle einmal über mehrere Seiten folgt, kann man sich in die aufreibende Atmosphäre versetzten, in der sich die Voruntersuchung für den Nürnberger Prozeß abspielte.

Werner Bross, der zeitweilige Assistent von Görings Verteidiger Stahmer, hat Bruchstücke zweier solcher Vernehmungsniederschriften aus dem Juni 1945 – fünf Monate vor Prozeßbeginn – der Nachwelt überliefert. Die Originale umfassen 555 Fragen des amerikanischen Beamten und ebensoviele Antworten Hermann Görings. Ein Teil der Protokolle soll hier wiedergegeben werden. Sie sagen in ihrer nackten Sprache mehr als jede Schilderung.

Frage: »Was ist Ihr voller Name?«

Antwort: »Hermann Wilhelm Göring.«

»Was war Ihre Tätigkeit?«

»Offizier und Oberbefehlshaber der Luftwaffe, Luftfahrtminister, Ministerpräsident von Preußen, Präsident des Reichstags, Forstminister, Rang eines Reichsmarschalls.«

»Anscheinend waren Sie einer der erfolgreichsten Nazis, weil es Ihnen gelang, zu den Überlebenden zu zählen?«

»Ich weiß nicht, wie Sie die Sache ansehen – aber es sind noch eine ganze Anzahl Nazis übrig.«

»Sie sind der letzte große Nazi. Wie haben Sie es fertiggebracht, leben zu bleiben? Warum sind Sie nicht gestorben?«

»Es war ein Zufall. Ich wurde gefangengenommen und sollte erschossen werden. Durch einen Zufall wurde ich es nicht.«

»Was halten Sie von Schacht?«

»Er spricht nur von sich selbst.«

»Finden Sie nicht, daß Sie immer nur von sich selbst reden? Können Sie uns sonst noch etwas über Schacht sagen?«

»Er war ein kluger Mann. Schon ehe die Partei zur Macht kam, hat er für sie gearbeitet.«

»Er muß klüger gewesen sein als Sie, denn er trat vor dem Krieg aus der Partei aus.«

»Manche Leute haben keinen Charakter.«

»Können wir Schacht vertrauen?«

»Das überlasse ich Ihnen.«

»Ist er ein Mann ohne Charakter?«

»Das will ich nicht direkt sagen, aber es ist bekannt, daß Schacht öfter seine Ansichten wechselte.«

»Sind Sie ein Mann mit Grundsätzen?«

»Ich habe immer zu meiner Überzeugung gestanden.«

»Was sind Ihre Hauptüberzeugungen?«

»Für mein Land zu arbeiten. Ich will auch Schacht nicht verurteilen, ich wurde nur um meine persönliche Meinung gefragt.«

»Wurde 1938 ein Dekret von Ihnen unterzeichnet, das den Juden eine Buße von einer Milliarde Reichsmark auferlegte?«

»Das war von Hitler befohlen.«

»Schämen Sie sich deswegen?«

»Ich finde nicht, daß das Gesetz richtig war.«

»Dann schämen Sie sich also, daß Sie dieses Dokument unterzeichneten? Oder schämt sich ein deutscher Feldmarschall niemals?«

»Nach der Genfer Konvention brauche ich diese Frage nicht zu beantworten.«

»Sie sind nicht mehr Kriegsgefangener. Der Krieg mit Deutschland ist beendet. Deutschland hat sich bedingungslos den Vereinten Nationen ergeben. Wollen Sie die Frage beantworten?«

»Ich bedaure es. Sie müssen an die Zeit denken.«

»Wer hatte die Verwahrung Ihres Scheckbuches?«

»Meine Sekretärin und ich.«

»Wer übernahm die Kosten für Karinhall?«

»Luftfahrtministerium und Staatsministerium.«

»Wie wurden die Mittel für den Ankauf eines Bildes überwiesen?«

»Immer bar bezahlt.«

»Woher bekamen Sie das Bargeld?«

»Ich war der zweite Mann, hatte immer reichlich Geld. Ich selbst bestätigte die Order.«

»Bekamen Sie all Ihre ausländische Währung auf diese Art?«

»Ja. Ich war die letzte Instanz.«

»Gab es ein geregeltes Verfahren und wurden Aufzeichnungen geführt?«

»Es war nur eine Frage, Erlaubnis zu bekommen — und in meinem Falle war das außer Frage.«

»Könnten Sie sich einen armen Mann nennen?«

»Ich weiß nicht, was übrig ist. Ich habe keine Kontrolle über irgend etwas.«

»Sie haben nichts in einer Höhle versteckt?«

»Nein, nichts.«

»Führten Sie je ein Tagebuch?«

»Ich führte ein Tagebuch in Absätzen. Der Adjutant führte eins in den letzten Jahren. Sie verbrannten in Karinhall, wo all diese Dinge waren. Meine Leute oder die Russen haben es getan, denn ich hatte den Befehl gegeben, daß alles verbrannt werden müsse. Die Russen kamen zwischen Berlin und Karinhall. Wir mußten eiligst fliehen. Da ist auch eine Menge Zeug vergraben.«

»Sagen Sie uns, wo es ist, und wir werden es holen.«

»Mir wurde gesagt, wo es ist, aber es ist schwer, es zu holen. Auch werden die Russen Sie dort nicht graben lassen. Es ist fast unmöglich von hier aus zu beschreiben, weil die Gegenstände zu weit ausgebreitet wurden, und eine Karte wäre hier sehr schwer zu zeichnen.«

»Existiert ein Lageplan?«

»Nein.«

»Wer außer Ihnen weiß, wo die Sachen vergraben sind?«

»Die Soldaten, die bei mir waren und es nach meinen Befehlen ausführten. Ich weiß nicht, was aus den Soldaten geworden ist. Ich glaube, daß es unmöglich wäre, selbst wenn wir einen Soldaten hätten, denn die Russen würden uns nie etwas ausgraben lassen, ohne es zu nehmen. Ich hoffe, daß wir vielleicht später die Sachen holen können.«

»Haben Sie im April 1945 Geld abgehoben, um es an eine andere Bank zu schikken?«

»Ich gab den Befehl, eine halbe Million an eine süddeutsche Bank zu schicken. Wenn es geschehen wäre, hätte ich Nachricht bekommen, aber ich habe nichts darüber gehört.«

»Haben Sie ein Testament gemacht?«

»Ich tue es jetzt, aber es ist nicht nötig, da nach dem Gesetz alles an mein Kind fällt.«

»Hinterlassen Sie Ihrer Sekretärin etwas?«

»Die Liste ist angefertigt, und meine Frau soll alles übernehmen.«

»Wo ist die Liste?«

»Sie wurde mit der Bibliothek verpackt. Es war auf dem Zug. Ich hatte zwei Züge, in dem einen war mein Hauptquartier. Ein Zug stand geschützt in einem Tunnel an der Seite der Bahn. Als es losging, verschwanden die Wachen, und eine Menge Dinge wurde gestohlen. Schmuckkassetten waren geöffnet und die Steine herausgenommen, aber die Fassungen lagen verstreut umher.«

»Haben Sie den Zug untersucht?«

»Ein amerikanischer Offizier erzählte es mir.«

»Wie hoch ist Ihr jährliches Einkommen?«

»20 000 Reichsmark monatlich als Reichsmarschall, 3 600 Mark monatlich als Befehlshaber der Luftwaffe, Steuern abgezogen. 1600 Mark als Präsident des Reichstags. Dann hatte ich meine schriftstellerische Tätigkeit — für alle Bücher war es ein Gewinn von fast einer Million Mark.«

»Kostete das Leben nicht mehr als das?«

»Eine Anzahl meiner Ausgaben wurde anderweitig bezahlt. Berlin und Karinhall wurden vom Staat erhalten.«

»Gaben Sie nicht eine große Summe aus für Bilder — mehr als Sie verdienten?«

»Ich hatte Gelder . . .«

»Haben Sie Brüder oder Schwestern?«

»Ja. Einen Halbbruder in Wiesbaden, der vierundsiebzig Jahre alt ist; Name: Major Wilhelm Göring. Professor Dr. Heinrich Göring, Augenarzt in Wiesbaden. Brüder und Schwestern, die lange verstorben sind. Ältester Bruder Karl starb im letzten Krieg. Schwester Olga und Paula — weiß nicht, wo sie sind — vielleicht bei den Russen. Albert — er ist in einem Lager, aber er war nie Parteimitglied.«

»Niemand wird Ihren Verwandten etwas tun, so arbeiten wir nicht.«

»Die Amerikaner werden ihnen nichts tun, aber die Russen.«

»Wie lange, glauben Sie, würden Sie leben, wenn Sie den Russen ausgeliefert würden?«

»Nicht sehr lange.«

Das soll genügen. Für die Gefangenen in Bad Mondorf genügt es nicht. Die Untersuchungskommissionen der Alliierten lassen sich Zeit. Jeden Tag stellen sie neue Fragen, und jedesmal kommen sie auch wieder auf die alten zurück. Manchmal sagt einer der Vernommenen wütend: »Das habe ich Ihnen schon zehnmal gesagt!«

Aber das läßt die Offiziere kalt. Sie fragen weiter. Wochenlang, monatelang.

Die Akten stapeln sich. Zu den Vernehmungsprotokollen kommen viele hundert Tonnen amtlicher Schriftstücke, die von besonderen Fahndungsabteilungen überall in Deutschland gefunden werden. Die Aktenjäger der Alliierten fördern aus Bergwerken, Panzerschränken, Ausweichlagern und ganz gewöhnlichen Registraturen und Archiven Lastwagenkolonnen voll sauber geschriebenen und geordneten Dokumentenmaterials ans Tageslicht.

Geheim!
Geheime Kommandosache!
Nur durch Offizier!
Geheime Reichssache!

Diese Papiere bilden den Rohstoff für die Anklageschrift und die Beweisführung in Nürnberg. Der Dokumentenberg ist so gewaltig, daß später der amerikanische Hauptankläger Robert H. Jackson vor dem Tribunal ausrufen kann: »Die Anklageschrift enthält nicht einen Punkt, der nicht durch Bücher und Aufzeichnungen belegt werden kann. Die Deutschen waren von jeher peinlich genau in ihren Aufzeichnungen, und die Angeklagten teilten durchaus die teutonische Leidenschaft für Gründlichkeit, Dinge zu Papier zu bringen.«

Vorläufig aber ist Jackson noch nicht Ankläger. Vorläufig gibt es noch keinen Gerichtshof, und die Alliierten streiten darüber, was mit den Gefangenen geschehen soll.

2 Bis in die entferntesten Schlupfwinkel der Erde ...

In Deutschland erfährt niemand etwas von dem Streit, der Moskau, London und Washington gleichermaßen beschäftigt. Die Meinungsverschiedenheiten sind so tiefgreifend, daß sich am Ende auch Amerikaner, Engländer und Franzosen in den Haaren liegen. Fast alle Beteiligten wollen einen großen internationalen Prozeß vermeiden. Die Vereinigten Staaten bilden die einzige Ausnahme. In London, Paris und Moskau dagegen ist niemandem recht wohl bei dem Gedanken, deutsche Politiker, Militärs und Wirtschaftsleute anzuklagen und ihnen das Recht freier Verteidigung vor einem Gericht einzuräumen.

Hier sind die Stationen, auf denen sich der Prozeß fast gegen den Willen seiner Urheber entwickelte:

1. In der zweiten Hälfte des Jahres 1940, bald nach dem Ende des deutschen Westfeldzuges, schließen sich die Exilregierungen von Polen, Frankreich und der Tschechoslowakei mit Großbritannien zu einem gemeinsamen ›Protest gegen die Nazi-Verbrechen in Polen und in der Tschechoslowakei‹ zusammen.

2. Im Oktober 1941 verdammt Franklin D. Roosevelt in einer Erklärung ›die Hinrichtung ganzer Reihen unschuldiger Geiseln‹ in den von Hitler besetzten Gebieten. Winston Churchill schließt sich diesem Schritt des amerikanischen Präsidenten an.

3. Im November 1941 und am 6. Januar 1942 überreicht der sowjetische Außenkommissar Wjatscheslaw M. Molotow den verbündeten Westmächten Noten, in denen zum erstenmal von ›systematischen und bewußten verbrecherischen Verletzungen des Völkerrechts durch Brutalitäten und Gewalttaten gegen russische Kriegsgefangene, durch Plünderungen und Zerstörungen sowie durch Grausamkeiten gegen die Zivilbevölkerung‹ die Rede ist.

4. Am 13. Januar 1941 tritt im Londoner St.-James-Palast die III. Interalliierte Konferenz zusammen, der Belgien, Frankreich, Griechenland, Holland, Jugoslawien, Luxemburg, Norwegen, Polen und die Tschechoslowakei angehören. Sie fällt eine weittragende Entscheidung. Unter Berufung auf die Haager Konvention, die ›den Kriegführenden in den besetzten Ländern Gewaltakte gegen Zivilisten, die Verächtlichmachung der bestehenden Landesgesetze und den Umsturz der nationalen Einrichtungen‹ verbietet, verkünden die neun Regierungen: ›Zu den Hauptkriegszielen der Alliierten gehört die Bestrafung der für diese Verbrechen Verantwortlichen, gleichgültig, ob die Betreffenden diese Taten anordneten, sie selbst begingen oder irgendwie daran teilnahmen. Wir sind entschlossen, dafür zu sorgen, a) daß die Schuldigen und Verantwortlichen, welcher Nationalität sie auch immer sein mögen, ausfindig gemacht,

der Rechtsprechung ausgehändigt und abgeurteilt werden; b) daß die verkündeten Urteile vollstreckt werden.‹

5. Am 7. Oktober 1942 wird in London unter Beteiligung von siebzehn Nationen die *Interalliierte Kommission für Kriegsverbrechen* gegründet, die sich die Aufgabe stellt, Beweise und Zeugenaussagen zu sammeln und Listen von Kriegsverbrechern der Achsenmächte anzulegen. Die Kommission nimmt den Namen *United Nations War Crimes Commission (UNWCC)* an. Roosevelt und Lordkanzler Simon hatten am 7. Oktober 1942 die Bereitschaft ihrer Regierungen bekanntgegeben, in dieser Kommission mitzuwirken. Folgende Nationen treten ihr bei: Australien, Belgien, China, Frankreich, Griechenland, Großbritannien, Holland, Indien, Jugoslawien, Kanada, Luxemburg, Neuseeland, Norwegen, Polen, die Südafrikanische Union, die Tschechoslowakei und die Vereinigten Staaten. Die Bestrafung der Kriegsverbrecher wird von den Alliierten mehrfach im Rundfunk angedroht. Die erste dieser Ankündigungen vom 18. Dezember 1942 betrifft ›die von den Hitlerbehörden zur Zeit durchgeführte Vernichtung der jüdischen Bevölkerung Europas‹; die zweite vom 5. Januar 1943 ›Akte der Enteignung in den Gebieten unter feindlicher Besetzung oder Herrschaft‹.

6. Die Akten, die sich bald bei der Kommission stapeln, geben ein erschreckendes Bild über die Vernichtung der jüdischen Bevölkerung Osteuropas. Unter dem Druck dieses Materials entschließen sich die Alliierten zu einer letzten gemeinsamen Verlautbarung, in der es heißt: ›Die Judenausrottungen werden gesühnt werden.‹

Das waren die ersten Schritte.

In Deutschland erfährt niemand etwas von diesen Dingen — mit Ausnahme jenes kleinen Kreises um Hitler und Goebbels, dem Auslandsnachrichten zugänglich sind. Dort wird das Geheimnis streng gehütet. Das Volk darf nichts von der Schuld wissen, die von der Führung auf seine Schultern geladen wird. Das Volk arbeitet und kämpft — gutgläubig und ahnungslos, bis sich die Verantwortlichen aus dem Staube machen.

Auf dem Abhören ausländischer Sender stand damals in Deutschland Todesstrafe. Die Führung wußte warum. Niemand soll hören, daß sich das Gericht bereits konstituiert: ›Mögen sich jene, deren Hände bisher noch nicht mit dem Blut Unschuldiger befleckt sind, davor hüten, sich den Reihen der Schuldigen anzuschließen, denn die drei alliierten Mächte werden sie mit aller Gewißheit bis in die entferntesten Schlupfwinkel der Erde verfolgen und ihren Anklägern ausliefern, damit die Gerechtigkeit ihren Lauf nehme.‹

So steht es in der entscheidenden Moskauer Erklärung vom 1. November 1943, redigiert von dem amerikanischen Unterstaatssekretär Cordell Hull, dem britischen Außenminister Anthony Eden und Sowjetminister Molotow. Die offiziellen Unterschriften auf dem Dokument lauten dagegen einfach: Roosewelt, Churchill, Stalin.*

Die wichtigsten beiden Punkte der Moskauer Erklärung besagen:

1. Kriegsverbrecher, die ihre Taten an einem bestimmten Ort verübt haben, werden an das betreffende Land ausgeliefert und nach den dort geltenden Gesetzen abgeurteilt.

* Der volle Wortlaut ist im dokumentarischen Anhang dieses Buches wiedergegeben

2. Kriegsverbrecher, deren Taten geographisch nicht lokalisiert werden können, weil sie mehrere Länder betreffen, werden nach einem gemeinsamen Beschluß der Alliierten bestraft.

Diese zweite Bestimmung ist der Grund für den Streit, der sofort nach Kriegsende unter den Siegermächten ausbricht: Wie soll der ›gemeinsame Beschluß‹ aussehen?

3 Josef Stalins Trinkspruch – Winston Churchill erhebt Einspruch

›Gemeinsamer Beschluß über die Bestrafung‹ bedeutet nicht, daß ein Prozeß gemacht werden muß.

Wie sich Stalin die Bestrafung vorstellt, ist den Westmächten seit der Konferenz von Teheran bekannt.

Diese Konferenz findet Ende November 1943 statt. Es ist das erstemal, daß Roosevelt, Churchill und Stalin zusammen an einem Tisch sitzen. In Europa sind die Würfel gefallen: das Ende der 6. Armee in Stalingrad hat dem Krieg eine neue Wende gegeben. Die Niederlage Deutschlands zeichnet sich am blutigen Horizont der Geschichte ab.

Elliott Roosevelt, ein Sohn des amerikanischen Präsidenten, hat seinen Vater nach Teheran begleitet und dort an allen wichtigen Veranstaltungen der großen Drei teilgenommen. Ihm ist eine genaue Schilderung der Ereignisse zu verdanken.

Die Gegensätze brechen bei einem gemeinsamen Abendessen auf. Stalin ist Gastgeber. Zu den Speisen werden Weißwein, russischer Champagner und Wodka aufgetragen. Für Churchill wird eine Ausnahme gemacht: er bekommt auf eigenen Wunsch nur Brandy vorgesetzt.

Was ein russisches Mahl ist, hat Elliott Roosevelt eindringlich geschildert: Jeder Satz der Unterhaltung wird in die Form eines Trinkspruchs gekleidet.

»Ich möchte einen Toast auf das prächtige Wetter ausbringen, dessen wir uns erfreuen!«

Alle erheben sich von ihren Plätzen und nehmen einen Schluck aus den Gläsern.

»Ich möchte einen Toast ausbringen auf die künftigen Lieferungen von Kriegsmaterial!«

Alle stehen auf und trinken sich zu.

Stundenlang.

Gegen Ende der Mahlzeit erhebt sich Stalin. Auch er hat schon einige Dutzend Trinksprüche gesagt. Doch nun bringt er eine ganz neue Note in die feuchte Plauderei.

»Ich trinke«, sagt er dunkel, »auf die möglichst rasche Justiz für alle deutschen Kriegsverbrecher. Ich trinke auf die Justiz einer Erschießungsabteilung!«

Im Speisesaal tritt beklommenes Schweigen ein.

Stalin fährt unbeirrt fort: »Ich trinke auf unsere Entschlossenheit, sie sofort nach der Gefangennahme zu erledigen, und zwar alle, und es müssen ihrer mindestens fünfzigtausend sein.«

Alle Anwesenden sind erstarrt.

Ein polterndes Geräusch fällt in die Stille.

Churchill ist blitzschnell von seinem Stuhl aufgesprungen — ›blitzschnell‹, sagt Elliott Roosevelt ausdrücklich —, und das will für den behäbigen Briten viel heißen.

»Ein solches Vorgehen«, ruft der Premier mit rotem Kopf und brandyschwerer Zunge, »steht in schroffem Gegensatz zu der britischen Auffassung vom Recht!«

Noch nie ist Churchill in solcher Erregung gesehen worden. Er achtet nicht darauf, daß sein Ausbruch wie ein Gewitter über die Tafelrunde dahinfährt.

»Das britische Volk«, spricht er grollend weiter, »wird nie und nimmer einen solchen Massenmord billigen.«

›Ich beobachtete Stalin‹, schreibt Elliott Roosevelt. ›Er schien sich köstlich zu amüsieren, wenn auch sein Gesicht ernst blieb. Er zwinkerte jedoch verdächtig mit den Augen, als er die Herausforderung des Premierministers und dessen Argumente in verbindlichem Ton zerpflückte, anscheinend ohne die schlechte Laune Churchills zu gewahren.‹

›Stalin meinte‹, berichtet Churchill selbst in seinen Memoiren, ›der deutsche Generalstab müsse liquidiert werden. Die ganze Schlagkraft der mächtigen Armeen Hitlers hänge von etlichen fünfzigtausend Offizieren und Sachverständigen ab. Wenn man sie bei Kriegsende festnehme und erschieße, sei Deutschlands militärische Kraft für immer gebrochen.‹

»Das britische Parlament und die britische Öffentlichkeit«, entgegnet Churchill dem Diktator, »werden Massenexekutionen niemals gutheißen. Selbst wenn sie es unter dem Einfluß der Kriegsleidenschaft zuließen, daß damit begonnen würde, würden sie sich nach der ersten Schlächterei mit größter Heftigkeit gegen die dafür Verantwortlichen wenden. Die Sowjets dürfen sich in diesem Punkt keiner Täuschung hingeben.«

»Fünfzigtausend müssen erschossen werden!« beharrt Stalin und erhebt abermals sein Glas.

»Ich benütze die Gelegenheit«, sagt Churchill eisig, »um zu erklären, daß nach meiner Auffassung niemand, ob Nazi oder nicht, in einem summarischen Verfahren von einer Erschießungsabteilung erledigt werden soll, also ohne ein gesetzliches Verfahren und ohne Berücksichtigung der vorliegenden Tatsachen und Beweise.«

Mit bebender Stimme setzt er hinzu: »Lieber lasse ich mich hier an Ort und Stelle in den Garten hinausführen und erschießen, als meine und meines Volkes Ehre durch eine solche Niedertracht zu beschmutzen.«

Franklin Delano Roosevelt, der dritte in dieser Konferenz der Großen Drei, verfolgt die Auseinandersetzung mit gespannter Miene. Als sich Stalin an ihn wendet, um seine Meinung zu hören, gibt er scherzhaft zur Antwort: »Es ist klar, daß ein Kompromiß zwischen Ihrer Auffassung, Herr Stalin, und derjenigen des Premierministers gefunden werden muß. Wir könnten vielleicht sagen, daß wir uns nicht auf fünfzigtausend, sondern auf eine kleinere Zahl, sagen wir rund 49 500, von Kriegsverbrechern einigen, die summarisch hingerichtet werden sollen.«

Die Amerikaner und Russen lachen. Die Briten halten sich zurück, um bei ihrem Chef nicht unangenehm aufzufallen. Außenminister Eden macht Churchill mit der Hand ein beschwichtigendes Zeichen, um ihm zu bedeuten, daß es sich um einen Scherz gehandelt habe.

Aber der Premierminister kann sich nicht mehr beruhigen. Er verläßt die Tafel und begibt sich allein in ein nur wenig beleuchtetes Nebenzimmer. Dort schaut er mit trotzig gesenktem Kopf zum Fenster in den dunklen Garten hinaus.

›Ich befand mich noch keine Minute dort‹, berichtet er in seinen Memoiren, ›als mir jemand von hinten die Hände auf die Schultern legte. Es war Stalin, und neben ihm stand Molotow. Beide lachten herzlich und erklärten, sie hätten nur gescherzt.‹

War es wirklich nur ein Scherz? Churchill fährt fort: ›Obwohl ich weder damals völlig überzeugt war noch es heute bin, daß keine ernsthafte Absicht dahintersteckte, ging ich ins andere Zimmer zurück.‹

Die Fronten sind nun jedenfalls klar. Seit dem verhängnisvollen Trinkspruch von Teheran gibt es zwei Auffassungen: die Kriegsverbrecher einfach zu erschießen oder sie vor ein Gericht zu stellen. Wie wird der ›gemeinsame Beschluß‹ der verbündeten Ost-West-Mächte unter diesen Umständen ausfallen?

Die Alliierten wissen, daß hier ein übles Kuckucksei in ihrem Nest liegt. Noch einmal, über ein Jahr nach Teheran, wird das heikle Thema zwischen Churchill und Stalin aufgerollt. Schauplatz ist diesmal die Krim, die Konferenz von Jalta. Am sechsten Tag der Zusammenkunft, am 9. Februar 1945, steht der dunkle Punkt auf der Tagesordnung. Er lautet: *Bestrafung der Kriegsverbrecher.*

Churchill erinnert zunächst an die Moskauer Erklärung und den ›gemeinsamen Beschluß‹, der noch gefaßt werden soll.

Es ist ein unangenehmes Thema.

Stalins Miene verdüstert sich. Aber Churchill lächelt ihm über den Tisch verbindlich zu und läßt ihm durch den Übersetzer sagen: »Dieses Ei habe ich persönlich gelegt.« Stalin bläst den Rauch seiner Zigarette durch die Nase und zwingt sich zu einem höflichen Gesicht.

»Sie müssen wissen«, erläutert Churchill, »daß ich selber den Entwurf für diese Bestimmung unserer Moskauer Erklärung ausgearbeitet habe.«

Dann macht der britische Premierminister eine erstaunliche Konzession an die Gedankengänge Stalins. Wohl in Erinnerung an Teheran erwähnt er nebenbei: »Ich war ursprünglich einmal dafür, eine Liste von Hauptkriegsverbrechern aufzustellen, die namhaft gemachten Leute nach ihrer Ergreifung zu identifizieren und sie dann einfach erschießen zu lassen.«

Stalin zieht die buschigen Brauen hoch. Aber noch ehe er etwas bemerken kann, fährt Churchill fort: »Ich bin jedoch inzwischen, wie Sie wissen, der Meinung, daß man einen Prozeß machen sollte.«

Einen Prozeß! Das ist es, was noch unausgebrütet in Churchills Kuckucksei schlummert, in jenem ›gemeinsamen Beschluß‹, über den sich die Alliierten nicht einigen können.

Die zusammengekniffenen Augen Stalins lassen nichts von seinen Gedanken erraten. Er weiß sicher, daß hier über Theorien gesprochen wird, während er selbst in den zurückeroberten Gebieten längst mit der Praxis begonnen hat: Schon am 15. Dezember 1943 fand in Charkow der erste ›Kriegsverbrecherprozeß‹ gegen drei deutsche Offiziere statt. Man stellte die Angeklagten nach einem Schauverhör an die Wand.

Wozu ein langer Prozeß?

Könnten in einem Gerichtsverfahren unter den Augen der Weltöffentlichkeit nicht auch Dinge ans Licht kommen, die für die Ankläger unangenehm wären?

Und wer soll angeklagt werden? Verbrecher im landläufigen Sinn, also Mörder etwa, echte Kriminelle — oder auch eine neue Kategorie, wie zum Beispiel Finanzleute, militärische Befehlshaber, Industrielle, Regierungsbeamte?

Was will man ihnen zur Last legen? Die Amerikaner denken an die völkerrechtlich neuartigen Tatbestände einer ›Verschwörung‹ und eines ›Angriffskrieges‹.

Aber alles ist noch ungeklärt.

Josef Stalin wendet sich mit diplomatischem Lächeln an Churchill. Durch den Übersetzer läßt er ihn fragen: »Sie denken auch an Rudolf Heß, der sich in Ihren Händen befindet — was macht er?«

»Herr Heß wird in Großbritannien als gewöhnlicher Kriegsgefangener behandelt«, weicht der Premier aus.

»Ja, ja«, sagt Stalin scheinbar zerstreut. »Ich würde nun jedoch vorschlagen, das Thema unseren Außenministern für deren spätere Beratungen zu überlassen. Wenn wir uns jetzt der alliierten Offensive im Westen zuwenden wollen . . .«

Ein paar Aktendeckel werden zugeklappt, andere Aktendeckel an ihre Stelle geschoben.

Die Angelegenheit ist abserviert.

Sie soll den Alliierten trotzdem noch viel Kopfzerbrechen bereiten. Ein paar Wochen später nämlich werden die Rollen vertauscht. Churchills Prozeß-Idee wird unpopulär.

4 Napoleon und Robert H. Jackson

In Großbritannien und in Frankreich wächst das Unbehagen. Was soll in diesem Prozeß alles zur Sprache kommen? Da ist zum Beispiel die Tatsache, daß das Ausland jahrelang die Hitler-Regierung anerkannt und mit ihr in offiziellen Beziehungen gestanden hat — und nun soll man sich plötzlich von einem Gericht bescheinigen lassen, daß man mit einer ausgesprochenen Verbrecherbande paktierte?

Das Foreign Office in London sträubt sich als erstes gegen einen Prozeß. Die Franzosen lassen wissen, daß sie gar kein Interesse an einem Verfahren haben. Die Sowjets halten nach wie vor an ihrem Erschießungsplan fest.

Im Amt Anthony Edens taucht als Ausweg aus der internationalen Klemme plötzlich eine glänzende Idee auf: der ›Napoleon-Plan‹.

Er besagt: Die Hauptkriegsverbrecher sollen nicht erschossen werden, sie sollen auch nicht vor ein Gericht kommen, sondern — wie einst Kaiser Napoleon — durch einen politischen Verwaltungsakt auf eine Insel verbannt werden!

Der Napoleon-Plan geistert wochenlang durch die Regierungskanzleien von London und Paris. Er wird eifrig diskutiert und als sehr brauchbar angesehen. Da schaltet sich Washington ein. Es gibt seinen Verbündeten zu verstehen, daß man in Amerika an einem Gerichtsverfahren festhält: ›Wir wollen einen Prozeß!‹

›Wir wollen keinen Prozeß!‹ sträuben sich England und Frankreich. Zu diesem mißtönenden Konzert steuert auch Stalin einen Paukenschlag bei. Am 19. Mai 1945 läßt er den Westmächten durch den Kommentator Jermaschew von Radio Moskau zurufen: ›Man soll sie endlich an die Wand stellen und erschießen!‹

Es scheint keine Lösung zu geben. Bis ein Mann die verworrenen Fäden in seine geschickten Hände nimmt, lächelnd, geduldig und energisch. Er kommt mit einem Sonderauftrag Präsident Trumans nach Europa, reist kreuz und quer durch das zerbombte, hungernde Deutschland, hält geheimnisvolle Besprechungen in London und Paris ab — und ist schnell die stärkste Figur im nun anhebenden Spiel.

Sein Name wird bald weltbekannt: Robert Houghwout Jackson, Richter am Obersten Bundesgericht der Vereinigten Staaten, morgen Hauptankläger in Nürnberg.

Wie wird er den Wirrwarr lösen? In Washington prüft Richter Samuel Rosenman im Auftrag des Weißen Hauses die juristischen Voraussetzungen für einen Prozeß. Ihm zur Seite stehen Staatssekretär Henry S. Stimson, Armee-Generalanwalt Murray Bernays, Justizminister Francis Biddle und dessen Assistent Herbert Wechsler.

Ein Punkt bedrückt alle: Welchen Eindruck wird es hervorrufen, wenn Sieger über Besiegte zu Gericht sitzen? Man denkt an zwei Auswege:

1. Das Gericht aus Angehörigen neutraler Länder zusammenzusetzen. Telford Taylor, einer der späteren amerikanischen Ankläger in Nürnberg, sagt dazu: »Diese Vorschläge wurden jedoch allgemein, und zwar mit Recht, als unrealistisch fallengelassen, wenn auch nur aus dem Grunde, weil die Zahl der wirklich neutralen Länder so gering war, daß diese Lösung sich als völlig undurchführbar erwiesen hätte.«

2. Die Aburteilung der Kriegsverbrecher einem deutschen Gerichtshof zu überlassen. Hier erinnert man sich aber an den mißlungenen Versuch, der nach dem Ersten Weltkrieg vor dem Reichsgericht in Leipzig gemacht wurde.

Zu beiden Punkten hat Jackson in Nürnberg erklärt: »Leider bedingt die Art der hier verhandelten Verbrechen, daß in Anklage und Urteil siegreiche Nationen über geschlagene Feinde zu Gericht sitzen. Die von diesen Männern verübten Angriffe, die die ganze Welt umfaßten, haben nur wenige wirklich Neutrale hinterlassen. Entweder müssen also die Sieger die Geschlagenen richten, oder sie müssen es den Besiegten überlassen, selbst Recht zu sprechen. Nach dem ersten Weltkrieg haben wir erlebt, wie müßig das letztere Verfahren ist.«

Damals hatten die Siegermächte im Versailler Vertrag ›die Auslieferung der deutschen Kriegsverbrecher‹ verlangt, damit sie im Ausland vor internationale Militärgerichte gestellt werden könnten. Die Liste umfaßte viele tausend Namen, an ihrer Spitze Kaiser Wilhelm II. Unter dem Buchstaben G — wenn man dies als eine Ironie der Geschichte vermerken will — befand sich auch der Name des Kriegsfliegers Hermann Göring.

Holland verweigerte 1920 die Auslieferung des Kaisers. Die deutsche Regierung erklärte, sie würde gestürzt und eine Revolution heraufbeschworen, falls sie ernstlich alle genannten Personen verhaften wollte. Als Ausweg wurde vorgeschlagen, einige von den Alliierten ausgewählte Fälle vor das Reichsgericht zu bringen. Tatsächlich wurden in Leipzig vom Mai bis zum Juli 1921 zwölf Kriegsverbrecherprozesse geführt. Unter allgemeiner Empörung im Ausland kam es in sechs Fällen zu Freisprüchen, in den anderen wurden geringe Freiheitsstrafen verhängt.

Dann verlief die Sache im Sand.

Im Jahre 1945 denken die Alliierten nicht daran, es auf die Wiederholung eines solchen Verfahrens ankommen zu lassen.

Während der Gründungsversammlung der Vereinten Nationen in San Franzisko unterbreiten die USA ihren Verbündeten zum erstenmal einen genauen Entwurf darüber, wie sie sich einen internationalen Prozeß denken.

Robert H. Jackson bringt zwei Monate später das Kunststück fertig, Vertreter Amerikas, Großbritanniens, Frankreichs und der Sowjetunion an einem Tisch zu versammeln: Am 26. Juni 1945 setzten sich Delegierte der vier Siegermächte in London zusammen, um endlich einen gemeinsamen Beschluß zu fassen. Es sind:

Für die Vereinigten Staaten: Oberrichter Robert H. Jackson, Beauftragter Präsident Trumans, und zehn Assistenten.

Für Großbritannien: Generalstaatsanwalt Sir David Maxwell-Fyfe, Lordkanzler Jowitt und elf Assistenten.

Für Frankreich: Appellationsgerichtsrat Robert Falco, der Völkerrechtler Professor André Gros und zwei Assistenten.

Zum Vater des Nürnberger Prozesses wurde der Richter am Obersten Bundesgericht der USA, Robert H. Jackson. Dem späteren Hauptankläger gelang es, die verschiedenen Meinungen der Alliierten über die Bestrafung der Nazigrößen auf einen Nenner zu bringen

Für die Sowjetunion: General Iola T. Nikitschenko, Vizepräsident des Obersten Gerichtshofes in Moskau, und zwei Assistenten.

Die Verhandlungen finden hinter streng verschlossenen Türen statt. Ein Teil der Besprechungen wird von Jacksons Sekretärin mitstenografiert, der andere spielt sich ohne schriftliche Aufzeichnungen in der Form zwangloser Unterhaltungen ab.

Die Meinungen gehen so stark auseinander, prallen so hart zusammen, daß es manchmal aussieht, als würde die Konferenz ergebnislos scheitern. Telford Taylor gesteht, daß die Verhandlungen ›durch ernste Meinungsverschiedenheiten in die Länge gezogen‹ wurden. Auch die Konferenz der Großen Drei in Potsdam, die nochmals auf eine rasche Bestrafung der Hauptkriegsverbrecher dringt, kann daran nichts ändern.

Erst vier Jahre später hat Jackson das geheime Stenogramm der vorbereitenden Londoner Sitzungen veröffentlicht. Es zeigt die ›ernsten Meinungsverschiedenheiten‹, von denen damals niemand etwas erfuhr:

1. Wie soll sich das Gericht verhalten, wenn die deutsche Verteidigung vorbringt, daß auch andere Länder Angriffskriege geführt und Kriegsverbrechen begangen haben?

2. Wie können Männer, die keine kriminellen Straftaten begangen haben, dennoch angeklagt und verurteilt werden?

3. Könnten die Politiker der Länder, die nun zu Gericht sitzen sollen, nicht in irgendeiner Zukunft selbst einmal nach dem gleichen Recht zur Verantwortung gezogen werden?

4. Wie steht es mit den Luftangriffen auf Wohnviertel und die wehrlose Zivilbevölkerung?

Jackson versteht es, die Wogen zu glätten. Er versteht es vor allem, die Befürchtungen seiner Verhandlungspartner aus dem Weg zu räumen.

London wimmelt von Emigranten aus Estland, Lettland, Litauen, Polen. Aus diesen Kreisen hauptsächlich werden Stimmen laut, die der Sowjetunion das Richteramt absprechen: Sind die Sowjets 1939 nicht zusammen mit Hitler in Polen einmarschiert, haben sie nicht selbst Angriffskriege gegen Finnland und ihre baltischen Nachbarländer geführt, haben sie nicht ebenfalls Kriegsverbrechen begangen?

An diese Frage rührt der britische Delegierte Sir David Maxwell-Fyfe: »Wir besitzen Informationen«, sagt er in London, »daß die Deutschen die Besetzung Norwegens als einen Selbstverteidigungsakt hinstellen wollen. Ich glaube, daß wir dann sehr erhebliche Schwierigkeiten bekommen. Das ist ein Punkt, über den ich sehr beunruhigt bin.«

Hier schaltet sich General Nikitschenko in das Gespräch ein. Auch ihm brennt dieses Problem auf den Nägeln: »Würde diese Frage überhaupt vor das Tribunal kommen? Wenn die Deutschen Norwegen angegriffen haben, muß das Tribunal dieses als gegeben hinnehmen.«

Sir David: »Ich glaube nicht, daß die Verteidigung dies ohne weiteres hinnehmen wird. Wenn Ribbentrop angeklagt wird, eine Angriffspolitik gegen andere Nationen getrieben zu haben – darunter wahrscheinlich Norwegen –, dann wird es sehr schwierig werden, wenn er behauptet, es sei keine Angriffspolitik gewesen. Kann man diese Dinge nicht von einem Tribunal fernhalten?«

Nikitschenko: »Natürlich kann eine solche Frage auftauchen. Es mag noch andere Geschehnisse in diesem Krieg gegeben haben, die in Selbstverteidigung vorgenommen worden sind.«

Man einigt sich. Vor dem Gericht sollen nur Taten zur Sprache kommen, die von den Angeklagten begangen wurden. In dem später beschlossenen Statut wird dem Tribunal vorgeschrieben, sich nicht mit anderen Fällen zu befassen.

›Gottlob‹, erklärt Jackson in seinen Erinnerungen an die Londoner Konferenz, ›haben die Gespräche zwischen Hitler und seinem Generalstab keinen Zweifel an dem Angriffscharakter seiner Pläne aufkommen lassen, so daß sich das Fehlen einer genauen Begriffsbestimmung in Nürnberg nicht allzu störend bemerkbar machen konnte.‹

Die Delegierten am Londoner Verhandlungstisch müssen tief in die juristischen Probleme ihres Vorhabens einsteigen. Wie zum Beispiel wird man die völkerrechtlichen Schwierigkeiten überwinden können? Sir David spricht es ganz klar aus: »Was wir bei diesem Verfahren abschaffen wollen, ist die Diskussion darüber, ob die Handlungen Verletzungen des Völkerrechts sind oder nicht. Wir erklären einfach, was das Völkerrecht ist, so daß es keine Diskussion geben wird, ob es Völkerrecht ist oder nicht.«

Man einigt sich. Vor dem Gericht sollen nur solche Völkerrechtsverletzungen zur Sprache kommen, die im Statut des Tribunals ausdrücklich gekennzeichnet sind.

Wie aber kann man die Angeklagten persönlich für all diese Dinge zur Verantwortung ziehen? Sir David wendet sich an den französischen Völkerrechtler: »Meinen Sie nicht, daß die Leute, die tatsächlich persönlich für den Beginn eines Krieges verantwortlich sind, ein Verbrechen begangen haben?«

Professor Gros: »Wir denken, daß es moralisch und politisch wünschenswert wäre, aber daß es nicht Völkerrecht ist.«

Jackson: »Dies scheint mir das Gericht in eine Lage zu bringen, in der es völlig zu Recht sagen könnte, daß keine persönliche Verantwortung entstand. Ich gebe zu, daß zu unserer Unterstützung das Völkerrecht unbestimmt und schwach ist. Wir müssen einfach erklären, daß sie persönlich verantwortlich sind.«

Und wie können Angeklagte zur Rechenschaft gezogen werden, wie etwa Hjalmar

Schacht, die in keinerlei Zusammenhang mit Völkerrechtsbrüchen oder kriminellen Verbrechen stehen? Hier wird von Jackson der amerikanische Rechtsbegriff der Verschwörung zur Hilfe genommen: »Die Schwierigkeit besteht darin«, sagt er, »daß Schacht entweder ein großer Kriegsverbrecher ist oder nichts. Nichts außer dem Menschenverstand oder unsere Verschwörungstheorie wird diesen Typ von Verbrechern erreichen.«

Man einigt sich. Dem Gericht wird im Statut vorgeschrieben, die persönliche Verantwortung gelten zu lassen. Die Anklageschrift wird als ersten Punkt die These einer Verschwörung aufstellen. Immerhin ist es General Nikitschenko unbehaglich zumute. Was soll sich daraus später einmal entwickeln?

»Nach meiner Meinung«, stellt er deshalb ausdrücklich fest, »sollten wir uns darauf beschränken, die Grundlagen für einen Prozeß gegen solche Verbrecher zu schaffen, die internationale Verbrechen schon begangen haben — und nicht für irgendwelche Verbrechen, die sie in der Zukunft begehen werden ...«

Er sträubt sich dagegen, daß überhaupt näher festgelegt wird, was ein Verbrechen ist. In diesem Punkt aber bleibt Jackson unnachgiebig. Er ist bereit, die ganze Konferenz platzen zu lassen, falls die Russen auf ihrer Haltung beharren sollten.

»Verbrechen sind Verbrechen, ganz gleich, wer sie begangen hat«, sagt er.

Man einigt sich. Man einigt sich über diese kritischen Punkte ebenso wie über alle nebensächlichen. Bis zuletzt zum Beispiel wird darüber diskutiert, wo das Gericht zusammentreten soll. Die Sowjets schlagen London oder Berlin vor. Die Briten möchten den Prozeß in München abhalten. Schließlich fliegt Jackson nach Frankfurt zu General Lucius D. Clay, dem stellvertretenden Militärgouverneur der amerikanischen Zone (gestorben am 16. April 1978). Er will ihn nach einem geeigneten Ort mit geeigneten Räumlichkeiten fragen.

Am Samstag, dem 7. Juli 1945, trifft er in Frankfurt ein. Clay schlägt Nürnberg und den fast unversehrten Justizpalast vor.

Er stützt sich dabei auf ein Gutachten von Armee-Generalanwalt Murray Bernays, der nach einem ausführlichen Rundgang durch die Trümmer der fast völlig zerstörten Stadt zu dem Ergebnis kommt, dieser Ort würde sich ganz besonders dafür eignen, den Gerichtshof aufzunehmen. Bernays ist stark beeindruckt von dem, was er in Nürnberg sieht. In einem Brief an seine Frau beschreibt er erschüttert die furchtbare Zerstörung der Stadt, die Ratlosigkeit und die Leiden der Zivilbevölkerung. Nürnberg also ist der Vorschlag der Amerikaner.

Damit wird zum erstenmal die Stadt genannt, deren Name dann für immer mit dem großen Prozeß verknüpft bleibt. Nürnberg, die Stadt der Reichsparteitage, die Stätte der größten Triumphe Hitlers und seiner Gefolgsleute. Nürnberg, die Stadt des Gerichts! Jackson fliegt nach London zurück. Nach langem Zögern erklären sich auch die Sowjets mit Nürnberg einverstanden — unter der Bedingung, daß der ständige Sitz des Gerichts Berlin ist und nur der erste Prozeß in Nürnberg stattfinden soll. Man rechnet nämlich zu diesem Zeitpunkt noch mit mehreren internationalen Gerichtsverfahren.

Die Sowjets denken sogar an etwa 200 000 Prozesse. Jackson hat alle Mühe, sie von dieser gigantischen Idee abzubringen. Er schlägt als Ausweg vor, verschiedene Personengruppen gemeinsam anzuklagen, wie etwa SA und SS, um sich Verfahren gegen alle einzelnen Mitglieder zu ersparen.

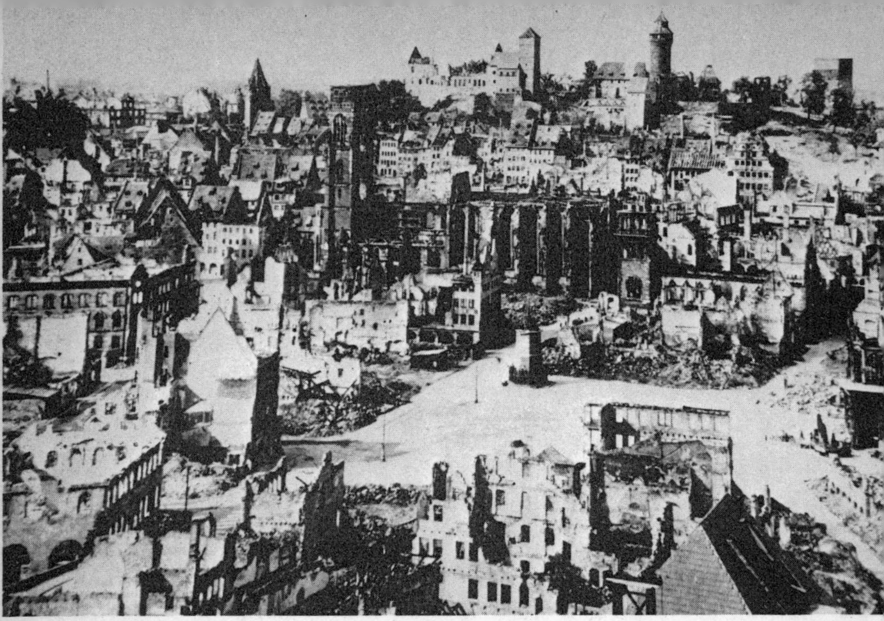

Nürnberg, die Stadt der Reichsparteitage, bietet 1945 ein trostloses Bild. In dieser traditionsreichen und symbolträchtigen Stadt beginnt am 20. November 1945 der Jahrhundertprozeß

Man einigt sich.

Ein Punkt allerdings wird überhaupt nicht in die offiziellen Verhandlungen aufgenommen: die Luftangriffe. Alle Beteiligten scheuen davor zurück, dieses heiße Eisen anzufassen.

Schon nach dem Ersten Weltkrieg hatten die Alliierten geplant, deutsche Flieger vor internationale Gerichte zu stellen. Die Briten vor allem dachten noch an die Zeppeline, die über London erschienen waren und Bomben abgeworfen hatten.

Man ließ 1918 diesen Gedanken rasch wieder fallen, und auch das Stenogramm der Londoner Verhandlungen von 1945 berichtet nichts über die Frage der Luftangriffe. Aber Jackson hat viele Jahre später verraten, daß dieses Problem trotzdem besprochen wurde: Die Delegierten einigten sich stillschweigend, die heikle Angelegenheit zu übergehen, weil es schwierig gewesen wäre, zwischen wahllosen Bombardierungen und militärischen Notwendigkeiten zu unterscheiden.

»Dieses Thema«, gesteht Jackson, »wäre einer Aufforderung zur Erhebung von Gegenbeschuldigungen gleichgekommen, die in dem Prozeß nicht nützlich gewesen wären.«

Man einigt sich. Am 8. August 1945 unterschreiben die vier Mächte in London das Abkommen über das Internationale Militär-Tribunal und das Statut des Gerichts. Es regelt Rechte und Pflichten aller Beteiligten, ordnet das Verfahren und stellt die Tatbestände und Grundsätze fest, an die sich die Richter zu halten haben.

Damit steht auch der Gang des Prozesses selbst fest, denn Artikel 24 des Statuts bestimmt:

Die Verhandlung soll folgenden Verlauf nehmen:
a Die Anklage wird vorgelesen.
b Der Gerichtshof fragt jeden Angeklagten, ob er sich schuldig bekennt oder nicht.
c Die Anklagebehörde gibt eine einleitende Erklärung ab.
d Der Gerichtshof fragt die Anklagebehörde und die Verteidigung, ob und welche Beweismittel sie dem Gericht anzubieten wünschen, und entscheidet über die Zulässigkeit jedes Beweismittels.
e Die Zeugen der Anklagebehörde werden vernommen. Nach ihnen die der Verteidigung. Danach wird der vom Gericht als zulässig erachtete Gegenbeweis seitens der Anklagebehörde oder Verteidigung erhoben.
f Der Gerichtshof kann jederzeit Fragen an Zeugen oder Angeklagte richten.
g Anklagebehörde und Verteidiger sollen jeden Zeugen und Angeklagten, der Zeugnis ablegt, verhören und sind befugt, sie im Kreuzverhör zu vernehmen.
h Sodann hat die Verteidigung das Wort.
i Nach ihr erhält die Anklagebehörde das Wort.
j Der Angeklagte hat das letzte Wort.
k Der Gerichtshof verkündet Urteil und Strafe.

Welchen Zufälligkeiten die Wahl der Verteidiger unterworfen war, erzählte uns der damalige Verteidiger von Rudolf Heß und Hans Frank, Dr. Alfred Seidl, bis Herbst 1978 bayerischer Innenminister, während eines ausführlichen Interviews im Sommer 1978: »Ich arbeitete im Oktober 1945 als Referendar in der Kanzlei des Münchner Rechtsanwaltes Dr. Fritz Sauter, als aus Nürnberg zwei US-Offiziere angereist kamen, um ihm die Verteidigung einiger der Angeklagten anzutragen. Sauter lehnte ab mit der Begründung, er habe im Dritten Reich mit der Verteidigung von Systemgegnern schon genug Ärger bei politischen Prozessen gehabt. So fuhren die Amerikaner wieder weg. Erst als Sauters Frau und auch ich auf ihn einredeten – wir gingen so weit, ihm vorzurechnen, daß es in Nürnberg bestimmt mehr zu essen gäbe –, ließ sich Dr. Sauter umstimmen. Ich weiß noch wie heute, daß ich mich aufs Fahrrad schwang und zum Offiziers-Casino im Haus der Kunst radelte, um den beiden Offizieren unsere Zustimmung mitzuteilen. Doch die waren inzwischen nach Nürnberg zurückgekehrt.

Was blieb mir anderes übrig, als in einer siebenstündigen Tortur in einem total überfüllten Zug nach Nürnberg zu fahren. Dort war ich dann der erste deutsche Anwalt, der im Internationalen Gerichtsgebäude auftauchte. Dr. Sauter übernahm schließlich die Verteidigung Ribbentrops, Funks und Schirachs. Hans Frank, der selbst Anwalt in München gewesen war und mit Dr. Sauter oft die Klinge gekreuzt hatte, sagte zu mir: ›Ich weiß, daß ich zum Tode verurteilt werde. Ich will keinen Anwalt, für den ich das fünfte Rad am Wagen bin. Übernehmen Sie meine Verteidigung; ich habe das Gefühl, daß Sie mir der liebe Gott geschickt hat.‹ Frank meinte das ganz wörtlich, denn er hat ja im Gefängnis wieder zurück zum Glauben gefunden. Auch meinen Einwand, daß ich keinerlei Erfahrung habe, ließ Frank nicht gelten. So wurde ich sein Verteidiger.

Am 5. Februar 1946 übernahm ich dann auch noch die Verteidigung von Heß, nachdem sich dessen Verteidiger von Rohrscheidt bei einem Sturz den Knöchel gebrochen hatte. Ich wollte zunächst nicht, aber Heß hatte in einem Brief an den Generalsekretär des Gerichts seinen Wunsch nach meiner Bestellung ausgesprochen und der meinte, ich sollte annehmen, sonst würde das Gericht mich als Pflichtverteidiger bestimmen. Da habe ich dann, nachdem mein Mandant Frank nichts dagegen hatte, zugestimmt.«

Während die Londoner Konferenz tagt und beschließt, leben die späteren Angeklagten noch ahnungslos als Internierte in Bad Mondorf. Während die Mitglieder des Tribunals am 18. Oktober 1945 in Berlin zu ihrer Gründungsversammlung zusammentreten — übrigens im Saal des ehemaligen Volksgerichtshofes, wo Freisler einst die Männer des 20. Juli zum Tode verurteilte —, haben die Gefangenen Gelegenheit, die ihnen am selben Tag übergebene Anklageschrift zu studieren.

Sie umfaßt 25 000 Wörter und ist in vier Hauptpunkte gegliedert:

1. Verschwörung. Die Angeklagten haben einen gemeinsamen Plan zur Eroberung unumschränkter Macht verfolgt und waren einig im Begehen aller weiteren Verbrechen.

2. Verbrechen gegen den Frieden. Die Angeklagten haben in 64 Fällen 36 internationale Verträge gebrochen, Angriffskriege begonnen und einen Weltkrieg entfesselt.

3. Kriegsverbrechen. Die Angeklagten haben ein ungeheures Blutbad angerichtet, Massenmord, Folterungen, Sklavenarbeit und wirtschaftliche Ausplünderung befohlen oder geduldet.

4. Verbrechen gegen die Menschlichkeit. Die Angeklagten verfolgten politische Gegner, rassische und religiöse Minderheiten und machten sich der Ausrottung ganzer Bevölkerungsgruppen schuldig.

Die Seiten dieses erschütternden Dokuments sind angefüllt mit so unglaublichen, so entsetzlichen Einzelheiten, daß sie jede krankhafte Phantasie in den Schatten stellen. (Der gekürzte Wortlaut ist im dokumentarischen Anhang dieses Buches wiedergegeben.)

5 In den Zellen von Nürnberg

Wie nehmen die Gefangenen das furchtbare Dokument auf? Sie sind am 12. August in zwei Flugzeugen von Mondorf nach Nürnberg gebracht worden; hier haben sie jetzt Gelegenheit, in freier Wahl ihre Verteidiger zu bestimmen, aber die erdrückende Last der Anschuldigungen können ihnen die Anwälte nicht von der Seele nehmen. Sie müssen selber damit fertig werden.

Der amerikanische Gerichtspsychologe Gustave M. Gilbert hat die Angeklagten in ihren Zellen beobachtet, mit ihnen gesprochen und ein genaues Tagebuch darüber geführt.

Gilbert ist ein Mann, der sehr gut Deutsch spricht. Seine erste Handlung ist es, sie einem Intelligenztest zu unterziehen. Er legt ihnen Fragen vor, prüft ihr Erinnerungsvermögen, läßt sie verschiedene Aufgaben lösen, gibt ihnen psychologische Spiele in die Hand und läßt sie den Inhalt symbolischer Darstellungen deuten. Aus den Ergebnissen wird der sogenannte Intelligenzquotient errechnet. Er liegt beim Durchschnittsmenschen zwischen 90 und 110 IQ.

Bei den Nürnberger Angeklagten stehen nach Gilberts Ermittlungen an der Spitze: Schacht mit 143, Seyss-Inquart mit 141 und und Göring mit 138 IQ. Am Ende der Liste erscheinen Sauckel mit 118, Kaltenbrunner mit 113 und Streicher mit 106 IQ.

Diese Zahlen, so bemerkt Gilbert, stellen aber keine moralischen und charakterlichen Werte dar: auch Kriminelle können mit ihrem Intelligenzquotienten erheblich über dem Durchschnitt liegen.

Gilbert macht noch einen weiteren Versuch. Er bittet die Gefangenen, ihre Stellungnahme zu der Anklageschrift mit ein paar Worten an den Rand des Dokuments zu schreiben. Diese Bemerkungen spiegeln nach Ansicht des Psychologen die Charaktere am deutlichsten wider.

Die drei Angeklagten, die später freigesprochen werden, zeigen in ihren Notizen ganz verschiedene Einstellungen.

Hans Fritzsche schreibt an den Rand der Anklageschrift: ›Es ist die schrecklichste Anklage aller Zeiten. Nur eines ist noch schrecklicher: die Anklage, die das deutsche Volk gegen den Mißbrauch seines Idealismus erheben wird.‹

Franz von Papen: ›Die Anklage hat mich entsetzt, und zwar wegen 1. der Unverantwortlichkeit, mit der Deutschland in diesen Krieg und die weltweite Katastrophe geworfen wurde, 2. der Anhäufung von Verbrechen, die einige Angehörige meines Volkes begangen haben. Das letztere ist psychologisch unerklärlich. Ich glaube, daß

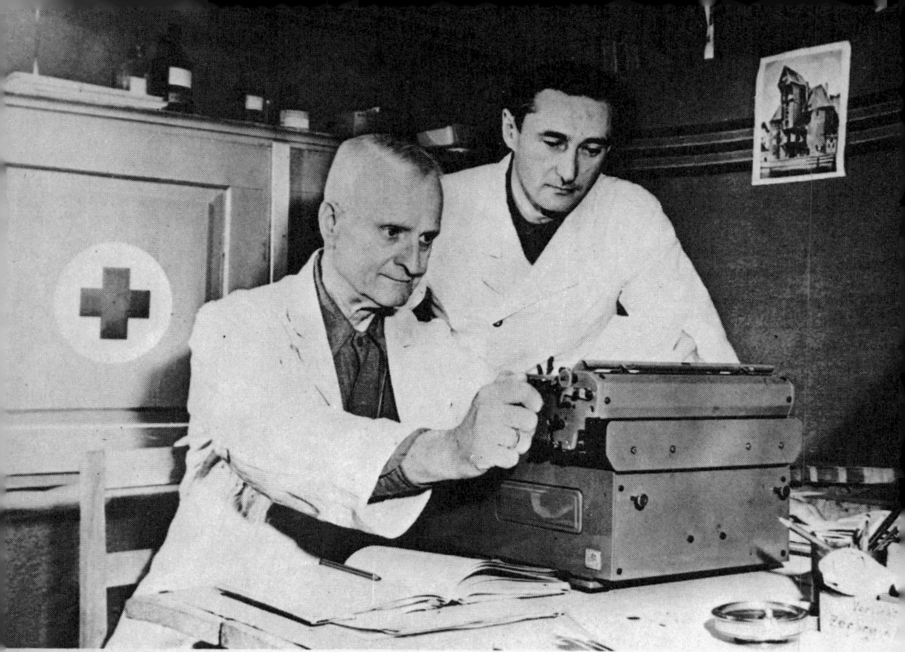

Die deutschen Ärzte der Angeklagten: Gefängnisarzt Dr. Ludwig Pflücker aus Bad Wildungen und Zahnarzt Dr. Heinz Hoch aus Bonn kümmerten sich schon in Mondorf um ihre prominenten Patienten. Pflücker vertrauten einige ihre geheimsten Gedanken und Befürchtungen an

Heidentum und die Jahre der totalitären Herrschaft die Hauptschuld tragen. Durch beides wurde Hitler im Laufe der Jahre ein pathologischer Lügner.‹

Hjalmar Schacht: ›Ich verstehe überhaupt nicht, warum ich angeklagt bin.‹

Was schreiben Frank und Kaltenbrunner, die nach der Anklageschrift am meisten mit den dort aufgezählten Greueln verbunden waren?

Frank: ›Ich erwarte den Prozeß als ein gottgewolltes Weltgericht, das berufen ist, die furchtbare Zeit der Leiden unter Adolf Hitler zu prüfen und zum Abschluß zu bringen.‹

Kaltenbrunner: ›Ich fühle mich nicht schuldig an irgendwelchen Kriegsverbrechen, ich habe nur meine Pflicht als Sicherheitsorgan getan und weigere mich, als Ersatz für Himmler zu dienen.‹

Was schreiben Militärs wie Dönitz und Keitel?

Dönitz: ›Keiner dieser Anklagepunkte betrifft mich letzten Endes. Typischer amerikanischer Humor.‹

Keitel: ›Für einen Soldaten sind Befehle Befehle.‹

Was schreiben Ribbentrop, Speer und Heß?

Ribbentrop: ›Die Anklage richtet sich gegen die verkehrten Leute.‹

Speer: ›Der Prozeß ist notwendig. Es gibt eine gemeinsame Verantwortung für so schreckliche Verbrechen — auch unter einem autoritären System.‹

Heß: ›Ich kann mich nicht erinnern.‹

Göring läßt einen Geistesblitz los: ›Der Sieger wird immer der Richter und der Besiegte stets der Angeklagte sein!‹

Seine Hand zittert, während er schreibt. Er kann sich kaum konzentrieren und muß selbst bei einem so einfachen Satz ein Wort durchstreichen, weil er sich verschreibt.

Göring ist in einer denkbar schlechten Verfassung. Er ist abgemagert, hat eine fieberhafte Bronchitis, leidet an Herzbeschwerden — und an den Folgen einer Entziehungskur.

»Als Göring zu uns nach Mondorf kam«, erzählt Oberst Andrus dem Psychologen Gilbert, »war er ein einfältig lächelnder Sabberer mit zwei Koffern voll Betäubungsmitteln. Ich dachte, er sei ein Arzneimittelvertreter. Aber wir haben ihn von den Drogen weggebracht und erst einmal einen Menschen aus ihm gemacht.«

Das bestätigt auch der deutsche Gefängnisarzt Dr. Ludwig Pflücker, dem Göring übrigens sehr zugetan war: »Es stellte sich heraus, daß Göring jeden Abend eine Dosis Paracodin bekam, das er in reichlicher Menge mitgebracht hatte. Ich mußte mich nun mit Göring eingehend über dieses Problem auseinandersetzen, ließ mir seine Krankengeschichte über dieses Leiden erzählen und konnte dabei feststellen, daß Göring zweimal Entziehungkuren mitgemacht hatte, diese aber jedesmal angeblich aus dienstlichen Gründen abbrach. Es war mir klar, daß ein Mensch mit dieser Machtbefugnis des Reichsmarschalls nie die Autorität des Arztes anerkannt und sich ihr gefügt hatte, wenn die Entziehungskuren in das kritische Stadium eingetreten waren und die unangenehmen Folgen der Kur sich zeigten. Er hatte sich diesen Unannehmlichkeiten durch den Abbruch der Kur entzogen.«

Resigniert fährt Dr. Pflücker fort: »Es war für mich eine bittere Erkenntnis, daß der zweite Mann im Staate ein Morphinist war. Nun erklärte sich so vieles, namentlich seine stets falschen Voraussagen über die Abwehr der feindlichen Fliegerangriffe. Als Morphinist sah Göring alles im rosigen Lichte, verschloß er sich gegen die unangenehme Wirklichkeit.«

Nun, im Gefängnis ›machen sie erst mal einen Menschen aus ihm‹, wie Andrus sagte. In rascher Folge werden die täglichen Zuteilungen an Betäubungsmitteln herabgesetzt. Wenn Göring klagt, packt ihn Dr. Pflücker bei seiner Eitelkeit: »Eine so starke Natur wie die Ihre erträgt das viel besser als eine schwächliche!«

Göring hält durch, die Entziehungskur hat Erfolg. Seine von den Drogen hervorgerufene Erschlaffung verschwindet, sein Wille und seine Gedanken können sich wieder konzentrieren, seine Energie kehrt zurück. Der Göring, der schließlich im Gerichtssaal erscheint, ist vom Betäubungsrausch befreit und bei klarem Verstand.

6 Dem Gericht entronnen: Robert Ley, Gustav Krupp und Martin Bormann

Es gibt nur einen, der unter der Wucht der Anklageschrift zusammenbricht: Dr. Robert Ley.

Ley, einst mächtiger Führer der Deutschen Arbeitsfront und als Antisemit höchstens noch von Streicher übertroffen, entwickelt in der Haft unglaubliche Pläne. Er arbeitet eine phantastisch anmutende Denkschrift für die Amerikaner aus.

Darin heißt es:

1. Deutschland muß ein Teil der Vereinigten Staaten werden;

2. Amerika soll bei sich einen vom Antisemitismus gereinigten Nationalsozialismus als Regierungsform einführen und damit seine Führerrolle in der Welt sichern;

3. Dr. Robert Ley soll mit der Durchführung dieses Planes beauftragt werden und einen Stab von Mitarbeitern bekommen, mit denen er die Aktion vom Nürnberger Gefängnis aus leiten würde.

Als ihm klar wird, daß man seine Ausführungen nur mitleidig belächelt, schreibt er einen Brief an Henry Ford. Er beruft sich auf seine Erfahrungen beim Aufbau des Volkswagenwerkes und bewirbt sich bei dem amerikanischen Automobilkönig um eine Anstellung, ›sobald der Prozeß vorüber ist‹.

Erst die Anklageschrift reißt ihn aus seinen Wahnvorstellungen. Er kann es nicht fassen, daß man ihn mitverantwortlich macht für die Verschleppung von Millionen ausländischer Zwangsarbeiter nach Deutschland und für ihre unmenschliche Behandlung.

Ley verliert die Nerven.

Den ganzen Tag geht er ruhelos in seiner Zelle auf und ab. Er trägt Filzpantoffeln und eine amerikanische Armeebluse. Als ihn Gilbert besucht, haben Leys Augen einen irren Ausdruck. Die seelische Belastung läßt auch seinen Sprachfehler wieder zum Vorschein kommen.

»W-Wie soll ich mich gegen diese V-Verbrechen verteidigen, von denen ich nichts g-gewußt habe?« fragt er den Psychologen hilflos. »Wenn es nötig ist, daß n-noch mehr Opfer gebracht werden – alles schön und gut ...«

Er lehnt sich an die Zellenwand, breitet mit aufgerissenen Augen seine Arme aus wie ein Gekreuzigter.

»Stellt uns an die Wand und erschießt uns!« stöhnt er heiser hervor. »Alles sch-schön und gut – Sie sind die Sieger! Aber warum soll ich vor ein Gericht g-gebracht werden wie ein K ..., K ..., wie ein K ..., K ...«

Er kann das Wort einfach nicht herausbringen.

»Wie ein Krimineller?« hilft ihm Gilbert.

»Ja, ja, wie ein Kri . . ., Kri . . ., ich kann es nicht sagen.«

Sein Atem keucht. Er geht wieder in der Zelle auf und ab, mit schnellen Schritten. Er murmelt unverständliche Sätze vor sich hin, bewegt die Arme mit dramatischen Gesten.

Gilbert zieht sich zurück. Er ahnt nicht, daß Ley noch in derselben Nacht den Schlußstrich unter Schuld und Tragödie seines Lebens ziehen wird.

Es ist der Abend des 25. Oktober 1945.

Der amerikanische Posten, der gelegentlich durch das viereckige Guckloch in Leys Zelle späht, schüttelt den Kopf über den rastlosen, verstörten Gefangenen.

»Warum schlafen Sie nicht?« fragt er ihn.

Ley kommt dicht an die Luke heran, starrt dem Posten ins Gesicht. Aus seinen weit aufgerissenen Augen laufen hemmungslos Tränen über seine eingefallenen Wangen.

»Schlafen, sch-schlafen?« stammelt er. »Sie lassen mich nicht schlafen . . . Millionen Fremdarbeiter . . . mein Gott . . . Millionen Juden . . . millions of jews . . . all killed . . . alle umgebracht . . . murdered, all murdered . . . alle ermordet . . . wie soll ich schlafen . . . schlafen . . .«

Der Posten geht weiter seine Runde.

Als er das nächste Mal in Leys Zelle schaut, bemerkt er, daß sich der Gefangene in die Ecke mit dem Wasserklosett zurückgezogen hat. Nur seine Beine sind zu sehen. Für die Wachmannschaften ist das ein gewohnter Anblick.

Bei der übernächsten Kontrolle verharrt Ley noch immer in der Ecke. Der Posten schaut auf die Uhr. Es ist 20 Uhr 10 Minuten. Die Sache kommt ihm verdächtig vor.

»Hey, Doctor Ley!!« ruft er durch das Guckloch.

Keine Antwort.

Der Posten verständigt den Unteroffizier der Wache. Der kommt mit zwei Soldaten.

Die Zellentür wird geöffnet, die vier Amerikaner betreten den schmalen Raum.

In der Ecke bietet sich ihnen ein kläglicher Anblick. Ley hängt zusammengesunken über den Sitz der Toilette herunter, sein Gesicht ist bläulich-rot. Aus dem Reißverschluß seiner Armeejacke hat er sich eine Schlinge geknüpft und sie am Spülhebel des Wasserrohrs befestigt. Zusammengedrehte Streifen einer Decke bilden den Strick, der um seinen Hals gelegt ist.

Die Soldaten schneiden den Erhängten ab und legen ihn auf die Pritsche. Die Ärzte werden alarmiert.

Leys Mund ist vollgestopft mit Fetzen seiner Unterhose. Er hat sich selber geknebelt, damit die Posten nicht durch sein letztes Röcheln vorzeitig auf den Selbstmord aufmerksam werden können. Auch Nase und Ohren hat er sich mit Stoffknäueln verschlossen.

Wenige Minuten nach Entdeckung der Tat kommt der deutsche Gefängnisarzt Dr. Ludwig Pflücker in die Zelle, gleich darauf auch der Zahnarzt Dr. Heinz Hoch.

Pflücker bemerkt, daß Leys Körper noch warm ist. Er gibt dem Selbstmörder zwei Spritzen, und zwar einen Kubikzentimeter Cardiazol und einen Kubikzentimeter Lobulin. Dann beginnt er zusammen mit Dr. Hoch Wiederbelebungsübungen.

Vergeblich.

Oberst René Juhli, der amerikanische Gefängnisarzt, kann nach seinem Eintreffen nur noch Leys Tod feststellen. Trotzdem ordnet er die Überführung des leblosen Körpers in ein Nürnberger Hospital an. Dort wird der Befund allerdings nur noch endgültig bestätigt.

Leys Selbstmord wird auf Befehl des Sicherheitsoffiziers Andrus zunächst streng geheimgehalten. Er befürchtet, daß die Tat auf die anderen Gefangenen ansteckend wirken könnte. Sie erfahren es aber doch — und werden nicht zur Nachahmung verleitet. »Gott sei Dank«, stellt Göring unbeeindruckt fest, als ihn die Nachricht erreicht, »der hätte uns nur blamiert.«

Zu dem Gerichtspsychologen Gilbert sagt er: »Ganz gut, daß er tot ist. Ich hatte sowieso meine Befürchtungen, wie er sich vor Gericht benehmen würde. Er war immer so konfus und zerstreut und hat immer so phantastische und bombastische Reden gehalten. Ich glaube, er hätte vor Gericht ein ordentliches Theater gemacht. Na, ich bin nicht weiter überrascht; normalerweise hätte er sich eben zu Tode gesoffen.«

Auch die anderen Angeklagten in Nürnberg nehmen von Leys Selbstmord mit Erleichterung Kenntnis—mit Ausnahme von Julius Streicher, dem einzigen Freund, den der Arbeitsfrontführer unter den Gefangenen hatte.

Leys Platz auf der Anklagebank bleibt leer.

Robert Jackson, der Hauptankläger, widmet dieser Tatsache nur zwei Sätze in seiner Eröffnungsrede vor dem Gericht: »Robert Ley, der Feldmarschall in der Schlacht gegen die Arbeiterschaft, hat unsere Anklage mit Selbstmord beantwortet. Anscheinend wußte er keine bessere Antwort.«

Damit ist der Fall erledigt.

Leys Platz auf der Anklagebank ist allerdings nicht der einzige, der leer bleibt. Zwei weitere Männer bleiben dem Gericht fern: Gustav Krupp von Bohlen und Halbach und der geheimnisvolle Martin Bormann.

Mit Krupp will die Anklagebehörde symbolisch die deutsche Rüstungsindustrie erfassen. Die Anklageschrift wirft dem Industriellen vor: ›. . . daß er die Machtergreifung der Nazi-Verschwörer förderte und ihre Kontrolle über Deutschland stärkte und festigte; er förderte die Vorbereitung für den Krieg. Er nahm teil an den militärischen und wirtschaftlichen Plänen und Vorbereitungen der Nazi-Verschwörer für Angriffskriege; er genehmigte und leitete Kriegsverbrechen und Verbrechen gegen die Humanität, besonders Ausbeutung und Mißbrauch von Menschen für Arbeit in der Führung von Angriffskriegen, und nahm an diesen Verbrechen teil.‹

Krupp erhält die Anklageschrift ans Krankenbett auf Schloß Blühnbach bei Werfen in Österreich zugestellt. Er ist nicht in der Lage, die Vorgänge zu begreifen. Die amtlichen Protokolle zeigen den Sachverhalt.

Eine Untersuchung durch den Arzt Walter Pick vom amerikanischen 232. Infanterieregiment ergibt: ›Der Genannte leidet an fortschreitender Arterienverkalkung. Zur Zeit ist er bettlägerig, muß genährt und von den Krankenschwestern betreut werden. Er ist sich seines Zustandes oder seiner Lage nicht bewußt, und ist unfähig, irgendeine Unterhaltung zu führen oder ihr zu folgen.‹

Krupps Hausarzt, Dr. Otto Gerke, gibt ein Attest ab: ›Der Kranke ist jetzt vollkommen apathisch und teilnahmslos. Es besteht motorische Aphasie; er kann weder gehen noch stehen. Es besteht eine vollkommene Hilflosigkeit, selbst bei einfachsten Handlungen. Herr von Bohlen ist in keiner Weise mehr zurechnungs- und vernehmungsfähig.‹

Der Chirurg Paul F. Chesnut von der amerikanischen 42. Artilleriedivision muß diese Angaben bestätigen: ›Der Patient ist ein ausgemergelter männlicher Weißer, 76 Jahre alt, der unfähig ist, zu sprechen oder bei einer Untersuchung behilflich zu sein, und der nicht zu erkennen scheint, was um ihn vorgeht. Es ist anzunehmen, daß Überführung oder irgend etwas, was ihn in Erregung bringen würde, sein Leben gefährdet.‹

Krupps Rechtsvertreter, der Anwalt Theodor Klefisch, wendet sich mit einer Eingabe an den Gerichtshof: ›Der Angeklagte ist infolgedessen über die Existenz einer Anklage nicht orientiert. Selbstverständlich ist er deshalb auch nicht fähig, sich mit seinem Verteidiger wegen seiner Verteidigung irgendwie in Verbindung zu setzen.‹

Klefisch stellt den Antrag, das Verfahren gegen Krupp auszusetzen. Aber Jackson widerspricht diesem Antrag mit aller Heftigkeit: ›Der Kruppsche Einfluß‹, schreibt er unter anderem in seiner Erwiderung an das Gericht, ›bestärkte in weitem Maße den Naziplan, einen Angriffskrieg in Europa zu entfachen. Er selbst hielt wiederholt öffentliche Reden, in denen er Hitlers Angriffsprogramm billigte und anreizte. Die Krupps gehörten zu den hartnäckigsten und einflußreichsten Kräften, die den Krieg herbeigeführt haben.‹

Dann führt Jackson Zahlen an: ›Weiterhin erzielten die Krupp-Gesellschaften durch die Zerstörung des Weltfriedens und durch die Unterstützung des Nazi-Programms große Gewinne. Vor der Bedrohung des Friedens durch die Nazis arbeiteten die Krupp-Werke mit erheblichen Verlusten. Mit der Wiederaufrüstung durch die Nazis stiegen aber die Netto-Gewinne nach Abzug der Steuern, Geschenke und Reserven ständig und betrugen:

im Jahr 1935 . . . RM 57 216 392
im Jahr 1938 . . . RM 97 071 632
im Jahr 1941 . . . RM 111 555 216

Der Buchwert des Krupp-Konzerns stieg vom 1. Oktober 1933 von 75 962 000 Mark auf 237 316 093 Mark am 1. Oktober 1943.‹

Zuletzt wendet sich Jackson ausdrücklich gegen den Antrag von Theodor Klefisch: ›Sollte der Gerichtshof diesem Antrag entsprechen, würde das praktisch bedeuten, daß jedes Verfahren gegen Krupp von Bohlen für alle Zeiten unmöglich wäre . . .‹

Die britische Anklagevertretung schließt sich Jacksons Ausführungen sinngemäß an. Die Sowjets enthalten sich einer Äußerung. Nur der französische Ankläger, Charles Dubost, vertritt eine andere Meinung: »Das Verfahren gegen Krupp senior ist unseres Erachtens unter den obwaltenden Umständen unmöglich; es kann nicht stattfinden gegen einen alten, sterbenden Mann, der die Anklagebank nicht betreten kann.«

Trotz dieser Haltung der Franzosen machen die Amerikaner und Briten noch einen letzten Versuch. Eine internationale Ärztekommission wird beauftragt, Krupp zu untersuchen und ein endgültiges Urteil abzugeben.

Dem Gremium gehören an: Brigadier R. E. Tunbridge, beratender Arzt der britischen Rheinarmee, Gerichtssachverständiger René Piedelièvre, Professor an der Pariser Medizinischen Fakultät, Chefinternist Nikolas Kurschakow, Professor am Medizinischen Institut von Moskau, Professor Eugen Sepp, Neurologe und Mitglied der Akademie der Medizinischen Wissenschaften in Moskau, Professor Eugen Krasnuschkin, Psychiater am Medizinischen Institut von Moskau, und Bertram Schaffner, Neuropsychiater des Sanitätskorps der Vereinigten Staaten.

Der Untersuchungsbericht dieses Kollegiums enthüllt eine gespenstische Begebenheit im Schatten des Nürnberger Prozesses. Der nüchterne Wortlaut über den Besuch der Kapazitäten am Krankenbett des Kanonenkönigs übertrifft jede andere Schilderung.

›Am Morgen des 6. November 1945 untersuchten wir, die Unterzeichneten, den Patienten, der uns von den verantwortlichen Militärbehörden als Gustav Krupp von Bohlen bezeichnet wurde, und zwar in Anwesenheit seiner Frau und seiner Krankenschwester. Der Patient lag mit einem maskenhaften Gesicht und in unveränderter Rückenlage im Bett, mit leichtem Zittern des Kiefers und der Hände. Seine Haut war trocken, die Innenfläche der Hände war pigmentiert. Die Arterien an den Schläfen traten hervor und waren gewunden. Das Körpergewebe zeigte erheblichen Verfall. Die Beine waren teilweise gebeugt, ebenso die Ellenbogen, die fest gegen den Körper gepreßt waren. Es bestand allgemeine Muskelsteifheit.

Als die Ärzte das Zimmer betraten, richtete der Patient seinen Blick auf sie, beantwortete ihre Begrüßung mit ‚Guten Tag' und gab die Hand, als sie ihm die ihren entgegenstreckten. Er gab die Hand in normaler Weise, jedoch konnte er weder seinen Griff lösen noch die Hand zurückziehen und fuhr fort, des Doktors Hand zu drücken. Auf die Frage, wie er sich fühle, antwortete er: ‚Gut', aber auf alle weiteren Fragen antwortete er überhaupt nicht. Er verharrte in seinem Schweigen und zeigte weder eine Reaktion noch Verständnis bei weiteren Fragen und einfachen Aufforderungen, wie zum Beispiel ‚Öffnen Sie den Mund', ‚strecken Sie die Zunge heraus'. Nur schmerzhafte und unangenehme Reizmittel riefen eine Reaktion hervor, und dann war es nur ein Gesichtsausdruck der Unzufriedenheit, bisweilen begleitet von einem mißbilligenden Grunzen.

Der geistige Verfall des Patienten macht ihn unfähig, seine Umgebung zu erfassen und normal darauf zu reagieren. Von Mitte 1944 an war der Patient zunehmend auf seine Frau angewiesen; sie allein schien seine Sprache und seine Bedürfnisse in vollem Umfang zu verstehen.

Am 4. Dezember war er auf dem Weg zum Krankenhaus im Fond des Wagens eingeschlafen. Der Chauffeur mußte einem anderen Fahrzeug plötzlich ausweichen und die Bremse benutzen.

Herr Krupp von Bohlen wurde nach vorn geschleudert und schlug dabei mit der Stirn und dem Nasenrücken gegen die Metallstange hinter dem Vordersitz. Seit dem Unfall hat sich das Allgemeinbefinden des Patienten schnell verschlechtert. Seine Angestellten hatten zunehmende Schwierigkeiten, ihn zu verstehen. Anfänglich war er mit Hilfe von zwei Personen in der Lage, ein paar Schritte zu gehen; bis vor zwei Monaten konnte er für kurze Zeit auf einem Stuhl sitzen. Hierfür benötigte er jedoch die Hilfe zweier Diener. Seit jener Zeit hat er nur gelegentlich einfache und in keinem vernünftigen Zusammenhang stehende Worte herausgebracht, außer gelegentlichen Ausrufen in der Aufregung wie zum Beispiel ‚Ach Gott!' und ‚Donnerwetter'.‹

Zusammenfassend sagen die Spezialisten: ›Es ist unsere ungeteilte, wohlerwogene ärztliche Meinung, daß es dem Patienten Gustav Krupp von Bohlen auf Grund seines geistigen Zustands unmöglich ist, einer Gerichtsverhandlung zu folgen. Der körperliche Zustand des Patienten ist so, daß er nicht ohne Lebensgefährdung transportiert werden kann.‹

Trotz dieses schwerwiegenden Gutachtens gibt die Anklagebehörde nicht nach. Vielleicht wäre es möglich, gegen Gustav Krupp von Bohlen und Halbach in Abwesenheit zu verhandeln? Und, falls auch das nicht durchgehen sollte: Könnte man nicht den Sohn des Industriellen, Alfried Krupp, an dessen Stelle auf die Anklagebank setzen?

Diese Anträge werden tatsächlich gestellt. Doch nun zeigt sich zum erstenmal, daß das Gericht gewillt ist, einen wirklich unabhängigen Weg zu gehen. In einer Vorverhandlung am 14. November holen sich die Anklagevertreter eine peinliche Abfuhr.

»Glauben Sie«, fragt Lordrichter Lawrence den amerikanischen Hauptankläger Jackson, »daß es dem Interesse der Gerechtigkeit dient, einen Mann zu verurteilen, der wegen Krankheit nicht in der Lage ist, seine Verteidigung ordnungsgemäß durchzuführen?«

Das sind harte Worte. Jackson muß verneinen.

Lawrence, kühl: »Ich danke Ihnen.«

Dann wendet er sich an den britischen Ankläger Sir Hartley Shawcross: »Stimmen Sie mit mir überein, daß nach dem Landesrecht Großbritanniens — ebenso wie nach dem Recht der Vereinigten Staaten — ein Mann im geistigen und körperlichen Zustand Gustav Krupps für verhandlungsunfähig erklärt werden würde?«

Sir Hartley, in die Enge getrieben: »Jawohl, Herr Vorsitzender.«

Lawrence: »Schlagen Sie nun vor, daß unter den obwaltenden Umständen in Gustav Krupps Abwesenheit gegen ihn vorgegangen werden soll, angesichts der uns vorliegenden ärztlichen Gutachten?«

Sir Hartley: »Ich stimme der Ansicht zu, daß er nach englischem Landesrecht nicht verhandlungsfähig wäre.«

Lawrence: »Und jenes Recht dient den Interessen der Gerechtigkeit?«

Sir Hartley: »Das kann ich nicht leugnen, Herr Vorsitzender.«

Der Lordrichter wendet sich wortlos ab. Jackson und Shawcross haben eine moralische Niederlage erlitten.

Charles Dubost, der französische Ankläger, hat die undankbare Aufgabe, nun im Namen seiner Kollegen die andere Möglichkeit dem Gericht vorzutragen: den Sohn des verhandlungsunfähigen Krupp an dessen Stelle zu setzen.

Hier aber fährt der französische Richter Donnedieu de Vabres auf und stellt seinem Landsmann die ungnädige Frage: »Glauben Sie tatsächlich, daß Sie den Gerichtshof auffordern können, einen Namen in der Anklageschrift durch einen anderen zu ersetzen?«

Dubost gibt eine verlegene Antwort.

»Danke!« sagt Lordrichter Lawrence unwillig.

Der Fall Krupp ist erledigt, das Verfahren gegen ihn wird ausgesetzt — und die Anklagebehörde weiß seit jenem Tag, daß das Gericht tatsächlich ein Gericht ist.

Krupps Platz auf der Anklagebank bleibt leer.

Leer bleibt auch der Platz des Angeklagten Martin Bormann. Gegen ihn wird in Abwesenheit verhandelt, denn in seinem Fall ist das Gericht der Meinung, daß er sich freiwillig stellen könnte, falls er am Leben ist.

Bormann, Hitlers Privatsekretär, bleibt jedoch verschwunden, seit die letzten Überlebenden aus dem Bunker der belagerten Berliner Reichskanzlei auszubrechen versuchten. Sein Schicksal hat immer wieder die Geheimdienste der Alliierten und die Phantasie der Öffentlichkeit beschäftigt.

Was ist aus dem Mann geworden, der in den letzten Jahren des Dritten Reiches unzweifelhaft den stärksten Einfluß auf Hitler hatte, der schließlich alle anderen Leute in Hitlers engster Umgebung ausstach und am Ende seine Macht so sehr festigte, daß es schwer wurde, Maßnahmen und Befehle als Willensäußerungen Hitlers oder Bormanns zu unterscheiden?

Hitlers Flugkapitän, Generalmajor Hans Baur, sagte 1955 nach seiner Heimkehr aus sowjetischer Gefangenschaft: »Hitlers letzter Auftrag an mich war, den damaligen Reichsleiter Martin Bormann mit einer in Zechlin stationierten und startklaren Condor in Sicherheit zu bringen. Bei dem Versuch, die sowjetischen Linien an der Berliner Stadtgrenze zu durchbrechen, ist Bormann gefallen.«

Der Spanier Juan Pinar, der als Angehöriger der Blauen Division ebenfalls 1955 aus sowjetischer Gefangenschaft zurückkehrte, will Anfang Mai 1945 die Leiche Bormanns aus einem Panzer gezogen haben. Bormann ist nach Pinars Ansicht von einem Volltreffer getötet worden.

Der ehemalige Reichsjugendführer Axmann, der 1949 zu drei Jahren Arbeitslager verurteilt wurde und heute als Industriekaufmann in Berlin und auf Teneriffa lebt, schilderte ebenfalls Bormanns Tod: »Aus allen Häusern und Ruinen schossen sowjetische Soldaten auf die sich bei der Panzersperre der Weidendammer Brücke stauenden Menschenmassen, die auszubrechen versuchten. Im Gedränge bemerkte ich nur für einen Augenblick Martin Bormann in feldgrauer Uniform. Unter starkem Feuer näherten sich plötzlich deutsche Sturmgeschütze und ein Tigerpanzer dieser Stelle. Während die verzweifelten Menschen – Soldaten, Frauen und Kinder – sogleich hinter dem Panzer Schutz suchten, explodierte der Tiger. Ich erwachte unter schwer verwundeten Personen und zahlreichen Toten und sprang sofort in einen Bombentrichter, in dem völlig unversehrt auch Martin Bormann hockte.«

Axmann versuchte dann, zusammen mit seinem Adjutanten nach Alt-Moabit weiterzukommen, während Bormann mit Hitlers letztem Leibarzt, Dr. Ludwig Stumpfegger, die entgegengesetzte Richtung zum Stettiner Bahnhof einschlug. Axmann berichtet weiter: »Da uns sowjetische Panzer entgegenkamen, mußte ich mit meinem Adjutanten umkehren. Als wir auf dem Rückweg über die Invalidenstraße kamen, sahen wir Bormann und Dr. Stumpfegger mit ausgestreckten Armen und Beinen auf dem Rücken liegend auf dem Bürgersteig. Wir erkannten sie sofort. Es war bei den beiden kein Atemzug mehr zu verspüren. Nichts regte sich an ihnen. Ihre Augen waren geschlossen.«

Als Kronzeuge für Bormanns Tod gilt Hitlers persönlicher Fahrer Erich Kempka, der heute in Stuttgart lebt. Er wird am 3. Juli 1946 von Bormanns Verteidiger, Dr. Friedrich Bergold, im Nürnberger Prozeß in den Zeugenstand gerufen und vernommen.

Kempkas Aussage unter Eid über die Vorgänge zwischen zwei und drei Uhr nachts weicht in einem wesentlichen Punkt von Axmanns Schilderung ab: Er weiß nichts davon, daß Bormann nach der Explosion lebend in einem Bombentrichter hockte: »Ich

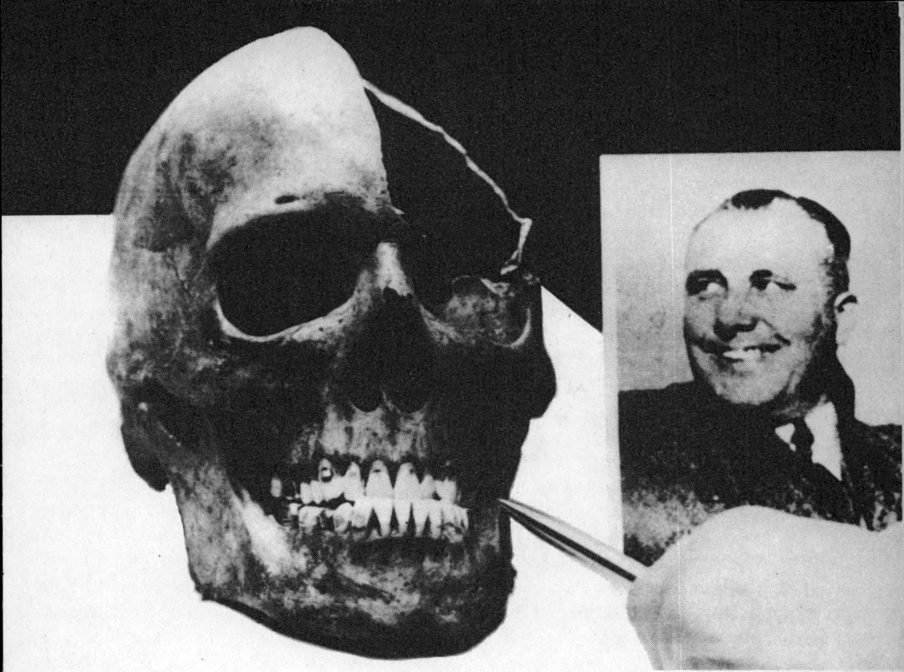

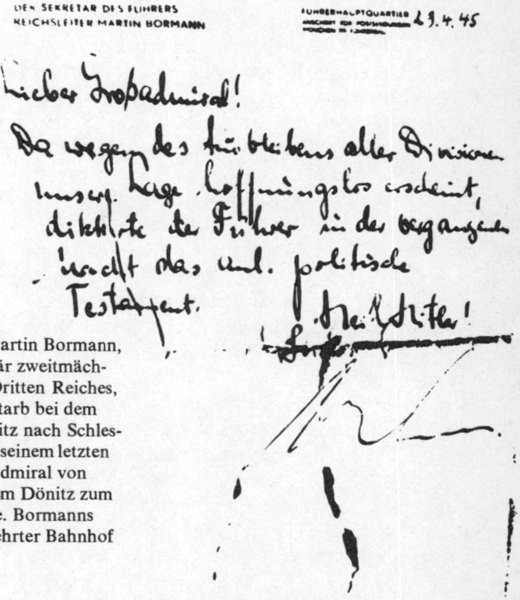

DER SEKRETÄR DES FÜHRERS
REICHSLEITER MARTIN BORMANN

FÜHRERHAUPTQUARTIER 29.4.45

Lieber Großadmiral!
Da wegen des Ausbleibens aller Divisionen unsere Lage hoffnungslos erscheint, diktierte der Führer in der vergangenen Nacht das anl. politische Testament.
Heil Hitler!

Das Schicksal von Reichsleiter Martin Bormann, als Hitlers Vertrauter und Sekretär zweitmächtigster Mann an der Spitze des Dritten Reiches, blieb lange ungeklärt. Bormann starb bei dem Versuch, sich von Berlin zu Dönitz nach Schleswig-Holstein durchzuschlagen. In seinem letzten Brief (rechts) hatte er dem Großadmiral von Hitlers Testament berichtet, in dem Dönitz zum Reichspräsidenten ernannt wurde. Bormanns Schädel (oben) wurde 1972 am Lehrter Bahnhof in West-Berlin ausgegraben

habe den Reichsleiter, den damaligen Reichsleiter Martin Bormann, in der Nacht vom 1. zum 2. Mai 1945 am Bahnhof Friedrichstraße, Weidendammer Brücke, gesehen«, sagt Kempka. »Er fragte, wie die Lage sei, ob man dort am Bahnhof Friedrichstraße durchkommen könne. Ich sagte ihm, daß es nur auf einen Versuch ankäme. Es kamen auch einige Panzer und einige PSW (Panzerschützenwagen). An diesen wurden dann kleine Trauben gebildet, an den Panzern. Die Panzer schoben sich dann bis in die Panzersperre durch, nachdem der Spitzenpanzer, wo der Martin Bormann ungefähr Mitte des Panzers ging, auf der linken Seite einen Treffer bekam, ich nehme an mit einer Panzerfaust aus einem Fenster heraus, und dieser Panzer in die Luft flog. Gerade an der Seite, wo der Martin Bormann ging, stieg eine Stichflamme heraus, und ich sah noch . . .«

»Wie weit waren Sie von dem Panzer entfernt, als er explodierte?« fragt der amerikanische Richter Francis Biddle.

»Ich schätze drei bis vier Meter.«

»Und wie weit war Bormann von dem Panzer entfernt?«

»Ich nehme an, daß er sich mit der Hand daran festgehalten hatte«, antwortet Kempka. Er fährt fort: »Der Panzer flog auseinander, gerade dort, wo Martin . . . Reichsleiter Bormann ging. Ich selber wurde von der Explosion und durch das Entgegenfliegen einer Person, die vor mir ging — ich nehme an, daß es der damalige Standartenführer Dr. Stumpfegger war —, wurde ich auf die Seite geschleudert und wurde besinnungslos. Als ich wieder zu mir kam, konnte ich auch nichts sehen, ich war von der Stichflamme geblendet. Ich kroch dann wieder zurück bis zur Panzersperre und habe seitdem von Martin Bormann nichts mehr gesehen.«

Dr. Bergold: »Zeuge! Haben Sie Martin Bormann bei dieser Gelegenheit in der sich entwickelnden Stichflamme zusammenbrechen sehen?«

Kempka: »Jawohl. Ich sah noch eine Bewegung, die eine Art Zusammenbrechen, man kann auch sagen ein Wegfliegen war.«

Dr. Bergold: »War diese Explosion so stark, daß nach Ihrer Beobachtung Martin Bormann dabei ums Leben gekommen sein müßte?«

Kempka: »Jawohl.«

Damit ist Kempkas Vernehmung beendet. Nichts hat in den fünfziger und sechziger Jahren die Phantasie der Öffentlichkeit so beschäftigt wie das ungeklärte Schicksal Martin Bormanns. Immer wieder tauchten Gerüchte auf, wonach der zweitmächtigste Mann des Dritten Reiches in Ägypten, der Sowjetunion oder Südamerika gesichtet worden war. Immer wieder setzten die großen deutschen Illustrierten ihre Reporter auf die Spur Bormanns an, der sogar in einem italienischen Kloster Unterschlupf gefunden haben sollte. Doch ›Hitlers Schatten‹ blieb verschwunden.

Am 26. Oktober 1954 wurde Bormanns Name unter der Nummer 29223 in das Buch für Todeserklärungen beim Standesamt West-Berlin eingetragen. Am 8. Dezember 1972 entdeckte man bei Bauarbeiten in der Nähe des Lehrter Bahnhofs in West-Berlin Skelettreste, darunter zwei Schädel. Ein Schädel wurde aufgrund der Zahnbefunde einwandfrei identifiziert: er gehört zu den Überresten Martin Bormanns, der bei der Flucht aus der Reichskanzlei tatsächlich umgekommen war. Bormanns Familie hatte sich übrigens bis zuletzt geweigert, den Schädel bestatten zu lassen. Martin Bormann junior, ein ehemaliger Pater, wollte die Überreste seines Vaters nicht zu einer

Wallfahrtsstätte für Nazis werden lassen. Deshalb kamen sie schließlich 1978 ins Berliner Kriminalmuseum.

Im Jahre 1945 sind die Dinge allerdings noch nicht so eindeutig geklärt. Noch während der Londoner Konferenz zur Vorbereitung des Nürnberger Prozesses sagt Jackson am Verhandlungstisch: »Es fehlt uns nur noch Bormann, aber wir hörten, daß ihn die Russen haben.«

General Nikitschenko antwortet: »Wir haben ihn leider im Augenblick noch nicht.«

Der Gerichtshof sieht sich deshalb veranlaßt, Martin Bormann in öffentlichen Bekanntmachungen aufzufordern, sich zu melden. Vier Wochen lang wird der Aufruf über alle Rundfunksender in den vier Besatzungszonen verlesen. 200 000 Plakate mit Bormanns Namen werden angeschlagen, alle Zeitungen veröffentlichen den Aufruf mehrmals, in der britischen Zone allein wird die Bekanntmachung in fast fünf Millionen Exemplaren verbreitet.

Es ist vergebliche Mühe.

Bormann meldet sich nicht. Sein Platz auf der Nürnberger Anklagebank bleibt leer.

Macht und Wahn

1 Der Prozeß beginnt

Am 20. November 1945 gleicht der Justizpalast von Nürnberg einem Bienenstock. Die Pressetribüne faßt 250 Journalisten, die aus der ganzen Welt gekommen sind, um der Eröffnungssitzung beizuwohnen und ihren Lesern einen Eindruck von dem historischen Ereignis zu kabeln. Aber nur fünf deutsche Pressevertreter sind zugelassen.

Vor dem Saal werden nochmals die Ausweise kontrolliert. Kriegskorrespondenten in amerikanischen, britischen und französischen Uniformen drängen über die Holzstufen zum Eingang. Journalisten aller Nationalitäten, debattierende Gruppen, Inder, Russen, Australier, ein Neger, Schweizer, Brasilianer. Dazwischen bekannte Gesichter: John Dos Passos, Erika Mann, Erich Kästner.

Der Gerichtssaal ist erfüllt vom Summen der Klimaanlage und dem Gemurmel vieler hundert Stimmen. Neonröhren verbreiten ein kühles Licht, aber Anklagebank und Richtertisch sind für die Fotografen und Wochenschauleute zusätzlich von zweiundzwanzig besonders hellen Scheinwerfern angestrahlt.

Die Angeklagten sitzen in zwei Reihen auf langen Holzbänken, sprechen lebhaft miteinander oder mit ihren Anwälten, deren Tische vor der Anklagebank aufgebaut sind.

Ihnen gegenüber, auf der anderen Seite des Saales, ist der erhöhte, langgestreckte Richtertisch, dahinter die Fenster, zwischen denen die Flaggen der Vereinigten Staaten, Großbritanniens, Frankreichs und der Sowjetunion hängen. Vor der Richterbank, aber zu ebener Erde, sitzen die Stenografen für alle vier Verhandlungssprachen. Die Deutschen und die Russen benutzen noch Bleistifte, die Protokollführer für Englisch und Französisch haben kleine, lautlose Stenografiermaschinen vor sich stehen.

Rechts von den Angeklagten ist die leicht ansteigende Presse- und Zuschauertribüne aufgebaut, zu deren Füßen die Anklagebehörde ihren Platz hat. Davor erhebt sich, etwas in den Saal hineinragend, ein Tisch mit Stehpult, an das Ankläger und Verteidiger treten, wenn sie das Wort ergreifen.

Links von den vier Angeklagten sitzen hinter Glaswänden die Dolmetscher für vier Sprachen: Deutsch, Englisch, Französisch und Russisch. Jedes Wort wird sofort in alle drei anderen Sprachen übersetzt. Jeder Platz im Saal ist mit einem Kopfhörer und einer Wählscheibe ausgestattet, auf der man die gewünschte Sprache einstellen kann.

Gleich neben den Kabinen der Dolmetscher, etwa in der Mitte der Stirnwand, befindet sich der etwas erhöhte Zeugenstand mit einer Sitzgelegenheit.

Zeugenstand, Vortragspult und Richtertisch sind mit bunten Glühlampen versehen, einer gelben und einer roten. Den Schalter können die Dolmetscher bedienen. Geben sie gelbes Licht, bedeutet das: ›Bitte langsamer sprechen!‹ Bei rotem Licht ist das ganze Übersetzungssystem unterbrochen.

Alles an diesem Verfahren von Nürnberg sprengt die üblichen Vorstellungen. Es wird 218 volle Verhandlungstage in Anspruch nehmen und damit nur von dem größten Prozeß der Weltgeschichte übertroffen, dem Parallelverfahren von Tokio, das 417 Verhandlungstage dauerte.

Das Sitzungsprotokoll von Nürnberg wird am Ende 4 000 000 Wörter umfassen und 16 000 Seiten füllen. Die Anklage legt 2 630 Beweisdokumente vor, die Verteidigung 2 700. Das Gericht nimmt die Aussagen von 240 Zeugen entgegen und sichtet 300 000 eidesstattliche Erklärungen. Den Angeklagten stehen 27 Hauptverteidiger, 54 Assistenten und 67 Sekretärinnen zur Verfügung. Die Vervielfältigung aller Schriftstücke in den vier Verhandlungssprachen verschlingt 5 000 000 Blatt Papier mit einem Gewicht von mehr als zwanzig Tonnen. Im Fotolabor des Gerichts werden 780 000 Kopien auf 13 000 Rollen Fotopapier hergestellt. 27 000 Meter Tonband und 7 000 Schallplatten halten jedes Wort der Verhandlung zum Vergleich mit den Stenogrammen fest. 550 Büros, Sekretariate und Abteilungen verschreiben 22 000 Bleistifte. Die im Justizpalast mit ständigen Korrespondenten vertretenen Nachrichtenagenturen jagen fast 14 000 000 Wörter über ihre Fernschreiber in alle Erdteile.

»Attention! The Court!«

Das ist der Ruf des Gerichtsmarschalls, des amerikanischen Obersten Charles W. Mays.

»Achtung, das Gericht!« dringt die Stimme des deutschen Dolmetschers aus dem Kopfhörer.

Es ist zehn Uhr und drei Minuten, zwanzigster November eintausendneunhundertfünfundvierzig.

Im Gänsemarsch kommen die vier Richter und ihre vier Stellvertreter aus einer Tür an der Stirnwand des Saales. Sechs tragen schwarze Talare, die zwei Russen am Ende der Reihe sind in Uniform.

Nach einer leichten Verbeugung gegen die Zuschauertribüne und Anklagevertretung nehmen die Mitglieder des Gerichts ihre Plätze ein. Der Prozeß beginnt . . .

Von den Angeklagten aus gesehen sitzen von links nach rechts auf der Richterbank:

Die Sowjets: Zuerst stellvertretender Richter Oberstleutnant Alexander F. Wolchkow, ein vollippiger jüngerer Mann mit gewelltem Haar; rechts neben ihm Generalmajor Iola T. Nikitschenko mit schmalem Mund und randloser Brille, Richter.

Die Briten: Stellvertretender Richter Sir Norman Birkett, dessen strähnige Haare die Neigung haben, ihm immer wieder in die Stirn zu fallen; rechts neben ihm der Vorsitzende des Gerichtshofes, Lordrichter Sir Geoffrey Lawrence. Er ist die zentrale Figur des Tribunals: kahlköpfig, mit einer stets auf die Nase gerutschten Brille, einem vollen, oft bärbeißig wirkenden Gesicht, über das immer wieder das Lächeln seines trockenen Humors huscht. Sir Geoffrey hält die Zügel des Verfahrens straff in der Hand; seine Entscheidungen verraten, daß er ein Mann mit Herz und Lebensweisheit ist.

Die Amerikaner: Zuerst Richter Francis A. Biddle, ein glatt und gepflegt wirkender Herr mit dunklem Clark-Gable-Schnurrbart; rechts neben ihm stellvertretender Richter John J. Parker, grauhaarig, mit onkelhaftem Doppelkinn und randloser Brille.

Der Jahrhundertprozeß beginnt: Vom 20. November 1945 an verhandeln die Siegermächte 218 Tage lang gegen die 21 Größen des Dritten Reiches. Unser Bild zeigt links oben die Angeklagten (stehend: Göring), davor ihre Verteidiger. Mit dem Rücken zur Kamera vorne sitzen die Ankläger. Rechts oben im Bild ist der Zeugenstand zu sehen

Die Franzosen: Voran der fast schon greise Richter Henri Donnedieu de Vabres, mit schütterem Haar, dunkler Hornbrille und mächtigem Seehundschnurrbart; rechts neben ihm, am äußersten Ende der Richterbank, stellvertretender Richter Robert Falco, das schwarze Haar streng gescheitelt, einen vollen Schnurrbart über den fast immer lächelnden Lippen.

Göring hatte sich schon lange vor Beginn des Prozesses ausgemalt, wie er in der historischen Stunde dem Gericht gegenübertreten würde. Dr. Pflücker, dem er sich anvertraute, hat darüber berichtet: »Eines Abends entwickelte er uns in unserem Arztraum nach einer Wärmebehandlung, wie er sich seine Rolle denke. Er geriet ordentlich in Ekstase, als er schilderte, wie bei seinem Eintreten die Scheinwerfer aufflammen und wie er dem Feinde seine Anklagen entgegenschleudern wolle.«

Wie anders sieht dagegen die Wirklichkeit aus!

Der ganze erste Tag des Prozesses vergeht mit der Verlesung der umfangreichen Anklageschrift, die den Einundzwanzig schon bekannt ist. Göring sitzt still in der Ecke seiner Bank, hat sich mit den Armen breit auf die Brüstung gelehnt und stützt sein Kinn in beide Hände. Nichts von der großartigen Pose, die er sich vorgenommen hatte, ist zu bemerken.

Die anderen Angeklagten sind ebenfalls ruhig und versuchen erst einmal, sich mit ihrer neuen Lage vertraut zu machen. Frick und Fritzsche lesen aufmerksam den deutschen Text der Anklageschrift mit. Papen und einige andere haben die Kopfhörer auf-

Verhandlungspause: Die sowjetischen Richter Wolchkow (von links) und Nikitschenko beraten sich mit ihrem amerikanischen Kollegen Biddle, daneben eine Dolmetscherin

gesetzt, drehen auch manchmal neugierig an der Wählscheibe, um die Übersetzungen in den verschiedenen Sprachen auszuprobieren.

Keitel sitzt kerzengerade auf der Bank, hat die Arme verschränkt und zeigt ein undurchdringliches Gesicht.

Heß kümmert sich überhaupt nicht um die Vorgänge. Vor Beginn der Verhandlung sagt er zu Göring: »Sie werden sehen, diese Geistererscheinung wird verschwinden, und Sie werden binnen eines Monats der Führer von Deutschland sein!«

Dann wendet er sich einem Buch zu, das er aus der Gefängnisbibliothek mitgebracht hat, und liest, ohne der Verhandlung irgendwelche Aufmerksamkeit zu widmen. Das Buch heißt *Der Loisl*. An einer offenbar heiteren Stelle der Lektüre bricht Heß in lautes Lachen aus. Bald darauf bekommt er Magenkrämpfe und darf mit Erlaubnis des Gerichts aus dem Saal in seine Zelle zurückgebracht werden.

Heß ist der zweite Angeklagte, der damit am ersten Tag fehlt: Ernst Kaltenbrunner ist überhaupt nicht erschienen, weil er mit einer Gehirnblutung im Gefängnis bleiben mußte.

Am Nachmittag gibt es den dritten Ausfall: Joachim von Ribbentrop wird während der Verlesung von Grausamkeiten und Verbrechen gegen die Menschlichkeit plötzlich bleich und erleidet eine leichte Ohnmacht.

Die übrigen Angeklagten benützen den Tag dazu, mehr oder weniger offen die überfüllte Pressetribüne zu mustern und sich ein Bild von den Richtern zu machen, die am Ende das Urteil über sie fällen sollen.

Am zweiten Tag des Prozesses werden die Einundzwanzig aufgefordert, einzeln an ein Mikrofon zu treten und zu erklären, ob sie sich nach Anhören der Anklageschrift schuldig oder nicht schuldig bekennen. Es ist eine Formsache.

Fast alle gebrauchen die offizielle Formel: ›Nicht schuldig.‹

Die übrigen weichen davon ab und gebrauchen andere Wendungen.

Schacht sagt mit Nachdruck: »Ich bin in keiner Weise schuldig.«

Sauckel: »Ich bekenne mich im Sinne der Anklage, vor Gott und der Welt und vor allem vor meinem Volke, nicht schuldig.«

Jodl: »Nicht schuldig. Was ich getan habe und auch tun mußte, kann ich reinen Gewissens vor Gott, vor der Geschichte und meinem Volke verantworten.«

Papen: »Keinesfalls schuldig.«

Fritzsche: »Dieser Anklage gegenüber nicht schuldig.«

Heß: »Nein.«

Vorsitzender: »Dies wird als ›Nicht schuldig‹ protokolliert.«

Gelächter auf der Pressegalerie.

Vorsitzender: »Wer die Gerichtsverhandlung stört, hat den Saal zu verlassen.«

Göring: »Bevor ich die Frage des Hohen Gerichtshofes beantworte, ob ich mich schuldig oder nicht schuldig bekenne . . .«

Göring glaubt, daß nun seine große Stunde gekommen sei. Aber der Vorsitzende unterbricht ihn. Jetzt kommt es nur auf eine vorläufige Erklärung zur Schuldfrage an.

Göring: »Ich bekenne mich im Sinne der Anklage nicht schuldig.« Zu ausführlichen Reden hat Göring später im Zeugenstand noch genügend Zeit. Neun Tage lang wird ihm die Gelegenheit gegeben, fast ununterbrochen zu sprechen. Stellvertretend für alle anderen Angeklagten übernimmt er es, den gemeinsamen politischen Hintergrund, die allgemeinen geschichtlichen Ereignisse zu schildern: wie er sie sieht, wie er sie gesehen haben möchte, die Anfänge Hitlers und der Nationalsozialistischen Deutschen Arbeiter-Partei, den Münchener Putsch, die ›Kampfzeit‹ bis zur Machtergreifung.

Auch die Anklagevertreter legen dem Gericht die Vorgeschichte der deutschen Tragödie dar. Ruhig und sachlich murmeln die Stimmen der Dolmetscher aus den Kopfhörern: fern und kühl klingen die Anfänge der dämonischen Lawine, bis ihr Donner im schicksalhaften Januar des Jahres 1933 laut vernehmlich wird.

2 Hitler an der Macht

Hitler Reichskanzler!

Die Zeitungen schreien es in dicken Schlagzeilen hinaus. Eine Weltsensation!

Um 11 Uhr 15, am 30. Januar 1933, leistet Hitler in die Hand des greisen Reichspräsidenten von Hindenburg den feierlichen Eid auf die Weimarer Verfassung, leisten ihn auch die neuen Mitglieder des Kabinetts. Den letzten Anstoß zur Ernennung Hitlers gaben Gerüchte, nach denen General Schleicher die Postdamer Reichswehrgarnison alarmiert habe, um Hindenburg festnehmen zu lassen.

Hat das 86jährige Staatsoberhaupt in dieser Stunde geahnt, was nun kommen würde? Ein wäßriger Glanz schimmert in den Augen des schwergeprüften Hindenburg, als die Vereidigung beendet ist. Mit seiner tiefen Stimme sagt er bewegt zu den neuen Männern: »Und nun, meine Herren, mit Gott vorwärts!«

Das Tausendjährige Reich hat begonnen.

Aber Hitlers Macht ist noch nicht gefestigt. Noch gibt es Parteien in Deutschland, noch gibt es einen Reichstag mit gewählten Abgeordneten und gesetzgeberischen Vollmachten. Und in diesem Reichstag haben Hitler und seine Partei keine Mehrheit – im Gegenteil: bei den Novemberwahlen von 1932 hat die NSDAP zwei Millionen Stimmen verloren, die Zahl ihrer Abgeordneten ist von 230 auf 196 gesunken.

Goebbels schreibt verzweifelt in sein Tagebuch: ›Wir müssen an die Macht kommen, sonst siegen wir uns in den Wahlen tot!‹

Am 5. März 1933 sollen neue Reichstagswahlen in Deutschland stattfinden.

Wird Reichskanzler Hitler bei diesen Wahlen eine Mehrheit bekommen – oder wird er am Volkswillen scheitern? Wird er dann so rasch wieder abtreten wie seine schnell verbrauchten Vorgänger Brüning, Papen und Schleicher?

Alles wird von diesen Wahlen abhängen.

Eine Woche vor dem entscheidenden Wahltag, am 27. Februar 1933, speist Reichspräsident von Hindenburg als Ehrengast im Klub des Vizekanzlers Franz von Papen zu Abend. Die Klubräume liegen in einem Haus an der Ecke Voßstraße. Plötzlich bemerken die Gäste, daß draußen ein rötlicher Schein über den Dächern Berlins aufsteigt.

Hindenburg erhebt sich schwer von seinem Sessel und tritt ans Fenster.

Sein Blick fällt auf die Kuppel des Reichstagsgebäudes. Flammen schlagen heraus. Der Reichstag brennt! Durch die nächtlichen Straßen gellt das Klingeln rasender Feuerwehren. Hindenburg spricht kein Wort. Er starrt hinaus. Er fühlt vielleicht, daß etwas Entscheidendes geschehen ist. Eine Brandfackel ist entzündet, aber der alte Mann versteht die flammenden Zeichen dieser Zeit nicht mehr . . .

Merkwürdige Dinge geschehen in dieser Nacht.

Obwohl die Wahlen vor der Tür stehen und die Funktionäre aller Parteien durch Deutschland reisen, um pausenlos in Versammlungen zu sprechen, sind die drei wichtigsten Männer der NSDAP ausgerechnet und zufällig am 27. Februar in Berlin: Hitler, Göring und Goebbels.

Wenige Minuten nach dem Feueralarm treffen Hitler und Göring auf einem Balkon im brennenden Reichstag zusammen. Auch der Chef der Gestapo, Rudolf Diels, hat sich hier eingefunden.

Göring geht auf Diels zu und ruft dramatisch: »Das ist der Beginn des kommunistischen Aufstandes!«

Dann fängt Hitler zu toben an. Diels erinnert sich, daß ›sein Gesicht flammend rot war vor Erregung und von der Hitze. Als ob er bersten wollte, schrie er in so unbeherrschter Weise‹, wie Diels ihn noch nie erlebt hatte: »Es gibt jetzt kein Erbarmen! Wer sich uns in den Weg stellt, wird niedergemacht! Jeder kommunistische Funktionär wird erschossen, wo er angetroffen wird. Auch für Sozialdemokraten gibt es jetzt keine Schonung mehr!«

Merkwürdige Dinge geschehen in dieser Nacht.

Weiß man denn schon so genau, wer das Feuer im Reichstag gelegt hat? In Nürnberg versucht zwölf Jahre später der amerikanische Hauptankläger Robert H. Jackson die Hintergründe aufzudecken. Er wendet sich an Göring, der im Zeugenstand sitzt.

Jackson: »Nach dem Brand fand eine große Säuberungsaktion statt, nicht wahr, bei der viele verhaftet wurden?«

Göring: »Die Verhaftungen, die Sie auf den Reichstagsbrand zurückführen, sind die Verhaftungen der kommunistischen Funktionäre. Diese wären völlig unabhängig von diesem Brande ebenfalls verhaftet worden. Der Brand hat ihre Verhaftung nur beschleunigt.«

Jackson: »Mit anderen Worten, Sie hatten Listen der Kommunisten schon fix und fertig, als das Feuer im Reichstag ausbrach, und zwar von Personen, die verhaftet werden sollten. Stimmt das?«

Göring: »Wir hatten die Listen vorher bereits zum großen Teil festgelegt. Es war völlig unabhängig vom Brand im Deutschen Reichstag.«

Jackson: »Diese Verhaftungen wurden unmittelbar nach dem Reichstagsbrand durchgeführt?«

Göring: »Im Gegensatz zu meiner Ansicht, es noch wenige Tage hinauszuschieben, wünschte der Führer in der Nacht, daß nun die Verhaftungen sofort und augenblicklich erfolgen sollten.«

Vorbereitete Verhaftungslisten . . . Merkwürdige Dinge geschehen in dieser Nacht.

Um 21 Uhr 17 ist der erste Polizeiwagen beim brennenden Reichstag eingetroffen. Polizeileutnant Emil Lateit, einige weitere Polizeibeamte und der Hausinspektor Scranowitz dringen in das Gebäude ein. In einem der düsteren Wandelgänge, wo brennende Sofas und Ledersessel einen flackernden Schein verbreiten, wankt den Männern plötzlich eine gespenstische Erscheinung entgegen: ein jüngerer Mann mit schweißglänzendem, entblößtem Oberkörper, wirren Haaren und verstörten Augen. Er rennt zwischen den züngelnden Möbeln herum, ein irres, seliges Lachen auf dem Gesicht.

Scranowitz tritt auf den Fremden zu und erklärt ihn für verhaftet. Polizeileutnant Lateit greift in die Hosentasche des Mannes und findet dort ein Taschenmesser und einen ausländischen Reisepaß. Dann wird der Verhaftete von den Beamten zum Ausgang geführt und landet wenige Minuten später auf dem Polizeirevier, wo ihn Kriminalkommissar Walter Zirpins einer ersten Vernehmung unterzieht. Es stellt sich heraus, daß es sich um einen Herumtreiber handelt, den holländischen Staatsangehörigen Marinus van der Lubbe.

»Er war ein ganz intelligenter Bursche«, berichtet Zirpins nach 1945. »Er sprach auch gut Deutsch. Als wir einen holländischen Dolmetscher haben wollten, war er beleidigt und sagte: ›Ich kann genauso gut Deutsch wie Sie!‹ Zigaretten und Alkohol lehnte er ab, Bonbons und Orangen aß er massenhaft. Hin und wieder verlangte er Kaffee.«

Dann fährt Zirpins fort: »Er hat fließend erzählt und ließ keinen Satz des Vernehmungsprotokolls durchgehen, den er nicht selbst formuliert hatte. Als das Protokoll nach drei Stunden beendet war, etwa fünfzig bis sechzig Seiten mit je sieben Durchschlägen, unterzeichnete van der Lubbe jede einzelne Seite.«

Alle acht Exemplare dieses inhaltsschweren Dokuments sind aber auf mysteriöse Weise verschwunden und nie wieder zum Vorschein gekommen.

Merkwürdige Dinge geschehen in dieser Nacht.

Branddirektor Ludwig Wissell hat die Feuerwehrmänner des Löschzuges Nr. 6 vernommen und darüber ein Protokoll angefertigt. Löschzug 6 war der erste am Brandort.

In diesem amtlichen Schriftstück heißt es: ›Um für die nachstoßenden Löschtrupps Licht zu schaffen, suchte einer der Feuerwehrmänner nach der Möglichkeit, elektrisches Licht einzuschalten. Er begab sich zu einem Abstellraum. Von diesem Abstellraum führte eine Treppe nach unten. Als der Feuerwehrmann die letzten Stufen dieser Treppe, mit den Händen an den Wänden tastend, hinunterging, stieß er mit der linken Hand an einen kleinen Treppenlichtschalter, den er betätigte. Er sah nun in der Richtung der Treppe einen Windfang, von dem einige Scheiben in Größe von etwa 40 mal 50 Zentimeter zerschlagen waren. Aus diesen Öffnungen starrten dem Feuerwehrmann mehrere Pistolenläufe entgegen, die von Personen gehalten wurden, die in nagelneuen Polizeiuniformen steckten und den Feuerwehrmann aufforderten, sofort zurückzugehen, da sie sonst von der Schußwaffe Gebrauch machen würden. Der Feuerwehrmann trat den Rückzug an und teilte den Sachverhalt sofort seinem Zugführer mit.‹

Berlins Oberbranddirektor Walter Gempp wird durch die einlaufende Meldung mißtrauisch. An der Brandstätte selbst kommt er zu der Überzeugung, daß das Feuer in diesem Umfang unmöglich von einem einzelnen Mann angelegt worden sein könne (erst neuere Untersuchungen haben erwiesen, daß dies doch möglich war). Außerdem bringt Gempp in Erfahrung: Reichstagspräsident Hermann Göring hat angeordnet, das Reichstagsgebäude ausgerechnet in dieser Nacht ohne die übliche Bewachung zu lassen. Alle Beamten mußten um 20 Uhr das Haus verlassen haben. Niemand mehr durfte sich nach dieser Zeit darin aufhalten.

Direktor Gempp gibt seine Wahrnehmungen pflichtgemäß in einer Lagebesprechung mit der Brandleitung bekannt. Er äußert bei dieser Gelegenheit auch, daß die

Feuerbekämpfung durch einen Befehl Görings behindert wurde, nicht sofort höchste Alarmstufe zu geben.

Kurz darauf wird Gempp aus seinem Amt entfernt. Im Zuge der neuen Zeit, die soeben angebrochen ist, wird ihm ›Duldung marxistischer und kommunistischer Wühlarbeit und Zurücksetzung national eingestellter Feuerwehrmänner‹ vorgeworfen. Gempp nimmt ein tragisches Ende, von dem noch gesprochen werden soll.

Martin H. Sommerfeldt, Görings Pressereferent im Preußischen Innenministerium, erhält von seinem Chef an der Brandstätte den Befehl, sofort einen offiziellen Bericht für die Zeitungen zu verfassen. Sommerfeldt schreibt eine Meldung von etwa zwanzig Zeilen, in der er nur ganz sachlich die Tatsache des Brandes, die Löscharbeiten der Feuerwehr und die ersten polizeilichen Untersuchungen erwähnt. Diese Meldung gibt er Göring kurz darauf im Ministerium zu lesen.

»Das ist Mist!« schreit ihn Göring an. »Das ist ein Polizeibericht, aber kein politisches Kommuniqué!«

Göring liest in der Meldung Sommerfeldts, daß man das Gewicht des Brandstiftungsmaterials auf einen Zentner schätze.

»Das ist Quatsch!« braust der Reichstagspräsident erneut auf. »Ein Zentner Brandmaterial? Zehn, hundert Zentner!«

Er nimmt einen Rotstift und malt eine dicke Hundert auf das Blatt Papier. Dann läßt er seine Sekretärin kommen und diktiert ihr in einem Zuge selber einen Bericht. Göring zieht dabei alle Register: ›Diese Brandstiftung ist der bisher ungeheuerlichste Terrorakt des Bolschewismus in Deutschland. Hiernach sollen Regierungsgebäude, Schlösser, Museen und lebenswichtige Betriebe in Brand gesteckt werden. Reichsminister Göring ist dieser ungeheuren Gefahr mit den schärfsten Maßnahmen entgegengetreten. Die gesamte Schutzpolizei und Kriminalpolizei in Preußen ist sofort auf höchste Alarmstufe gesetzt worden. Die Hilfspolizei ist einberufen.‹

Göring rast in seinem Diktat weiter: ›Die kommunistischen Zeitungen, Flugblätter und Plakate sind auf vier Wochen für ganz Preußen verboten. Auf vierzehn Tage verboten sind sämtliche Zeitungen, Zeitschriften, Flugblätter und Plakate der Sozialdemokratischen Partei . . .‹

Acht Tage vor den entscheidenden Reichstagswahlen werden alle Propagandamöglichkeiten der wichtigsten Gegner Hitlers ausgeschaltet.

Göring schreibt sein großes G unter den selbstverfaßten Bericht und schickt Sommerfeldt in die Kochstraße, wo schon die Pressevertreter des In- und Auslands auf neue Nachrichten über den Brand warten. Sommerfeldt zeigt den Journalisten das Kommuniqué — aber die Zeitungsleute finden den Inhalt gar nicht aufregend. Das alles haben sie schon vor zwei Stunden an ihre Blätter gekabelt oder telefoniert.

»Ja, von wem haben Sie denn alles schon erfahren, meine Herren?« fragt Görings Pressereferent verblüfft.

»Von Herrn Berndt«, wird ihm geantwortet. Von Alfred Ingmar Berndt — dem Beauftragten des Dr. Goebbels!

In der Geheimen Staatspolizei von Berlin sitzt zu diesem Zeitpunkt ein Beamter namens Hans Bernd Gisevius, der bis zu seinem Tode 1974 von der Mittäterschaft der Nazis am Reichstagsbrand überzeugt war. In seinem Erinnerungsbuch ›Bis zum bitteren Ende‹ schreibt Gisevius: ›Das für uns Sensationellste war, daß nicht Göring, sondern Goebbels der eigentliche Brandstifter war. Goebbels hatte den ersten Gedanken gehabt. Goebbels hatte klar erkannt, was in diesem Zusammenhang die Mundtotmachung der Linkspresse bedeutete. Goebbels hatte hierüber eingehend mit Göring verhandelt. Goebbels hatte dabei geheimnisvoll angedeutet, der Führer sehe ein, es müsse irgend etwas Durchschlagendes geschehen, vielleicht ein Attentatsversuch, vielleicht ein Brand, doch Hitler wünschte überrascht zu werden.‹

Merkwürdige Dinge geschehen in dieser Nacht — aber es sind alles höchst zweckmäßige Dinge.

Reichspräsident von Hindenburg wird wenige Stunden nach dem Feueralarm der Bolschewistenschreck vorgesetzt. Man redet dem greisen Staatsoberhaupt ein, der Reichstagsbrand sei das Signal zum kommunistischen Bürgerkrieg.

Hindenburg will sein Volk vor solchem Blutvergießen bewahren. Er fällt auf die Täuschung herein und unterschreibt eine Notverordnung, mit der entscheidende Artikel der Verfassung außer Kraft gesetzt werden: die Freiheit der Person, die freie Meinungsäußerung, die Pressefreiheit, das Vereins- und Versammlungsrecht, das Postgeheimnis, der Schutz gegen Haussuchung und Verhaftung ohne richterlichen Befehl.

Der Reichspräsident unterschreibt das Todesurteil der deutschen Demokratie, er öffnet Hitlers Willkür die Tore.

Mit diesem Stück Papier, das die schweren Schriftzüge Hindenburgs trägt, läuft noch in der Nacht des Reichstagsbrandes die erste braune Terrorwelle durch Deutschland. Tausende werden verhaftet. Die Listen sind ja schon längst vorbereitet ...

Die Gefängnisse füllen sich. Die ersten Konzentrationslager entstehen. Hitlerfeindliche Zeitungen werden verboten, gegnerische Versammlungen aufgelöst, die Führer der Opposition festgenommen. Unter diesem Vorzeichen geht das deutsche Volk am 5. März 1933 an die Wahlurnen. Hitler hat alle Wahlgegner praktisch ausgeschaltet, mit dem Reichstagsbrand ist der Öffentlichkeit Furcht vor der roten Revolution eingejagt worden — gibt es noch eine andere Möglichkeit, als die rettende NSDAP zu wählen? Aber das deutsche Volk läßt sich trotz Wahlterror und Bürgerkriegs-Bluff nicht überrumpeln: die NSDAP bekommt nur 44 Prozent der Stimmen.

Das ist eine Niederlage für Reichskanzler Hitler. Er muß zu einem neuen Schlag ausholen, um endlich in den Besitz unumschränkter Regierungsgewalt zu kommen.

Am 24. März 1933 tritt der neugewählte Reichstag zusammen. In dieser Sitzung will Hitler ein Gesetz durchbringen, das ihn ermächtigen soll, in Zukunft vollständig ohne parlamentarische Kontrolle und ohne Rücksicht auf die Verfassung zu regieren.

Er weiß, daß die legale Mehrheit des Reichstags diesem Gesetz niemals zustimmen wird. Wieder muß deshalb der Terror helfen: Hitler läßt einen Teil der gegnerischen Abgeordneten einfach verhaften und schüchtert den Rest mit dieser Maßnahme ein. Seine Handhabe dafür ist die in der Brandnacht von Hindenburg unterschriebene Notverordnung ...

Im Nürnberger Prozeß berichtet der amerikanische Ankläger Frank B. Wallis: »Am 14. März 1933 erklärte der Angeklagte Frick (damals schon Reichsinnenminister): ›Wenn der Reichstag zusammentritt, werden die Kommunisten durch dringende Arbeiten verhindert sein, an der Sitzung teilzunehmen. In Konzentrationslagern werden wir sie wieder zu fruchtbarer Arbeit erziehen. Untermenschen, die sich nicht mehr erziehen lassen, werden wir auf die Dauer unschädlich zu machen wissen.‹«

Dann fährt Wallis fort: »Während dieser Periode wurden große Teile der Kommunisten und eine kleinere Anzahl von sozialdemokratischen Parlamentsmitgliedern in Schutzhaft genommen. Am 24. März 1933 waren von den regulären 647 Abgeordneten des Reichstags nur 535 anwesend. Die Abwesenheit einiger blieb unentschuldigt. Sie befanden sich in Konzentrationslagern. Infolge der Wucht des Nazi-Drucks und Terrors nahm der Reichstag wirklich das Ermächtigungsgesetz an. Das Abstimmungsergebnis lautete: 441 Ja-Stimmen. Dieser Vorgang kennzeichnet die Ergreifung der politischen Kontrolle durch die Verschwörer.«

So sah Hitlers Machtergreifung wirklich aus!

Eine teuflische Kette, an deren Anfang der Reichstagsbrand steht. Der Reichstagsbrand ist die Fackel, mit der Hitler die Welt in Flammen setzen kann.

Mit dem Ermächtigungsgesetz ist er unumschränkter Diktator. Weimar ist tot, die Demokratie erwürgt.

Aber das Feuer im Reichstag schwelt weiter. In den ersten Monaten des Jahres 1933 muß sich die Hitlerregierung noch einen Anschein von Rechtsstaatlichkeit geben, denn das Ausland verfolgt die neuen Vorgänge mit besonderer Aufmerksamkeit.

Wieder geschehen merkwürdige Dinge.

Vor dem IV. Strafsenat des Reichsgerichts in Leipzig beginnt am 21. September 1933 der Reichstagsbrandprozeß.

Den Richtern in ihren scharlachroten Roben sitzen fünf Angeklagte gegenüber: Marinus van der Lubbe; der Vorsitzende der kommunistischen Reichstagsfraktion, Ernst Torgler; und die Bulgaren Georgi Dimitroff, Wassil Taneff und Blagoi Popoff.

Torgler und die drei Bulgaren werden freigesprochen. Obwohl Görings Polizei alles versucht hat, diese vier Kommunisten als Mittäter Lubbes hinzustellen, ist ihnen nichts nachzuweisen, und das Gericht ist in jenen Tagen noch Manns genug, ein entsprechendes Urteil zu fällen.

Van der Lubbe wird zum Tode verurteilt.

Van der Lubbe bietet ein erschreckendes Bild. Derselbe junge Mann, der nach seiner Ergreifung einem dreistündigen Polizeiverhör standhielt, das Protokoll selber diktierte und mehrere hundert Seiten der Vernehmungsniederschriften unterschrieb — dieser selbe Mann ist jetzt ein Wrack.

Während der ganzen dreimonatigen Verhandlungsdauer sitzt er völlig teilnahmslos und zusammengekrümmt auf der Anklagebank und spricht außer einem gelegentlichen ›Ja‹ oder ›Nein‹ kein Wort.

Charles Reber, ein international bekannter Giftspezialist, schreibt zu diesem bedauernswerten Fall: ›Verabreicht man einem geistig und körperlich völlig gesunden Menschen täglich eine Dosis von einem viertel bis zu einem halben Milligramm Scopolamin, so wird dieser Mensch in einen Zustand von vollkommener Teilnahmslosigkeit und Vertiertheit verfallen. Sein Hirn ist wie gelähmt, und er befindet sich in einem steten Dämmerzustand. Sein Rücken krümmt sich mehr und mehr, er lacht albern ohne Anlaß.‹

Genau dieses Bild bietet van der Lubbe.

Lubbe ist der einzige, der wirklich im brennenden Reichstag gefunden wurde. Zweimal im Verlauf des Prozesses hebt van der Lubbe den Kopf von den Knien und lallt: »Die anderen ...«

Reichstagsbrandprozeß 1933: Der Holländer Marinus van der Lubbe (stehend) wird vom Reichsgericht zum Tode verurteilt. Doch der Schauprozeß lief anders als gedacht . . .

Dann sinkt er jedesmal in sein stumpfes Schweigen zurück. Der gebrochene Mann kann nichts mehr aussagen. Er ist im Prozeß ein lebender Toter, der sein Geheimnis mit aufs Schafott nehmen wird.

Dafür redet ein anderer.

Sehr zum Unwillen des Vorsitzenden, des betagten Senatspräsidenten Wilhelm Bünger, entwickelt sich der Angeklagte Dimitroff selber zu einem Ankläger, der die Zeugen in die Zange nimmt, gewichtige Zeugen, wie zum Beispiel Dr. Josef Goebbels und Hermann Göring.

Dimitroff ist die Selbstsicherheit in Person. Seine Fragen sind wie Jiu-Jitsu-Griffe, denen Goebbels und Göring nicht gewachsen sind.

»Ich habe den Eindruck«, sagt Goebbels als Zeuge verwirrt, »daß Dimitroff vor diesem Gericht für den Kommunismus Propaganda machen will!«

Dimitroff: »Haben die Nationalsozialisten sich verteidigt?«

Goebbels, aufgebracht: »Selbstverständlich haben wir uns verteidigt!«

Dimitroff, ruhig: »Glauben Sie jetzt, daß auch wir Kommunisten das Recht haben, uns zu verteidigen?«

Viel dramatischer wird sein Zusammenstoß mit dem Zeugen Göring. Der Reichstagspräsident und preußische Ministerpräsident hat sich für diesen Tag eigens eine neue Uniform schneidern lassen. Nun steht er breitbeinig in braunen Schaftstiefeln vor dem Gericht. Er redet, daß ihm der Schweiß von der Stirn perlt, seine Stimme überschlägt sich, mit einem Taschentuch wischt er sich immer wieder das Gesicht ab.

Göring versucht, die offizielle Lesart von der bolschewistischen Brandstiftung aufrechtzuerhalten und wettert gegen die verbrecherische Weltanschauung des Kommunismus.

Dimitroff: »Ist dem Herrn Ministerpräsidenten bekannt, daß diese verbrecherische Weltanschauung den sechsten Teil der Erde regiert, nämlich die Sowjetunion?«

Göring, wütend: »Ich will Ihnen sagen, was dem deutschen Volk bekannt ist. Bekannt ist dem deutschen Volke, daß Sie sich hier unverschämt benehmen, daß Sie hierhergelaufen sind, um den Reichstag anzustecken. Sie sind in meinen Augen ein Gauner, der direkt an den Galgen gehört!«

Vorsitzender: »Dimitroff, ich habe Ihnen bereits gesagt, daß Sie hier keine kommunistische Propaganda zu treiben haben. Sie dürfen sich dann nicht wundern, wenn der Zeuge derartig aufbraust. Ich untersage Ihnen diese Propaganda auf das strengste. Sie haben rein sachliche Fragen zu stellen.«

Dimitroff: »Ich bin sehr zufrieden mit der Antwort des Herrn Ministerpräsidenten.«

Vorsitzender: »Ob Sie zufrieden sind, ist mir gleichgültig. Ich entziehe Ihnen jetzt das Wort!«

Dimitroff: »Ich habe noch eine sachliche Frage zu stellen.«

Vorsitzender: »Ich entziehe Ihnen das Wort!«

Dimitroff: »Sie haben wohl Angst vor meinen Fragen, Herr Ministerpräsident?«

Göring: »Was fällt Ihnen ein, Sie Gauner, Sie Strolch!«

Vorsitzender: »Hinaus mit Ihnen!«

Göring: »Hinaus, Sie Strolch! Hinaus!«

Dimitroff: »Sie haben wohl Angst vor meinen Fragen, Herr Ministerpräsident?«

Die Wachtmeister packen den Angeklagten und zerren ihn aus dem Gerichtssaal. Auf dem Weg zur Tür schreit Dimitroff immer wieder in den allgemeinen Tumult: »Sie haben wohl Angst, Herr Ministerpräsident? Sie haben wohl Angst? Haben Sie Angst, Herr Ministerpräsident . . .?«

Bemerkenswert ist, daß drei Gerichtssachverständige – Feuerspezialisten, Wärmetechniker und Chemiker – im Reichstagsbrandprozeß übereinstimmend feststellen, van der Lubbe könne das umfangreiche Feuer in der kurzen Zeit unmöglich allein gelegt haben. Nach heutigen Untersuchungen hält man es für möglich, daß die Gutachter die Zeitspanne zu kurz ansetzten und die Kaminwirkung des Plenarsaales unterschätzten.

Immerhin: Van der Lubbe benutzte einige Kohlenanzünder der Marke *Fleißige Hausfrau,* mit denen er in dem riesigen Reichstagsgebäude höchstens einige lokale Feuerchen entfachen konnte. Die Löschmannschaften aber fanden ausgedehnte Flächenbrände im großen Plenarsaal, in den Hallen und Gängen vor.

Der Gerichtschemiker Dr. Schatz erklärt, daß ein flüssiges Selbstentzündungsmittel verwendet worden sein muß.

In diesem Augenblick geschieht etwas Unheimliches. Der apathische van der Lubbe hebt den Kopf. Ein Augenzeuge aus dem Gerichtssaal berichtet: »Van der Lubbe wurde von einem lautlosen Lachen geschüttelt. Sein ganzer Körper war ein einziges zuckendes Gelächter.«

Was war das Geheimnis dieses Mannes?

Im Nürnberger Prozeß wird diese Frage zwölf Jahre später noch einmal aufgerollt.

Wieder ist Göring Zeuge. Der amerikanische Ankläger Jackson nimmt ihn ins Kreuzverhör. Doch wie anders sieht die Szene diesmal aus!

Jackson: »Wer war Karl Ernst?«

Göring: »Ernst war der SA-Führer von Berlin.«

Jackson: »Und wer war Helldorf?«

Göring: »Graf Helldorf war der spätere SA-Führer von Berlin.«

Jackson: »Und Heines?«

Göring: »Heines war der SA-Führer von Schlesien zu diesem Zeitpunkt.«

Jackson: »Es ist Ihnen wohl bekannt, daß Ernst eine Erklärung abgegeben hat, derzufolge diese drei den Reichstag angesteckt und Sie und Goebbels den Plan dazu entworfen und das aus Petroleum und Phosphor bestehende Brandmaterial geliefert hätten, das Sie in einem unterirdischen Gang bereitstellen ließen, der von Ihrem Hause zum Reichstagsgebäude führte. Sie wußten von dieser Erklärung?«

Göring: »Eine Erklärung des SA-Führers Ernst kenne ich nicht.«

Jackson: »Aber es gab einen solchen Gang von dem Reichstagsgebäude zu Ihrem Haus?«

Göring: »Auf der einen Seite der Straße steht das Reichstagsgebäude, gegenüber das Palais des Reichstagspräsidenten. Zwischen beiden ist ein Gang, auf dem die Kokswagen für die Zentralheizungen fahren.«

Jackson: »Sie wurden ganz allgemein beschuldigt, das Reichstagsgebäude in Brand gesteckt zu haben. Wußten Sie das?«

Göring: »Das konnte mich weiter nicht berühren, weil es nicht den Tatsachen entsprach. Es hatte keinen Zweck und Sinn für mich, den Reichstag anzustecken. Ich bedauerte an sich von der künstlerischen Seite durchaus nicht, daß das Plenum verbrannt ist, ich hoffte, ein besseres aufzubauen. Ich bedauerte aber außerordentlich, daß ich gezwungen war, einen neuen Reichstagssitzungsaal zu suchen und meine Kroll-Oper dafür herzugeben. Die Oper erschien mir erheblich wichtiger als der Reichstag.«

Jackson: »Haben Sie sich jemals damit gebrüstet, wenn auch nur aus Witz, den Reichstag angezündet zu haben?«

Göring: »Nein. Ich habe einen Witz gebraucht, wenn Sie den meinen, daß ich sagte, ich träte demnächst in Konkurrenz mit dem Kaiser Nero. Es wird voraussichtlich sehr bald heißen, ich habe mit einer roten Toga, mit einer Leier in der Hand gegenübergestanden und zu dem Reichstagsbrand aufgespielt.«

Gelächter im Gerichtssaal.

Göring: »Das war der Witz. Tatsächlich aber wäre ich beinahe durch den Reichstagsbrand umgekommen, für das deutsche Volk sehr unangenehm, für seine Gegner sehr angenehm.«

Jackson: »Sie haben also nie erklärt, den Reichstag angesteckt zu haben?«

Göring: »Nein. Ich weiß, daß Herr Rauschning in seinem Buch sagt, ich hätte mit ihm darüber gesprochen.«

Hermann Rauschning war Senatspräsident von Danzig und hat in der Emigration seine *Gespräche mit Hitler* veröffentlicht. Die Stellen des Buches, die Göring meint, lauten: ›Kurz nach dem Reichstagsbrand wünschte Hitler von mir über die Lage in Danzig Bericht zu haben. Ehe wir in der Reichskanzlei vorgelassen wurden, hatten wir Gelegenheit, in der Wandelhalle vor den damaligen Amtsräumen Hitlers einige antichambrierende Nazigrößen zu sprechen. Göring, Himmler, Frick, einige Gauleiter aus dem Westen unterhielten sich. Göring erzählte Details des Reichstagsbrandes. In der Partei wurde damals das Geheimnis des Brandes noch streng gehütet. Erst aus dem Gespräch erfuhr ich, daß der Reichstag ausschließlich von der nationalsozialistischen Führung angezündet worden war.

Göring schilderte, wie ‚seine Jungens' durch einen unterirdischen Gang aus dem Präsidentenpalais in den Reichstag gelangten, wie sie wenige Minuten Zeit gehabt und fast entdeckt worden wären. Er bedauerte, daß nicht ‚die ganze Bude' niedergebrannt sei. In der Eile hätten sie keine ‚ganze Arbeit' leisten können.

Göring, der das große Wort führte, schloß den Bericht mit dem wahrhaft bedeutungsvollen Wort: ‚Ich habe kein Gewissen! Mein Gewissen heißt Adolf Hitler.'‹

Was aber sagt Göring im Nürnberger Zeugenstand?

Göring: »Herrn Rauschning habe ich in meinem Leben nur zweimal ganz flüchtig gesehen. Wenn ich schon den Reichstag angezündet hätte, so würde ich das voraussichtlich nur im allerengsten Vertrautenkreis, wenn überhaupt, bekanntgegeben haben. Einem Mann, den ich überhaupt nicht kenne und von dem ich heute nicht sagen kann, wie er überhaupt ausgesehen hat, würde ich mich niemals gegenüber geäußert haben. Eine absolute Fälschung.«

Jackson: »Können Sie sich an ein Mittagessen an Hitlers Geburtstag 1942 im Offizierskasino im Führerhauptquartier in Ostpreußen erinnern?«

Göring: »Nein.«

Jackson: »Sie können sich dessen nicht mehr erinnern? Ich werde Ihnen eine Aussage von General Franz Halder vorlegen lassen, die vielleicht Ihr Gedächtnis auffrischen wird. Ich lese es vor: ›Anläßlich eines gemeinsamen Mittagsmahls am Geburtstag des Führers 1942 kam in der Umgebung des Führers das Gespräch auf das Reichstagsgebäude und seinen künstlerischen Wert. Ich habe mit eigenen Ohren gehört, wie Göring in das Gespräch hineinrief: ‚Der einzige, der den Reichstag wirklich kennt, bin ich; ich habe ihn ja angezündet!' Dabei schlug er sich mit der flachen Hand auf die Schenkel.‹«

Halder ergänzt später: »Ich saß in der nächsten Nähe Hitlers, auf dessen rechter Seite Göring saß. Jedes Wort war klar und deutlich zu verstehen. Auch die Wirkung des Göringschen Wortes bewies die Bedeutung seiner Erklärung. Völlige Stille verbreitete sich über die Tafelrunde. Hitler war sichtlich von dieser Äußerung sehr unangenehm berührt. Erst nach Minuten kam die Unterhaltung der Tischgesellschaft wieder zögernd in Gang.«

Göring: »Diese Unterhaltung hat nicht stattgefunden, und ich bitte, mir Herrn Halder gegenüberzustellen. Eine derartige Äußerung ist ein absoluter Unsinn. Wie Herr Halder dazu kommt, weiß ich nicht. Nur sein schwaches Gedächtnis, das er auch militärisch hatte, kann da anscheinend der Grund sein.«

Jackson ist entwaffnet.

Er dringt nicht weiter in Göring.

»Warum hat Jackson aufgegeben?« wurde der amerikanische Ankläger Robert Kempner, der heute als Rechtsanwalt in Frankfurt am Main tätig ist, von den Verfassern gefragt. »Wir hatten so viele Morde und sonstige Verbrechen«, antwortete Kempner und zuckte die Schultern, »daß wir auf diese lausige Brandstiftung nicht angewiesen waren.« So spielte der Reichstagsbrand bei der Urteilsfindung in Nürnberg keine Rolle. Wohl aber in der Voruntersuchung. Das war bei der Umstrittenheit des Themas bis in unsere Zeit sicher die taktisch beste Lösung.

Kempner hat Göring in der Voruntersuchung viele Fragen über den Brand vorgelegt. Einige Stellen dieses Protokolls sind auch im Prozeß verlesen worden.

Kempner: »Wie konnten Sie Ihrem Pressevertreter eine Stunde nach dem Beginn des Reichstagsbrandes ohne Untersuchung mitteilen, daß die Kommunisten es getan hätten?«

Göring: »Hat der Pressevertreter gesagt, daß ich dies getan habe?«

Kempner: »Ja, er sagte, Sie hätten es gesagt.«

Göring: »Es ist möglich; als ich zum Reichstag kam, waren der Führer und seine Herren dort. Ich war nicht ganz sicher damals, aber er war der Meinung, daß die Kommunisten das Feuer gelegt hatten.«

Kempner: »Wenn man jetzt zurückblickt, ohne die Aufregung von damals, war es nicht verfrüht, ohne jede Untersuchung zu sagen, daß die Kommunisten das Feuer gelegt haben.«

Göring: »Ja, das ist möglich, aber der Führer wollte es so. Wenn ich überhaupt etwas für möglich halte . . .«

Kempner: »Sie begannen einen Satz . . . sagen Sie doch, was Sie für eine Idee haben?«

Göring: »Wenn überhaupt etwas in dieser Angelegenheit getan oder beabsichtigt wurde, dann kann ich nur glauben, daß es von einer anderen Seite kam.«

Kempner: »Was denken Sie in dieser Beziehung zum Beispiel über Polizeipräsident Ernst [den SA-Führer von Berlin]? Lassen Sie uns offen über Ernst reden.«

Göring: »Ja, an diesen Mann dachte ich, wenn überhaupt eine andere Hand im Spiel war. Was Ernst betrifft, glaube ich, daß alles möglich ist.«

Kempner: »Wer waren die Leute, die an so etwas interessiert waren? Ich frage Sie als Politiker.«

Göring: »Ich möchte wirklich wissen, welches Interesse Ernst gehabt haben könnte. Angenommen, daß er sich sagte: ›Zünden wir den Reichstag an und behaupten, es waren die Kommunisten.‹ Dann kann ich nur glauben, daß die SA glaubte, eine größere Rolle in der Regierung spielen zu können.«

Diese Erklärung paßt genau zu der Aussage, die ein anderer Zeuge im Nürnberger Prozeß macht: der ehemalige Gestapobeamte Hans Bernd Gisevius. Am 25. April 1946 sagte Gisevius in Nürnberg unter Eid: »Goebbels sprach mit dem Führer der Berliner SA-Brigade, Karl Ernst, und regte auch im einzelnen an, wie die Brandstiftung vorgenommen werden könnte. Man wählte eine gewisse Tinktur, die jeder Feuerwerker kennt. Man verspritzt sie, und sie entzündet sich nach einer gewissen Zeit.

Um in den Reichstag hineinzugelangen, benötigte man den Gang, der von dem Reichstagspräsidentenpalais in den Reichstag führte. Es wurde eine Kolonne von zehn zuverlässigen SA-Leuten bereitgestellt, und nunmehr wurde Göring über alle Einzelheiten des Planes ins Bild gesetzt. Es wurde von Göring erwartet – und er sicherte dies zu –, die Polizei im ersten Stock zu instruieren, daß sie auf die falsche Spur gelenkt wurde. Man wollte von Anfang an dieses Verbrechen den Kommunisten in die Schuhe schieben.«

Jackson: »Was ist aus den zehn SA-Leuten geworden, die den Reichstag in Brand gesteckt haben?«

Gisevius: »Soweit wir sie uns vorgemerkt hatten, ist keiner mehr am Leben. Die meisten wurden am 30. Juni unter dem Vorwand des Röhm-Putsches ermordet. Nur einer, ein gewisser Heini Gewehr, wurde in die Polizei als Polizeioffizier übernommen. Wir haben auch seine Spur verfolgt. Er ist im Kriege an der Ostfront gefallen.«

Alle Mitwisser und alle, die unvorsichtigerweise den Spuren des Brandes nachgegangen sind, haben ihr Leben verloren.

Oberbranddirektor Gempp wird bald nach seiner Entlassung aus dem Amt erdrosselt. Der deutschnationale Reichstagsabgeordnete Ernst Oberfohren, aus dessen Feder ein Bericht über den wahren Hergang der Brandstiftung stammen soll, wird an seinem Schreibtisch erschossen aufgefunden.

Der Hellseher Erik Hanussen, der schon zwei Tage vor dem Brand in einer Sitzung verkündete, er sehe ›ein großes Haus in Flammen‹, und der nach einer These des Filmregisseurs und Hanussen-Bekannten Geza von Cziffra van der Lubbe in Hypnose die Tat befahl, um sich bei den Nazis Liebkind zu machen, wird kurze Zeit später im Grunewald umgebracht. SA-Gruppenführer Karl Ernst, der bei Hanussen viele Schulden hatte und mit dem der Hellseher den Hypnoseplan besprochen haben soll, wird beim Röhm-Putsch liquidiert. Hanussens vermutlicher Zuträger, Ingenieur Georg Bell, der seine Informationen aus engsten nationalsozialistischen Kreisen bezog, zieht es vor, nach Österreich zu fliehen. Zuvor übergibt er in München dem Redakteur Fritz Michael Gerlich geheime Nazi-Papiere.

Wegen einer drohenden Haussuchung müssen diese Papiere schleunigst verschwinden: der letzte, der sie gesehen hat, ist der einstige württembergische Staatspräsident Eugen Anton Bolz. An den Inhalt kann sich Gerlichs Sekretärin Breit noch genau erinnern. Die Schriftstücke enthielten angeblich: Angaben über den Reichstagsbrand; einen Vertrag zwischen der NSDAP und dem britischen Öl-Milliardär Deterding über eine geheime Finanzierung der SA gegen eine Bevorzugung von Deterdings deutschen Ölinteressen nach der Machtübernahme; eine Liste von Zeugen dafür, daß Hitler seine Nichte Geli Raubal ermordet habe; Pläne zur Verächtlichmachung der Kirche; Pläne des Stabschefs Röhm zur Beseitigung Hitlers nach der Machtübernahme.

Die Männer, die Einblick in diese gefährlichen Dokumente nehmen, müssen sterben: der nach Österreich geflohene Bell wird dort von dem SA-Standartenführer Uhl aufgestöbert und mit sechs Pistolenschüssen niedergestreckt. Uhl selbst wird am 30. Juni 1934 in Ingolstadt ermordet. Am selben Tag wird auch Gerlich umgebracht. Staatspräsident Bolz wird noch kurz vor Kriegsende im Zusammenhang mit dem Attentat vom 20. Juli hingerichtet. Ein anderer Mitwisser, Paul Waschinsky, der angeblich van der Lubbe in die Brandstiftung hineingezogen hat, wird ebenfalls 1934 beseitigt. Hauptmann Röhrbein, der in einem Gefängnis behauptet, als SA-Mann zu den Brandstiftern gehört zu haben, wird erschossen. SA-Führer Ernst, der den Trupp durch den unterirdischen Gang geführt haben soll, begeht die Dummheit, SA-Obergruppenführer Edmund Heines einen Brief zu schreiben, der mit den Worten beginnt: ›Ich gebe hiermit eine Darstellung des Reichstagsbrandes, an dem ich beteiligt war.‹

Sein Ende haben wir bereits erwähnt.

Noch einen Spießgesellen gibt es: den Zuchthäusler und SA-Mann Rall. Er ist einfältig genug, bei einem Amtsgericht seine Mittäterschaft zu Protokoll zu geben. Das Protokoll wird zum Reichsgericht nach Leipzig geschickt werden, wird aber von der Gestapo abgefangen. Die Gestapo hat ihre Informationen von dem Protokollführer des Amtsgerichts, dem SA-Mann Reineking, erhalten.

Rall wird beseitigt. Ein Mordkommando schleppt ihn in einem Auto nachts auf ein freies Feld in der Nähe Berlins. Dort würgt man ihn, bis er leblos liegenbleibt. Die Mörder, zu denen auch Reineking gehört, schaufeln ein Grab. Aber als sie Rall hineinwerfen wollen, ist der Tote verschwunden. Er ist wieder erwacht und läuft, nur mit einem Hemd bekleidet, über den nächtlichen Acker. Er wird eingeholt, noch einmal gewürgt und dann verscharrt. Reineking selbst wird Ende 1934 im Konzentrationslager Dachau ermordet. Das ist die blutige Spur des Reichstagsbrandes im Dunkel jener Jahre. In Nürnberg aber wird Göring noch einmal in Unruhe versetzt. Plötzlich ist einer der Toten wiederauferstanden ...

Der Zeuge Gisevius hat sich geirrt: Einer der Brandstifter, jener SA-Mann Heini Gewehr, der an der Ostfront gefallen sein soll, wird von Görings Verteidigern ausfindig gemacht. Er lebt! Er hat den Krieg überstanden. Er befindet sich in amerikanischer Gefangenschaft im Lager Hammelburg bei Bad Kissingen. Eine Sensation steht bevor: Denn wenn Göring wirklich nichts mit dem Feuer zu tun hatte, dann müßte Gewehr nun aussagen: Alles ist reine Phantasie. Ich weiß nichts von einem Brandstiftertrupp, ich habe ihm jedenfalls nicht angehört.

Rechtsanwalt Werner Bross, ein Assistent von Görings Verteidiger Dr. Otto Stahmer, bringt die freudige Nachricht dem Angeklagten ins Gefängnis. Doch nun geschieht wieder etwas Merkwürdiges. Bross schreibt in seinen Erinnerungen: ›Göring aber, weit entfernt, erfreut zu sein, wurde sehr unsicher ...‹

»Diese Angelegenheit muß äußerst vorsichtig behandelt werden«, sagt der einstige Reichstagspräsident in der Nürnberger Besucherkabine. Er hat auch eine Begründung zur Hand: »Mit solchen Zeugen muß man sehr aufpassen! Selbst wenn die SA wirklich den Reichstag angezündet hätte, so ist damit ja noch nicht gesagt, daß ich davon wußte. Wer garantiert, daß nicht dieser Zeuge mit einer Aussage, die mich belastet, seine Freiheit erkaufen will?« Die geheimnisvollste Nacht der deutschen Geschichte blieb somit im Nürnberger Prozeß im Zwielicht. Viele haben seither versucht, dieses Zwielicht aufzuhellen und Legende und Wirklichkeit zu trennen. Manche haben damit nur neue Legenden geschaffen. Immerhin neigen viele Historiker heute, nachdem neue Tatsachen und Indizien ans Licht kamen (insbesondere durch Fritz Tobias), zu der Auffassung, daß van der Lubbe ein Einzeltäter war.

›Aus diesem Resultat‹, so schreibt der Historiker Dr. Hans Mommsen 1964 in seiner Untersuchung *Der Reichstagsbrand und seine politischen Folgen,* ›kann nur eine böswillige Fehlinterpretation eine Bestätigung der These herauslesen, es sei ja alles nicht so schlimm gewesen. Es handelt sich hier nur um eine Tatsachenfrage. Freilich ließe sich daran die Bemerkung knüpfen, ob nicht gerade in der Tatsache, daß den Nationalsozialisten die Brandstiftung zugetraut wurde, ein erhebliches Stück historischer Wirklichkeit und historischer Wahrheit steckt.‹ Wie immer die Ursache des Reichstagsbrandes auch heute gesehen werden mag: Die Wirkung der Brandnacht und ihre enormen politischen Möglichkeiten hatten die Nationalsozialisten jedenfalls sofort erkannt und sich mit infernalischer Perfektion zu Nutze gemacht ...

3 Die blutige Saat

»Nachdem sie die vollständige politische Kontrolle erlangt haben«, sagt der amerikanische Ankläger Frank B. Wallis, »haben die Nazi-Verschwörer sich nun darangemacht, ihre Macht zu festigen. Der erste Schritt bei der Festigung der Macht war die rücksichtslose Verfolgung der politischen Gegner mittels Konzentrationslager oder Mord. Konzentrationslager erschienen zuerst im Jahre 1933 und fanden Anwendung als Mittel zur Kaltstellung politischer Gegner, man nahm sie in sogenannte ›Schutzhaft‹. Dieses System der Konzentrationslager wuchs und verbreitete sich über Deutschland ...«

Die entscheidenden Monate des Jahres 1933 sind voll von Unruhe. Was auf offener Straße geschieht und was dort vorgeht, wohin kein gewöhnlicher Deutscher blicken darf, wird von den neuen Männern als ›Umbruch‹, als ›Gleichschaltung‹ bezeichnet.

Die nationalsozialistische Revolution marschiert.

Konsul Raymond H. Geist, erster amerikanischer Botschaftssekretär, hat diese Tage in Berlin miterlebt. Seine Eindrücke übergibt er dem Nürnberger Gericht als eidesstattliche Erklärung. Ankläger Wallis liest Stellen daraus vor: »›Sofort im Jahre 1933 wurden Konzentrationslager eingerichtet und der Gestapo unterstellt. Die erste Welle der Terrorakte begann im März 1933, begleitet von ungewöhnlichen Gewalttätigkeiten des Pöbels. Nachdem die Nationalsozialistische Partei im März 1933 die Wahlen gewonnen hatte, brachen sich am Morgen des 6. März die zurückgedämmten Leidenschaften Bahn, in Gestalt von Angriffen in großem Maßstabe gegen die Kommunisten, ebenfalls gegen die Juden und andere Leute. Horden von SA-Leuten trieben sich in den Straßen herum, schlugen, raubten und töteten sogar Menschen. Für Deutsche, die in Schutzhaft durch die Gestapo genommen waren, hatte man besondere Verfahren der Brutalität und des Schreckens. Die Opfer zählten nach Hunderttausenden in Deutschland.‹«

Nun, das ist die Aussage eines amerikanischen Zeugen, und sie ist im Jahre 1945 entstanden. Kann sie objektiv sein?

Hören wir, was Göring selbst dazu im Zeugenstand unter Eid erklärt, als ihn sein Verteidiger, Dr. Otto Stahmer, über diese Dinge befragt.

Göring: »Selbstverständlich sind im Anfang Übergriffe vorgekommen, selbstverständlich wurden da und dort auch Unschuldige betroffen, selbstverständlich wurde auch da und dort geschlagen, und es sind Roheitsakte verübt worden, aber gemessen an der Größe der Vorgänge ist doch diese deutsche Freiheitsrevolution die unblutigste und disziplinierteste aller bisherigen Revolutionen der Geschichte gewesen.«

Dr. Stahmer: »Haben Sie die Behandlung der Häftlinge überwacht?«

Göring: »Ich habe selbstverständlich Anweisung gegeben, daß solche Dinge zu unterbleiben haben. Daß sie vorkamen und überall in größerem und kleinerem Ausmaß vorkamen, habe ich eben gesagt.«

Dr. Stahmer: »Sind Sie bei Mißständen, die Ihnen bekannt wurden, eingeschritten?«

Göring: »Ich habe mich um die Konzentrationslager persönlich bis zum Frühjahr 1934 gekümmert. Ich möchte den Fall Thälmann kurz streifen, weil er der markanteste war, denn Thälmann war ja der Führer der Kommunistischen Partei. Ich kann heute nicht sagen, wer mir eine Andeutung machte, daß Thälmann geschlagen worden sei. Ich habe ihn unvermittelt zu mir kommen lassen, direkt zu mir ins Zimmer, und habe ihn ganz genau ausgefragt. Er sagte mir, daß er besonders im Anfang der Vernehmungen geschlagen worden sei. Ich habe daraufhin Thälmann gesagt: ›Lieber Thälmann, wenn ihr zur Macht gekommen wäret, wäre ich voraussichtlich nicht geschlagen worden, aber ihr hättet mir sofort den Kopf abgeschlagen!‹ Das bestätigte er mir auch.

Ich habe ihm darauf gesagt, er möchte in Zukunft mir, wenn irgend etwas nicht nur an ihm, sondern auch an anderen in dieser Richtung geschehen würde, ganz frei Mitteilung machen. Ich könnte nicht immer dabeistehen, aber es sei nicht mein Wille, daß irgendwelche Roheitsakte an ihnen verübt werden sollten.«

Während Göring diese Geschichte erzählt, denkt er nicht an eine Rede, die er selbst am 3. März 1933 in aller Öffentlichkeit gehalten hat. Der britische Ankläger Harcourt Barrington bringt sie aber später zum Vorschein und liest vor: »›Volksgenossen! Meine Maßnahmen werden nicht angekränkelt sein durch irgendwelche juristische Bedenken. Hier habe ich keine Gerechtigkeit zu üben, hier habe ich nur zu vernichten und auszurotten, weiter nichts!‹«

Auch der amerikanische Hauptankläger Robert H. Jackson hat Göring über die ersten Konzentrationslager ins Kreuzverhör genommen.

Jackson: »Sowie Sie zur Macht kamen, hielten Sie es für notwendig, zur Aufnahme unverbesserlicher Gegner Konzentrationslager zu errichten?«

Göring: »Die Idee der Konzentrationslager ist nicht so entstanden, daß man sagte: Hier sind eine Reihe von Oppositionsmännern oder Persönlichkeiten, die in Schutzhaft genommen werden sollten, sondern sie entstanden durch den schlagartigen Einsatz gegen die Funktionäre der Kommunistischen Partei, die ja gleich zu Tausenden und aber Tausenden anfielen und die in Schutzhaft genommen wurden und nicht in die Gefängnisse kamen. Es wurde notwendig, dafür ein Lager zu errichten, ein oder zwei oder drei.«

Jackson: »Die Konzentrationslager gehörten zu den Einrichtungen, die Sie für notwendig hielten, sobald Sie zur Macht kamen, nicht wahr?«

Göring: »Das ist richtig. Ich spreche jetzt vom Anfang; später hat sich da vieles geändert. Später, als zum Teil auch Leute aus unpolitischen Gründen verhaftet wurden, haben einmal, ich erinnere mich daran noch, ich, als preußischer Ministerpräsident, und der Reichsminister . . .«

Jackson, ungeduldig: »Lassen wir das. Ich habe Sie das nicht gefragt. Wenn Sie nur Antwort auf meine Fragen geben, werden wir Zeit sparen. Sie haben alle gerichtlichen Überprüfungen verboten und hielten es für notwendig, diese gerichtlichen Überprüfungen auszuschalten, wenn Personen in sogenannte ›Schutzhaft‹ genommen wurden?«

Göring: »Ich bitte, daß ich zur Beantwortung des eben Gehörten eine Ausführung ...«

Jackson: »Das ist Sache Ihres Verteidigers. Nun, was die Konzentrationslager und die Schutzhaft betrifft ...«

Hier schaltet sich der Vorsitzende, Lordrichter Lawrence, ein: »Der Gerichtshof ist der Ansicht, daß dem Zeugen gestattet werden soll, alle Erklärungen abzugeben, die er zur Beantwortung dieser Frage für notwendig hält.«

Jackson, grimmig: »Der Gerichtshof ist der Ansicht, daß Sie jetzt Ihre Erklärung hierzu geben können, und wird Ihre Antworten entgegennehmen.«

Göring, lächelnd: »Ich wollte nur ausführen, daß eine Verfügung erlassen worden war, daß Männern, die in das Konzentrationslager eingeliefert wurden, nach vierundzwanzig Stunden der Grund ihrer Einlieferung bekanntgegeben werden sollte und daß sie das Recht auf einen Anwalt hatten.«

Wie stimmt das mit Görings Feststellung zusammen: ›Meine Maßnahmen werden nicht angekränkelt sein durch irgendwelche juristische Bedenken‹? Waren die Konzentrationslager im Anfang wirklich eine verhältnismäßig harmlose Einrichtung?

Ein Mann, der es genau wissen muß, ist der ehemalige Gestapo-Chef Rudolf Diels. Seine Aussagen haben auch in Nürnberg eine Rolle gespielt.

Es geht dabei nur um das Jahr 1933.

»Für die Entstehung der Konzentrationslager gibt es keinen Befehl und keine Weisung; sie wurden nicht gegründet, sie waren eines Tages da«, sagt Diels. »Die SA-Führer errichteten ›ihre‹ Lager, weil sie der Polizei ihre Gefangenen nicht anvertrauen wollten oder weil die Gefängnisse überfüllt waren. Im ganzen Lande wurde geprügelt.«

Überall richten SA-Gruppen auf eigene Faust versteckte Prügelstätten ein, sogenannte ›Bunker‹, in denen die braunen Revolutionäre ihr Mütchen an wehrlosen Gegnern kühlen. Die Nachrichten dringen rasch über die deutschen Grenzen und entsetzen die Welt. Irgend etwas muß geschehen, um den schlechten Eindruck wieder zu verwischen. Hitler legt noch Wert auf die Meinung des Auslands. Aus den ›wilden‹ Lagern und Kellern muß ein geordnetes System gemacht werden. Aber die SA denkt gar nicht daran, sich plötzlich bremsen zu lassen. Es kommt zu einer Machtprobe.

Gestapo-Chef Diels hört von einer Prügelstätte im vierten Stock der Gauleitung Berlin in der Hedemannstraße: »Hier hatten sich Mißhandelte ihren Plagegeistern durch einen todbringenden Sprung auf die Straße entzogen. Davon berichtete ein Bewohner eines Nachbarhauses.«

»Ein tapferer Offizier des Kommandos Wecke«, sagt der Gestapo-Chef weiter, »war bereit, mir bei der Schließung der Marterstätte zu helfen. Eine mit Handgranaten bewaffnete Polizeimannschaft umstellte die Umgebung des Hauses. Da ging auch die SA in Stellung. Sie baute Maschinengewehre im Eingang des Hauses und in den Fenstern auf.«

Diels ruft den SA-Männern zu, daß Göring die Räumung befohlen habe.

»Ich erntete gellendes Lachen, als ich auf die mit Handgranaten ausgerüsteten Beamten wies. Aber das Hin und Her endete schließlich mit der Auslieferung der Gefangenen.

Ich konnte nun mit den Polizeimannschaften die Marterhöhle betreten. Dort waren die Fußböden einiger leerer Zimmer, in denen sich die Folterknechte betätigten, mit einer Strohschütte bedeckt worden. Die Opfer, die wir vorfanden, waren dem Hungertode nahe. Sie waren tagelang stehend in enge Schränke gesperrt worden, um ihnen ›Geständnisse‹ zu erpressen. Die ›Vernehmungen‹ hatten mit Prügeln begonnen und geendet; dabei hatte ein Dutzend Kerle in Abständen von Stunden mit Eisenstäben, Gummiknüppeln und Peitschen auf die Opfer eingedroschen. Eingeschlagene Zähne und gebrochene Knochen legten von den Torturen Zeugnis ab.

Als wir eintraten, lagen diese lebenden Skelette reihenweise mit eiternden Wunden auf dem faulenden Stroh. Es gab keinen, dessen Körper nicht vom Kopf bis zu den Füßen die blauen, gelben und grünen Male der unmenschlichen Prügel an sich trug. Bei vielen waren die Augen zugeschwollen, und unter den Nasenlöchern klebten Krusten geronnenen Blutes. Jeder einzelne mußte auf die bereitgestellten Einsatzwagen getragen werden; sie waren des Gehens nicht mehr fähig. Im Polizeigefängnis des ›Alex‹ ordnete ich eine ärztliche Untersuchung an. Die Lektüre des amtsärztlichen Berichts konnte dem stärksten Manne Übelkeit verursachen.«

Diels berichtet über zahlreiche derartige SA-Höhlen, die erst nach und nach mit Gewalt aufgelöst werden konnten. Schwieriger wird es, die ›wilden‹ Konzentrationslager unter staatliche Aufsicht zu zwingen. Auch hier stehen sich oft SA oder sogar SS und Politiker mit der Waffe gegenüber.

Eines dieser Lager befindet sich bei Papenburg. Diels erklärt: »In Papenburg hatte mir der Bürgermeister auch von den Ausschreitungen der SS gegenüber der Bevölkerung berichtet. Danach zogen die SS-Männer marodierend durch diese Gegend wie die Schweden im Dreißigjährigen Krieg. Sie ›beschlagnahmten‹, nahmen Verhaftungen von Personen vor, die ihnen mißliebig waren, und ließen sich in Prügeleien ein.«

Diels will das Lager übernehmen: »Görings Vertreter, Staatssekretär Grauert, bewilligte fünfzig mit Karabinern ausgerüstete Berliner Polizeibeamte. Einem Parlamentär wurde eröffnet, die Polizei werde mit Maschinengewehren empfangen werden, wenn sie sich dem Lager nähern sollte.«

Grauert setzt zwei Hundertschaften der Osnabrücker Schutzpolizei gegen das Lager in Marsch. Schußbereit stehen nun Polizei und SS gegeneinander.

Diels eilt zu Hitler. Die Situation ist ihm unheimlich. Er fragt zur Sicherheit, ›ob die Polizei nunmehr mit Waffengewalt gegen die SS vorgehen könne‹.
Hitler befiehlt, Artillerie der Reichswehr heranzuziehen und das ganze Lager ›erbarmungslos zusammenzuschießen‹.

Unter dieser Drohung kapituliert die SS. Aber schon erreichen Diels neue Alarmnachrichten: diesmal aus dem Lager Kemna bei Wuppertal.
»Die SA hatte dort gefangene Kommunisten auf besonders ›originelle Weise‹ gepeinigt«, berichtet der Gestapo-Chef. »Man hatte sie Heringslauge zu trinken gezwungen, um sie dann an heißen Sommertagen vergeblich nach einem Schluck Wasser lechzen zu lassen. Einer meiner Kommissare berichtete, daß sich dort die SA auch den ›Scherz‹ geleistet habe, die Gefangenen auf Bäume klettern zu lassen; sie mußten in den Gipfeln stundenlang aushalten und in bestimmten Abständen ›Kuckuck‹ rufen.«

Der Kemna-Prozeß, der 1947 stattfand, hat bestätigt: Die Häftlinge wurden in Gruppen zu fünfundzwanzig in Bunker gesperrt, in denen nur fünf Platz hatten. Nachts wurden sie einzeln herausgeholt und ›verhört‹ — mit anderen Worten: bis zur Bewußtlosigkeit geschlagen. Ihre Schreie übertönte man mit dem Abspielen des Deutschlandliedes. Für die Mißhandlungen hatten die SA-Männer eine Bank gebaut, auf die sich die Häftlinge legen mußten. Ein Folterknecht nahm den Kopf des Opfers zwischen die Beine, ein zweiter hielt die Füße, und dann wurde losgedroschen. Anderen wurden brennende Zigarren in den Mund gedrückt, die sie aufessen mußten.

Das war 1933.

Was später erst geschehen soll, zeichnet sich schon furchtbar am Horizont ab ...

Immerhin werden die ›wilden‹ Lager allmählich aufgelöst oder unter Staatskontrolle genommen. Göring erreicht, daß hier Ordnung geschaffen wird.

Aus Gründen der Menschlichkeit? Im Nürnberger Zeugenstand sagt er zum Beispiel über eines dieser Lager bei Breslau: »Jedenfalls war es ein von mir nicht erlaubtes Lager. Ich habe es sofort geschlossen und aufgelöst.«

Es war also nur eine Frage der inneren Machtpolitik, der Erlaubnis, und keine Rührung der Humanität! Selbst ein Entlastungszeuge Görings, der ehemalige Staatssekretär Paul Körner, muß das im Kreuzverhör gegenüber Jackson zugeben.

Jackson: »Was war an diesen Konzentrationslagern nicht in Ordnung, daß sie geschlossen werden mußten?«

Körner: »Diese wilden Lager waren ohne Genehmigung des damaligen preußischen Ministerpräsidenten ins Leben gerufen worden, und er hat sie auch deswegen unverzüglich verboten.«

Jackson: »War das der einzige Grund, daß sie ohne seine Genehmigung errichtet worden waren?«

Körner: »Ich glaube, ja.«

Jackson: »Göring hat keine Konzentrationslager geduldet, die nicht unter seiner Kontrolle standen, stimmt das?«

Körner: »Jawohl.«

Aus den ›wilden‹ Lagern werden ›genehmigte‹ Lager. Das ist der einzige Unterschied. An den Zuständen ändert sich nichts. Häftlinge werden ›auf der Flucht erschossen‹, wie die amtliche Bemäntelung nun heißt, andere begehen Selbstmord — aber Deutschland ist ein Land des Schweigens geworden.

In den Städten lodern die Scheiterhaufen: Bücherverbrennung. Tausende von Werken, die mitgeholfen hatten, Deutschlands wissenschaftlichen und literarischen Rang in der Welt zu erhöhen, werden ein Opfer der Flammen.

Was ist über Nacht aus dem Deutschland der Dichter und Denker, der Erfinder und Komponisten, der berühmten Forscher, Mediziner und Techniker, der soliden Handwerker, gewissenhaften Beamten und tüchtigen Arbeiter geworden? Goebbels diktiert, was in den Zeitungen stehen darf. Alles andere wird höchstens noch in kleinstem Kreis geflüstert; die meisten erfahren überhaupt nichts von den Geschehnissen.

Doch im Ausland darf die Presse noch schreiben. Und die Nachrichten, die sie aus Deutschland erhält, lösen einen papierenen Entrüstungssturm aus. Jenseits der deutschen Grenzpfähle kann man schon 1933 in jeder Zeitung lesen, was Gestapo-Chef

Diels erst siebzehn Jahre später so drastisch beschrieben hat: Tausende werden gefangengehalten, geschunden, getötet.

Boykottiert dieses Deutschland!

Das ist der Ruf, der als natürliche Reaktion im Ausland laut wird. Kauft keine deutschen Waren mehr! Reist nicht nach Deutschland in Urlaub! Zwingt die Deutschen durch den Boykott, den Verfolgungen und Schrecken ein Ende zu machen!

Hitler ist es in wenigen Monaten gelungen, das deutsche Ansehen in der Welt zum Sinken zu bringen, wie ein Thermometer, das plötzlich in eiskaltes Wasser getaucht wird. Aber Goebbels dreht den Spieß um: alles sei nur eine böswillige Erfindung des Auslands, eine üble ›Greuelhetze‹ des ›internationalen Weltjudentums‹!

Am 1. April 1933 soll in ganz Deutschland ein Anti-Boykott stattfinden, eine ›Vergeltung für die ausländischen Lügennachrichten‹. Prügelknabe: die Juden.

»Was können Sie dazu sagen, und welche Rolle spielten Sie dabei?« fragt Rechtsanwalt Dr. Hanns Marx seinen Mandanten, den Angeklagten Julius Streicher. Und Streicher, der sich die Judenverfolgung zur Lebensaufgabe gemacht hatte, erzählt im Zeugenstand eine naive Geschichte: »Ich wurde einige Tage vor dem 1. April nach München in das Braune Haus befohlen. Adolf Hitler erklärte mir das, was ich schon wußte. In der Auslandspresse sei eine ungeheure Hetze gegen das neue Deutschland im Gang, und wir müßten jetzt dem Weltjudentum sagen: ›Bis hierher und nicht weiter.‹ Er sagte, es solle am 1. April ein Anti-Boykott-Tag festgesetzt werden, und er wünschte, daß ich die Sache übernehme. Ich übernahm also die Leitung des Anti-Boykotts. Ich ordnete an, daß kein jüdisches Leben angegriffen werden dürfe, daß vor jedem jüdischen Geschäft ein Posten stehen müsse oder mehrere, die dafür verantwortlich sind, daß keine Sachbeschädigung geschehen könne. Fest steht, der Anti-Boykott-Tag ist bis auf Nebensächlichkeiten tadellos abgelaufen.«

Ja, alles ist tadellos abgelaufen: auf die Schaufenster der jüdischen Geschäfte werden Davidsterne gemalt, SA-Leute verwehren der Kundschaft den Zutritt, Posten stehen vor der Praxis jüdischer Rechtsanwälte und Ärzte, überall kleben Plakate: ›Kauft nicht bei Juden!‹ Den ganzen Tag rattern Lastwagen durch die Straßen, vollgepackt mit SA-Männern, die im Chor Streichers Parole brüllen: »Juda verrecke!«

Im Lärm des Anti-Boykott-Tages will Goebbels die Stimme der Wahrheit erstikken.

Zugleich läuft ganz offen die Verordnungs- und Gesetzgebungsmaschine an. Im Reichsgesetzblatt von 1933, das in Nürnberg vorgelegt wird, sind die Tatsachen eindeutig zu finden: Die Angeklagten Frick und von Neurath unterschreiben die Ausbürgerung eingewanderter Juden, Frick schließt Juden von Ämtern und Staatsstellungen, aus Presse und Rundfunk aus, verbannt sie von den Universitäten, aus ärztlichen, juristischen und sogar aus landwirtschaftlichen Berufen.

Außenpolitische Manöver lenken die Aufmerksamkeit der Welt von den inneren Vorgängen ab: Hitler verläßt die Abrüstungskonferenz und erklärt Deutschlands Austritt aus dem Völkerbund. Er greift schon nach den nächsten Zielen: Wiederbewaffnung, Aufrüstung ...

Aus den hunderttausend Mann der alten Reichswehr werden die Armeen der Wehrmacht. Aber in diesem Punkt hat Hitler zuvor noch ein Hindernis zu überwinden: Was soll nun mit der Millionenmasse seiner Revolutionsarmee geschehen, mit der SA? Für

April 1933 in Berlin: Juden-Boykott, für jedermann sichtbar

Deutsche, verteidigt Euch
gegen die jüdische
Greuelpropaganda,
kauft
nur bei Deutschen!
Germans defend
yourselves against jewish
atrocity propaganda
buy only at German shops!
Deutsche!
Wehrt Euch!
Kauft nicht bei Juden!

Hitler ist Röhm mit der SA unbequem geworden. Er kann keine andere Macht mehr neben sich dulden. Jeder Widerstand muß aus dem Weg geräumt werden.

›Bei der Niederwerfung des Widerstandes darf das Blutbad des 30. Juni 1934 nicht vergessen werden‹, heißt es in der Nürnberger Anklageschrift. ›Es ist als Röhm-Putsch bekannt und enthüllt die Methoden, die Hitler und seine engsten Mitarbeiter, darunter der Angeklagte Göring, anzuwenden bereit waren, um jeden Widerstand niederzuschlagen und ihre Macht zu festigen. An jenem Tage wurde Röhm, Stabschef der SA seit 1931, auf Hitlers Befehl ermordet, die ‚alte Garde' der SA wurde ohne Gerichtsverfahren und ohne Warnung hingemetzelt. Bei dieser Gelegenheit wurde eine große Anzahl von Leuten umgebracht, die sich zu irgendeinem Zeitpunkt Hitler widersetzt hatten.‹

Wieder ist es Hermann Göring, dem im Nürnberger Prozeß Gelegenheit gegeben wird, ausführlich zu den blutigen und von vielen Geheimnissen umrankten Ereignissen des 30. Juni 1934 Stellung zu nehmen: er war schließlich einer der Hauptbeteiligten. Hier ist seine offizielle Version: »Die Hauptgegensätzlichkeit zwischen Röhm und uns bestand darin: Röhm wollte einen stärkeren revolutionären Weg gehen. Nach der Machtübernahme wollte Röhm unter allen Umständen das Reichswehrministerium in die Hand bekommen. Das lehnte der Führer rundweg ab.

Einige Wochen vor dem Röhm-Putsch vertraute mir ein unterer SA-Führer an, daß er gehört habe, daß eine Aktion gegen den Führer und die zum Führer stehenden Männer geplant sei. Ich kannte Röhm gut. Ich ließ ihn kommen. Ich hielt ihm offen die Dinge vor, die ich gehört hatte. Ich erinnerte ihn an die gemeinsame Kampfzeit und forderte ihn auf, dem Führer unbedingte Treue zu halten. Er versicherte mir, daß er selbstverständlich nicht daran dächte, irgend etwas gegen den Führer zu unternehmen.

Kurz darauf erhielt ich weitere Nachrichten, daß er mit jenen Kreisen enge Verbindung habe, die ebenfalls in scharfer Ablehnung uns gegenüberstanden. Es war einmal der Kreis um den früheren Reichskanzler Schleicher. Es war der Kreis um den aus der Partei ausgeschlossenen früheren Reichstagsabgeordneten und Organisationsleiter der Partei, Gregor Strasser. Ich fühlte mich verpflichtet, nun mit dem Führer darüber zu sprechen. Zu meinem Erstaunen erklärte mir der Führer, daß auch er bereits gewisse Dinge wisse und sie als sehr bedrohlich ansehe. Er wollte aber die weitere Entwicklung abwarten und sorgfältig beobachten. Der nächste Akt ereignete sich ungefähr so, wie der Zeuge Körner das hier geschildert hat.«

Görings damaliger Privatsekretär Paul Körner hatte zwei Tage zuvor im Zeugenstand von Nürnberg Fragen des Verteidigers Dr. Otto Stahmer beantwortet.

Dr. Stahmer: »Was wissen Sie über die Vorgänge bezüglich der Röhm-Revolte?«

Körner: »Daß eine Röhm-Revolte geplant war, erfuhr ich, wie ich mich mit dem Reichsmarschall in Essen aufhielt, wo wir zur Hochzeit des Gauleiters Terboven anwesend waren. Während der Hochzeitsfeierlichkeiten kam Himmler und machte dem Führer einen Bericht. Später zog dann der Führer den Reichsmarschall ins Vertrauen.«

Dr. Stahmer: »Welche Anweisung erhielt Göring?«

Körner: »Der Führer wies Göring an, sich nach den Hochzeitsfeierlichkeiten unverzüglich nach Berlin zurückzubegeben, da sich der Führer selbst nach Süddeutschland begab, um diesen Meldungen persönlich nachzugehen.«

Lassen wir nun Göring weitersprechen: »Ich erhielt den Auftrag, in Norddeutschland sofort gegen die betreffenden Männer des Röhm-Kreises vorzugehen. Für einen Teil wurde bestimmt, daß er festgenommen werden sollte. Für den SA-Führer Ernst sowie für zwei, drei andere verfügte der Führer im Laufe des Tages die Exekution. Er selbst begab sich nach Bayern, wo die letzte Tagung einer Reihe der Röhm-Führer stattfand, und verhaftete persönlich Röhm und dessen Leute in Wiessee. Zu diesem Zeitpunkt war tatsächlich schon die Sache bedrohlich, weil einige SA-Formationen unter Vorspiegelung falscher Parolen bewaffnet und aufgeboten waren. An einer einzigen Stelle kam es zu einem ganz kurzen Kampf, wo zwei SA-Führer erschossen wurden. Als das Hauptquartier des SA-Führers Ernst in Berlin ausgehoben wurde, fand man in den Kellern des Hauptquartiers mehr Maschinenpistolen, als die ganze preußische Schutzpolizei besaß.

Es bestand kein Befehl, die anderen zu verhaftenden Leute zu erschießen. Es ist bei der Verhaftung des ehemaligen Reichskanzlers Schleicher dazu gekommen, daß sowohl er wie seine Frau getötet wurden. Eine darüber angestellte Untersuchung ergab, daß bei der Verhaftung Schleicher nach einer Pistole griff, um sich selbst vielleicht zu erschießen. Darauf hoben die beiden Leute ihre Pistolen, und Frau von Schleicher warf sich dem einen an den Hals, um ihn zu fassen, und er behauptet, daß dabei seine Pistole losgegangen sei. Wir bedauerten diesen Vorfall außerordentlich.

Im Laufe des Abends hörte ich, daß auch andere Leute erschossen worden seien. Auch solche, die mit dem Röhm-Putsch überhaupt nichts zu tun hatten. Der Führer kam am selben Abend nach Berlin. Nachdem ich das gehört hatte, ging ich nächsten Mittag zum Führer und bat ihn, sofort einen Befehl zu erlassen, daß jede Exekution unter allen Umständen von ihm, dem Führer, verboten sei, obwohl noch zwei Leute, die sehr beteiligt waren und die der Führer für die Exekution bestimmt hatte, am Leben waren. Diese beiden blieben daraufhin auch am Leben.

Ich bat ihn, das zu tun, weil ich die Sorge hatte, daß die Sache ihm aus der Hand gleiten könnte, wie es schon zum Teil geschehen war. Ich stellte ihm vor, daß keinesfalls weiteres Blutvergießen daraus werden sollte. Der Führer hat dann diese Anordnung in meiner Gegenwart getroffen. Die Aktion wurde dann im Reichstag bekanntgegeben und durch den Reichstag und den Reichspräsidenten als Staatsnotwehr oder Staatsnotstand gutgeheißen.«

Etwas später wird Göring von Jackson zu diesen Fragen ins Kreuzverhör genommen.

Jackson: »Was hat Röhm tatsächlich getan, daß er erschossen wurde?«

Göring: »Röhm hat einen Staatsstreich vorbereitet, bei dem auch der Führer getötet werden sollte; er wollte eine Revolution daran anschließen, die sich vor allem gegen die Armee richtete.«

Jackson: »Und Sie hatten dafür Beweise?«

Göring: »Wir hatten dafür genügend Beweise.«

Jackson: »Aber es ist ihm nie Gelegenheit gegeben worden, sich vor Gericht zu verteidigen, wie Sie dies hier tun können, nicht wahr?«

Göring: »Das ist richtig. Er wollte einen revolutionären Akt machen, und deshalb hat es der Führer für richtig gehalten, diese Sache sofort im Keime zu ersticken, und zwar nicht durch ein Gerichtsverfahren, sondern durch sofortiges Niederschlagen der Revolte.«

Jackson: »Wer hat Röhm tatsächlich erschossen? Wissen Sie das?«

Göring: »Ich weiß nicht, wer die Erschießung durchführte.«

Jackson: »Unter denen, die erschossen wurden, befand sich auch Erich Klausner, der Chef der Katholischen Aktion Deutschlands?«

Göring: »Klausner befand sich ebenfalls unter den Erschossenen, und gerade der Fall Klausner gab mir jeden Grund, beim Führer ein sofortiges Abstoppen jeder weiteren Aktion herbeizurufen, da nach meiner Auffassung Klausner vollkommen zu Unrecht erschossen wurde.«

Jackson: »Als es dann soweit gekommen war, daß nur noch zwei von der Liste übrig waren, da griffen Sie ein und verlangten, daß damit aufgehört werde. Stimmt das?«

Göring: »Nein, so ist das nicht richtig. Als ich erkannte, daß eine Reihe von Leuten auch erschossen wurden, die mit dieser Sache nichts zu tun hatten, griff ich ein. Bei meinem Eingreifen waren noch zwei Personen übrig, deren Erschießung der Führer an sich angeordnet hatte.«

Das ist Görings offizielle Darstellung, wie sie etwa auch im Jahre 1934 von Hitler bekanntgegeben wurde.

Ein Zeuge in Nürnberg hat dieses Märchen zerstört. Der Verteidiger des angeklagten einstigen Innenministers Wilhelm Frick, Dr. Otto Pannenbecker, vernimmt Hans Bernd Gisevius, der damals in der Polizeiabteilung des Innenministeriums saß. Was Gisevius unter Eid zu sagen hat, klingt ganz anders: »Ich muß zunächst sagen, daß es niemals einen Röhm-Putsch gegeben hat. Am 30. Juni hat es nur einen Göring-Himmler-Putsch gegeben. Ich bin in der Lage, über dieses Kapitel einigermaßen Auskunft geben zu können, weil ich in der Polizeiabteilung diesen Fall bearbeitete und miterlebte. Die SA hat nicht geputscht, womit ich keineswegs ein Wort der Entschuldigung für die SA-Führer aussprechen will. Nur war die Lage so, daß sich schroff auf der einen Seite die SA mit Röhm an der Spitze, auf der anderen Seite Göring und Himmler gegenüberstanden. Es war dafür gesorgt, daß die SA ein paar Tage vor dem 30. Juni auf Urlaub geschickt wurde. Die SA-Führer wurden ausgerechnet zu diesem 30. Juni von Hitler zu einer Besprechung nach Wiessee eingeladen. An sich ist es nicht üblich, daß Putschisten, die marschieren wollen, im Schlafwagen zu einer Sitzung fahren. Und sie wurden dann auch am Bahnhof überrascht und sofort zur Exekution gefahren.

Der sogenannte Münchner Putsch spielte sich so ab, daß die Münchner SA überhaupt nicht antrat und daß eine Autostunde von München die sogenannten Hochverräter Röhm und Heines schliefen, ohne überhaupt zu ahnen, daß nach Schilderungen von Hitler und Göring am Abend zuvor in München sich ein Putsch abgespielt haben sollte.

Der Putsch in Berlin konnte von mir sehr genau beobachtet werden. Er spielte sich absolut unter Ausschluß jeglicher Öffentlichkeit und der SA ab. Einer der angeblichen Hauptputschisten, der Berliner SA-Gruppenführer Karl Ernst, war vier Tage vor dem 30. Juni sehr besorgt, es schwirrten in Berlin Gerüchte herum, die SA wolle putschen. Er bat um eine Unterredung bei dem Innenminister Frick, damit er diesem versichern könne, es sei kein Putsch geplant. Ich habe diese originelle Unterredung, wo ein SA-Führer dem Innenminister des Reiches versicherte, nicht putschen zu wollen, selber vermittelt.

Karl Ernst fuhr dann auf eine Erholungsreise nach Madeira. Er wurde am 30. Juni

SA-Führer Ernst Röhm mit seinen drei Kampfgenossen, die ihn schließlich vernichteten: Sein Vertreter Viktor Lutze (links), der ihn bei Hitler denunzierte; Hitler und Göring, die ihn erschießen ließen

von dem (noch nicht ausgelaufenen) Ozeandampfer weg nach Berlin zur Exekution gebracht. Ich habe seine Ankunft auf dem Flughafen Tempelhof selber erlebt, was mir deshalb besonders interessant erschien, weil ich wenige Stunden zuvor die amtliche Mitteilung seiner Hinrichtung in den Zeitungen gelesen hatte.

Das war also der sogenannte SA- und Röhm-Putsch. Ich war zugegen, wie der Angeklagte Göring die Presse am 30. Juni über diesen Vorfall unterrichtete. Bei dieser Gelegenheit fiel das böse Wort, er habe seit Tagen auf ein mit Hitler verabredetes Stichwort gewartet. Er habe dann zugeschlagen, natürlich blitzschnell, aber er habe auch seinen Auftrag erweitert. Diese Auftragserweiterung kostete einer großen Zahl unschuldiger Menschen das Leben. Ich erinnere nur an die Generale von Schleicher, der sofort mit seiner Frau ermordet wurde, von Bredow, den Ministerialdirektor Klausner und viele andere.«

Die Hintergründe des sogenannten Röhm-Putsches sind nicht nur durch die Aussage des Zeugen Gisevius aufgehellt worden. Geschichtsforschung und verschiedene Prozesse vor deutschen Gerichten haben nach 1945 das wahre Bild deutlich gemacht: Hitler, Göring und Himmler entledigten sich am 30. Juni 1934 unter dem Vorwand eines angeblichen SA-Aufstandes aller Gegner in den eigenen Reihen. Die alte Garde, die zwölf Jahre lang für Hitler marschiert war und ihren Lohn forderte, wurde einfach erschossen. Alte, unbequeme Mitwisser — wie Schleicher, der mit dem Reichstagsbrand in Verbindung stehende Ernst und seine noch lebenden Genossen — wurden für immer zum Schweigen gebracht.

Warum hat Hitler gerade den 30. Juni zum Tag des blutigen Massakers gewählt? Hindenburg ist zu diesem Zeitpunkt ein todkranker Mann. Jeden Tag kann mit seinem Ableben gerechnet werden — und damit ist die Frage brennend aktuell, wer Nachfolger im Amt des Reichspräsidenten und Staatsoberhaupt werden soll.

Reichskanzler Hitler will selbst Staatsoberhaupt werden, denn allein mit diesem Amt bekommt er auch den Oberbefehl über die Reichswehr in seine Hände. Er muß handeln und alle Kräfte vernichten, solange Hindenburg noch am Leben ist. Röhm mit drei Millionen SA-Männern ist zweifellos das drohendste Hindernis für seine ehrgeizigen Pläne. Deshalb muß Röhm sterben.

Der Angeklagte Hans Frank, 1934 noch bayerischer Justizminister, hat in seiner Nürnberger Gefängniszelle aufgeschrieben, wie er den entscheidenden Schlag Hitlers in München miterlebte: ›Da ich festgestellt hatte, daß offenbar unser Justizgefängnis Stadelheim das größte Sammelbecken aller Verhafteten darstellte, fuhr ich persönlich hinaus. Es waren seit sechs Uhr morgens bis etwa zwei Uhr nachmittags fast zweihundert SA-Führer von der SS eingeliefert worden, die ‚auf Befehl des Führers' als ‚Staatsgefangene der Reichsregierung' in Zellen untergebracht worden waren. Schon aus den Namen sah ich, daß nahezu die gesamte SA-Hierarchie fast aus ganz Deutschland und alle Abteilungschefs der SA-Führung verhaftet in Stadelheim saßen.

Eine Stunde vor Mittag wurde Röhm selbst eingeliefert mit seinem ganzen Stab an besonders Vertrauten und Adjutanten. Auch diese saßen nun alle in Zellen. Ich ging durch die Korridore, hinter deren Zellentüren nun die Elite des Parteikämpfertums saß, und bedachte bei diesem Gang die so plötzliche Wendung des Menschenschicksals. Was war Röhm gestern noch für ein Name mit Macht, Kraft und Einfluß — und heute saß er völlig entmachtet hinter Schloß und Riegel!

Ich ließ mir seine Zelle öffnen und trat ein. Er war sehr erfreut und sagte: ‚Was soll das alles? Heute früh hat mich Adolf Hitler in Wiessee persönlich verhaftet. Er holte mich aus dem Bett. Was ist im Gang? Herr Dr. Frank, ich bin Soldat, immer nur Soldat gewesen. Der Führer ist den Händen des Einflusses meiner Todfeinde. Passen Sie auf, er zerstört jetzt die ganze SA. Mir geht es nicht um mein Leben, aber bitte kümmern Sie sich um meine Angehörigen . . .'

Seine Augen schauten mich ernst und flehend besorgt an. Als ich mich von ihm trennte, war es ein Abschied fürs Leben. Die Zellentür schon in der Hand, sagte ich ihm Lebewohl. Röhm drückte mir meine Hände und sagte: ‚Alle Revolutionen fressen ihre eigenen Kinder.'‹

Röhm bekommt eine Pistole auf den Zellentisch, um sich zu erschießen. Er weigert sich.

»Hitler soll mich selber erschießen!« brüllt er.

Gegen Mittag knallt eine Salve auf dem Gefängnishof. Die Exekution der anderen SA-Führer hat begonnen.

Röhm hämmert gegen die Zellentür und verlangt Kaffee. Man bringt ihm einen Blechbecher. Er trinkt, wirft das Gefäß in die Ecke und schreit: »Ich will anständigen Kaffee haben, nicht euren Scheiß Zuchthaus-Kaffee!«

Ein ehemaliger Angehöriger der bayerischen Landespolizei, Johann Mühlbauer, hat 1957 als Zeuge im Münchner Schwurgerichtsprozeß gegen Sepp Dietrich und Michael Lippert ausgesagt, wie sich der letzte Akt des Dramas vollzog:

Zwei SS-Männer gehen zu Röhms Zelle. Einer von ihnen stößt die Tür auf und ruft: »Herr Stabschef, machen Sie sich fertig!«

Röhm steht mit entblößtem Oberkörper und geschlossenen Augen in der Mitte der Zelle.

Einer der beiden SS-Männer kommandiert: »Feuer!«

Beide schießen fast gleichzeitig.

Röhm fällt steif nach hinten, sein massiger Körper liegt auf dem steinernen Zellenboden.

»Mein Führer, mein Führer!« lallt der Sterbende noch.

»Das hätten Sie sich früher überlegen sollen, jetzt ist es zu spät«, sagt einer der beiden Mörder. Dann wendet er sich zu dem anderen: »Geben Sie ihm den Gnadenschuß.«

Der SS-Mann beugt sich zu Röhm hinunter, setzt ihm die Pistole auf die nackte Brust und drückt ab.

Röhm ist tot, und mit ihm die SA — sie wird nie wieder irgendeine Rolle spielen. Tot sind alle, die hinter die Kulissen geschaut haben, alle, die Hitler noch hätten in den Arm fallen können.

4 Wien, 25. Juli 1934

»Wenn ich für jeden einzelnen deutschen Mörder verantwortlich wäre, der im Ausland sich betätigte, dann hätte ich viel zu tun gehabt . . .«

Der Mann, der diese Worte im Zeugenstand des Nürnberger Prozesses spricht, ist der angeklagte Außenminister Hitlers, Constantin von Neurath.

Das Bekenntnis wirkt sensationell.

Hitler hat freie Bahn. Jetzt greift er über die Grenzen.

Die Zwischenfälle häufen sich.

»›Am Montag, dem 23. Juli 1934, wurde ein Schiff mit Explosionsmaterial am Bodensee von der schweizerischen Polizei beschlagnahmt. Es handelt sich um eine Sendung deutscher Bomben und Munition nach Österreich.‹«

Sidney S. Alderman von der amerikanischen Anklagebehörde verliest diese Sätze. Sie stammen aus dem Tagebuch des Botschafters der Vereinigten Staaten in Berlin, William E. Dodd.

›Das war meiner Ansicht nach ein böses Vorzeichen‹, heißt es in Dodds Notizen weiter. Tatsächlich tritt zwei Tage später ein Ereignis ein, das zum erstenmal seit Hitlers Machtergreifung die Welt vor seinen weiteren Plänen warnt: Die Mörder, von denen Neurath sprach, sind in Wien zum Staatsstreich geschritten. Unter ihren Schüssen verblutet der österreichische Bundeskanzler Dr. Engelbert Dollfuß. Er stirbt langsam und qualvoll, während seine Mörder dabeisitzen, eine Zigarette rauchen und ihm ärztlichen und geistlichen Beistand verweigern.

Zur selben Stunde genießt Adolf Hitler in einer Loge des Bayreuther Festspielhauses Wagners *Rheingold*. Er kann allerdings nur mit einem Ohr zuhören, denn zum anderen beugen sich abwechselnd seine Adjutanten Julius Schaub und Wilhelm Brückner nieder und flüstern ihm die rasch einlaufenden Nachrichten aus Österreich zu.

Die letzten lauten, daß das Unternehmen der SS-Standarte 89 fehlgeschlagen ist und Mussolini in höchster Eile Truppen an den Brenner geworfen hat, um Österreich gegen Hitler beizustehen.

›Nach der Vorstellung war der Führer sehr aufgeregt‹, schreibt Friedelind Wagner, die in Bayreuth alles miterlebte. ›Es war furchtbar anzusehen.‹

Obwohl er nach dem Mißlingen des Umsturzes eigentlich alle Hände voll zu tun hätte, eilt er ins Festspielhaus-Restaurant.

»Ich muß für eine Stunde hinüber«, erklärt er seiner Umgebung, »und mich sehen lassen, sonst glauben die Leute, ich hätte etwas damit zu tun!«

»Auf Grund der Beweisaufnahme«, plädiert der britische Hauptankläger Sir Hartley Shawcross elf Jahre später in Nürnberg, »kann wenig Zweifel daran bestehen, daß die Ermordung von Dollfuß in Berlin ausgeheckt und von Hitler etwa sechs Wochen vorher arrangiert worden war.«

Der Anschluß Österreichs — 1938 so glänzend gelungen — ist 1934 gescheitert. Gescheitert ist auch Hitlers erster Versuch, die Grenzen seiner Macht auszudehnen. Immerhin hat der Versuch die Methoden enthüllt, mit denen von nun an die Außenpolitik betrieben werden soll. Alles, was sich am 25. Juli 1934 in Österreich ereignete, hat sich in der einen oder anderen Form später immer wiederholt.

»Ich frage Sie«, nimmt der amerikanische Ankläger Jackson Göring ins Kreuzverhör, »ob es nicht eine Tatsache ist, daß Hitler eine Gedenktafel in Wien zu Ehren der Männer, die Dollfuß ermordet hatten, anbringen ließ und selbst hinging und einen Kranz auf ihren Gräbern niederlegte. Stimmt das? Können Sie mir das mit Ja oder Nein beantworten?«

Göring, ausweichend: »Nein, ich kann weder mit Ja noch mit Nein darauf antworten. Ich wollte sagen, diesen Vorgang habe ich hier erst gehört.«

»Die deutsche Regierung leugnete jede Verbindung mit dem Putsch und der Ermordung Dollfuß' ab«, sagt Sidney S. Alderman in Nürnberg. »Wir wollen nun die Lage vier Jahre später betrachten, am 25. Juli 1938, nach dem Anschluß Österreichs. Zu dieser Zeit drückten die hohen deutschen Beamten nicht mehr ihr Bedauern über den Tod von Dr. Dollfuß aus. Nur zu bereitwillig enthüllten sie, was der Welt bereits bekannt war, nämlich, daß sie sich mit dem Mord an dem früheren Kanzler identifizierten.« Dann fährt Alderman fort: »Die Gedenktafel selbst, Hoher Gerichtshof, ist heute zertrümmert, wie so viel hier in Nürnberg, aber wir fanden eine Fotografie in der Wiener Nationalbibliothek. Ich möchte diese Fotografie, die damals vier Jahre nach dem Putsch aufgenommen wurde, als Beweis vorlegen. Ein Blumenkranz umrahmt die Gedenktafel, und das Hakenkreuz, das Nazi-Symbol, ist deutlich sichtbar in dem Kranz zu sehen. Wie die Fotografie zeigt, ist auf der Platte zur Erinnerung an diese verruchte Tat zu lesen: *154 deutsche Männer der 89. SS-Standarte traten hier am 25. Juli 1934 für Deutschland an. 7 fanden den Tod durch Henkershand.*

Ich muß gestehen, daß mich diese Tafel und die Fotografie selbst außerdentlich interessieren. Die für diese Marmorplakette gewählten Worte — und wir können sicher sein, daß sie sorgfältig gewählt wurden — beweisen uns klar, daß die beteiligten Männer nicht unzufriedene österreichische Aufrührer waren, sondern Mitglieder einer militärähnlichen Gruppe, die hier für Deutschland antraten. Ein weiterer Beweis scheint kaum notwendig.«

Wie ist die Lage in Österreich 1934? An der Spitze der Regierung befindet sich ein Mann, dessen Ehrgeiz und Energie in keinem Verhältnis zu seiner Körpergröße stehen: Dr. Engelbert Dollfuß ist klein von Statur und schon deshalb die Zielscheibe unzähliger Witze. Dollfuß sammelt diese Witze und amüsiert sich köstlich darüber. Er hat Format, besitzt diplomatisches Geschick und wird trotzdem nicht mit den Problemen seiner Zeit fertig. Er begeht politische Fehler.

Dollfuß ist christlichsozialer Diktator und geht bei seinem großen Bruder in die Schule: bei Benito Mussolini. Er trifft sich mehrmals mit dem italienischen Regierungschef und holt sich Ratschläge. Mussolini ist damals noch kein Freund Hitlers. Im Gegenteil, er fürchtet, daß Hitlers Macht und Einfluß in ganz Europa zu groß werden könnten. Dollfuß gegenüber versichert er sogar, daß es sein Ziel ist, ›die Donauvölker von der Herrschaft der germanischen Rasse zu befreien‹.

Er gibt seinem österreichischen Kollegen zahlreiche politische Tips, die erst viele Jahre später durch die Veröffentlichung des geheimen Briefwechsels zwischen den beiden Staatsmännern bekanntgeworden sind. Mussolini will ein faschistisches Österreich und fordert Dollfuß auf, einen radikalen Kampf gegen Sozialdemokraten und Nationalsozialisten zu führen.

Dollfuß, in der Gefahr, zwischen links und rechts zerrieben zu werden, folgt den Einflüsterungen aus Rom. Im Februar 1934 nimmt er eine sozialdemokratische Streikdrohung zum Anlaß und läßt mit Kanonen in die Wiener Arbeiterviertel hineinschießen. Er verbietet die SPÖ, er verbietet die NSDAP. Und er verfällt zwangsläufig dem Schicksal aller Diktatoren: er muß mit Gewalt regieren, er muß unterdrücken, zensieren, ausschalten, niederschlagen — und er muß Konzentrationslager errichten. ›Anhaltelager‹, wie sie in Österreich heißen.

Auch Hitler ist jetzt in einer schwierigen Lage. Er will den Anschluß Österreichs, aber er will zugleich auch eine Zusammenarbeit mit Mussolini. Er versichert deshalb öffentlich, daß Österreichs Selbständigkeit unangetastet bleiben soll. Mit dieser Erklärung soll Mussolini beruhigt werden. Auf der anderen Seite glaubt er, daß die Ereignisse in Österreich von sich selbst oder mit einiger geheimer Nachhilfe auch ohne ein offizielles Eingreifen Deutschlands zu einem nationalsozialistischen Umsturz führen würden. Sein Beauftragter, der Landesleiter der österreichischen NSDAP, Theo Habicht, bekommt freie Hand für entsprechende Wühl- und Terrorarbeit.

Im Nürnberger Prozeß ist es abermals Hermann Göring, der zu diesen Dingen am ausführlichsten Stellung nehmen kann. Im Zeugenstand sagt er: »Es war selbstverständlich, daß der Augenblick geschaffen werden mußte und die Voraussetzung, daß die Vereinigung der beiden Brudervölker rein deutschen Herkommens und Blutes stattfinden konnte. Die Versicherungen, die Hitler damals abgab bezüglich der Souveränität Österreichs waren keine Täuschung, sondern ernst gemeint. Er sah wahrscheinlich zuerst keine Möglichkeit. Ich selbst war in dieser Richtung erheblich radikaler und bat ihn wiederholt, sich keinesfalls in der österreichischen Frage festzulegen. Er glaubte aber, eine weitgehende Rücksicht in Richtung Italien zunächst nehmen zu sollen. Es war klar, daß, besonders nachdem die Nationalsozialistische Partei in Deutschland zur Macht kam, auch die Nationalsozialistische Partei in Österreich mehr und mehr zu wachsen begann. Daraus ergaben sich nun Spannungen, in erster Linie in Österreich selbst. Sie mußten sich ergeben, diese Spannungen. So entstand der gegenseitige politische Kampf. Daß wir mit unseren Sympathien auf seiten der Nationalsozialisten standen, ist selbstverständlich, zumal die Partei in Österreich außerordentlich schwer verfolgt wurde. Sie wurden auch zahlreich in Lager gesperrt, die genau dasselbe wie die Konzentrationslager waren.«

Der ehemalige amerikanische Generalkonsul in Berlin, George S. Messersmith, später Gesandter in Wien, hat dem Nürnberger Prozeß eine lange eidesstattliche Erklärung abgegeben. Sie erhellt ebenfalls die Vorgänge: »Gleich nachdem die Nazis ans Ruder kamen, wurde mir von hohen Regierungsbeamten Deutschlands gesagt, daß der Anschluß Österreichs eine politische und wirtschaftliche Notwendigkeit sei und daß dieser Anschluß durchgeführt würde, gleichgültig, welche Mittel dazu notwendig wären. Der einzige Zweifel, der je bestand, betraf das Wie und Wann. Während meines Aufenthalts in Österreich wurde mir von Kanzler Dollfuß, Präsident Miklas und anderen hohen Funktionären der österreichischen Regierung immer wieder mitgeteilt, daß die deutsche Regierung dauernd und unaufhörlich einen Druck auf die österreichische Regierung ausübe.«

Wie sieht dieser Druck aus? Gruppen der verbotenen NSDAP verüben Terrorakte. Wenn Gefahr besteht, flüchten sie über die deutsche Grenze. Messersmith erklärt dem Nürnberger Gericht: »Die Gewalttätigkeiten traten beinahe dauernd in Erscheinung. Die Bombenattentate waren in erster Linie gegen Eisenbahnen, Touristenzentren und die katholische Kirche gerichtet, welche in den Augen der Nazis eine der stärksten Organisationen war, die ihnen Widerstand entgegensetzte. Während dieser Periode wurde mir von hohen Nazi-Funktionären gelegentlich einer Besprechung mitgeteilt, daß diese Terrorwellen von ihnen angestiftet und geleitet seien. In diesen meinen Unterredungen mit den hohen Nazi-Beamten fand ich keine Verschleierung der Tatsache, daß sie für diese Tätigkeit in Österreich verantwortlich waren.

Außer den Gewalttätigkeiten versuchten die Nazis durch Verwendung der *Österreichischen Legion* einen Druck auf Österreich auszuüben. Diese Organisation, eine militärische Streitmacht von mehreren tausend Mann, war nahe der österreichischen Grenze in Deutschland untergebracht, als eine dauernde und direkte Bedrohung Österreichs mittels Gewalttaten. Sie wurde ganz zweifellos von der Nazi-Regierung Deutschlands gebilligt, da sie anders hätte gar nicht bestehen können, und war von ihr bewaffnet worden. Sie war aus österreichischen Nazis zusammengesetzt, die aus Österreich geflohen waren.«

Am 25. Juli 1934 kommt es dann zu dem gewaltsamen Umsturzversuch, bei dem Bundeskanzler Dollfuß sein Leben verliert.

»Dr. Kurt Rieth, der deutsche Gesandte in Wien, war vollständig vertraut mit dem, was zu erwarten war, und auch mit allem, was geplant war«, heißt es in der Erklärung von Messersmith. Schon vier Wochen vor dem Putsch hat Propagandaminister Goebbels – und auch das ist von Messersmith für das Nürnberger Gericht beeidet worden – in Berlin zu dem italienischen Botschafter Cerutti gesagt, ›daß binnen eines Monats eine Nazi-Regierung in Wien bestehen wird‹.

Der 25. Juli 1934 ist ein strahlender, wolkenloser Sommertag. In Wien ist alles ruhig, heiter, ahnungslos.

Auf der Wache des XIV. Polizeibezirks hält der Kommissär Johann Dobler einen Zettel in der Hand, auf dem die Worte stehen: ›89–1/41 Uhr, Siebensterngasse No. 11 Bundesturnhalle.‹

Das ist der Treffpunkt für die Putschisten. Dobler gilt bei den Verschwörern als einer der ihren. Er soll mitmachen.

Aber er macht nicht mit.

Sein Gewissen hält ihn im letzten Augenblick zurück. Er geht ans Telefon der Polizeiwache und ruft die Vaterländische Front an, die Partei der Dollfuß-Regierung.

»Ich habe eine dringende Sache«, spricht er in den Apparat. »Ich kann meinen Namen nicht nennen, aber ich bin Polizeiinspektor. In einer Viertelstunde stehe ich vor dem Café Weghuber. Bitte schicken Sie mir jemanden.«

Der Sekretär der Vaterländischen Front schickt einen zuverlässigen Mann, Karl Mahrer, zu dem angegebenen Treffpunkt. Mahrer und Dobler gehen ins Kaffeehaus und bestellen sich einen Schwarzen. Der Polizeibeamte zeigt seine Papiere, läßt sich auch die Ausweise seines Gesprächspartners vorlegen. Dann erzählt er seine phantastische Geschichte: »Heute nachmittag ist ein Mordversuch an Dollfuß geplant. Er muß um jeden Preis gewarnt werden. Man hat mich aufgefordert, an dem Komplott teilzunehmen . . .«

Mahrer ist entsetzt. Ein Zufall will es, daß im selben Café an einem anderen Tisch ein guter Bekannter Mahrers sitzt, der ehemalige Hauptmann Ernst Mayer. Mayer spielt eine wichtige Rolle im Heimatschutz und hat beste Beziehungen zur Regierung. Mahrer bittet den Hauptmann an den Tisch, und Dobler muß noch einmal seine tolle Nachricht erzählen.

Wenige Minuten später ruft Mayer den zweithöchsten Mann der Regierung an, den Generalstaatskommissär Major Emil Fey. Mayer macht ein paar dunkle Andeutungen und erklärt Fey schließlich, am Telefon nicht mehr sagen zu können. Es wird ein neuer Treffpunkt ausgemacht.

Kostbare Viertelstunden verrinnen.

Dobler, Mahrer und Mayer wandern in ein anderes Kaffeehaus, ins Café Central. Dort finden sie schon einen Abgesandten Feys vor, und Dobler muß seine Geschichte zum drittenmal zum besten geben. Feys Vertrauensmann hört sich alles an, verabschiedet sich dann und erstattet wenig später seinem Vorgesetzten Bericht. Staatskommissär Fey nimmt die Geschichte zur Kenntnis, wundert sich aber keineswegs, denn er hat von anderer Seite auch schon etwas Ähnliches läuten gehört.

Immerhin hält er es nun für ratsam, den Bundeskanzler zu verständigen. Dr. Engelbert Dollfuß hält gerade eine Kabinettssitzung ab, die Regierung ist vollständig versammelt. Er steht kurz vor einer neuen Reise zu Mussolini — seine Frau ist mit den Kindern schon nach Riccione vorausgefahren —, und er möchte vorher noch alle Geschäfte in Wien erledigen.

Fey kommt leise durch das Sitzungszimmer, beugt sich zu Dollfuß herab und fragt ihn flüsternd, ob er ihn einen Augenblick privat sprechen könnte.

»Ist es denn so wichtig?« fragt der Kanzler, dem die Störung ungelegen kommt.

»Etwas sehr Wichtiges«, tuschelt Fey.

Die beiden Männer ziehen sich in ein Vorzimmer zurück. Hier eröffnet Fey dem Bundeskanzler, was im Gange ist.

Später ist die Vermutung laut geworden, Fey habe absichtlich zu lange gezögert, den Regierungschef auf die drohende Gefahr aufmerksam zu machen, weil er mit ihm auf gespanntem Fuße stand. Es gibt jedoch keine Beweise für diese Theorie.

Tatsache bleibt, daß es zum Zeitpunkt der Unterredung schon zu spät ist. Dollfuß nimmt die ganze Geschichte zunächst nicht ernst. Seit Monaten wird unter dem Eindruck der nationalsozialistischen Terrorakte und Bombenanschläge in Österreich von einem Staatsstreich gesprochen — aber immer hat es sich um Falschmeldungen gehandelt.

»So wird es auch diesmal sein«, sagt Dollfuß.

»Nein, diesmal ist es ernst«, beharrt Fey. Er muß lange auf den Kanzler einreden, bis sich dieser bewegen läßt, etwas zu unternehmen. Dollfuß kehrt in die Kabinettssitzung zurück, klärt die Minister auf und bittet sie, sich in ihre Ämter zu begeben. Dort sollen sie weitere Anweisungen abwarten.

»Sollte alles ruhig bleiben«, sagte er, immer noch zweifelnd, »setzen wir uns hier um fünf Uhr wieder zusammen.«

Die beiden Herren brechen auf. Im Bundeskanzleramt bleiben Dollfuß, Fey und der Sicherheitsdirektor, Staatssekretär Karl Karwinsky, zurück.

Damit ist unbeabsichtigt ein wichtiges Ziel im Putschplan der SS-Standarte 89 ausgeschaltet: die Verschwörer hatten nämlich die Absicht, die gesamte Regierung festzunehmen, und ließen ihre Aktion deshalb genau zum Zeitpunkt der Kabinettssitzung anrollen.

Auf der anderen Seite sind die Polizeimaßnahmen, von Dollfuß und Fey endlich veranlaßt, zögernd, verspätet und wirkungslos. In der Bundesturnhalle in der Siebensterngasse beobachtet der Kriminalkommissär Marek, wie Dutzende von Männern ihre Kleider ablegen und sich Uniformen des Deutschmeister-Regiments anziehen. Er sieht, wie Lastwagen vorfahren, wie Munitionskisten aufgeladen werden, wie die falschen Soldaten aufsteigen. Er telefoniert mit seiner Dienststelle. Man verspricht, noch ein paar Detektive in Bewegung zu setzen, aber nichts geschieht.

Inzwischen fahren die zwei Lastwagen mit den Putschisten schon in die Innenstadt zum Bundeskanzleramt. Ein weiterer Trupp ist unter Leitung des Rebellen Hans Domes auf dem Weg zur Ravag, der Radio-Verkehrs-AG; er soll das Rundfunkgebäude in Besitz nehmen. Eine dritte Abteilung rast unter Führung des SS-Verschwörers Max Grillmayer in einem Personenauto in Richtung Velden am Wörther See, um den dort in Urlaub weilenden Bundespräsidenten Miklas zu verhaften.

Die Hauptgruppe kommt unbehelligt am Ballhausplatz an. Vor dem Bundeskanzleramt stehen nur Ehrenwachen mit ungeladenen Gewehren. Bereitwillig wird den Lastwagen das schwere Einfahrtstor geöffnet. Die Deutschmeister-Uniformen des Mordkommandos lassen keinen Verdacht aufkommen. Man hält die Männer für reguläre Bundeswehrsoldaten, für eine Ablösung.

Es ist 12 Uhr 53 Minuten.

Im Hof springen die SS-Männer von den Wagen. Ein paar diensthabende Polizisten werden ohne Schwierigkeiten entwaffnet. Dann stürmen die Putschisten in das Gebäude. Sie haben genaue Pläne des komplizierten alten Metternichschen Palais bei sich und können rasch alle Schlüsselpositionen besetzen. Etwa 150 Kanzleibeamte, Wachmänner und Bürodiener werden ergriffen und im Hof zusammengetrieben. Nach außen wird der ganze Bau abgeriegelt und gesichert.

Die Kerntruppe der Verschwörer, zusammen acht Mann, hastet unterdessen über Korridore und Treppen zu den Räumen, wo sie Dollfuß und die übrigen Regierungsmitglieder vermutet.

Der Lärm des Überfalls ist längst in den Säulensaal gedrungen, den historischen Kongreßraum. Der Bundeskanzler weiß nun, daß die Lage bedrohlich ist, daß die Warnungen berechtigt waren. Sicherheitsdirektor Karwinsky nimmt Dollfuß am Arm und sagt aufgeregt: »Kommen Sie mit mir in den dritten Stock, Herr Kanzler, dort sind Sie sicher!«

Bestürzt folgt Dollfuß diesem Rat. Aber nach ein paar Schritten kommt ihnen der Hausdiener Hedvicek entgegen, ein Mann, der dem Bundeskanzler treu ergeben ist.

»Nein, nein!« ruft er Dollfuß entgegen. »Kommen Sie mit mir, ich bringe Sie über eine Tapetentür hinüber ins Staatsarchiv, von dort kann man ohne weiteres auf die Straße!«

Dollfuß schwankt. Eine gespenstische Szene spielt sich ab. Karwinsky hält den Bundeskanzler noch immer am Ärmel, Hedvicek ergreift den anderen. Sekundenlang wird der Regierungschef von beiden hin und her gezerrt, während über die eiserne Wendeltreppe schon die Stiefel der Mörder heraufstolpern.

Dollfuß entscheidet sich für den Fluchtweg Hedviceks. Atemlos eilen sie zu der angegebenen Tapetentür.

Verschlossen!

Verzweifelt kehren sie um.

In diesem Moment öffnet sich die gegenüberliegende Tür der Wendeltreppe.

Die Mörder sind da.

Der erste, Otto Planetta, tritt mit entsicherter Pistole auf Dollfuß zu.

Der Kanzler hebt die Hände, vielleicht, um seinen Kopf zu schützen, vielleicht, um dem Eindringling die Waffe aus der Hand zu schlagen.

Aus einen halben Meter Entfernung feuert Planetta.

Dollfuß wird in der Achselhöhle verwundet und taumelt.

Planetta schießt zum zweitenmal. Die Kugel trifft den Kanzler in den Hals. Er dreht sich auf der Ferse um und stürzt rückwärts zu Boden.

»Hilfe, Hilfe!« flüstert er.

»Steh auf!« herrscht ihn Planetta an.

»Ich kann nicht«, murmelt Dollfuß. Dann verliert er das Bewußtsein.

Zwei Attentäter packen den Ohnmächtigen und legen ihn auf ein schmales Wandsofa, werfen einen Möbelschonbezug über ihn. So überlassen sie ihn zunächst seinem Schicksal.

Es ist genau 13 Uhr.

Zur gleichen Zeit ist der Trupp Domes beim Rundfunkgebäude angelangt. Die SS-Männer schlagen die Fensterscheiben im Erdgeschoß ein, knallen den Polizeiinspektor Flick über den Haufen und bahnen sich einen Weg in die Senderäume. Die Techniker müssen das Mittagskonzert unterbrechen, der Ansager wird mit vorgehaltener Pistole gezwungen, folgende Nachricht durchzugeben: »Die Regierung Dollfuß ist zurückgetreten. Dr. Rintelen hat die Regierungsgeschäfte übernommen.«

Dr. Anton Rintelen, der ›König der Steiermark‹, sitzt indessen im Hotel Imperial und wartet. Er soll nach Beendigung des Umsturzes die neue nationalsozialistische Regierung bilden. Er wartet vergeblich.

Die SS-Standarte 89 hat nämlich vergessen, daß viel wichtiger als das Rundfunkgebäude die Sendeanlage auf dem Bisamberg ist. Dort schalten die regierungsgetreuen Ingenieure einfach ab, nachdem sie die erste Durchsage gehört haben. Die geheimen SS- und SA-Einheiten in ganz Österreich bleiben damit ohne Weisungen, die ihnen verabredungsgemäß über den Rundfunk gegeben werden sollten. Sie wissen nicht, wo sie sich sammeln, wohin sie marschieren sollen.

Im Kriegsministerium haben sich inzwischen die Regierungsmitglieder, die Dollfuß vorzeitig aus der Kabinettssitzung fortgeschickt hatte, zu einer Beratung zusammengesetzt. Sie telefonieren mit Bundespräsident Miklas, der Unterrichtsminister Dr. Kurt

Schuschnigg mit der provisorischen Leitung der Geschäfte beauftragt. Schuschnigg erhält alle Vollmachten — er kann zuschlagen.

In einigen Orten Österreichs kommt es zu planlosen Schießereien, die mit einem vollständigen Sieg der Regierungskräfte enden. Das Rundfunkgebäude selbst wird nach einem zweistündigen Feuergefecht erobert, ein SS-Mann namens Schredt findet dabei den Tod, die anderen werden gefangengenommen. Auch das Kommando Grillmayer, das den Bundespräsidenten auf seinem Sommersitz in Velden festnehmen soll, wird bei einer Kaffeepause im Hotel Stadt Triest in Klagenfurt verhaftet, noch ehe es ans Ziel gelangt ist.

Der Putsch ist zusammengebrochen.

Nur das Bundeskanzleramt ist noch in den Händen der Verschwörer. Regierungstreue Polizei- und Heereseinheiten haben es umstellt, doch vermeiden sie jedes gewaltsame Vorgehen, um das Leben der dort gefangengehaltenen Regierungsmitglieder zu schonen.

Die Putschisten sind in einer hoffnungslosen Lage. Der Führer des Aufstandes, Gustav Wächter, und der ›militärische Leiter‹ des Unternehmens, Fridolin Glass, sind nicht anwesend, weil sie sich merkwürdigerweise beim Beginn des Überfalls verspätet haben. Auch Dr. Rintelen, der die neue Regierung bilden soll, erscheint nicht. Er ist im Hotel Imperial von dem Redakteur Dr. Friedrich Funder verhaftet worden und schießt sich noch am selben Abend eine Kugel in den Kopf. Bis an sein Lebensende, 1946, bleibt er nach dem Selbstmordversuch gelähmt.

Das Mordkommando im Bundeskanzleramt hat nur noch eine Waffe: die Geiseln Dollfuß, Fey und Karwinsky.

Paul Hudl und Franz Holzweber, die Führer der Aufständischen, sind jedoch so kopflos, daß sie sich an ihren Gefangenen Major Fey wenden und ihm gestehen, daß sie nun nicht mehr wüßten, was sie machen sollen.

Feys Verhalten ist später von einem Offiziers-Ehrenrat gebilligt worden, weil er unter Bedrohung seines Lebens gehandelt habe. Aber im Augenblick ist seine Rolle nun doch zweideutig. Er telefoniert mit der provisorischen Regierung Schuschnigg und schickt auf Veranlassung der Rebellen aus dem belagerten Gebäude einen Zettel hinaus, auf dem zu lesen ist, daß Dollfuß alles unnötige Blutvergießen vermieden wissen wolle, daß Dr. Rintelen Bundeskanzler sei und er selbst, Fey, die Exekutivgewalt übernommen habe.

Schuschnigg und seine Minister lehnen es ab, diese Erklärungen zur Kenntnis zu nehmen, weil sie offensichtlich unter Druck zustande gekommen sind. Sie beauftragen statt dessen den Sozialminister Odo Neustädter-Stürmer, Verbindung mit den eingeschlossenen Rebellen aufzunehmen und ihnen ein Ultimatum zu stellen: Falls sie sich nicht freiwillig ergeben, werden die Regierungstruppen einen Sturmangriff unternehmen .

Dollfuß liegt noch immer auf dem schmalen Sofa. Einer der Putschisten sitzt als Bewachung am Schreibtisch des Kanzlers und raucht. Zwei Gefangene, der Polizeioberwachmann Johann Greifeneder und ein gewisser Jellinek, haben von den Verschwörern die Erlaubnis erhalten, sich um den Schwerverwundeten zu kümmern. Mit feuchten Tüchern bringen sie ihn ins Bewußtsein zurück.

»Wie geht es den Ministern?« lautet seine erste schwache Frage. Dann bittet er

Engelbert Dollfuß, der ›kleine‹ österreichische Bundeskanzler, ein Jahr vor seiner Ermordung während einer Rundfunkrede 1933

Greifeneder, ihm die Arme zu bewegen, da er sie selber nicht rühren kann. Er ist gelähmt, er fühlt sicher, wie ernst es um ihn steht. Er bittet um einen Arzt, um einen Priester. Die Rebellen lehnen schroff ab. Ein wenig Watte ist auf die Halswunde des Kanzlers gelegt worden, das ist alles. Er verblutet innerlich.

»Ich hab' so Durst«, stöhnt Dollfuß.

Greifeneder legt ihm einen nassen Wattebausch auf die Lippen. Dann will Dollfuß den Rebellenführer sprechen.

Hudl wird geholt. Er beugt sich zu dem Kanzler herab.

»Herr Bundeskanzler«, fragt er höflich, »Sie haben mich rufen lassen?«

Offenbar bedauert er für einen Augenblick den Verwundeten, denn er fügt rasch hinzu: »Wenn Sie sich nicht gewehrt hätten, wären Sie wohlauf.«

»Ich war doch Soldat«, flüstert Dollfuß.

Er will Schuschnigg sprechen, er fühlt sein Ende nahen. Aber Hudl unterbricht ihn jetzt kalt: »Das interessiert uns nicht. Kommen wir zur Sache. Geben Sie den Auftrag, daß jede Aktion gegen das Bundeskanzleramt unterbleibt, bevor nicht Rintelen die Regierung übernommen hat.« Doch Dollfuß bleibt auch in seiner Sterbestunde fest. Er lehnt es ab, den Handlanger der Verschwörer zu machen.

»Einen Arzt«, murmelt er.

»Es ist bereits um einen Arzt geschickt worden«, lügt Hudl.

Dollfuß kann kaum noch sprechen. Mühsam bittet er um eine Unterredung mit Major Fey. Fey wird von den Verschwörern hereingeholt. Er muß sein Ohr zum Mund des Kanzlers herabbeugen, um das Flüstern verstehen zu können.

»Grüßen Sie meine Frau«, haucht Dollfuß. »Bitten Sie ... Mussolini ... er soll ... für meine Kinder sorgen ...«

Minuten vergehen.

Dann öffnet Dollfuß noch einmal die Augen. Er sieht die Verschwörer an seinem Lager stehen. Ein sanftes Lächeln tritt auf sein Gesicht.

»Kinder, ihr seid so lieb zu mir«, sagt er deutlich vernehmbar. »Warum sind die anderen nicht auch so? Ich hab' ja nur den Frieden wollen ... wir haben nie angegriffen ... wir mußten uns immer nur wehren ... Der Herrgott möge ihnen vergeben ...«

Das sind seine letzten Worte.

Es ist 15 Uhr 45.

Am späten Nachmittag erscheint Minister Neustädter-Stürmer vor dem Bundeskanzleramt. Major Fey tritt mit zwei Verschwörern auf den Balkon hinaus. Der Minister auf der Straße und der Major auf dem Balkon führen ein groteskes Gespräch.

Fey: »Wo ist Rintelen?«

Neustädter: »Wenn ihr das Amt nicht bis 17 Uhr 55 räumt, wird gestürmt!«

Fey: »Ich verbiete den Sturm!«

Neustädter: »Du hast nichts zu verbieten — du bist ein Gefangener!«

Inzwischen telefoniert im Inneren des Gebäudes Holzweber mit dem deutschen Gesandten Dr. Rieth.

»Oberrebellenführer Friedrich«, meldet er sich mit seinem Decknamen, »der Putsch ist mißlungen!«

Der deutsche Gesandte eilt zum Ballhausplatz, um etwas für die SS-Leute zu tun. Dort sind die Verhandlungen zwischen Neustädter-Stürmer und den Aufständischen weitergegangen. Die Verschwörer haben gedroht, ihre Gefangenen zu töten. Sie sind aber bereit, sich zu ergeben, wenn ihnen freies Geleit an die deutsche Grenze versprochen wird. Der Minister entschließt sich, dieses Versprechen abzugeben, um das Leben der Geiseln zu retten. Er gibt sein Ehrenwort als Soldat darauf.

Unterdessen ist auch der deutsche Gesandte auf dem Schauplatz erschienen.

»Tolle Sache, das«, sagt er zur Begrüßung.

»Exzellenz«, antwortet ihm ein Regierungsbeamter, »ich finde es äußerst merkwürdig, daß Sie für dieses furchtbare Ereignis keine anderen Worte finden. Die Blutschuld für das, was geschehen ist, liegt jenseits unserer Grenzen!«

Rieth wendet sich an Neustädter-Stürmer und bietet seine Vermittlung an. Doch auch hier erfährt er eine kühle Abfuhr: »Was hier zu geschehen hat, ist unsere Sache«, sagt der Minister. »Im übrigen halte ich es nicht für empfehlenswert, daß Sie sich durch Verhandlungen mit den Rebellen anpatzen.«

»Unter diesen Umständen habe ich hier nichts mehr zu suchen«, schnarrt Rieth.

Um 19 Uhr 30 — zu einem Zeitpunkt, da Hitler in Bayreuth schon der Musik Wagners und den geflüsterten Nachrichten seiner Adjutanten lauscht — ergeben sich die Verschwörer. Regierungstreue Kräfte besetzen das Kanzleramt. Was dann geschieht, ist nur noch ein kurzes Nachspiel. Wenige Minuten nach der Übernahme des Gebäudes wird die Leiche des ermordeten Bundeskanzlers gefunden. Die Verschwörer werden daraufhin trotz des gegebenen Ehrenwortes nicht an die deutsche Grenze gebracht, sondern verhaftet.

»Ich habe ein Soldatenehrenwort gegeben«, erklärt Neustädter-Stürmer in dem nachfolgenden Prozeß als Zeuge. »Ein Soldatenehrenwort gibt man Soldaten. Ich überlasse es dem Gericht, zu beurteilen, ob sich Soldaten so benommen hätten, daß sie ärztliche Hilfe und geistlichen Beistand einem Todverwundeten verweigern.«

Planetta, der Kanzlermörder, gesteht selbst, daß er die tödlichen Schüsse abgegeben hat. Er und Holzweber werden zum Tode verurteilt, ebenso fünf andere Putschisten, während Hudl als hochdekorierter ehemaliger Oberleutnant mit lebenslänglichem Kerker — bis zum Anschluß 1938 — davonkommt.

Planetta geht mit dem Ausruf »Heil Hitler!« zum Galgen.

Aber sein Hitler hat schon eine eilige Kehrtwendung gemacht. Er stellt seine Werkzeuge als ›unzufriedene Elemente‹ hin, leugnet jede Verbindung mit der Tat, heuchelt sogar Bedauern darüber. Reichswehr und SS halten in letzter Minute die *Österreichische Legion* zurück, die sich bereits auf dem Marsch befand. Propagandaminister Goebbels läßt hastig alle lange vorher ausgegebenen Nachrichten über den erfolgreichen Umsturz wieder einsammeln. Der kompromittierte deutsche Gesandte wird aus Wien abberufen und durch Franz von Papen ersetzt.

Doch vier Jahre später findet in Wien ein Erinnerungsmarsch der überlebenden Putschisten statt, und Ehrentafeln werden enthüllt. Im Nürnberger Prozeß kann der amerikanische Ankläger Sidney S. Alderman schließlich sagen: »Im Jahre 1938 erklärte sich Deutschland voll Stolz mit dem Mord identisch, beanspruchte das Verdienst davon und übernahm die Verantwortung dafür.«

5 Hitler enthüllt seine Pläne

Die Anklagevertreter im Nürnberger Prozeß haben einen neuen Stapel Akten auf ihre Tische gelegt. Die Blätter enthüllen ein besonders dunkles Kapitel. Jetzt erst darf das deutsche Volk erfahren, wie es auch im Jahre 1934 beim Tode Hindenburgs hintergangen wurde.

Am 26. Juli verschlechtert sich der Gesundheitszustand des siebenundachtzigjährigen Reichspräsidenten schlagartig. Hans Heinrich Lammers, der Chef der Reichskanzlei, war an diesem Tag in Neudeck, um das greise Staatsoberhaupt über die Vorgänge in Österreich und die Ermordung des Bundeskanzlers Dollfuß zu unterrichten. Er hatte den Auftrag Hitlers, den alten Herrn zu beschwichtigen. Doch Hindenburg scheint durch alle Ausflüchte hindurch den wahren Kern der Dinge zu sehen. Knapp vier Wochen zuvor erst ist die Blutnacht der Röhm-Affäre über die deutsche Bühne gegangen. Der Biograph Walter Görlitz kann schreiben: ›Hindenburg muß gewahr geworden sein, daß der Mord regierte.‹

Das ist zuviel für den aufrechten Mann. Seit Lammers' Besuch muß er das Bett hüten. Die politischen Erschütterungen haben seinen Lebenswillen gebrochen. Vergeblich bemühen sich die Ärzte, an ihrer Spitze Professor Ferdinand Sauerbruch, eine Wendung zum Besseren herbeizuführen.

Hindenburgs Tage sind gezählt. Für Hitler ist damit die Zeit zum letzten Schlag reif geworden. Längst ist er entschlossen, auch das Amt des Staatsoberhauptes in seine Hand zu bringen, weil mit diesem der Oberbefehl über die Streitkräfte verbunden ist. Und er braucht die Streitkräfte, er braucht diese Reichswehr und spätere Wehrmacht für die Pläne, die er bald in nackter Offenheit aussprechen wird. Während Hindenburg noch atmet und sich auf den Tod vorbereitet, am 1. August 1934, beschließt Hitler zusammen mit seinem willenlosen Kabinett: ›Das Amt des Reichspräsidenten wird mit dem des Reichskanzlers vereinigt. Infolgedessen gehen die bisherigen Befugnisse des Reichspräsidenten auf den Führer und Reichskanzler Adolf Hitler über.‹

Zur selben Stunde wird ausgemacht, die Reichswehr sofort auf das neue Staatsoberhaupt zu vereidigen.

Hitler hat es eilig wie ein Dieb. Hat er auch ein schlechtes Gewissen? Am Nachmittag, nachdem er durch diese Verfügungen bereits alle Macht an sich gerissen hat, bringt er es fertig, nach Neudeck zu fahren und dem sterbenden Hindenburg unter die Augen zu treten!

Die Weltgeschichte kennt nur wenige so tief beschämende Augenblicke.

Selbst das, was sich in den letzten Stunden des Feldmarschalls ereignete, ist von

Hitler nachträglich verfälscht worden. Nach Hitlers Bericht, der von Franz von Papen später verbreitet wurde und wahrscheinlich im Laufe der Zeit legendäre Ausschmükkungen erfahren hat, soll Hindenburg mit geschlossenen Lidern im Bett gelegen haben, als Hitler in das Zimmer geführt wurde. Der Sohn des Reichspräsidenten, Oskar von Hindenburg, erklärt dem Sterbenden: »Vater, der Reichskanzler ist hier.«

Hindenburg reagiert nicht. Sein Sohn wiederholt die Anrede.

»Warum ist er nicht früher gekommen?« murmelt Hindenburg jetzt mit geschlossenen Augen.

»Der Reichskanzler konnte nicht eher kommen«, erklärt Oskar von Hindenburg seinem Vater.

»Oh, ich verstehe«, flüstert der Alte.

»Vater«, beginnt Oskar wieder, »der Reichskanzler Hitler möchte gern eine oder zwei Sachen mit dir besprechen.«

Da endlich öffnet der sterbende Hindenburg noch einmal die Augen. Ein langer rätselhafter Blick ist auf Hitler gerichtet, aber kein Wort kommt über die Lippen des Greises. Dann schließt er die Augen wieder — für immer.

Wenn diese Geschichte wahr wäre, könnte man in den stummen Blick Hindenburgs eine furchtbare Anklage hineingeheimnissen. Hitler, der selber gerne tiefgründige Blicke verteilte, meinte aber wohl, als er das Märchen erfand, man würde diesen Blick Hindenburgs als einen ›letzten Auftrag‹ auslegen.

In Wahrheit ist alles wieder einmal ganz anders: Im Sterbezimmer Hindenburgs sind bei Hitlers Eintreten die Ärzte und die beiden Töchter des Marschalls versammelt. Der Reichspräsident liegt schon in der Agonie und hat Hitler aller Wahrscheinlichkeit nach überhaupt nicht mehr erkannt. Seine letzten Worte, kaum noch verständlich, lauten: »Mein Kaiser . . . mein deutsches Vaterland!«

Um neun Uhr, am 2. August 1934, stellen die Ärzte den Tod fest. Nun endlich kann Hitler allein regieren, und Franz von Papen gesteht in seinen Memoiren freimütig: ›Der Tod Hindenburgs räumte das letzte Hindernis zu Hitlers vollkommener Machtergreifung aus dem Wege.‹

Alles ist ja schon vorbereitet: »Am 4. April 1933 nahm das Reichskabinett eine Entschließung zur Errichtung eines ›Reichsverteidigungsrates‹ an«, erklärt im Nürnberger Prozeß der amerikanische Anklagevertreter Thomas J. Dodd. »Die geheime Arbeitsweise dieses Rates bestand darin, für den Krieg zu mobilisieren. Anläßlich der zweiten Sitzung wies der Angeklagte Keitel, damals Oberst, als Vorsitzender auf die Dringlichkeit der Aufgabe hin, eine Kriegswirtschaft zu errichten, und verkündete, daß der Rat bereit sei, alle Hindernisse beiseite zu stoßen. Die einzigartige Zielsetzung, mit welcher die Nazi-Verschwörer die deutsche Wirtschaft für das Schmieden einer Kriegsmaschine ausstatteten, wird weiter noch durch den geheimen Bericht der am 7. Februar 1934 abgehaltenen sechsten Sitzung bewiesen. In dieser Sitzung wies Generalleutnant Beck darauf hin, daß ›der tatsächliche Bereitschaftszustand der Zweck dieser Sitzung ist‹.

Es werden die Einzelheiten der Geldbeschaffung für einen künftigen Krieg erörtert. Es wurde darauf hingewiesen, daß die finanziellen Gesichtspunkte der Kriegswirtschaft durch das Reichsfinanzministerium und die Reichsbank unter dem Angeklagten Schacht geleitet werden sollten. Schacht wurde am 31. März 1935 geheim zum Gene-

1. Mai 1933 in Berlin: der greise Reichspräsident von Hindenburg neben dem triumphierenden Reichskanzler Hitler

ralbevollmächtigten für die Kriegswirtschaft benannt. Im Kriegsfalle sollte er der deutsche Wirtschaftsdiktator werden. So wurde jeder Teil der deutschen Wirtschaft unter der Führung der Nazi-Verschwörer, besonders des Angeklagten Schacht, auf Krieg eingestellt.

In einer Studie über wirtschaftliche Mobilmachung für den Krieg – vom 30. September 1934 – wurde ausgeführt, daß bereits Schritte unternommen waren, um große Warenlager zu bilden, neue Möglichkeiten für die Herstellung von knappen Waren zu schaffen. Reserven von Betriebsstoff und Kohlenlager wurden gesammelt, die Produktion von synthetischem Öl wurde beschleunigt. Die Belieferung für Zivilbedarf war absichtlich so organisiert, daß die meisten Betriebsanlagen tatsächlich für die Wehrmacht arbeiteten.«

›Kanonen statt Butter‹, heißt die Losung, die Göring ausgegeben hat. Das Heer der Arbeitslosen schrumpft zusammen, weil die mächtig anlaufende Rüstungsproduktion alle freien Kräfte aufsaugt. Strategisch geplante Autobahnen werden gebaut, das Volk wird mit *Kraft durch Freude* und tausend lärmenden Veranstaltungen von den wahren Vorgängen abgelenkt.

Generalmajor Georg Thomas, einst Chef des wehrwirtschaftlichen Stabes im Reichskriegsministerium, hält im Mai 1939 im Auswärtigen Amt in Berlin einen Vortrag, in welchem er in aller Offenheit die damalige Aufrüstung behandelt. Ankläger Dodd liest in Nürnberg eine bezeichnende Stelle aus diesen Ausführungen vor: »›Die Geschichte kennt nur wenige Fälle, sagte Thomas, in denen ein Land in Friedenszeiten all seine wirtschaftlichen Kräfte bewußt und systematisch auf die Kriegserfordernisse abgestellt hat.‹« Zum weiteren Beweis bezieht sich Thomas J. Dodd auf das Tagebuch des amerikanischen Botschafters William E. Dodd: »Im September 1934 gab der Angeklagte Schacht dem amerikanischen Botschafter in Berlin gegenüber offen zu, daß die Hitler-Partei sich absolut auf Krieg festgelegt habe.«

In einem erbeuteten deutschen Dokument, einer Geheimen Reichssache, wird diese Zielsetzung erneut bestätigt. Anklagevertreter Dodd hat das Schriftstück vor sich liegen: »In einer Sitzung, der Schacht und einige andere beiwohnten, gab der Angeklagte Göring bekannt, daß Hitler dem Reichskriegsministerium Instruktionen dahingehend gegeben habe, daß ein Zusammenstoß mit den Russen unvermeidlich sei, und daß ›alle Maßnahmen so zu erfolgen haben, als ob wir im Stadium der unmittelbaren Kriegsgefahr stünden‹. Ich beziehe mich insbesondere auf den dritten Absatz, wo mit Bezug auf die Kriegswirtschaft erklärt ist: ›Ministerpräsident Generaloberst Göring betrachtet es als seine Aufgabe, in vier Jahren die ganze Wirtschaft kriegsbereit zu stellen.‹« Hitler hat kein Gewissen. In einem Gespräch, das im Nürnberger Gerichtssaal nach den Notizen von Hermann Rauschning verlesen wird, sagte er ganz unverblümt: »Ich befreite die Menschen von dem schmutzigen, erniedrigenden, vergifteten Wahn — Gewissen und Moral genannt.«

Am 7. März 1936 erklärt Hitler im deutschen Reichstag — und der amerikanische Ankläger Sidney S. Alderman liest es in Nürnberg aus dem *Völkischen Beobachter* vor —: »›Wir haben keine Gebietsansprüche in Europa zu stellen. Wir wissen vor allem, daß Spannungen in Europa nicht durch den Krieg gelöst werden können.‹« Am Tag dieser Rede hat Hitler den *Fall Schulung* ausgelöst: die schlagartige Besetzung der entmilitarisierten Zone des Rheinlandes. Die junge deutsche Wehrmacht rückt in die durch internationale Verträge militärfrei gehaltenen Gebiete ein.

Wieder wird in Nürnberg aus dem *Völkischen Beobachter* verlesen, wie Hitler in seiner Reichstagsrede sein Vorgehen bemäntelt: »›Frankreich hat die ihm von Deutschland immer wieder gemachten freundschaftlichen Angebote und friedlichen Versicherungen unter Verletzung des Rheinpaktes mit einem ausschließlich gegen Deutschland gerichteten militärischen Bündnis mit der Sowjetunion beantwortet. Deutschland sieht sich daher auch seinerseits nicht mehr als an diesen erloschenen Pakt gebunden an. Im Interesse des primitiven Rechtes eines Volkes auf Sicherung hat die Deutsche Reichsregierung mit dem heutigen Tage die volle und uneingeschränkte Souveränität des Reiches in der demilitarisierten Zone des Rheinlandes wiederhergestellt.‹«

Hitler ist es gelungen, mit dieser Begründung seinen Schritt vor dem deutschen Volk und zunächst auch vor der Welt als eine spontane Reaktion auf den Abschluß des französisch-sowjetischen Bündnisses hinzustellen. Erst in Nürnberg wird durch ein erbeutetes Schriftstück bewiesen — wieder eine Geheime Kommandosache —, daß der am 7. März 1936 erfolgte Einmarsch in die Rheinzone schon seit dem 2. Mai 1935 geplant war. In dem Dokument dieses Datums heißt es: ›Das Unternehmen muß nach Ausgabe des Stichwortes ‚Schulung durchführen' schlagartig als Überfall zur Ausführung gelangen. Größte Geheimhaltung der Vorbereitung ist erforderlich. Die Vorbereitung des Unternehmens ist ohne Rücksicht auf den zur Zeit unzureichenden Stand unserer Rüstung zu betreiben.‹

Ohnmächtig stellt der Genfer Völkerbund fest: ›Die Deutsche Regierung hat einen Bruch des Artikels 43 des Versailler Vertrags begangen, indem sie am 7. März 1936 militärische Kräfte in die entmilitarisierte Zone eindringen und sich dort festsetzen ließ. Zur selben Zeit, als Deutschland das Rheinland in Verletzung der Verträge von

Versailles und Locarno besetzte, hat es abermals versucht, die Furcht anderer europäischer Mächte zu zerstreuen und sie in falsche Sicherheit zu wiegen durch die Ankündigung an die Welt: Wir haben keine territorialen Ansprüche in Europa zu stellen.‹

Es ist oft gesagt worden, daß die Welt ihr schweres Schicksal der folgenden Jahre nicht hätte erdulden müssen, wenn Frankreich am 7. März 1936 dem ersten militärischen Schritt Hitlers energisch entgegengetreten wäre.

Am Abend nach der Behandlung des Rheinland-Coups im Nürnberger Gerichtssaal hat der Psychologe Gustave M. Gilbert ein längeres Gespräch mit Wilhelm Keitel in dessen Zelle.

»Hitler war sicher ein zerstörerischer Dämon«, sagt Gilbert zu dem einstigen Chef des Oberkommandos der Wehrmacht.

»Ja«, gibt Keitel zu, »und anfangs war er sogar vom Glück begünstigt. Es wäre viel besser gewesen, wenn ihm nicht alles gelungen wäre. Stellen Sie sich vor — wir machten die Wiederbesetzung des Rheinlandes mit drei Bataillonen — mit nur drei Bataillonen! Ich habe damals zu Blomberg gesagt: ›Wie können wir es mit drei Bataillonen machen? Nehmen Sie an, daß sich Frankreich wehrt ...‹

›Oh‹, sagte Blomberg, ›machen Sie sich keine Sorgen. Wir nehmen jetzt einmal die Chance wahr.‹«

»Ich vermute«, sagt Gilbert, »daß damals ein einziges französisches Regiment in der Lage gewesen wäre, Ihre Truppen wieder hinauszuwerfen.«

Keitel schnippt mit dem Mittelfinger, als wollte er eine lästige Fliege verjagen: »So hätten sie uns hinauswerfen können — und ich wäre nicht einmal überrascht gewesen. Aber nachdem Hitler dann gesehen hat, wie leicht alles war . . . so kam eins zum anderen.«

Generaloberst Alfred Jodl äußert sich in ähnlichem Sinne, als er von seinem Verteidiger, Professor Franz Exner, im Zeugenstand vernommen wird.

Prof. Exner: »Bestanden bei Ihnen und den Generalen militärische Bedenken gegen diese Besetzung?«

Jodl: »Ja, ich muß sagen, daß uns etwa so unheimlich zumute war wie einem Spieler, der sein ganzes Vermögen im Roulette auf Rot oder Schwarz setzt.«

Prof. Exner: »Wie stark waren unsere Truppen im Rheinland nach der Besetzung?«

Jodl: »Wir besetzten das Rheinland im ganzen mit rund einer Division, wovon aber nur drei Bataillone in das westrheinische Gebiet vorgeschoben wurden, nämlich je ein Bataillon nach Aachen, nach Trier und nach Saarbrücken.«

Prof. Exner: »Sagen Sie, haben Sie etwas getan, um einen militärischen Konflikt wegen dieser Besetzung zu vermeiden?«

Jodl: »Es kamen damals sehr ernste Meldungen von unseren Militärattachés aus London und Paris, deren Eindruck ich mich auch nicht entziehen konnte. Ich kann nur sagen, in dieser Lage hätte uns allein die französische *Armée de couverture* hinweggeblasen.« Hinweggeblasen vom französischen Grenzschutz . . . Aber der Roulettespieler in der Berliner Reichskanzlei hat auf die richtige Farbe gesetzt: Kein Schuß fällt, die Grande Armée der Franzosen schluckt den Vertragsbruch. Wieder hat Hitler freie Bahn.

Prof. Exner: »Glauben Sie, daß bei den maßgeblichen Leuten damals Angriffsabsichten vorhanden waren?«

Alfred Jodl, Generaloberst, im Gerichtssaal auf der Anklagebank. Angeklagt nach allen vier Punkten, wurde er auch in allen vier Punkten schuldig gesprochen: Tod durch den Strang

Jodl: »Es ist natürlich möglich, daß im Gehirn des Führers mit dieser Besetzung bereits der Gedanke vorhanden war, das sei eine Voraussetzung, damit er später aktiv im Osten handeln könne. Das ist möglich, ich weiß es nicht, denn ich bin nicht im Gehirn des Führers gesessen.«

Doch bald gibt Hitler einem kleinen Kreis von Vertrauten Einblick in sein Gehirn. Einer davon ist der Reichsaußenminister Constantin von Neurath. Was Neurath dabei sehen darf, ist so unglaublich, daß sein Verteidiger in Nürnberg, Dr. Otto von Lüdinghausen, eine eidesstattliche Erklärung verlesen kann: »›Als Herr von Neurath aus den Darlegungen Hitlers am 5. November 1937 zum erstenmal erkennen mußte, daß dieser seine politischen Ziele durch Gewaltanwendung gegenüber den Nachbarstaaten erreichen wollte, erschütterte ihn dies seelisch so stark, daß er mehrere schwere Herzattacken erlitt.‹«

Was ist an jenem 5. November 1937 geschehen? Es ist ein denkwürdiges Datum. An diesem Tag, noch fast ein Jahr vor dem Anschluß Österreichs, fast zwei Jahre vor Kriegsbeginn, enthüllt Hitler die ganze Reichweite seiner Pläne.

Während das deutsche Volk und die Welt noch immer mit Friedensbeteuerungen beschwichtigt werden, findet in Berlin eine geheime Sitzung statt. Die Teilnehmer, die sich um Hitler versammeln, sind Reichskriegsminister Werner von Blomberg, Generaloberst Werner von Fritsch als Oberbefehlshaber des Heeres, Generaladmiral Erich Raeder als Oberbefehlshaber der Kriegsmarine, Generaloberst Hermann Göring als Oberbefehlshaber der Luftwaffe, Reichsaußenminister Constantin von Neurath und der persönliche Adjutant Hitlers, Oberst Friedrich Hoßbach. Hoßbach fertigt über den Inhalt dieser Sitzung ein Protokoll an. Es überdauert den Krieg, wird von den alliierten Truppen gefunden und liegt nun auf dem Tisch der Anklagevertretung in Nürnberg.

»Das Schriftstück«, sagt der amerikanische Ankläger Alderman, »zerstört jeden nur möglichen Zweifel an den wohlüberlegten Plänen der Nazis bezüglich ihrer Verbrechen gegen den Frieden. Dieses Schriftstück ist von so ungeheurer Bedeutung, daß ich mich verpflichtet fühle, es in seinem vollen Wortlaut vorzulesen.«

Das Hoßbach-Protokoll ist eines der sogenannten Schlüsseldokumente, eines der wichtigsten Beweisstücke im ganzen Nürnberger Prozeß.

›Der Führer stellte einleitend fest, daß der Gegenstand der heutigen Besprechung von derartiger Bedeutung sei, daß dessen Erörterung in anderen Staaten wohl vor das Forum des Regierungskabinetts gehörte, er — der Führer — sähe aber gerade im Hinblick auf die Bedeutung der Materie davon ab, diese in dem großen Kreise des Reichskabinetts zum Gegenstand der Besprechung zu machen. Seine nachfolgenden Ausführungen seien das Ergebnis eingehender Überlegungen und der Erfahrungen seiner viereinhalbjährigen Regierungszeit; er wolle den anwesenden Herren seine grundlegenden Gedanken über die Entwicklungsmöglichkeiten und Notwendigkeiten unserer außenpolitischen Lage auseinandersetzen, wobei er im Interesse einer auf weite Sicht eingestellten deutschen Politik seine Ausführungen als seine testamentarische Hinterlassenschaft für den Fall seines Ablebens anzusehen bitte.‹

Nach dieser Einleitung gibt Hitler seinen sechs Zuhörern eine weitschweifige Darstellung der Kräfteverhältnisse in Europa und in der Welt. Er entwirft ein Bild, wie er es sieht — und es ist ziemlich falsch und verwunderlich, wie wir heute wissen. Wichtig allein sind die Folgerungen, die Hitler aus seiner unzutreffenden Beurteilung der Lage zieht. Hoßbach fährt in seinem Protokoll fort: ›Für Deutschland lautet die Frage, wo größter Gewinn unter geringstem Einsatz zu erreichen sei. Zur Lösung der deutschen Frage könne es nur den Weg der Gewalt geben, dieser kann niemals risikolos sein. Die Kämpfe Friedrichs des Großen um Schlesien und die Kriege Bismarcks gegen Österreich und Frankreich seien von unerhörtem Risiko gewesen, und die Schnelligkeit des preußischen Handelns 1870 habe Österreich vom Eintritt in den Krieg ferngehalten. Stelle man an die Spitze der nachfolgenden Ausführungen den Entschluß zur Anwendung von Gewalt unter Risiko, dann bleibe noch die Beantwortung der Fragen Wann und Wie. Hierbei seien drei Fälle zu entscheiden.

Fall 1 (Zeitpunkt 1943–1945): Nach dieser Zeit sei nur noch eine Veränderung zu unseren Ungunsten zu erwarten. Im Verhältnis zu der bis dahin durchgeführten Aufrüstung der Umwelt nähmen wir an relativer Stärke ab. Wenn wir bis 1943/45 nicht handeln, könne infolge des Fehlens von Reserven jedes Jahr die Ernährungskrise bringen, zu deren Behebung ausreichende Devisen nicht verfügbar seien. Zudem erwarte die Welt unseren Schlag und treffe ihre Gegenmaßnahmen von Jahr zu Jahr mehr. Wie die Lage in den Jahren 1943/45 tatsächlich sein würde, wisse heute niemand. Sicher sei nur, daß wir nicht länger warten können.

Auf der einen Seite die große Wehrmacht mit der Notwendigkeit der Sicherstellung ihrer Unterhaltung, das Älterwerden der Bewegung und ihrer Führer, auf der anderen Seite die Aussicht auf Senkung des Lebensstandards und auf Geburteneinschränkung ließen keine andere Wahl, als zu handeln. Sollte der Führer noch am Leben sein, so sei es sein unabänderlicher Entschluß, spätestens 1943/45 die deutsche Raumfrage zu lösen. Die Notwendigkeit zum Handeln vor 1943/45 käme in Fall 2 und 3 in Betracht.

Fall 2: Wenn die sozialen Spannungen in Frankreich sich zu einer derartigen innenpolitischen Krise auswachsen sollten, daß durch letztere die französische Armee absorbiert und für eine Kriegsverwendung gegen Deutschland ausgeschaltet würde, sei der Zeitpunkt zum Handeln gegen die Tschechei gekommen.

Fall 3: Wenn Frankreich durch einen Krieg mit einem anderen Staat so gefesselt ist, daß es gegen Deutschland nicht vorgehen kann.

Zur Verbesserung unserer militärpolitischen Lage müsse in jedem Falle einer kriegerischen Verwicklung unser erstes Ziel sein, die Tschechei und gleichzeitig Österreich niederzuwerfen, um die Flankenbedrohung eines etwaigen Vorgehens nach Westen auszuschalten. Bei Annahme einer Entwicklung der Situation, die zu einem planmäßigen Vorgehen unsererseits in den Jahren 1943/45 führe, sei das Verhalten Frankreichs, Englands, Italiens, Polens, Rußlands voraussichtlich folgendermaßen zu beurteilen:

An sich glaube der Führer, daß mit hoher Wahrscheinlichkeit England, voraussichtlich aber auch Frankreich die Tschechei bereits im stillen abgeschrieben und sich damit abgefunden hätten, daß diese Frage eines Tages durch Deutschland bereinigt würde. Die Schwierigkeiten des Britischen Empire und die Aussicht, in einen lange währenden europäischen Krieg verwickelt zu werden, seien bestimmend für eine Nichtbeteiligung Englands an einem Krieg gegen Deutschland. Die englische Haltung werde gewiß nicht ohne Einfluß auf die Frankreichs sein. Ein Vorgehen Frankreichs ohne die englische Unterstützung und in der Voraussicht, daß eine Offensive an unseren Westbefestigungen sich festlaufe, sei wenig wahrscheinlich. Naturgemäß sei eine Abriegelung im Westen in jedem Fall während der Durchführung unseres Angriffs gegen die Tschechei und Österreich notwendig.‹

Die Stimme des amerikanischen Anklägers bleibt auch bei dieser Stelle des Dokumentes ruhig und unbewegt. Auf der Pressegalerie des Nürnberger Gerichtssaales beginnen die Korrespondenten aber, sich dick unterstrichene Notizen zu machen. Auch Göring auf der Anklagebank wird plötzlich unruhig. Er legt eine Hand an den Kopfhörer, um noch deutlicher verstehen zu können.

In diesem Augenblick nämlich ist die Legende vom jubelnden, spontanen Anschluß Österreichs zerstört worden. Ganz nackt hat Hitler es ausgesprochen, hat sein Adjutant Hoßbach es niedergeschrieben: ›Während der Durchführung unseres Angriffs gegen die Tschechei und Österreich . . .‹

Auch was Hitler nun weiter sagte, enthüllt, daß es ihm keineswegs darum ging, das Brudervolk an sein Herz zu drücken. Er verfolgt ganz andere Ziele: ›Hierbei sei zu berücksichtigen‹, gibt Hoßbach Hitlers Worte wieder, ›daß die Verteidigungsmaßnahmen der Tschechei von Jahr zu Jahr an Stärke zunehmen und daß auch die Konsolidierung der inneren Werte der österreichischen Armee im Laufe der Jahre stattfände. Wenn auch die Besiedlung insbesondere der Tschechei keine dünne sei, so könne die Einverleibung der Tschechei und Österreichs den Gewinn von Nahrungsmitteln für fünf bis sechs Millionen Menschen bedeuten. Die Angliederung der beiden Staaten an Deutschland bedeute militärpolitisch eine wesentliche Entlastung infolge kürzerer, besserer Grenzziehung, Freiwerdens von Streitkräften für andere Zwecke und der Möglichkeit der Neuaufstellung von Truppen bis in die Höhe von etwa zwölf Divisionen.

Von der Seite Italiens seien gegen die Beseitigung der Tschechei keine Einwendungen zu erwarten, wie dagegen seine Haltung in der österreichischen Frage zu beantworten sei, entziehe sich der heutigen Beurteilung. Das Maß der Überraschung und der Schnelligkeit unseres Handelns sei für die Stellungnahme Polens entscheidend.

Einem schnellen militärischen Eingreifen Rußlands müsse durch die Schnelligkeit unserer Operationen begegnet werden; ob ein solches überhaupt in Betracht kommen werde, sei angesichts der Haltung Japans mehr als fraglich.

Trete der Fall 2 – Lahmlegung Frankreichs durch einen Bürgerkrieg – ein, so sei infolge Ausfalls des gefährlichsten Gegners die Lage jederzeit zum Schlage gegen die Tschechei auszunutzen.

In gewisser Nähe sehe der Führer den Fall 3 gerückt, der sich aus den derzeitigen Spannungen im Mittelmeer entwickeln könne und den er eintretendenfalls zu jedem Zeitpunkt, auch bereits im Jahre 1938, auszunützen entschlossen sei. Nach den bisherigen Erfahrungen beim Verlauf der kriegerischen Ereignisse in Spanien sehe der Führer deren baldige Beendigung noch nicht bevorstehend.‹

An dieser Stelle des Dokuments muß man sich daran erinnern, daß zur Zeit jener Führerbesprechung in Spanien Bürgerkrieg herrscht: die faschistischen Truppen Francos – unterstützt von deutschen und italienischen Kampfverbänden – stehen den sozialistischen gegenüber. Trotzdem sagt Hitler nach den Notizen Hoßbachs: ›Andererseits sei vom deutschen Standpunkt ein hundertprozentiger Sieg Francos auch nicht erwünscht; wir seien vielmehr an einer Fortdauer des Krieges und der Erhaltung von Spannungen im Mittelmeer interessiert. Da unser Interesse auf die Fortdauer des Krieges in Spanien gerichtet sei, müsse es Aufgabe unserer Politik in nächster Zeit sein, Italien den Rücken für weiteren Verbleib auf den Balearen zu stärken. Ein Festsetzen der Italiener auf den Balearen sei aber weder für Frankreich noch für England tragbar und könne zu einem Krieg Frankreichs und Englands gegen Italien führen.

Wenn Deutschland diesen Krieg zur Erledigung der tschechischen und österreichischen Frage ausnutze, so sei es mit Wahrscheinlichkeit anzunehmen, daß England – im Kriege mit Italien liegend – sich nicht zu einem Vorgehen gegen Deutschland entschließen würde. Ohne die englische Unterstützung sei eine kriegerische Handlung Frankreichs gegen Deutschland nicht zu erwarten.‹

Das ist der wesentliche Teil des Dokumentes.

Es zeigt fünf Dinge mit aller Deutlichkeit:

1. Hitlers Aufrüstung war nicht, wie er immer wieder betonte, eine Frage von nationaler Würde und Gleichberechtigung, sondern die erste Stufe seiner Angriffsabsichten.

2. Seit jener Besprechung vom 5. November 1937 wußten Wehrmachtsführung und Auswärtiges Amt, wußten die Angeklagten Göring, Keitel, Raeder und von Neurath, daß Hitler den ›unabänderlichen Entschluß‹ gefaßt hatte, spätestens 1943/45 Gewalt anzuwenden und Krieg zu führen.

3. Hitler ist entschlossen, auch seine Gesinnungsfreunde Mussolini und Franco zu verkaufen. Es geht ihm nicht um seine Blutsverwandten, Österreicher und Sudetendeutsche, sondern um Rohstoffe und Menschenmaterial für neue Divisionen.

4. Alle Beteuerungen Hitlers gegenüber dem deutschen Volk und gegenüber der Welt sind bewußte Täuschung: ›Wir haben keine territorialen Forderungen in Europa‹, ›Wir wollen nur den Frieden‹, ›Wir wissen, daß Spannungen in Europa nicht durch Krieg gelöst werden können.‹

5. Hitler, der von seinem Propagandaminister Goebbels als ›der größte Feldherr aller Zeiten‹ gepriesen worden ist, hat die militärische Lage vollkommen falsch eingeschätzt. Mit den Vereinigten Staaten von Amerika hat er überhaupt nicht gerechnet.

»Nun, was wollte Hitler mit diesen Ausführungen bezwecken?« berichtet Göring im Nürnberger Zeugenstand. »Der Führer hat mich kurz vorher, weil ich früher da war, informiert, daß er diese Sitzung mache, um vor allen Dingen dem Generaloberstem von Fritsch, wie er sich ausdrückte, Dampf zu machen, weil er mit der Aufrüstung des Heeres in keiner Weise zufrieden sei.«

Es ist bekannt, daß Hitler bei einer anderen Gelegenheit von seinen Generalen gesagt hat: »Die muß man ja in den Krieg prügeln!«

Alles geht ihm zu langsam. Während der Besprechung haben Blomberg, Fritsch und Neurath Einwendungen gegen Hitlers kriegerische Pläne gemacht – drei Monate später sind sie aus ihren Ämtern entfernt.

In Nürnberg ist Neurath von seinem Verteidiger Lüdinghausen über diese Vorgänge befragt worden.

Dr. Lüdinghausen: »Herr von Neurath, wann ist Ihnen bekanntgeworden, daß Hitlers außenpolitische Pläne über die Erringung der deutschen Gleichberechtigung auf friedlichem Wege hinausgingen und die Führung von Kriegen, die Anwendung von Gewalt, in den Kreis ihrer Erwägungen zogen?«

Neurath: »Das war zum erstenmal der Fall anläßlich der hier erwähnten Ansprache vom 5. November 1937. Diese Ansprache Hitlers hat mich aufs äußerste erschüttert. Es war selbstverständlich, daß ich die Verantwortung für eine solche Politik nicht tragen konnte.«

Dr. Lüdinghausen: »Welche Konsequenzen zogen Sie nun aus dieser Erkenntnis?«

Neurath: »Etwa zwei Tage nach dieser Ansprache ging ich zum Generaloberst von Fritsch, der bei der Ansprache ja zugegen gewesen war, und zusammen mit ihm und dem Generalstabschef, General Beck, besprach ich, was wir etwa unternehmen könnten, um Hitler umzustimmen.

Leider konnte ich aber Hitler, der bald darauf nach dem Obersalzberg abreiste, erst am 14. oder 15. Januar sprechen. Hierbei versuchte ich ihm klarzumachen, daß seine Politik zum Weltkrieg führen müsse und daß ich das nicht mitmache. Viele seiner Pläne könne man auf friedlichem Wege, allerdings etwas langsamer, lösen. Er erklärte mir darauf, er habe keine Zeit mehr. Ich erinnerte ihn an seine Rede im Reichstag von 1933, in der er selbst jeden neuen Krieg als einen Wahnsinn bezeichnet habe, und so weiter. Als er trotzdem bei seiner Auffassung blieb, erklärte ich, dann müsse er sich einen anderen Außenminister suchen, ich mache mich nicht zum Mitschuldigen einer solchen Politik. Hitler lehnte zunächst mein Abschiedsgesuch ab, ich blieb aber dabei, und am 4. Februar erteilte er mir den Abschied ohne weitere Kommentare.«

Neurath nimmt seinen Abschied, er wird entlassen, zur Tarnung aber gleich als Mitglied in den Geheimen Kabinettsrat aufgenommen. Auch hindert ihn sein Rücktritt nicht, später den Posten des Reichsprotektors für Böhmen und Mähren anzunehmen.

Ganz anders ergeht es Blomberg und Fritsch. Ihre Entfernung wird mit Mitteln vorgenommen, die aus einem schlechten Kriminalroman stammen könnten.

6 Wer nicht mitmacht, muß verschwinden

Im Zeugenstand von Nürnberg sitzt Hans Bernd Gisevius zur Entlastung von Hjalmar Schacht. Als ehemaliger Beamter im Innenministerium kennt er viele Geheimnisse, die hinter den Kulissen des Dritten Reiches dem deutschen Volk verborgen geblieben sind. Eintönig werden seine Worte von den Gerichtsdolmetschern übersetzt: »Ich bitte, einen Augenblick mich unterbrechen und von einem Zwischenfall Mitteilung machen zu dürfen, der sich heute morgen abgespielt hat. Ich befand mich im Anwaltszimmer im Gespräch mit dem Rechtsanwalt Dr. Dix [Schachts Verteidiger]. Herr Dix wurde unterbrochen von Herrn Rechtsanwalt Stahmer, dem Verteidiger des Angeklagten Göring. Ich hörte, was Herr Stahmer Herrn Dix sagte . . .«

An dieser Stelle springt der weißhaarige Dr. Otto Stahmer von seinem Platz auf und eilt ans Vortragspult. Erregt spricht er in das Mikrofon: »Ich weiß nicht, ob es Gegenstand der Beweisaufnahme ist, hier ein Gespräch zu offenbaren, das ich im Anwaltszimmer mit Herrn Dr. Dix persönlich geführt habe . . .«

Gisevius: »Darf ich etwas dazu sagen?«

Vorsitzender: »Bitte sprechen Sie nicht.«

Jackson: »Über diesen Zwischenfall ist mir berichtet worden, und ich bin der Ansicht, daß es für den Gerichtshof wichtig ist, von den Drohungen zu erfahren, die gegen diesen Zeugen im Gerichtsgebäude erhoben wurden, während er auf seine Vernehmung wartete. Die Drohungen richteten sich nicht nur gegen ihn, sondern auch gegen den Angeklagten Schacht.«

Dr. Stahmer: »Ich habe heute morgen im Anwaltszimmer ein persönliches Gespräch mit Herrn Dr. Dix geführt, das den Fall Blomberg betrifft. Dieses Gespräch war nicht für den Zeugen bestimmt . . .«

Jackson: »Ich halte es für wichtig, daß der Gerichtshof davon erfährt. Ich glaube, es ist wichtig, daß das herauskommt. Die Gegenpartei hat sich hier viel Freiheit herausgenommen. Wenn ich recht verstanden habe, sind gegen den Zeugen Drohungen ausgesprochen worden.«

Dr. Rudolf Dix: »Die Frage bezieht sich auf ein Gespräch zwischen dem Zeugen und mir. Also, Herr Zeuge, was habe ich Ihnen gestern gesagt?«

Gisevius: »Sie haben mir zum Ausdruck gebracht, daß dieser unzulässige Druck von dem Angeklagten Göring ausging.«

Vorsitzender: »Herr Zeuge, wollen Sie noch etwas hinzufügen?«

Gisevius: »Ich weiß sehr genau, weswegen Göring nicht wünscht, daß ich über diese Sache spreche, denn sie ist das schlimmste Stück, was sich Göring geleistet hat.«

Vorsitzender: »Dann wird der Gerichtshof die Aussage anhören, und zwar jede Aussage. Herr Justice Jackson! Der Gerichtshof hat mich gebeten, zu erklären, daß er erwartet, daß Sie alle Fragen, die Sie wegen der angeblichen Einschüchterung des Zeugen für notwendig halten, stellen werden, wenn Sie ihn ins Kreuzverhör nehmen.«

Jackson: »Ja, Herr Vorsitzender, ich danke Ihnen.«

Vorsitzender: »Dr. Stahmer! Der Gerichtshof möchte zuerst hören, was Sie weiter über diese Angelegenheit zu sagen haben.«

Dr. Stahmer: »Herr Präsident! Göring hat mir gesagt: Ob der Zeuge Gisevius ihn belaste, interessiere ihn gar nicht, aber er möchte nicht, daß der kürzlich verstorbene Blomberg, daß dieser Vorgang, der die Ehe des Herrn Blomberg beträfe, hier vor aller Öffentlichkeit zur Sprache käme. Wenn das nicht verhindert werden könne, dann würde Göring auch seinerseits jede Rücksicht auf Schacht fallenlassen. Das ist das, was ich dann heute morgen dem Rechtsanwalt Dr. Dix mitgeteilt habe.«

Dr. Dix: »Kollege Stahmer sagte mir folgendes: ›Hören Sie mal, der Göring steht auf dem Standpunkt, daß ihn der Gisevius so viel angreifen kann, wie er will; wenn er aber den toten Blomberg angreift, dann wird Göring auspacken, und zwar gegen Schacht, denn er weiß eine ganze Menge von Schacht, was Schacht unangenehm sein würde.‹ Das war das Gespräch. Ich habe gar keinen Zweifel gehabt, daß es der Zweck der Mitteilung des Herrn Stahmer an mich war, von dieser Mitteilung Gisevius Mitteilung zu machen, damit dieses von Göring gemeinte und in Aussicht gestellte Unheil eventuell vermieden würde, beziehungsweise daß eben der Zeuge Gisevius sich den Umfang seiner Aussage diesbezüglich überlegen solle.«

Gisevius: »Ich bitte um Entschuldigung, ich wollte nur bekanntgeben, daß ich mich den ganzen Umständen nach unter Druck gesetzt fühlte, so wie ich die Dinge erlebte, denn ich stand bei der Szene so nahe, daß ich hören mußte, was Dr. Stahmer sagte. Göring hängt sich hier nur einen Mantel der Ritterlichkeit um, mit dem er angeblich einen Toten schützen will, in Wirklichkeit aber mich hindern wollte, zu einem wichtigen Punkt, nämlich der Fritsch-Krise, umfassende Aussagen zu machen.«

Dr. Dix: »Wir kommen jetzt zur sogenannten Fritsch-Krise, nach meiner Auffassung die entscheidende innenpolitische Vorstufe des Krieges. Schildern Sie bitte diese Krise.«

Gisevius: »Am 12. Januar 1938 wurde die deutsche Öffentlichkeit von der Meldung überrascht, daß der ehemalige Reichskriegsminister Werner von Blomberg geheiratet hätte. Nähere Einzelheiten über seine Frau wurden nicht gegeben. Nach einigen Tagen erschien als einziges Bild eine Abbildung des Marschalls mit seiner neuen Frau, ausgerechnet vor dem Affenzwinger des Leipziger Zoologischen Gartens. Es erhoben sich eine Anzahl Gerüchte in der Reichshauptstadt, die über das Vorleben der Marschallin böse Dinge zu berichten wußten. Nach einigen Tagen befand sich auf dem Schreibtisch des Berliner Polizeipräsidenten ein dickes Aktenbündel, aus dem folgendes hervorging: Die Frau des Marschalls von Blomberg war eine vorbestrafte Sittendirne, die allein in sieben Sittenakten großer Städte registriert war. Sie befand sich im Berliner Steckbriefregister. Ich selbst habe die Fingerabdrücke und die Bilder gesehen, und endlich war sie wegen Verbreitung unsittlicher Bilder vom Berliner Gericht bestraft worden. Der Berliner Polizeipräsident war vepflichtet, diese Akte auf dem Dienstwege dem Chef der Polizei Himmler zu übergeben.«

Dr. Dix: »Wer war damals Polizeipräsident?«

Gisevius: »Polizeipräsident war Graf Helldorf. Graf Helldorf erkannte, daß die Weitergabe dieses Materials an den Reichsführer der SS die Wehrmacht in eine unmögliche Situation bringen würde. Dann würde Himmler das Material gehabt haben, das er zur moralischen Beendigung der Karriere Blombergs und zu einem Schlag gegen die Wehrmachtsführung benötigte.

Helldorf ging mit diesen Akten zu dem engsten Mitarbeiter des Marschalls Blomberg, dem damaligen Chef des Wehrmachtsamtes Keitel, der damals gerade in verwandtschaftliche Beziehungen, durch die Eheschließung beider Kinder, zu dem Marschall Blomberg getreten war. Der damalige Generaloberst Keitel sah sich diese Akten genauestens an und stellte an den Polizeipräsidenten Helldorf das Ansinnen, den Skandal zu vertuschen und die Akten zu verschweigen.«

Dr. Dix: »Vielleicht sagen Sie dem Gericht, woher Sie das wissen?«

Gisevius: »Ich weiß es durch den Grafen Helldorf, der mir den ganzen Ablauf der Dinge geschildert hat. Keitel schickte den Grafen Helldorf mit den Akten zu Göring. Helldorf unterbreitete dem Angeklagten Göring das Aktenstück. Göring behauptete, von dem Steckbriefregister und von der Vorstrafe der Frau von Blomberg nichts zu wissen. Dagegen gab er in diesem ersten Gespräch und dann in späteren Gesprächen zu, daß er folgendes bereits gewußt habe:

Erstens, daß der Marschall Blomberg bereits vor Monaten Göring gefragt habe, ob es zulässig sei, daß er ein Verhältnis mit einer Dame aus niederer Herkunft habe. Nach einiger Zeit hatte Blomberg Göring gefragt, ob er ihm behilflich sein wolle, eine Heiratserlaubnis zu erhalten für diese Dame, wie er sich ausdrückte, mit Vergangenheit. Nach einiger Zeit kam Blomberg wieder und erzählte Göring, leider habe diese Dame seines Herzens noch einen weiteren Liebhaber, und er müsse Göring bitten, ihm, Blomberg, behilflich zu sein, diesen Liebhaber beiseite zu schaffen. Göring schaffte darauf den Liebhaber beiseite, indem er ihm Devisen gab und ihn nach Südamerika verbannte. Trotzdem unterrichtete Göring über dieses Vorspiel Hitler nicht, er ging sogar mit Hitler zusammen als Trauzeuge zu der Eheschließung Marschall Blombergs.«

Vorsitzender: »Dr. Dix! Der Gerichtshof möchte gerne wissen, wieso Sie diese Angelegenheit, die so persönlich zu sein scheint, für erheblich halten?«

Dr. Dix: »Es ist notwendig, diese Krise in ihrer ganzen Schauerlichkeit darzustellen, um zu begreifen, welche revolutionäre Wirkung sie auf Schacht und seinen Kreis gegenüber dem Regime gehabt hat.«

Jackson: »Hoher Gerichtshof! Wenn jetzt über diese Dinge nicht ausgesagt wird, würde ich versuchen, sie im Kreuzverhör herauszubekommen, und zwar aus verschiedenen Gründen: Erstens zeigen sie den Hintergrund zu den behandelten Ereignissen, zweitens hatten sie Einfluß auf die Verschwörung. Es gab verschiedene Männer in Deutschland, die von den Verschwörern beseitigt werden mußten. Einige konnten sie ohne Schwierigkeiten umbringen, wie zum Beispiel im Röhm-Putsch. Die Mittel, die sie gegen Fritsch und Blomberg anwandten, zeigen die Beseitigung der Männer, die allenfalls einem Angriffskrieg im Wege standen. Die Art und Weise, wie diese Männer angeschossen und aus dem Wege geräumt wurden, halten wir für einen wichtigen Teil der Verschwörung.«

Vorsitzender: »Herr Dr. Dix, der Gerichtshof ist angesichts dessen, was Sie und Herr Jackson gesagt haben, der Meinung, daß Sie mit Ihrem Verhör fortfahren sollen.«

Dr. Dix: »Also, Herr Dr. Gisevius!«

Gisevius: »Als Helldorf Göring die Akte übergeben hatte, sah Göring sich gezwungen, die Akte Hitler zu geben. Hitler erlitt einen Nervenzusammenbruch und entschloß sich, den Marschall Blomberg sofort zu entlassen. Wie Hitler später den Generalen in öffentlicher Sitzung gesagt hat, war sein erster Gedanke, zum Nachfolger Blombergs den Generaloberst von Fritsch zu ernennen.

In dem Augenblick, als er diesen Entschluß aussprach, erinnerten ihn Göring und Himmler, daß dies nicht möglich sei, da Fritsch durch eine Akte aus dem Jahre 1935 aufs schwerste kriminell belastet sei. Die Akte aus dem Jahre 1935, die nunmehr im Januar 1938 Hitler vorgelegt wurde, bezog sich darauf, daß die Gestapo im Jahre 1934 auf den Gedanken gekommen war, neben anderen Staatsfeinden auch Homosexuelle als kriminelle Verbrecher zu verfolgen. Auf der Suche nach Material war die Gestapo in Zuchthäuser gegangen und hatte Häftlinge, die Homosexuelle erpreßt hatten, um Material gebeten.

Dabei hatte ein Zuchthäusler eine fürchterliche Geschichte zu Protokoll gegeben, die nun wirklich so scheußlich ist, daß ich sie hier nicht wiedergeben werde. Es genügt, daß dieser Zuchthäusler meinte, der davon Betroffene sei ein gewisser Herr von Fritsch oder Frisch gewesen, des genauen Namens konnte sich der Zuchthäusler nicht entsinnen.

Die Gestapo übergab diese Akte im Jahre 1935 Hitler. Hitler war entrüstet über den Inhalt. Er sagte, wie er sich vor den Generalen ausgedrückt hat, er habe von einer solchen Schweinerei nichts wissen wollen. Hitler gab die Anordnung, diese Akte solle unverzüglich verbrannt werden. Jetzt, im Jahre 1938, erinnerten Göring und Himmler Hitler an diese Akte, und es war Heydrichs Geschick vorbehalten, diese im Jahre 1935 angeblich verbrannte Akte nunmehr Hitler wieder vorzulegen.

Der Angeklagte Göring erbot sich, Hitler den Zuchthäusler aus dem Zuchthaus in die Reichskanzlei zu bringen. Göring bedrohte zuvor diesen Zuchthäusler in Karinhall mit dem Tode, wenn er nicht bei seiner Aussage bliebe.«

Dr. Dix: »Woher wissen Sie das?«

Gisevius: »Das ist im Reichskriegsgericht zur Sprache gekommen. Fritsch wurde in die Reichskanzlei bestellt und von Hitler auf die gegen ihn erhobene Beschuldigung aufmerksam gemacht. Fritsch, ein Ehrenmann vom Scheitel bis zur Sohle, verstand überhaupt nicht, was Hitler ihm vorwarf. Entrüstet stritt er ab, was er verbrochen haben sollte. Er gab Hitler in Gegenwart Görings sein Ehrenwort, daß alle Beschuldigungen falsch seien. Aber Hitler ging zur nächsten Tür, öffnete diese, und herein trat der Zuchthäusler, erhob den Arm, zeigte auf Fritsch und sagte: ›Das ist er.‹

Fritsch war sprachlos. Er konnte einzig verlangen, daß eine gerichtliche Untersuchung eingeleitet wurde. Hitler verlangte seinen sofortigen Rücktritt und wollte unter der Bedingung, daß Fritsch schweigend ging, die Angelegenheit auf sich beruhen lassen. Fritsch wandte sich an den Chef des Generalstabs, Beck. Beck intervenierte bei Hitler. Es entstand ein großer Kampf darum, daß diese ungeheuerlichen Beschuldigungen gegen Fritsch gerichtlich untersucht werden müßten. Es gab dramatische Auseinandersetzungen in der Reichskanzlei. Am Ende kam der berühmte 4. Februar 1938, zu dem die Generale nach Berlin bestellt wurden, die bis zu diesem Tage völlig ahnungslos waren, daß ihre beiden Vorgesetzten nicht mehr ihres Amtes walteten. Gleichzeitig überraschte Hitler die Generale mit der Mitteilung, daß sie einen neuen Oberbefehlshaber, den Generaloberst von Brauchitsch, bekommen hätten.

Es entspann sich nunmehr wiederum ein wochenlanger Kampf um die Zusammensetzung des Kriegsgerichts, das über die Rehabilitierung des Generaloberst von Fritsch zu entscheiden hatte. Dies war der Moment, vor einem höchsten deutschen Gericht beweisen zu können, mit welchen Mitteln die Gestapo sich ihrer politischen Gegner entledigte. Hier war die einzigartige Gelegenheit, unter Eid Zeugen darüber vernehmen zu können, wie diese ganze Intrige eingefädelt war.

Die Richter des Reichskriegsgerichts vernahmen nun die Gestapo-Zeugen. Sie untersuchten die Protokolle der Gestapo, sie machten Lokaltermine, und es dauerte nicht lange, bis sie genau erkundet hatten, daß es sich bei dieser ganzen Angelegenheit um einen Doppelgänger handelte, nicht um den Generaloberst von Fritsch, sondern um einen längst pensionierten Hauptmann a. D. von Frisch.

Bei dieser Untersuchung stellten die Richter ein weiteres fest: Sie konnten den Nachweis erbringen, daß die Gestapo bereits am 15. Januar in der Wohnung des Doppelgängers Frisch gewesen war und seine Haushälterin befragt hatte.

Ich darf jetzt die beiden Daten gegenüberstellen: Am 15. Januar ist für die Gestapo erwiesen, daß Fritsch nicht der Schuldige war. Am 24. Januar bringt der Angeklagte Göring den Zuchthäusler und Belastungszeugen in die Reichskanzlei, um Fritsch seiner Schuld zu überführen.

Wir glaubten, daß wir hierbei einem intriganten Stück von geradezu unvorstellbaren Ausmaßen gegenüberstanden. Hier konnten wir auf legalem Wege vorgehen, und so begannen wir unseren Kampf, den Generaloberst von Brauchitsch dazu zu bewegen, in dem Reichskriegsgericht die nötigen Beweisanträge zu stellen.«

Dr. Dix: »Was heißt hier ›wir‹?«

Gisevius: »In diesem Moment fand sich eine Gruppe, von der ich Herrn Dr. Schacht hervorheben muß, der damals in höchstem Maße aktiv war, der damals zu Großadmiral Raeder ging, zu Brauchitsch ging, zu Rundstedt ging, der damals überall versuchte zu sagen: Jetzt ist die große Krise da, jetzt müssen wir handeln, jetzt ist es die Aufgabe der Generale, uns von diesem Terrorregime zu befreien. Ich darf mich als Zeuge dafür anführen, daß auch Brauchitsch mir gegenüber die feierliche Zusicherung abgab, er würde jetzt diese Gelegenheit zum Kampf benutzen. Aber Brauchitsch stellte eine Vorbedingung. Er sagte: ›Hitler ist ja noch ein populärer Mann, wir fürchten den Hitler-Mythos. Wir wollen dem deutschen Volke und der Welt den letzten Beweis liefern in Form der Sitzung des Reichskriegsgerichts und dessen Urteilsspruch.‹

Deswegen verschob Brauchitsch seine Handlung auf den Tag des Urteilsspruchs des Reichskriegsgerichts. Das Reichskriegsgericht trat zusammen. Ich muß allerdings noch etwas hinzufügen. Hitler ernannte zum Vorsitzenden des Reichskriegsgerichts den Angeklagten Göring. Und nun trat das Reichskriegsgericht unter dem Vorsitz Görings zusammen. Es tagte einige Stunden und wurde dann unter dramatischen Umständen vertagt. Denn dies war der Tag, an dem die Entscheidung fiel, die deutschen Armeen nach Österreich einmarschieren zu lassen.

Es war schon damals kein Zweifel, weswegen der Vorsitzende dieses Kriegsgerichts ein so unerhörtes Interesse daran hatte, daß an diesem Tag noch die Truppen den Marschbefehl kriegten, der sie nicht in Frontstellung nach innen, sondern mit dem Ziel nach außen marschieren ließ.

Erst nach einer Woche konnte das Reichskriegsgericht wieder zusammentreten. Aber dann war Hitler der Triumphator. Die Generale hatten ihren ersten Blumenfeldzug hinter sich, der Jubel war groß und die Verwirrung bei den Generalen noch größer. Und so ging dieses Kriegsgericht auseinander. Fritschs Unschuld wurde ausdrücklich festgestellt, aber Brauchitsch meinte, in dieser neuen psychologischen Situation, die durch den Anschluß Österreichs verursacht war, könne er es nicht mehr verantworten, zu einem Putsch zu schreiten.

Das ist in großen Zügen die Geschichte, die praktisch das Kriegsministerium seiner führenden Männer beraubte, und von welchem Augenblick an wir nunmehr den Weg steil abwärts in den Radikalismus hineingingen.«

Die Fritsch-Krise, die beinahe zum Eingreifen der Generale geführt hätte – beinahe wäre dann alles Weitere nicht geschehen –, ist im Jubel des Anschlusses erstickt.

Generaloberst Fritsch aber sucht im September 1939 vor Warschau den Tod.

7 Der Anschluß

Sonderfall Otto. Das ist der geheime Deckname für den Anschluß, für den Einmarsch der deutschen Truppen in Österreich, der im März 1938 erfolgt.

Alles beginnt scheinbar harmlos.

Der österreichische Bundeskanzler Dr. Kurt von Schuschnigg, dem jetzt eine tragische Rolle zufallen soll, schreibt in seinen Erinnerungen: ›Anfangs 1938 sondierte Herr von Papen, ob und wie wir auf eine Einladung nach Berchtesgaden zu einer Besprechung mit dem Führer reagierten. Ich erklärte meine grundsätzliche Bereitschaft. Herr von Papen fügte hinzu, es bestehe Einvernehmen darüber, daß die Lage zwischen dem Reich und Österreich, wie immer die Besprechung im einzelnen verlaufen werde, auf keinen Fall zu einer Erschwerung der Lage der österreichischen Regierung führen könne. Schlimmstenfalls hätte man keinen Fortschritt erzielt, und es bliebe alles beim alten.‹

Am 11. Februar 1938 besteigt Schuschnigg mit Außenminister Guido Schmidt und seinem Adjutanten, Oberstleutnant Bartl, den Nachtschnellzug nach Salzburg, Richtung Berchtesgaden. Freundlich erwartet Papen am deutschen Schlagbaum die Gäste aus Wien, die in Salzburg aus dem Schlafwagen in Autos umgestiegen sind. Die deutschen Grenzbeamten grüßen mit erhobener Hand.

»Der Führer erwartet Sie und ist ausgezeichneter Stimmung«, lächelt Papen. Dann fügt er wie nebenbei hinzu: »Sie haben wohl nichts dagegen, daß zufällig auch mehrere Generale am Berghof eingetroffen sind?«

Natürlich kann Schuschnigg als Gast kaum Einwendungen gegen diesen Zufall erheben, aber er ahnt in diesem Augenblick schon, daß der 12. Februar 1938 nicht ganz so harmlos verlaufen wird.

Hitler hat die Situation genau berechnet: die zufällig zum Besuch Schuschniggs auf den Berghof befohlenen Generale sind der soeben neuernannte Chef des Oberkommandos der Wehrmacht, Wilhelm Keitel, dann der General der Artillerie, Walter von Reichenau, und der General der Flieger, Hugo Sperrle. Wie im Nürnberger Prozeß bewiesen wird, hat ihre Anwesenheit keinen dienstlichen Zweck. Sie sind nur da, um Schuschnigg durch ihr offensichtliches Warten, durch ihr Herumstehen und Herumsitzen nervös zu machen und stillschweigend unter Druck zu setzen.

»Aus diplomatischen Gründen«, sagt der amerikanische Ankläger Sidney S. Alderman, »täuschte von Papen, der in Berchtesgaden zugegen war, vor, daß kein Druck angewendet werde. Doch der angeklagte General Jodl, der die laufenden Ereignisse in seinem Notizbuch niederlegte, war viel aufrichtiger. Wir sind in der glücklichen Lage, das eigenhändig geschriebene Tagebuch General Jodls zu besitzen. Ich zitiere: ›Keitel mit General von Reichenau und Sperrle auf dem Obersalzberg. Schuschnigg mit G. Schmidt unter schwersten politischen und militärischen Druck gesetzt.‹«

›Adolf Hitler kam uns mit seiner Begleitung, darunter die drei Generale, in Richtung der Aufgangsstufen entgegen‹, schreibt Schuschnigg in seinen Erinnerungen. ›Er trug den braunen SA-Rock mit Hakenkreuzbinde und lange, schwarze Hosen. Die Begrüßung war freundlich, korrekt, und nach kurzer, formaler Vorstellung der beiderseitigen Begleitung geleitete mich Hitler in seinen Arbeitsraum im ersten Stock des geräumigen Berghofs.‹

›Der Führer ist ausgezeichneter Stimmung‹, hatte Papen versichert. Aber kaum haben sich die Türen des Arbeitszimmers geschlossen, muß der österreichische Regierungschef erkennen, daß der Diktator zum Generalangriff auf Österreich antritt. Tatsächlich will Hitler jetzt die österreichische Frage mit allen Mitteln lösen — ›so oder so‹, wie er sich auszudrücken pflegt. Die militärischen Statisten Keitel, Reichenau und Sperrle sind nur Details. Hitler scheut auch vor den kleinlichsten Druckmitteln nicht zurück: er weiß, daß sein Gast Schuschnigg starker Raucher ist, aber er duldet nicht, daß in seiner Gegenwart geraucht wird.

Das sind nicht nur Gerüchte: Im Nürnberger Zeugenstand sitzt der ehemalige Gauleiter von Kärnten, Dr. Friedrich Rainer. Der amerikanische Ankläger Thomas J. Dodd nimmt ihn ins Kreuzverhör.

Dodd: »Können Sie sich noch an die Rede erinnern, die Sie am 11. März 1942 vor den politischen Leitern, Ehrenzeichen- und Blutordensträgern des Gaues Kärnten in Klagenfurt gehalten haben?«

Rainer: »Ich habe eine solche Rede gehalten.«

Dodd: »Schön, dann wollen wir sie uns einmal ansehen. Haben Sie, als Sie die Rede hielten, die Wahrheit gesprochen?«

Rainer: »Ich glaube, damals die Wahrheit gesprochen zu haben.«

Dodd: »Wenn Sie mir jetzt folgen, werden wir die Stellen, auf die es ankommt, leicht finden: ›Papen war eingeschärft worden, diesen Besuch vertraulich vorzubereiten.‹

Das war die Berchtesgadener Konferenz. Haben Sie damals, 1942, die Wahrheit gesprochen? Und dann, ein paar Sätze weiter unten: ›Ich habe dann Parteigenossen Mühlmann, der sich als ausgezeichneter Verbindungsmann zu Stellen im Reich erwiesen hat, Instruktionen mitgegeben. Er ist mit dem gleichen Zug, in dem Schuschnigg fuhr, nach Salzburg gefahren. Während Schuschnigg in Salzburg sich abhängen ließ, dort übernachtete und am nächsten Tage mit dem Auto nach Obersalzberg weiterfuhr, fuhr Mühlmann weiter und war in Berchtesgaden. Er ist dann vor Schuschnigg zum Führer und konnte ihm alles sagen.

Schuschnigg ist in der Früh gekommen, dort empfangen worden und hat die grenzenlose Überraschung erlebt, daß der Führer die Verhandlungen sofort aufnahm. Der Führer führte die Verhandlungen nicht, wie Schuschnigg es sich dachte. Er ging auf das Ganze. Schuschnigg wurde damals fertiggemacht, daß man es sich gar nicht vorstellen konnte. Der Führer hat ihn angefaßt, hat ihn befetzt, angeschrien. Schuschnigg war ein ganz starker Raucher. Man hatte Verbindungen bis in das Schlafzimmer hinein, wir waren informiert über seinen Lebensstil, jetzt rauchte er fünfzig, jetzt sechzig Zigaretten. Nun darf er beim Führer nicht rauchen. Ribbentrop sagte mir, Schuschnigg hätte ihm schon leid getan. Er ist nur mehr stramm gestanden vor dem Führer, er legte die Hände an die Hosennaht und sagte nur mehr Jawohl.‹

Was haben Sie dazu zu sagen? Alles das sagten Sie in Ihrer Rede. War es die Wahrheit, Herr Zeuge?«

Rainer: »Die Ereignisse, wie ich sie hier geschildert habe, stimmen im großen und ganzen.«

Dodd: »Gut, dann fahren wir fort. Sie sagten ferner: ›Bevor die Besprechung mit Schuschnigg startete, ist Schmidt zu Ribbentrop gegangen und sagte: Bitte, erlauben Sie doch, daß der Bundeskanzler eine einzige Zigarette raucht . . .‹«

Rainer: »Die Darstellung stimmt mit meiner Erinnerung überein.«

Eine bessere Schilderung als die des Gauleiters Rainer, wie Hitler seinen Gast, den Regierungschef eines selbständigen Staates, behandelte, läßt sich wirklich kaum denken.

An dieser Stelle muß man sich daran erinnern, daß zum Zeitpunkt des Schuschnigg-Besuches zwischen Deutschland und Österreich eine Vereinbarung besteht, von Hitler am 11. Juli 1936 gegengezeichnet. Punkt 1 dieser Vereinbarung lautet: ›Im Sinne der Feststellungen des Führers und Reichskanzlers vom 21. Mai 1935 anerkennt die deutsche Reichsregierung die volle Souveränität des Bundesstaates Österreich.‹

Und die erwähnte Feststellung Hitlers vom 21. Mai 1935 lautete: ›Deutschland hat weder die Absicht noch den Willen, sich in die inneren österreichischen Verhältnisse einzumengen, Österreich etwa zu annektieren oder anzuschließen.‹

Der zweite Punkt der von Hitler am 11. Juli 1936 unterschriebenen Vereinbarung sagt eindeutig: ›Jede der beiden Regierungen betrachtet die in dem anderen Lande bestehende innenpolitische Gestaltung, einschließlich der Frage des österreichischen Nationalsozialismus, als eine innere Angelegenheit des anderen Landes, auf die sie weder unmittelbar noch mittelbar Einwirkung nehmen wird.‹

Doch was bedeuten unterschriebene Abmachungen! Schuschnigg wird, wie Rainer sagte, fertiggemacht. Kurz nach der Besprechung mit Hitler schreibt Schuschnigg nieder, was wörtlich gesprochen worden ist. Dieses Gespräch, hier gekürzt wiedergegeben, enthüllt das Vorspiel des Anschlusses.

Schuschnigg: »Dieser wundervoll gelegene Raum ist wohl schon der Schauplatz mancher Entscheidungen gewesen, Herr Reichskanzler?«

Hitler: »Ja, hier reifen meine Gedanken. Aber wir sind ja nicht zusammengekommen, um von der schönen Aussicht und vom Wetter zu reden.«

Schuschnigg: »Ich möchte zunächst danken, Herr Reichskanzler, daß Sie mir die Gelegenheit zu dieser Aussprache gegeben haben. Ich versichere vor allem, daß es uns mit dem Abkommen vom Juli 1936 sehr ernst ist. Wir haben jedenfalls alles dazu getan, um zu beweisen, daß wir dem Sinn und Wortlaut des Abkommens gemäß eine deutsche Politik zu führen entschlossen sind.«

Hitler: »So, das nennen Sie eine deutsche Politik, Herr Schuschnigg? Ich kann Ihnen nur sagen, daß es so nicht weitergeht. Ich habe einen geschichtlichen Auftrag, und den werde ich erfüllen, weil mich die Vorsehung dazu bestimmt hat. Ich bin getragen von der Liebe meines Volkes. Ich kann mich jederzeit und überall frei und unbewacht unter meinem Volke bewegen.«

Schuschnigg: »Das glaube ich Ihnen ja gerne, Herr Reichskanzler.«

Hitler: »Ich könnte mich mit dem gleichen und noch mit viel mehr Recht als Österreicher bezeichnen als Sie, Herr Schuschnigg! Versuchen Sie es doch einmal, und machen Sie eine freie Volksabstimmung in Österreich, in der Sie und ich gegeneinander kandidieren. Dann werden Sie sehen!«

Schuschnigg: »Ja, wenn das möglich wäre. Aber Sie wissen selbst, Herr Reichskanzler, daß es eben nicht möglich ist.«

Hitler: »Das sagen Sie, Herr Schuschnigg! Ich sage Ihnen, ich werde die ganze sogenannte österreichische Frage lösen, und zwar so oder so. Ich brauche nur einen Befehl zu geben, und über Nacht ist der ganze lächerliche Spuk an der Grenze zerstoben. Sie werden doch nicht glauben, daß Sie mich auch nur eine halbe Stunde aufhalten können? Wer weiß — vielleicht bin ich über Nacht auf einmal in Wien; wie der Frühlingssturm! Dann sollen Sie etwas erleben!«

Schuschnigg: »Herr Reichskanzler, ob wir es wollen oder nicht — das wird ein Blutvergießen geben; wir sind nicht allein auf der Welt. Das bedeutet wahrscheinlich den Krieg.«

Hitler: »Das sagt sich sehr leicht, jetzt, wo wir beide in Klubsesseln sitzen. Alle Welt muß wissen, daß es für eine Großmacht einfach unerträglich ist, wenn an ihren Grenzen jeder kleine Staat glaubt, sie provozieren zu können. Ich will Ihnen jetzt noch einmal, zum letztenmal, die Gelegenheit geben, Herr Schuschnigg. Entweder wir kommen zu einer Lösung, oder die Dinge sollen laufen. Wir werden dann ja sehen, wie das werden wird. Überlegen Sie es sich gut, Herr Schuschnigg — ich habe nur mehr Zeit bis heute nachmittag. Wenn ich Ihnen das sage, dann tun Sie gut daran, mich wörtlich zu nehmen. Ich bluffe nicht.«

Schuschnigg: »Herr Reichskanzler, welches sind Ihre konkreten Wünsche?«

Hitler: »Darüber können wir uns am Nachmittag unterhalten.«

In der Mittagspause hat der österreichische Bundeskanzler Gelegenheit, sich mit seinem Außenminister Schmidt zu besprechen. Dann werden beide in ein Nebenzimmer gebeten, wo Papen und Außenminister Ribbentrop warten. Ribbentrop übergibt Schuschnigg einen maschinengeschriebenen Entwurf für ein neues Abkommen.

»Das ist das Äußerste, was Ihnen der Führer zubilligen will«, sagt der Reichsaußenminister.

Das Papier enthält praktisch unannehmbare Bedingungen. Die österreichische Regierung soll sich verpflichten, dem Nationalsozialisten Arthur Seyss-Inquart das Sicherheitsministerium mit unbeschränkter Polizeigewalt zu übergeben; sie soll alle festgesetzten Nationalsozialisten, einschließlich der Bombenattentäter und der Beteiligten am Dollfuß-Mord, freilassen; sie soll die österreichischen Nationalsozialisten in ihre eigene Partei, die Vaterländische Front, aufnehmen, und dergleichen mehr.

Schuschnigg erinnert sich: ›Herr von Ribbentrop erörterte sorgfältig die einzelnen Punkte und wiederholte schließlich, daß der Entwurf als Ganzes angenommen werden müsse. Wir betonten unsere Bestürzung. Dr. Schmidt erinnerte Herrn von Papen an das Übereinkommen vor Antritt der Reise. Herr von Papen erklärte, selbst völlig überrascht zu sein. Ich fragte, ob wir auf den guten Willen seitens Deutschlands rechnen könnten. Der Reichsaußenminister und Herr von Papen beruhigten mit bestimmtester Versicherung.‹

Wenige Minuten später wird eine Probe dieses guten Willens gegeben. Hitler läßt den österreichischen Bundeskanzler erneut zu sich rufen. Die Unterredung nimmt ihren Fortgang.

Hitler: »Ich habe mich entschlossen, einen allerletzten Versuch zu machen, Herr Schuschnigg. Hier ist der Entwurf. Verhandelt wird nicht; ich ändere keinen Beistrich. Sie haben entweder zu unterschreiben, oder alles weitere ist zwecklos. Ich werde dann im Laufe der Nacht meine Entschlüsse zu fassen haben.«

Schuschnigg: »Ich bin vom Inhalt informiert und kann bei der gegebenen Sachlage nichts anderes tun, als ihn zur Kenntnis zu nehmen. Ich bin auch bereit zur Unterschrift. Ich mache nur darauf aufmerksam, daß nach unserer Verfassung das Staatsoberhaupt, also der Bundespräsident, die Mitglieder der Regierung ernennt. Auch die Amnestie ist ein Vorrecht des Bundespräsidenten. Meine Unterschrift besagt also nur, daß ich mich zur Antragstellung verpflichte. Daher kann ich auch für die Einhaltung der vorgeschriebenen Fristen — drei Tage — keine Gewähr übernehmen.«

Hitler: »Das müssen Sie!«

Schuschnigg: »Das kann ich nicht.«

Hitler ist wütend. Er steht auf, geht mit großen Schritten zur Tür und öffnet sie. »Keitel!« brüllt er hinaus. Schuschnigg schickt er mit den Worten aus dem Zimmer: »Ich werde Sie dann rufen lassen.«

Schuschnigg geht hinaus. Keitel geht hinein.

Im Nürnberger Gefängnis hat Papen in einer Unterhaltung mit dem Gerichtspsychologen Gilbert die ganze Szene nachgespielt, und der Amerikaner schreibt in sein Tagebuch: ›Von Papen wiederholte, wie Hitler einen militärischen Druck auf den österreichischen Kanzler Schuschnigg ausübte. Hitler schrie: ‚Keitel!', so daß man es im ganzen Haus hören konnte. Keitel kam außer Atem angelaufen, aber in Hitlers Zimmer wurde er nur gebeten, in einer Ecke Platz zu nehmen. Die ganze Sache diente nur dazu, Schuschnigg einzuschüchtern.‹

Im Zeugenstand hat Wilhelm Keitel diese Minuten selber geschildert: »Es war die erste dienstliche Handlung, die ich miterlebt habe. Zunächst, da ich noch nie eine Konferenz oder eine politische Aktion oder etwas Derartiges miterlebt hatte, wußte ich überhaupt nicht, was ich sollte. Im Laufe des Tages wurde mir natürlich die Anwesenheit von drei Repräsentanten der Wehrmacht klar, die eine militärische Demonstration — so darf ich es ruhig nennen — darstellte.

Es ist mir in der Voruntersuchung die Frage gestellt worden, was es bedeutet hätte, daß am Nachmittag plötzlich durch das Haus der Ruf ergangen sei nach meinem Namen und ich zum Führer kommen sollte. Ich bin dann zu ihm ins Zimmer gegangen. Es klingt vielleicht komisch, wenn ich sage, als ich das Zimmer betrat, glaubte ich, er würde mir eine Anweisung geben. Er brauchte die Worte: ›Bitte setzen Sie sich. Der Bundeskanzler will mit seinem Außenminister Schmidt eine Konferenz abhalten, ich habe sonst gar nichts.‹«

Alles ist nur Bluff.

Aber die Wirkung auf Schuschnigg und seinen Außenminister ist vernichtend. Im Nürnberger Zeugenstand ist Dr. Guido Schmidt von Ankläger Dodd zu diesem Punkt vernommen worden.

Dodd: »Sagte Ihnen Hitler, Sie hätten Zeit bis zum 15. Februar, seine Bedingungen anzunehmen?«

Dr. Schmidt: »Ja.«

Dodd: »Und er sagte Ihnen, daß, wenn Sie das nicht täten, er Gewalt anwenden würde?«

Dr. Schmidt: »Ja, es war ein Ultimatum, und Hitler hatte erklärt, er hätte die Absicht, schon im Februar nach Österreich einzumarschieren und habe sich noch zum letztenmal zu einem Versuch bereitgefunden.«

Dodd: »Und wie war es mit den Generalen? Sind diese während der Konferenz ein- und ausgegangen?«

Dr. Schmidt: »Es wurden mehrere Male die Generale hereingerufen.«

Dodd: »Hatten Schuschnigg und Sie Angst? Dachten Sie einmal, daß Sie in Haft genommen werden sollten?«

Dr. Schmidt: »Daß wir eventuell nicht wegkommen, die Besorgnis hatten wir.«

Dodd: »Erinnern Sie sich noch daran, daß Schuschnigg Ihnen auf der Rückreise nach Wien sagte, er habe Angst gehabt, als Keitel hereingerufen wurde, und geglaubt, er werde erschossen werden oder daß ihm sonst etwas Schreckliches zugefügt werden sollte?«

Dr. Schmidt: »Von Erschießen war nie die Rede. Wir hatten, wie ich schon gesagt habe, nur Angst. Der Kanzler war auch der Meinung, daß wir eventuell, wenn die Verhandlungen nicht gutgehen, nicht mehr wegkommen.«

Während Schuschnigg und Guido Schmidt – Regierungschef und Außenminister eines Landes! – Angst haben, von ihrem Gastgeber gefangengenommen zu werden, laufen noch weitere Täuschungsmanöver.

»Die Vorschläge dieser Täuschungsmanöver«, sagt der amerikanische Ankläger Alderman in Nürnberg, »sind in einem erbeuteten deutschen Dokument dargelegt. Die Vorschläge sind von dem Angeklagten Keitel unterschrieben. Unter seiner Unterschrift ist eine Notiz, daß der Führer diese Vorschläge gebilligt hat. Ich zitiere: ›Falsche, aber glaubwürdige Nachrichten lancieren, die auf militärische Vorbereitungen gegen Österreich schließen lassen, a) durch V-Männer in Österreich, b) durch unser Zollpersonal an der Grenze, c) durch Reiseagenten. Solche Nachrichten können sein: a) im Bereich des VII. Armeekorps soll Urlaubssperre verhängt sein, b) in München, Augsburg und Regensburg wird Eisenbahnleermaterial zusammengezogen, c) der Militärattaché in Wien, Generalleutnant Muff, ist zu Besprechungen nach Berlin berufen worden, d) die Grenzpolizeistellen an der österreichischen Grenze haben Verstärkungspersonal eingezogen, e) Zollbeamte berichten von bevorstehenden Übungen der Gebirgsbrigade in der Nähe von Freilassing, Reichenhall und Berchtesgaden.‹

Das ganze Programm der Einschüchterung und der Gerüchte war wirksam. Das warf den Schatten der Ereignisse voraus, die mit dem tatsächlichen deutschen Einmarsch am 12. März 1938 ihren Höhepunkt erreichten.«

In diesem Hexenkessel von militärischen Drohungen, von Angst und Einschüchterung kapituliert Schuschnigg. Eine halbe Stunde nach dem dröhnenden Ruf ›Keitel!‹ unterschreibt er das, was man die ›bedingungslose Kapitulation Österreichs‹ nennen könnte. Das ist alles durch vielfache Zeugenaussagen und Niederschriften belegt. Nur einer der Beteiligten, der damalige Reichsaußenminister Joachim von Ribbentrop, kann sich an nichts mehr erinnern, als ihn der britische Ankläger Sir David Maxwell-Fyfe über diese Dinge befragt.

Joachim von Ribbentrop im Gespräch mit seinem Verteidiger Rechtsanwalt Dr. Martin Horn

Sir David: »Erinnern Sie sich nicht, Herrn von Schuschnigg einen mit Schreibmaschine geschriebenen Entwurf gezeigt zu haben, der die Forderungen an Schuschnigg enthielt? Denken Sie nur erst nach.«

Ribbentrop: »Das ist durchaus möglich. Hitler hatte eine Niederschrift selbst diktiert. Die Einzelheiten weiß ich nicht mehr genau.«

Sir David: »Was stand in der Denkschrift?«

Ribbentrop: »Das weiß ich nicht.«

Sir David: »Wenn Sie jemandem ein Memorandum aushändigen, bei einer Gelegenheit, die Sie ihm gegenüber eine historische Zusammenkunft nannten, dann kann man doch annehmen, daß Sie in gewissen Umrissen angeben können, was dieses Memorandum enthielt?«

Ribbentrop: »Nein, es ist merkwürdig, dies zu sagen, aber im einzelnen weiß ich das wirklich nicht.«

Sir David: »Und haben Sie Schuschnigg gesagt, daß Hitler Sie informiert habe, daß diese Forderungen, die Sie hier überreichen, die endgültigen Forderungen des Führers seien, und daß Hitler nicht bereit sei, sie zu diskutieren?«

Ribbentrop: »Da kann ich mich nicht so entsinnen.«

Sir David: »Aber Sie haben gehört, daß in der zweiten Besprechung mit Hitler dieser zu Schuschnigg sagte, daß er diesen Forderungen innerhalb von drei Tagen nachkommen müßte?«

Ribbentrop: »Nein, das höre ich heute zum ersten Male.«

Sir David: »Seien Sie etwas vorsichtig, bevor Sie sagen, daß Sie dies heute zum erstenmal hören, denn ich werde Ihnen gleich ein Dokument zeigen. Sind Sie sicher, daß

Sie nicht gehört haben, daß Hitler Schuschnigg sagte, er müsse diesen Forderungen innerhalb von drei Tagen nachkommen, sonst würde Hitler in Österreich einmarschieren?«

Ribbentrop: »Das halte ich für ausgeschlossen.«

Sir David: »Wenn er das gesagt hätte, dann werden Sie doch zustimmen, daß das der schwerste militärische und politische Druck gewesen wäre?«

Ribbentrop: »Der damaligen Lage entsprechend wäre das selbstverständlich ein Druck gewesen.«

Sir David: »Wissen Sie nicht, daß von Schuschnigg sagte: ›Ich bin nur der Bundeskanzler, ich muß diese Dinge dem Präsidenten Miklas unterbreiten, und ich kann das Protokoll nur vorbehaltlich einer Rücksprache mit Präsident Miklas unterschreiben‹?«

Ribbentrop: »Nein, das weiß ich nicht mehr im einzelnen.«

Sir David: »Erinnern Sie sich nicht daran, daß Hitler zur Tür gegangen ist und Keitel gerufen hat?«

Ribbentrop: »Nein, hier habe ich erst gehört, daß dies geschehen sein soll.«

Sir David: »Wissen Sie, daß von Schuschnigg das Dokument unterschrieb, weil sonst Deutschland in Österreich einmarschieren würde?«

Ribbentrop: »Nein, das wußte ich nicht.«

Sir David: »Ich glaube, es wäre angebracht, dem Zeugen das deutsche Dokumentenbuch vorzulegen. Wollen Sie sich bitte zuerst das Tagebuch des Angeklagten Jodl ansehen, und zwar die Eintragung vom 13. Februar: ›Am Nachmittag ruft General Keitel Admiral Canaris und mich in sein Zimmer, um auf Befehl des Führers den militärischen Druck durch Vorspiegelung militärischer Maßnahmen aufrechtzuerhalten.‹

Schauen Sie sich die nächste Eintragung vom 14. Februar an: ›Canaris leitet die einzelnen Maßnahmen ein. In Österreich entsteht der Eindruck ernster militärischer Vorbereitungen in Deutschland.‹

Wollen Sie dem Gerichtshof einreden, daß Sie nichts wußten, weder über diese militärischen Maßnahmen noch über die Wirkung, die sie in Österreich auslösten?«

Ribbentrop: »Ich halte es durchaus für möglich, daß der Führer, um seinen Wünschen stärkeren Nachdruck zu verleihen . . .«

Sir David: »Aber Zeuge, einen Augenblick! Sicherlich haben Sie, der Außenminister des Reiches, mit all den Mitteln, die einem Außenminister zur Verfügung stehen, etwas über die Wirkung in Österreich gewußt, die Jodl als ›rasch und kräftig‹ bezeichnete. Wollen Sie dem Gerichtshof unter Ihrem Eid sagen, daß Sie nichts über die Wirkung in Österreich gewußt haben?«

Ribbentrop: »Jawohl, ich wußte über diese Wirkung nichts.«

Sir David: »Ich verstehe. Sagen Sie mir, warum haben Sie und Ihre Freunde Schuschnigg sieben Jahre im Gefängnis gehalten?«

Ribbentrop: »Das weiß ich nicht. Aber, wenn Sie sagen, Gefängnis, so weiß ich nur aus eigener Erfahrung, daß der Führer verschiedentlich gesagt und betont hat, daß Schuschnigg besonders gut und anständig behandelt werden soll.«

Sir David: »Sie meinen Gefängnis. Ich will lieber Buchenwald und Dachau sagen. Er war in beiden. Glauben Sie, daß er sich dort sehr wohl gefühlt hat?«

Ribbentrop: »Daß Herr Schuschnigg in einem Konzentrationslager war, habe ich hier zum ersten Male gehört.«

Sir David: »Versuchen Sie mal zur Abwechslung, nur meine Frage zu beantworten: Warum haben Sie und Ihre Freunde Schuschnigg sieben Jahre hindurch im Gefängnis gehalten?«

Ribbentrop: »Dazu kann ich Ihnen nichts sagen. Ich kann nur eines sagen, was ich damals hörte, daß er nicht im Gefängnis war, sondern in einer Villa und allen Komfort hatte, den er haben konnte und der möglich war.«

Sir David: »Etwas hat er nicht gehabt, Herr Zeuge, nämlich die Möglichkeit, über das, was sich in Berchtesgaden ereignete, von seiner Seite aus zu berichten. Das ist ganz klar nach allem, was Sie sagen, daß er allen Komfort hatte in Buchenwald und Dachau oder wo er war, aber er hatte keine Möglichkeit — Komfort oder kein Komfort—, der Welt mitzuteilen, wie diese Ereignisse sich von seiner Seite aus darstellten.«

Ribbentrop: »Das vermag ich nicht zu beurteilen.«

Sir David: »Ja, das ist Ihre Ansicht. Wir wollen zu einem anderen Thema übergehen . . .«

Was ist nach Berchtesgaden geschehen? Wie rollt die Geschichte ab, mit der Schuschniggs Leidensweg durch Gefängnisse und Konzentrationslager, mit der Österreichs Schicksalsweg in die erdrückenden Bruderarme Hitlers beginnt?

Niedergeschlagen kehren Schuschnigg und Schmidt vom Obersalzberg nach Wien zurück. Obwohl die Tragweite vorauszusehen ist, willigt der österreichische Bundespräsident, Wilhelm Miklas, schweren Herzens ein: Er beruft Seyss-Inquart zum Sicherheits- und Polizeiminister, er unterschreibt die Amnestie, mit der alle verhafteten Nationalsozialisten auf freien Fuß gesetzt werden.

Sofort beginnt es in Österreich wieder zu gären. Der neue österreichische Minister Seyss-Inquart reist zuerst einmal nach Deutschland und holt sich bei Hitler Instruktionen. Nach Wien zurückgekehrt, spricht er die ihm unterstellten Beamten in einem Runderlaß mit ›Deutsche Polizei in Österreich!‹ an.

Die innere Auflösung beginnt.

Schuschnigg macht einen letzten Versuch, die Lage zu retten. Er stützt sich auf das soeben in Berchtesgaden bekräftigte Abkommen, das ausdrücklich die Unabhängigkeit und Souveränität Österreichs bestätigt und Deutschlands Verzicht auf jede innerpolitische Einmischung garantiert: so schreibt er für den 13. März eine allgemeine Volksabstimmung aus. Die Österreicher sollen nun selbst entscheiden.

Am 10. März wird der Termin im ganzen Land verkündet. Die Parole lautet: ›Für ein freies und deutsches, unabhängiges und soziales, christliches und einiges Österreich — für Brot und Frieden im Lande.‹ Schuschnigg rechnet mit 70 bis 75 Prozent Ja-Stimmen.

Man mag darüber lächeln — in Berlin jedenfalls lächelt niemand. In Berlin fürchtet man, daß Schuschnigg recht haben könnte, und das wäre eine unerträgliche Abfuhr für Hitler, eine entscheidende internationale Niederlage des Nationalsozialismus. Die Abstimmung muß deshalb verhindert werden!

»Hitler soll empört und außer Rand und Band sein, alles ist wütend«, berichtet Seyss-Inquart dem Bundeskanzler. »Göring verlangt, daß die Volksbefragung innerhalb einer Stunde abgesetzt wird. Er erwartet in einer Stunde meinen telefonischen Bescheid. Wenn bis dahin keine Nachricht kommt, nimmt er an, daß ich am Telefonieren verhindert bin und wird sich danach richten ...« Schuschnigg eilt zu Bundespräsident Miklas. Gegen halb zwölf Uhr mittags – es ist der 11. März 1938 – kehrt er in seine Amtsräume zurück. Er bittet Seyss-Inquart und den nationalen Minister Edmund Glaise-Horstenau zu sich.

»Bitte teilen Sie Herrn Göring mit«, sagt Schuschnigg zu den beiden Herren, »daß die Forderung im Hinblick auf die Lage angenommen ist.«

Die Volksabstimmung wird abgesagt. Die Minister begeben sich zum Telefon, rufen Berlin an. Dann kommen sie wieder in Schuschniggs Zimmer. Seyss-Inquart hält einen Zettel in der Hand, von dem er abliest, was ihm Göring soeben am Telefon befohlen hat: »›Die Lage ist nur zu retten, wenn der Bundeskanzler sofort zurücktritt und binnen zwei Stunden Dr. Seyss-Inquart zum Bundeskanzler ernannt ist. Bei fruchtlosem Fristablauf erfolgt der deutsche Einmarsch in Österreich.‹«

Tiefes Schweigen tritt ein.

Schuschnigg sucht erneut den Bundespräsidenten auf. Unterwegs bestürmen ihn Freunde und Ratgeber: »Appellieren Sie an die Massen, lassen Sie das Heer marschieren! Widerstand bis zum letzten! Rufen Sie die Welt um Hilfe, Paris, London! Die Mächte werden nicht zusehen können, daß nach der Methode des Straßenraubs jede Ordnung im inneren Europa aufhört. Heute sind wir an der Reihe, wer morgen ...?«

»Italien! Wenden wir uns an Mussolini!«

Noch 1934, als Dollfuß ermordet wurde, hatte Mussolini Truppen an die österreichische Grenze geworfen, um dem Land gegen Hitler beizustehen. Doch jetzt, 1938, kommt aus Rom nur die kühle Mitteilung: ›Die italienische Regierung erklärt, wenn sie befragt wird, in der gegenwärtigen Lage keinen Rat erteilen zu können.‹

So teilt Schuschnigg, wie Göring es will, dem Bundespräsidenten seinen Rücktritt mit, und er bleibt auch fest bei diesem Schritt, als ihn Miklas nur ansieht und leise die Worte spricht: »Ich sehe also, daß man mich jetzt allein läßt ...«

Das einzige, wozu Schuschnigg sich noch bereitfindet, ist, die Geschäfte als zurückgetretener Regierungschef weiterzuführen, bis ein neuer Bundeskanzler ernannt ist. Aber Miklas weigert sich, einen Nationalsozialisten zum Regierungschef zu machen; er weigert sich, einem Befehl Berlins zu gehorchen und Seyss-Inquart zu berufen.

Allein stemmt er sich gegen das Schicksal.

Im Bundeskanzleramt am Ballhausplatz räumt Schuschnigg seinen Schreibtisch auf. Ihm gegenüber hängt die Totenmaske des ermordeten Engelbert Dollfuß, gleichmütig blickt das majestätische Ölgemälde der Kaiserin Maria Theresia auf die Szene. Vor dem Gebäude wird Lärm hörbar, Gesang schallt herauf, das Ende ist in greifbare Nähe gerückt ...

Im Nürnberger Prozeß verliest mehr als sieben Jahre später der amerikanische Ankläger Sidney S. Alderman den amtlichen Bericht des Gauleiters Rainer: »›Daraufhin Losbrechen der Revolution, die im allgemeinen binnen drei Stunden zur restlosen Besetzung von ganz Österreich und zur Übernahme aller Posten durch die Partei führte. Die Machtübernahme war ein Werk der Partei, gestützt auf die Einmarschdrohung des Führers und den legalen Stützpunkt Seyss-Inquart in der Regierung.‹«

Schuschnigg entschließt sich, noch eine Rundfunkansprache zu halten.

Es ist seine letzte Amtshandlung.

Er schließt mit den Worten: »Gott schütze Österreich!«

Von Hitler unter Druck gesetzt: Österreichs Bundeskanzler Kurt Edler von Schuschnigg beugte sich dem Diktator und trat zurück

In Wien jubeln Zehntausende auf den Straßen. Die Polizisten haben Hakenkreuzbinden angelegt, werden von der rasenden Menge auf die Schultern gehoben und gefeiert. Unbekannte umarmen sich, aus dem Nichts wachsen Demonstrationszüge, in ahnungsloser Begeisterung wird immer wieder ›Deutschland, Deutschland über alles‹ angestimmt. Ein junger Bursche erklimmt die Fassade des Bundeskanzleramtes und hißt auf dem Balkon eine Hakenkreuzfahne . . .

Nur einen Felsen gibt es noch: Miklas. Der Bundespräsident weigert sich auch weiterhin, Seyss-Inquart zum Kanzler zu ernennen.

Während auf den Straßen gejubelt und marschiert, gesungen und getanzt wird, während in der Wiener Leopoldstadt, dem Judenviertel, Tausende weinen und Hunderte zur Flucht rüsten, während das andere Österreich mit beklommenen Herzen zu Hause an den Lautsprechern sitzt, während Schuschnigg interniert wird und seinen siebenjährigen Weg durch Gefängnisse und Konzentrationslager antritt, gehen zwischen Göring in Berlin und seinen Mittelsleuten in Wien aufgeregte Blitzgespräche hin und her. Es ist eine Sensation, daß diese Telefongespräche 1945 im Wortlaut dem Nürnberger Gericht vorgelegt werden können — ›dank der Tüchtigkeit des Angeklagten Göring und seiner Luftwaffenorganisation‹, wie sich Ankläger Alderman ausdrückt. Alle Gespräche wurden nämlich vom Abhördienst des Luftfahrtministeriums mitstenografiert. Die Protokolle füllen einen ganzen Akt mit der Aufschrift ›Geheime Reichssache‹, und die Blätter enthüllen, was hinter den Kulissen des jubelnden Anschlusses gespielt wurde. Sie enthüllen, wie es um die ›spontane Volkserhebung‹ in Österreich wirklich bestellt war, welchen Druck Hermann Göring ausübte, um die Regierung Schuschnigg zur Kapitulation zu zwingen.

Ankläger Alderman hat das Aktenbündel vor sich auf dem Vortragspult liegen: einen dicken Schnellhefter.

»Ich unterbreite diese Gruppe von Dokumenten im Originalband, wie sie im Luftfahrtministerium gefunden worden sind«, sagt er und hebt den Schnellhefter ein wenig empor. »Dabei entsinne ich mich an Hiobs Jammerschrei: ›Oh, daß mein Feind ein Buch schreiben möge!‹ Die meisten der Unterhaltungen, die in diesem Bande enthalten sind, wurden vom Angeklagten Göring geführt, obwohl auch eine interessante Unterhaltung von Hitler geführt worden ist.«

Um 17 Uhr des entscheidungsreichen Tages telefoniert Göring von Berlin aus mit dem österreichischen SS-Führer Odilo Globocnik in Wien und erhält von diesem im Übereifer die falsche Nachricht, Bundespräsident Miklas habe dem Verlangen Berlins entsprochen und Seyss-Inquart zum Bundeskanzler ernannt. Doch das ist ein Irrtum. Um 17 Uhr 20 erfährt Göring durch ein neues Blitzgespräch von Seyss-Inquart selbst die Wahrheit. Der Wortlaut, wie er dem Nürnberger Gericht unterbreitet wurde, sagt alles.

Göring: »Der Globocnik teilte in Ihrem Auftrag mit, daß Sie die Kanzlerschaft bekommen hätten.«

Seyss-Inquart: »Ich selbst? Wann hat er das gesagt?«

Göring: »Vor einer Stunde. Er sagte, Sie hätten die Kanzlerschaft.«

Seyss-Inquart: »Nein, das ist nicht so! Ich habe dem Bundespräsidenten den Vorschlag gemacht, mir die Kanzlerschaft zu geben. Das dauert bei ihm im allgemeinen drei bis vier Stunden! Was die Partei betrifft, so haben wir die Formationen SA und SS angewiesen, daß sie den Ordnungsdienst übernehmen.«

Göring: »Also, so geht das nicht! Das geht unter keinen Umständen! Die Sache ist jetzt im Rollen. Also bitte: es muß jetzt sofort dem Bundespräsidenten mitgeteilt werden, daß er *unverzüglich* Ihnen die Macht zu übergeben hat als Bundeskanzler, und daß er das Ministerium so anzunehmen hat, wie es gesagt worden war, also Sie Bundeskanzler und das Heer . . .«

Seyss-Inquart: »Herr Generalfeldmarschall, jetzt ist der Mühlmann [einer der Verbindungsleute] gerade gekommen, der war dort. Darf er Ihnen berichten?«

Göring: »Ja!«

Mühlmann: »Die Situation ist so, daß der Bundespräsident noch immer die Zustimmung hartnäckig verweigert und eine diplomatische Aktion, eine offizielle, seitens des Reiches fordert. Wir wollten – drei Nationalsozialisten – ihn jetzt persönlich sprechen, um ihm nahezulegen, in dieser aussichtslosen Situation das einzig Mögliche zu tun, nämlich ja zu sagen. Er hat uns nicht einmal vorgelassen. Es sieht insofern also aus, als ob er keineswegs gewillt wäre, nachzugeben.«

Göring: »Geben Sie mir Seyss-Inquart!«

Seyss-Inquart: »Ich bin am Apparat.«

Göring: »Also bitte folgendes: Sie möchten sich sofort mit dem Generalleutnant Muff [dem deutschen Militärattaché in Wien] zum Bundespräsidenten begeben und ihm sagen: wenn er nicht unverzüglich die Forderungen – Sie kennen sie – annimmt, dann erfolgt heute nacht der Einmarsch der bereits an der Grenze aufmarschierten und anrollenden Truppen auf der ganzen Linie, und die Existenz Österreichs ist vorbei! Der Generalleutnant Muff möchte sich mit Ihnen hinbegeben und verlangen, sofort vorgelassen zu werden, und das ausrichten. Bitte geben Sie uns unverzüglich die Nachricht, auf welchem Standpunkt Miklas bleibt. Sagen Sie ihm, es gibt keinen Spaß jetzt. Jetzt ist die Sache so, daß dann heute nacht der Einmarsch an allen Stellen Österreichs beginnt. Der Einmarsch wird nur dann aufgehalten, wenn wir bis 19 Uhr 30 die Meldung erhalten haben, daß der Miklas die Kanzlerschaft Ihnen übertragen hat. Verfügen Sie sofortige Wiederherstellung der Partei mit allen ihren Organisationen und lassen Sie dann im ganzen Land jetzt die Nationalsozialisten losgehen. Sie dürfen überall jetzt auf die Straße gehen. Also bis 19 Uhr 30 Meldung! Der Generalleutnant

Muff soll mit hingehen. Ich werde Muff sofort dieselbe Weisung geben. Wenn der Miklas das nicht in vier Stunden kapiert, muß er es jetzt eben in vier Minuten kapieren!«

Seyss-Inquart: »Na, gut.«

Eine Stunde und acht Minuten später, um 18 Uhr 28, telefoniert Göring mit seinem nach Wien entsandten Vertrauensmann Wilhelm Keppler.

Keppler: »Ich habe mit Muff gesprochen. Muff ist jetzt oben gewesen beim Präsidenten; der hat wieder abgelehnt.«

Göring: »Wo ist der Muff jetzt?«

Keppler: »Der Muff ist wieder runtergekommen. Seine Aktion war erfolglos.«

Göring: »Ja, was sagt er denn?«

Keppler: »Er [der Bundespräsident] würde das nicht tun.«

Göring: »Dann soll ihn Seyss-Inquart absetzen! Gehen Sie nochmal rauf und sagen Sie ihm ganz glatt, der Seyss-Inquart soll die nationalsozialistische Wache aufrufen, und die Truppen bekommen jetzt in fünf Minuten von mir den Befehl zum Einmarsch.«

Keppler holt Muff an den Apparat.

Muff: »Tatsache ist, daß der Versuch Schuschniggs, der Welt zu beweisen, daß die Nationalsozialisten keine Mehrheit haben, nur durch Waffendrohung des deutschen . . .«

Hier wird das Gespräch unterbrochen. Drei Minuten später ist die Verbindung wieder hergestellt.

Göring: »Ist dort Keppler?«

Veesenmeyer [ein Mittelsmann des Reichsaußenministeriums]: »Hier Veesenmeyer! Keppler ist gerade beim Bundeskanzler.«

Göring: »Beim Bundespräsidenten!«

Veesenmeyer: »Nein, beim Bundeskanzler! Die sind alle zusammen, Bundespräsident und Bundeskanzler.«

Göring: »Ich bleibe am Apparat. Veesenmeyer, es muß jetzt schnell gehen! Jetzt haben wir nur noch drei Minuten Zeit!«

Veesenmeyer: »Ich weiß, jawohl.«

Inzwischen kommt Keppler an den Apparat.

Keppler: »Also ich war noch mal oben beim Präsidenten; er hat alles abgelehnt.«

Göring: »Hat alles abgelehnt! Gut! Seyss soll sofort anrufen!«

Keppler: »Er kann gleich ans Telefon kommen.«

Seyss-Inquart: »Hier spricht Seyss-Inquart.«

Göring: »Ja, also, wie ist es?«

Seyss-Inquart: »Bitte, Herr Feldmarschall, ja?«

Göring: »Wie steht es?«

Seyss-Inquart: »Ja, der Herr Bundespräsident bleibt auf dem alten Standpunkt. Es ist noch keine Entscheidung.«

Göring: »Ja, glauben Sie denn, daß in den nächsten Minuten eine Entscheidung fallen kann?«

Seyss-Inquart: »Na, länger als fünf bis zehn Minuten kann das Gespräch nicht dauern. Ich nehme an, daß es fünf bis zehn Minuten noch dauern wird.«

Göring: »Passen Sie auf, dann will ich diese paar Minuten noch warten. Dann teilen Sie mir bitte mit Blitzgespräch unter Reichskanzlei alles mit, wie bisher. Aber es muß wirklich schnell gehen. Ich kann es kaum verantworten, darf eigentlich gar nicht! Wenn das nicht ist, müssen Sie eben die Gewalt übernehmen, nicht wahr?«

Seyss-Inquart: »Ja, wenn er droht?«

Göring: »Ja.«

Seyss-Inquart: »Ja, ja, dann werden wir schon antreten. Nicht?«

Göring: »Rufen Sie mich unter Blitzgespräch an!«

»Göring und Seyss-Inquart«, sagt Ankläger Alderman im Nürnberger Gerichtssaal, »hatten sich, mit anderen Worten, auf den Plan geeinigt, wie Seyss-Inquart die Macht übernehmen sollte, falls Miklas hartnäckig blieb. Der Plan beinhaltete sowohl die Anwendung der nationalsozialistischen Kräfte in Österreich als auch der deutschen Truppen.«

Aufgeregt telefonierten Göring und Seyss-Inquart um 19 Uhr 57 wieder miteinander.

Seyss-Inquart: »Herr Dr. Schuschnigg wird im Radio die Mitteilung ergehen lassen, daß ein Ultimatum der Reichsregierung gestellt wurde.«

Göring: »Das habe ich gehört!«

Seyss-Inquart: »Die Regierung hat sich selbst außer Amt gestellt. Der General Schilhavsky hat hier das Kommando über das Militär und wird das Militär zurückziehen. Die Herren stellen sich auf den Standpunkt, sie warten auf den Einmarsch.«

Göring: »Also sie haben Sie nicht betraut?«

Seyss-Inquart: »Nein!«

Göring: »Sondern Ihres Amtes enthoben?«

Seyss-Inquart: »Nein, es ist überhaupt niemand seines Amtes enthoben worden, sondern die Regierung selber hat sich sozusagen von den Geschäften zurückgezogen und läßt die Sache ablaufen.«

Göring: »Und Sie sind nicht berufen worden? Ihre Berufung ist abgelehnt?«

Seyss-Inquart: »Das ist nach wie vor abgelehnt. Man stellt sich vor, man läßt es darauf ankommen; auf den Einmarsch.«

Göring: »Also gut! Ich gebe den Befehl zum Einmarsch, und dann sehen Sie zu, daß Sie sich in den Besitz der Macht setzen. Machen Sie die führenden Leute auf folgendes aufmerksam, was ich Ihnen jetzt sage: Jeder, der Widerstand leistet oder Widerstand organisiert, verfällt augenblicklich damit unseren Standgerichten. Den Standgerichten der einmarschierenden Truppen. Ist das klar?«

Seyss-Inquart: »Ja!«

Göring: »Einschließlich führender Persönlichkeiten. Ganz gleichgültig!«

Seyss-Inquart: »Ja, die haben ja Befehl gegeben, keinen Widerstand zu leisten.«

Göring: »Ganz egal! Der Bundespräsident hat Sie nicht beauftragt, und das ist auch Widerstand!«

Seyss-Inquart: »Na ja.«

Göring: »Gut! Also Sie haben den offiziellen Auftrag!«

Seyss-Inquart: »Ja.«

Göring: »Also, alles Gute. Heil Hitler.«

In Wien selbst macht der zurückgetretene Bundeskanzler zu diesem Zeitpunkt noch einen kurzen Rundgang durch seine Amtsräume. Zu den Fenstern herein dringen Lärm und Gesang der Menge auf der Straße. Schuschnigg schreibt in seinen Erinnerungen: ›Ich gehe die paar Schritte durch den Säulensaal über den düsteren Vorraum ins Ministerzimmer. Dort, unter dem Bildnis Franz Josephs, steht eine Gruppe mir unbekannter Gestalten. Ein junger Mann im Reisedreß geht auffallend knapp an mir vorbei, halb Student, halb Beamtenanwärter. Auffallend nichts als der typische nordische Haarschnitt: vorne knapp gescheitelt, oben, rund herum und rückwärts mit der Maschine kahl geglättet. Nun hatte ich begriffen: Einmarsch; zunächst noch nicht an den Grenzen, sondern am Ballhausplatz; zunächst nicht Wehrmacht — sondern Gestapo.‹

Wieder telefoniert Göring, diesmal mit dem deutschen Militärattaché Generalleutnant Wolfgang Muff. Es ist 20 Uhr 26.

Göring: »Sagen Sie doch dem Seyss-Inquart folgendes: Nach unserer Auffassung ist ja jetzt die Regierung zurückgetreten. Aber er selbst ist nicht zurückgetreten. Also, er soll die Regierung weiterführen und amtieren und im Namen der Regierung jetzt die notwendigen Anordnungen treffen. Der Einmarsch erfolgt jetzt, und es wird bekanntgegeben, daß, wer Widerstand leistet, die Folgen zu tragen hat. Der Seyss soll versuchen, daß nicht alles drunter und drüber geht.«

Muff: »Das macht er, der Seyss, er hält schon eine Ansprache.«

Göring: »Und er soll aber jetzt die Regierung übernehmen. Er soll die Regierung übernehmen und jetzt die Sache rasch durchführen, und — am besten — der Miklas tritt zurück.«

Muff: »Ja, das tut er nicht! Es war sehr dramatisch. Ich habe etwa eine Viertelstunde mit ihm gesprochen. Er hat erklärt, daß er unter keinen Umständen der Gewalt weiche, und er ernenne keine neue Regierung.«

Göring: »So! Und er weicht nicht der Gewalt?«

Muff: »Er weicht nicht der Gewalt.«

Göring: »Na, was heißt das? Dann läßt er sich also ausheben?«

Muff: »Ja, er bleibt dort sitzen.«

Göring: »Na gut! Bei vierzehn Kindern muß man vielleicht sitzenbleiben. Also schön! Sagen Sie das Seyss. Seyss soll die Regierung übernehmen!«

»Soviel über das Gespräch«, sagt in Nürnberg Ankläger Alderman. »Noch ein anderes historisches Ereignis wurde über das Telefon erörtert. Ich beziehe mich auf das berühmte Telegramm, welches Seyss-Inquart an die deutsche Regierung schickte, in dem er verlangte, daß die deutsche Regierung Truppen nach Österreich sende, um ihn bei der Unterdrückung von Unordnung zu unterstützen. Ein Gespräch, das um 20 Uhr 48 an demselben Abend zwischen Göring und Keppler stattfand, wickelte sich folgendermaßen ab.«

Keppler: »Ich möchte Ihnen kurz berichten: Also Bundespräsident Miklas hat sich geweigert, etwas zu machen. Die Regierung ist aber trotzdem außer Funktion getreten. Ich habe mit Schuschnigg gesprochen, und er sagte mir, sie hätten ihre Funktionen niedergelegt. Seyss hat am Rundfunk gesprochen, daß er als Innenminister die Geschäfte weiterführe. Die alte Regierung hat Befehl gegeben, daß das Heer keinerlei Widerstand leistet. Also es darf nicht geschossen werden.«

Göring: »Na ja, das ist ja auch wurscht! Nun passen Sie auf: die Hauptsache ist, daß sich jetzt Seyss-Inquart der ganzen Regierung bemächtigt, Rundfunk und so weiter besetzt hält. Und passen Sie auf: Folgendes Telegramm soll der Seyss-Inquart hersenden. Schreiben Sie auf: ›Die provisorische österreichische Regierung, die nach der Demission der Regierung Schuschnigg ihre Aufgabe darin sieht, Ruhe und Ordnung in Österreich wieder herzustellen, richtet an die deutsche Regierung die dringende Bitte, sie in ihrer Aufgabe zu unterstützen und ihr zu helfen, Blutvergießen zu verhindern.

Zu diesem Zweck bittet sie die deutsche Regierung um baldmöglichste Entsendung deutscher Truppen.‹«

Keppler: »Also es marschieren SA und SS durch die Straßen, es ist aber sehr ruhig.«

Göring: »Also passen Sie auf: die Grenzen muß er besetzen lassen, damit die da nicht mit dem Vermögen abschieben.«

Keppler: »Jawohl!«

Göring: »Er soll jetzt eine provisorische Regierung bilden. Es ist ganz egal, was der Bundespräsident sagt.«

Keppler: »Ja!«

Göring: »Also unsere Truppen überschreiten heute die Grenze.«

Keppler: »Ja.«

Göring: »Gut! Und das Telegramm möchte er möglichst bald schicken. Und sagen Sie ihm, wir bitten, er braucht das Telegramm ja gar nicht zu schicken; er braucht nur zu sagen: einverstanden! Rufen Sie mich zu diesem Zweck an, entweder beim Führer oder bei mir. Also macht's gut! Heil Hitler!«

»Natürlich«, erklärt Ankläger Alderman, »das Telegramm brauchte gar nicht geschickt zu werden, denn Göring hat das Telegramm ja selber geschrieben, er hatte es ja schon. Die Sache war so dringend, daß Göring den genauen Text des Telegramms über das Telefon diktierte, und eine Stunde später, um 21 Uhr 54, in einer Unterhaltung zwischen Dr. Dietrich in Berlin und Keppler in Wien wurde das folgende gesagt . . .« Dietrich telefoniert, wie aus dem Originaltext hervorgeht, im Auftrag des General Karl Bodenschatz.

Dietrich: »Ich brauche dringend das Telegramm.«

Keppler: »Sagen Sie dem Generalfeldmarschall, daß Seyss-Inquart einverstanden wäre.«

Dietrich: »Das ist hervorragend. Ich danke Ihnen.«

Doch dieses um 21 Uhr 54 geführte Gespräch hat keine praktische Bedeutung mehr, denn tatsächlich hat Hitler schon eine Stunde früher, um 20 Uhr 45, den Befehl zum Einmarsch gegeben.

»Der Nachrichtenverkehr mit Österreich wurde jetzt unterbrochen«, sagt Alderman, »aber die deutsche Militärmaschine war in Gang gesetzt worden. Um dies zu beweisen, unterbreitete ich das beschlagnahmte Dokument C-182. Es ist eine Weisung des Obersten Befehlshabers der Wehrmacht vom 11. März 1938, 20 Uhr 45. Diese Weisung, abgezeichnet von General Jodl und unterschrieben von Hitler, ordnet den Einmarsch nach Österreich an.«

In dieser Geheimen Kommandosache heißt es unter anderem: ›Zur Vermeidung weiteren Blutvergießens in österreichischen Städten wird der Vormarsch der deutschen Wehrmacht nach Österreich am 12. März bei Tagesanbruch angetreten. Ich erwarte, daß die gesteckten Ziele unter Aufbietung aller Kräfte so rasch als möglich erreicht werden.‹

Auch hier wird eine Täuschung angewendet, denn nirgends wird Blut vergossen, und Keppler hatte Göring am Telefon ausdrücklich gesagt: ›Es ist sehr ruhig.‹

›Es ist gegen Mitternacht‹, schreibt Schuschnigg in seinen Erinnerungen. ›Von außen kommt keinerlei Nachricht. Im Ministerratszimmer sind wir noch immer um den Bundespräsidenten versammelt. Nochmals werden alle zwingenden Gründe erörtert, die allem Anschein nach die Ernennung der Regierung Seyss-Inquart gebieten. Schließlich gibt Miklas nach und unterfertigt die Liste . . .‹

Das ist auch formell das Ende.

Im Nürnberger Prozeß läßt Ankläger Alderman allerdings noch einen Blick hinter die Kulissen des Anschlusses fallen: »In dem Augenblick«, sagt er, »da Hitler und Göring sich in dieses militärische Unternehmen gestürzt hatten, standen sie vor einem großen Fragezeichen: Italien. Italien hatte im Jahre 1934, anläßlich des Putsches am 25. Juli, Truppen an der italienischen Grenze zusammengezogen. Italien war der traditionelle politische Beschützer Österreichs. Hitler mußte erleichtert aufatmen, als er um 22 Uhr 25 jener Nacht von Prinz Philipp von Hessen, seinem Botschafter in Rom, erfuhr, daß Mussolini die ganze Angelegenheit in sehr freundlicher Weise aufgenommen hatte. Die Situation kann richtig erfaßt werden, wenn man das Gespräch wieder liest. Die Aufzeichnung des Gesprächs zeigt die Aufregung, die sich Hitlers bemächtigte, als er am Telefon sprach.«

Philipp: »Ich komme soeben zurück aus dem Palazzo Venezia. Der Duce hat die ganze Sache sehr freundlich aufgenommen. Er läßt Sie herzlich grüßen.«

Hitler: »Dann sagen Sie Mussolini bitte, ich werde ihm das nie vergessen.«

Philipp: »Jawohl.«

Hitler: »Nie, nie, nie, es kann sein, was sein will. Ich bin jetzt noch bereit, mit ihm in eine ganz andere Abmachung zu gehen.«

Philipp: »Jawohl, das habe ich ihm auch gesagt.«

Hitler: »Wenn die österreichische Sache jetzt aus dem Weg geräumt ist, bin ich bereit, mit ihm durch dick und dünn zu gehen, das ist mir alles gleichgültig.«

Philipp: »Jawohl, mein Führer.«

Hitler: »Passen Sie mal auf — ich mache jetzt auch jedes Abkommen — ich fühle mich jetzt auch nicht mehr in der furchtbaren Lage, die wir doch eben militärisch hatten für den Fall, daß ich in den Konflikt gekommen wäre. Sie können ihm das nur mal sagen, ich lasse ihm wirklich herzlich danken, ich werde ihm das nie, nie vergessen. Ich werde ihm das nie vergessen.«

Philipp: »Jawohl, mein Führer.«

Hitler: »Ich werde ihm das nie vergessen, es kann sein, was sein will. Wenn er jemals in irgendeiner Not oder irgendeiner Gefahr sein sollte, dann kann er überzeugt sein, daß ich auf Biegen vor ihm stehe, da kann sein, was da will, wenn sich auch die Welt gegen ihn erheben würde.«

Philipp: »Jawohl, mein Führer.«

»Nach dem Einmarsch«, sagte Alderman, »als Hitler sich in Linz befand, drückte er wiederum Mussolini seine Dankbarkeit in dem berühmten Telegramm aus, an welches sich die Welt wohl gut erinnert. Das Dokument lautet wie folgt: ›Mussolini, ich werde Ihnen dieses nie vergessen!‹

Sodann mußte in London etwas geschehen, um die Erregung zu beruhigen. Am Tage nach dem Einmarsch, am Sonntag, dem 13. März 1938, telefonierte der Angeklagte Göring, der in Berlin gelassen worden war, um die Regierungsgeschäfte zu führen, mit dem Angeklagten von Ribbentrop in London. Hitler befand sich in seinem Vaterlande Österreich. Ich finde dieses Gespräch sehr bezeichnend für die Art und Weise, in welcher diese Angeklagten handelten. Sie bedienten sich einer Art von internationaler Doppelzüngigkeit, um andere Völker zu beruhigen und irrezuführen.«

Das Gespräch zwischen Göring und Ribbentrop, wie es nun dem Gericht unterbreitet wird, ist sehr lang. Die wichtigsten Stellen genügen aber vollkommen.

Göring: »Also, Sie wissen ja, daß der Führer mich mit der Führung der Regierungsgeschäfte beauftragt hat. Und deshalb wollte ich Sie orientieren. Es ist ein unbeschreiblicher Jubel in Österreich, das können Sie ja durchs Radio hören.«

Ribbentrop: »Ja, es ist phantastisch, was?«

Göring: »Ja, der letzte Einmarsch ins Rheinland verschwindet völlig dagegen, was an Jubel der Bevölkerung ... Der Führer war unendlich erschüttert, als er mich gestern abend sprach.

Nun wollte ich in der Hauptsache die politischen Sachen sagen: Also, die Erzählung da, wir hätten ein Ultimatum gestellt, das ist natürlich Quatsch. Dann müssen Sie ja bedenken, daß Schuschnigg mächtige Reden gehalten hat, die Vaterländische Front würde kämpfen bis zum letzten, das konnte man ja nicht wissen, daß die so kapitulieren, und infolgedessen hat der Seyss-Inquart — da war er bereits an der Regierung — uns gebeten, nunmehr unverzüglich einzumarschieren. So sind die tatsächlichen Verhältnisse. Interessant ist folgendes: die völlige, gerade uns selbst überraschende Anteilnahme am Nationalsozialismus. Es ist so, daß überhaupt außer den Juden, die in Wien sitzen, und einem Teil dieser Rabenschwarzen, überhaupt keiner zu sehen, der gegen uns ist.«

Ribbentrop: »Eigentlich ist also ganz Österreich für uns.«

Göring: »Im übrigen muß ich eins sagen, wissen Sie, wenn da — gestern hieß es mal: ja, ernsteste Dinge, Krieg und so weiter —, muß ich hell auflachen, denn wo wäre der gewissenlose Staatsmann, der Millionen Menschen wieder in den Tod schicken würde, lediglich, weil zwei deutsche Brüdervölker wieder ...«

Ribbentrop: »Ja, das ist absolut lächerlich. Die Erkenntnis ist auch hier. Man weiß hier, glaube ich, ziemlich genau Bescheid.«

Göring: »Herr Ribbentrop, ich würde vor allem eines betonen: Welcher Staat in der ganzen Welt wird durch unsere Vereinigung geschädigt? Im übrigen, das möchte ich auch noch betonen, war der tschechische Gesandte gestern bei mir und hat mir erklärt, die Gerüchte, sie hätten mobil gemacht, wären vollständig aus der Luft gegriffen, und sie würden sich mit meinem Wort, daß ich nicht das geringste gegen die Tschechei unternehme, begnügen.«

Ribbentrop: »Der hat das auch bei der Botschaft schon vorgestern sagen lassen. Der hat hier extra angerufen.«

Göring: »Wir bedrohen in keiner Weise die Tschechoslowakei, sondern die Tschechoslowakei hat im Gegenteil jetzt die Möglichkeit, mit uns zu einer freundschaftlichen und vernünftigen Regelung zu kommen. Alles unter der Voraussetzung, daß Frankreich vernünftig bleibt und seinerseits nichts macht. Wenn natürlich Frankreich jetzt an der Grenze große Mobilmachungen durchführt, dann kann es ja heiter werden.«

Ribbentrop: »Ich glaube, daß man da jetzt durchaus vernünftig sein wird.«

Göring: »Passen Sie auf, nachdem jetzt das ganze Problem da unten gelöst ist und keine Gefahr mehr besteht — das war ja doch eigentlich der Krisenherd für eine wirkliche Gefahr. Die Leute sollten uns noch dankbar sein, daß wir diesen Krisenherd beseitigt haben.«

Ribbentrop: »Das habe ich ihnen auch gesagt. Ich habe auch Halifax [dem britischen Außenminister] gesagt, daß man hier aufrichtig die Verständigung wolle, worauf er bemerkte, daß er nur etwas Sorge hätte um die Tschechoslowakei.«

Göring: »Nein, nein, das kommt gar nicht in Frage!«

Ribbentrop: »Ich habe ihm daraufhin gesagt, wir hätten keinerlei Interesse und nicht die Absicht, da irgend etwas zu machen.«

Göring: »Der Führer meinte, weil Sie nun gerade einmal drüben sind, ob Sie nicht die Leute grundsätzlich aufklären, wie tatsächlich die Dinge sind. Vor allen Dingen, daß das hier eine völlige Irreführung ist, wenn man annimmt, daß Deutschland ein Ultimatum gestellt hat. Ich wollte, daß Sie dem Chamberlain folgendes sagen: Es ist nicht richtig, daß Deutschland irgendein Ultimatum gestellt hat. Das ist eine Lüge von Schuschnigg. Es ist ferner nicht richtig, daß dem Bundespräsidenten ein Ultimatum gestellt worden ist von uns, lediglich ist da, glaube ich, ein Militärattaché mitgegangen, gebeten von Seyss-Inquart wegen einer technischen Frage. Weiter möchte ich sagen, daß ausdrücklich Seyss-Inquart hier uns gebeten hat, mündlich und dann noch telegrafisch, Truppen zu schicken.«

Ribbentrop: »Sagen Sie, Herr Göring, wie ist das eigentlich mit Wien, ist da alles klar jetzt?«

Göring: »Ja: Gestern waren von mir Hunderte von Flugzeugen mit einigen Kompanien zur Sicherung des Flughafens gelandet, und die sind mit Jubel empfangen worden. Heute zieht die Spitze der 17. Division ein, zusammen mit den österreichischen Truppen. Weiter möchte ich feststellen, die österreichischen Truppen haben sich nicht etwa zurückgezogen, sondern haben sich überall mit den deutschen Truppen sofort verbrüdert.«

Ribbentrop: »Das war ja eigentlich zu erwarten.«

Göring: »Der Einmarsch erfolgte also auf diesen Wunsch. Die ganze Sache rollt nunmehr ab, wie eine solche Sache abrollen muß, und erfolgt jetzt nur noch als ein Freudenmarsch, wenn Sie es so nennen wollen. An sich ist alles in wunderbarem Frieden. Zwei Völker liegen sich in den Armen und jubeln und geben ihrem Jubel und ihrer Freude Ausdruck. Im übrigen muß ich sagen, hat sich Mussolini fabelhaft benommen.«

Ribbentrop: »Ja, ja, habe schon gehört.«

Göring: »Fabelhaft.«

Ribbentrop: »Sehr gut!«

Göring: »Ich kann Ihnen sagen, ich bin so maßlos glücklich.«

Ribbentrop: »Wissen Sie, daß wir hier in ganz kurzer Zeit – ich müßte mich kolossal täuschen –, wird man hier sagen, ja, Donnerwetter, eigentlich ist es dadurch gut, daß ein Problem endlich, und zwar auf so friedliche Weise – es ist ja doch einfach phantastisch, wie friedlich das Problem gelöst ist. Eins wollte ich noch sagen, ich habe hier allerdings auch gar keinen Zweifel an einer Sache gelassen, daß wenn, nicht wahr, irgendwie und eine, oder warten Sie mal, auf irgendeine Art der Drohung oder irgendwelchen Sachen, die hier in der Sache kommen wird, der Führer und die gesamte Nation hundertprozentig hinter der ganzen Sache steht.«

Göring: »Da will ich Ihnen mal folgendes sagen: Gnade Gott, kann ich nur sagen, der Führer ist hier, wo es um seine Heimat geht, viel zu sehr mit dem Herzen beteiligt. Ich glaube, wenn der Mann in der österreichischen Frage irgendeine Drohung erhält, da gibt der Mann nie und nimmer nach.«

Ribbentrop: »Das ist klar.«

Göring: »Da ist kein Zweifel. Wer uns jetzt bedroht, stößt auf beide Völker, und mit einem fanatischen Widerstand.«

Ribbentrop: »Ich glaube, darüber ist man sich ja vollkommen klar.«

Göring: »Ja, wenn man das haben will, bitte schön. Lieber möchte ich, daß mein Volk ausgerottet wird, als daß es nachgibt.«

Ribbentrop: »Ich glaube, daß man darin vollkommen vernünftig ist und so weiter.«

Göring: »Das wäre ja wohl auch das Tollste vom Tollen. Dann wäre die Welt ein Narrenhaus geworden. Das ist ja lächerlich!«

»Um jedoch dieses Gespräch zu verstehen«, erklärt Ankläger Alderman in Nürnberg, »müssen wir wieder versuchen, Zeit und Ort der tatsächlichen Szene, als Göring am Telefon sprach, zu rekonstruieren. Ich zitiere ...«

Göring: »Das Wetter ist prachtvoll hier, blauer Himmel. Ich sitze hier in Decken gehüllt auf meinem Balkon an der frischen Luft und trinke meinen Kaffee. Nachher muß ich reinfahren, die Rede halten, und die Vögel zwitschern, und durch das Radio hört man ab und zu von drüben die Stimmung, die ungeheuer ist. Das heißt in Wien.«

Ribbentrop: »Das ist wunderbar.«

Göring: »Ich beneide nur alle die, die gestern dabeisein konnten. Ich muß hier sitzen und die Schlüsselstellung halten. Haben Sie die Rede des Führers in Linz gehört?«

Ribbentrop: »Nein, leider nicht, die habe ich nicht gehört.«

Göring: »Das war für mich die interessanteste Rede, die ich jemals vom Führer gehört habe – sie war ganz kurz. Dieser Mann, der doch das Wort beherrscht, wie kein zweiter, konnte kaum reden.«

Ribbentrop: »War er sehr erschüttert, der Führer?«

Göring: »Ja, furchtbar. Ich glaube, daß der Mann schwere Tage durchmacht. Da sollen sich also Szenen abspielen ... übrigens ist ja Ward Price [ein bekannter britischer Journalist] mit ihm dort ...«

Ribbentrop: »Ja, ich habe den Artikel von Ward Price schon gelesen heute morgen. Der Führer hat sich nach ihm umgedreht und hätte gefragt: Ist dies Druck? Können Sie dies als Druck und Gewalt bezeichnen, was Sie hier sehen?«

Göring: »Na, kommen Sie man.«

Ribbentrop: »Auf Wiedersehen und Heil Hitler!«

Göring: »Heil Hitler!«

Können Sie dies als Druck und Gewalt bezeichnen? hatte Hitler Ward Price gefragt. Doch was sind Worte! Gestern noch hat Göring den tschechoslowakischen Gesandten beruhigt, aber jetzt, bald nach dem jubelnden Anschluß Österreichs, kann man eine neue Platte hören. Sie ist von Dr. Goebbels aufgelegt worden und wird täglich im Rundfunk gespielt: Der Egerländer Marsch.

Morgen wird nach dieser Melodie abermals marschiert.

8 Friede in unserer Zeit

Wieder kommt ein Kapitel zur Sprache, dessen wahre Zusammenhänge von Jubel, Geschrei, Gesang und schmetternder Marschmusik übertönt werden. Wieder wissen die Menschen nicht, daß ihre Leidenschaften künstlich aufgeputscht worden sind, daß ein leichtfertiges Spiel mit ihnen getrieben wird.

»Ich werde unter keinen Umständen gewillt sein«, ruft Hitler am 12. September 1938 während des Parteitags in Nürnberg, »einer weiteren Unterdrückung der deutschen Volksgenossen in der Tschechoslowakei in endloser Ruhe zuzusehen. Die Deutschen in der Tschechoslowakei sind weder wehrlos, noch sind sie verlassen. Das möge man zur Kenntnis nehmen.«

Kurz nach dieser Rede kommt es im Sudetenland zu blutigen Unruhen. Wieder ist eine Krise entfacht, die unweigerlich einem gewaltsamen Höhepunkt zutreibt. Seit 1933 haben sich die Gegensätze zwischen den Volksgruppen in der Tschechoslowakei ständig verschärft; seit dem Anschluß Österreichs sind sie unerträglich geworden. Sicher glauben die Sudetendeutschen, ihre eigenen berechtigten Ansprüche verfechten zu müssen. Sie ahnen nicht, daß sie nur Werkzeuge sind: Konrad Henlein, der Führer der SPD, der Sudetendeutschen Partei, ist nur Befehlsempfänger. Am 28. März 1938 bekommt Henlein in Berlin von Adolf Hitler selbst genaue Anweisungen. In dem Protokoll über die Besprechung heißt es unmißverständlich: ›Die Tendenz der Anweisung, die der Führer Henlein gegeben hat, geht dahin, daß von seiten der Sudetendeutschen Partei Forderungen gestellt werden sollen, die für die tschechische Regierung unannehmbar sind. Henlein hat dem Führer gegenüber seine Auffassung folgendermaßen zusammengefaßt: Wir müssen also immer so viel fordern, daß wir nicht zufriedengestellt werden können. Diese Auffassung bejahte der Führer.‹

»Henlein übte seine Tätigkeit mit Hilfe von Ratschlägen und dem Beistand der Nazi-Führer aus«, erklärt Ankläger Alderman zu diesem Punkt. »Oberstleutnant Köchling wurde Henlein als Ratgeber beigegeben, um ihn in der Arbeit mit dem Sudetendeutschen Freikorps zu unterstützen.«

Zum Beweis wird eine Aktennotiz des Adjutanten Hitlers, Rudolf Schmundt, verlesen: »›Geheime Kommandosache. Gestern abend hat die Besprechung Führer — Oberstleutnant Köchling stattgefunden. Dauer der Besprechung sieben Minuten. Oberstleutnant Köchling bleibt dem OKW unmittelbar unterstellt. Er hat vom Führer weitgehende militärische Vollmachten bekommen. Das Sudetendeutsche Freikorps bleibt Konrad Henlein unterstellt. Zweck: Schutz der Sudetendeutschen und Aufrechterhaltung weiterer Unruhen und Zusammenstöße. Die Aufstellung des Freikorps erfolgt in Deutschland.‹

Zweck: ›Aufrechterhaltung weiterer Unruhen und Zusammenstöße.‹ Eine klarere Sprache ist kaum denkbar. Die Sudetendeutschen, die für natürliche Rechte zu kämpfen glauben, werden erbarmungslos in blutige Abenteuer gehetzt. Was Hitler wirklich erreichen will, wozu ihm Unruhen und Zusammenstöße im Sudetenland als Vorwand dienen sollen, liegt noch in den geheimen Panzerschränken Berlins verschlossen.

Fall Grün. Das ist der Deckname für den eigentlichen Plan: die Zerstörung der Tschechoslowakei. Es geht Hitler dabei nicht um die Sudetendeutschen und ihre ›Befreiung‹. Die Sudetendeutschen werden von Hitler in all den vielen hundert Akten, Dokumenten und Geheimbesprechungen nicht ein einziges Mal erwähnt. Es geht ihm lediglich darum, die Tschechoslowakei zu vernichten, um die strategischen Voraussetzungen für seine weiteren Kriegspläne zu schaffen.

Am 30. Mai 1938 unterschreibt Hitler ein Dokument mit der Bezeichnung *Studie Grün*. In diesem Geheimbefehl heißt es: ›Es ist mein unabänderlicher Entschluß, die Tschechoslowakei in absehbarer Zeit durch eine militärische Aktion zu zerschlagen. Den politisch und militärisch geeigneten Zeitpunkt abzuwarten oder herbeizuführen, ist Sache der politischen Führung. Dementsprechend sind die Vorbereitungen unverzüglich zu treffen. Als Voraussetzung für den beabsichtigten Überfall sind notwendig: a) ein geeigneter äußerer Anlaß und damit b) eine genügende politische Rechtfertigung, c) ein für den Gegner unerwartetes Handeln, das ihn in einem möglichst geringen Bereitschaftsgrad trifft. Militärisch und politisch am günstigsten ist blitzschnelles Handeln auf Grund eines Zwischenfalls, durch den Deutschland in unerträglicher Weise provoziert wurde und der wenigstens zu einem Teil der Weltöffentlichkeit gegenüber die moralische Berechtigung zu militärischen Maßnahmen gibt.‹

Gezeichnet: Adolf Hitler

Wie sich Hitler den erwähnten Zwischenfall vorstellt, setzt er Wilhelm Keitel auseinander. Die Zusammenkunft findet am 21. April 1938 statt und ist ebenfalls von Hitlers Adjutanten Schmundt aufgezeichnet worden.

»Ich will nun Stück 2 dieses Dokuments verlesen«, sagt Ankläger Alderman in Nürnberg: »›Grundlagen zur *Studie Grün*. Zusammenfassung der Besprechung Führer — General Keitel.

1. Strategischer Überfall aus heiterem Himmel ohne jeden Anlaß oder Rechtfertigungsmöglichkeit wird abgelehnt, da Folge: feindliche Weltmeinung, die zu bedenklicher Lage führen kann. Solche Maßnahme nur zur Beseitigung des letzten Gegners auf dem Festland berechtigt.

2. Handeln nach einer Zeit diplomatischer Auseinandersetzungen, die sich allmählich zuspitzen und zum Kriege führen.

3. Blitzartiges Handeln auf Grund eines Zwischenfalls (z. B. Ermordung des deutschen Gesandten im Anschluß an eine deutschfeindliche Demonstration).

Militärische Folgerungen: Zu den politischen Möglichkeiten 2 und 3 sind die Vorbereitungen zu treffen. Fall 2 ist der unerwünschte, da *Grün* Sicherheitsmaßnahmen getroffen haben wird.‹«

»Das Dokument als ganzes zeigt«, sagt Alderman, »daß die Verschwörer die Schaffung eines Zwischenfalls planten, um vor der Welt ihren Angriff auf die Tschechoslowakei zu rechtfertigen. Es wurde erwogen, den deutschen Gesandten in Prag zu ermorden, um den erforderlichen Zwischenfall vorzubereiten.«

›Die Bestimmung des Zeitpunktes dieses Zwischenfalls nach Tag und Stunde ist von größter Bedeutung‹, steht in einer Vortragsnotiz vom 26. August 1938, die mit der Unterschrift des Angeklagten Jodl versehen ist. In diesem Dokument heißt es über den Zwischenfall weiter: ›Er muß in einer für den Kampf unserer überlegenen Luftwaffe günstigen Großwetterlage liegen und der Stunde nach zweckmäßig so gelegt werden, daß er am X-Tag mittags authentisch bei uns bekannt wird. Zweck dieser Ausführungen ist es, darauf hinzuweisen, wie stark die Wehrmacht an dem Zwischenfall interessiert ist und daß sie die Absichten des Führers rechtzeitig erfahren muß, sofern nicht ohnehin die Abwehrabteilung mit der Organisation des Zwischenfalls beauftragt wird.‹ Fieberhaft werden Vorbereitungen getroffen. Als Zeitpunkt für den Überfall hat Hitler den 1. Oktober 1938 festgesetzt. Alle Dienststellen sind eingespannt, vor allem Reichsbahn und Arbeitsdienst. Heer, Marine und Luftwaffe bekommen ausführliche Sonderanweisungen. Natürlich denkt Hitler auch an die Möglichkeit, daß England und Frankreich nicht tatenlos zusehen werden, wenn er über die Tschechoslowakei herfällt. Zur Absicherung im Westen wird deshalb der *Fall Rot* entwickelt.

›Schrecklich, daß das Schicksal von Millionen Menschen von einem halbverrückten Menschen abhängt‹, schreibt der britische Premierminister Sir Neville Chamberlain in sein Tagebuch.

Auf dem Reichsparteitag in Nürnberg sagt der französische Botschafter André François-Poncet zu Hitler: »Der schönste Lorbeerzweig ist der, der gepflückt wird, ohne daß er einer Mutter Tränen kostete.«

Hitler gibt ihm keine Antwort.

Die von Berlin gelenkten Unruhen im Sudetenland dauern an, die natürliche Reaktion ist Gegendruck. Die Lage wird unhaltbar. Großbritannien entschließt sich, einen Vermittler zu entsenden, den ehrwürdigen Lord Runciman of Doxford.

Runciman reist durch das Sudetengebiet. Er ahnt vielleicht, daß von seinem Bericht Krieg und Frieden abhängen werden. Überall, wo er absteigt, hallen vor seinem Hotelfenster pausenlos die Sprechchöre mit dem von Goebbels ausgegebenen Singsang:

Lieber Lord, mach uns frei
von der Tschechoslowakei!

Niedergeschlagen berichtet Runciman seiner Regierung über ›dieses verfluchte Land‹, wie er sich ausdrückt. Aber auch er sieht keine Möglichkeit einer Lösung.

Es ist klar, daß Hitler marschieren wird. Die Welt wird vom Fieber der Angst geschüttelt. Über Europa knistert die Kriegsfurcht. In Berlin, in Paris, in London, überall spüren es die Menschen auf der Straße bis in die Haarwurzeln: Gleich wird das Pulverfaß in die Luft fliegen . . .

Der französische Ministerpräsident Edouard Daladier hat die Lage in London sondiert. Aus seinem protokollierten Gespräch mit dem britischen Premierminister Chamberlain genügen einige Sätze, um die Hoffnungslosigkeit der Staatsmänner zu zeigen.

Daladier: »Ich glaube, daß der Friede Europas gerettet werden könnte, wenn Großbritannien und Frankreich jetzt erklärten, daß sie die Zerstörung des tschechischen Staats nicht zulassen würden.«

Chamberlain: »Als ich Monsieur Daladier zuhörte, hatte ich ähnliche Empfindungen wie er. Mein Blut kocht, wenn ich sehe, wie Deutschland immer wieder davonkommt und seine Herrschaft über die freien Völker vergrößert. Aber solche sentimentalen Erwägungen sind gefährlich, und ich muß mich daran erinnern, mit welchen Kräften wir spielen. Wir spielen nicht mit Geld, sondern mit Menschen. Ich kann mich nicht leichten Herzens in einen Konflikt einlassen, der solch furchtbare Auswirkungen für unzählige Familien, Frauen und Kinder nach sich ziehen würde. Wir müssen daher prüfen, ob wir stark genug sind, den Sieg zu erringen. Ich gestehe offen, daß ich nicht glaube, daß wir es sind . . .« Nach dem Reichsparteitag erwartet die Welt Hitlers Schlag. Da tut Chamberlain einen sensationellen Schritt. Er ist für einen britischen Regierungschef so außerordentlich, daß er seinem Tagebuch anvertraut: ›Ich habe nun an einen so ungewöhnlichen Ausweg gedacht, daß es Halifax den Atem verschlug. Aber Henderson [der britische Botschafter in Berlin] denkt, dieser Ausweg könnte in elfter Stunde den Frieden retten.‹

Chamberlain erbietet sich Hitler gegenüber, nach Deutschland zu kommen und mit ihm über die sudetendeutsche Frage zu verhandeln. Schon am nächsten Tag, dem 15. September 1938, ist Chamberlain in Berchtesgaden. Hitler hat die Anregung sofort aufgenommen und dem britischen Premier mitgeteilt, daß er ganz zu seiner Verfügung stehe.

›Ich sah sehr rasch‹, schreibt Chamberlain nach der Zusammenkunft, ›daß die Situation sehr viel kritischer war, als ich angenommen hatte. Ich wußte, daß seine Truppen, Panzer und Kanonen bereit waren, sich auf sein Wort auf die Tschechen zu stürzen, und es war klar, daß rasche Entscheidungen getroffen werden mußten.‹ Chamberlain gewinnt zunächst Zeit. Er erklärt, sich noch einmal mit seinen Kabinettsmitgliedern beraten zu müssen, und Hitler sagt zu, bis dahin nichts zu unternehmen. Der Engländer fliegt nach London zurück. Drei Tage später, am 18. September 1938, schlagen Großbritannien und Frankreich in einer gemeinsamen Botschaft dem tschechoslowakischen Staatspräsidenten Eduard Benesch vor, die Sudetengebiete an Deutschland abzutreten. Benesch sagt nein.

Paris und London setzen ihn unter Druck. Am 21. September 1938 bricht der Widerstand des Präsidenten zusammen. In einer Note an die Westmächte erklärt er: ›Durch die Umstände gezwungen und auf äußerstes Drängen der französischen und englischen Regierung akzeptiert die Regierung der Tschechoslowakischen Republik mit Bitternis die französisch-englischen Vorschläge. Die Regierung der Tschechoslowakischen Republik konstatiert mit Betrübnis, daß sie bei der Ausarbeitung dieser Vorschläge nicht einmal vorher befragt wurde.‹

Der Friede scheint gerettet zu sein, wenn auch Chamberlain und Daladier ihr Gesicht verloren haben. Bei einer neuen Zusammenkunft in Bad Godesberg teilt Chamberlain Hitler mit, daß die Tschechoslowakei bereit sei, das Sudetenland an Deutschland abzutreten. Er erläutert die notwendigen Formalitäten, aber Hitler antwortet mit einem Keulenschlag: »Es tut mir leid, Herr Chamberlain, daß ich auf diese Dinge jetzt nicht mehr eingehen kann.«

»Mit einem Ruck richtet sich Chamberlain in seinem Stuhl auf«, erinnert sich Dolmetscher Paul Schmidt (gestorben am 21. April 1970 in München), der dem Gespräch beiwohnte. »Vor Ärger stieg ihm das Blut ins Gesicht.«

Hitler erklärt, daß auch die Ansprüche Polens und Ungarns an tschechoslowakisches Gebiet befriedigt werden müßten. Außerdem ist er mit den anscheinend langwierigen Formalitäten der Gebietsabtretung nicht einverstanden: »Die Besetzung der abzutretenden Sudetengebiete muß sofort erfolgen«, sagt er.

Die Verhandlungen stocken. In den Hauptstädten Europas ist wieder Alarm. Aber noch einmal kommt das Gespräch in Gang. Hitler läßt Chamberlain ein Memorandum überreichen. Er verlangt darin die sofortige Zurückziehung der tschechoslowakischen Armee aus einem auf einer Landkarte genau bezeichneten Gebiet, ›dessen Räumung am 26. September beginnt und das am 28. September an Deutschland übergeben wird.‹

Dolmetscher Schmidt übersetzt.

»Das ist ja ein Ultimatum!« ruft Chamberlain entsetzt.

»Ein Diktat!« fügt Botschafter Henderson hinzu.

»Mit größter Enttäuschung und tiefem Bedauern muß ich feststellen, Herr Reichskanzler«, sagt Chamberlain, »daß Sie mich in meinen Bemühungen um die Erhaltung des Friedens auch nicht im geringsten unterstützt haben.«

»Aber«, sagt Hitler verlegen, »es steht ja ›Memorandum‹ darüber und nicht ›Ultimatum‹ . . .«

In diesem Augenblick wird ihm von einem Adjutanten ein Zettel hereingereicht. Hitler liest, gibt das Papier dem Dolmetscher und sagt: »Lesen Sie Herrn Chamberlain diese Meldung vor.«

Schmidt übersetzt: »Soeben hat Benesch über den Rundfunk die allgemeine Mobilmachung der tschechoslowakischen Wehrmacht verkündet.«

Atemlose Stille tritt ein.

Das ist der Krieg, denken alle.

Doch Hitler zeigt sich plötzlich versöhnlich. Es gelingt ihm, Chamberlain zu bewegen, das ›Memorandum-Ultimatum‹ nach Prag weiterzuleiten. Er rechnet bestimmt damit, daß Benesch annehmen wird. Ein zermürbender Kampf um Tage und Stunden beginnt. Der britische Botschafter in Berlin, Nevile Henderson, sendet Oberst Mason Macfarlanes mit dem Schriftstück nach Prag.

Macfarlanes fährt mit einem Auto an die deutsch-tschechische Grenze, wo hastig ausgehobene Schützengräben, Stacheldrahtverhaue und Maschinengewehrstellungen schon den drohenden Krieg ankündigen. Zu Fuß geht er während der Nacht zehn Kilometer über Wald- und Feldwege, ›ständig in der Gefahr‹, wie Henderson schreibt, ›als Freischärler entweder von den Deutschen oder den Tschechen erschossen zu werden‹.

Auf so abenteuerlichen Wegen gelangt Hitlers Schreiben schließlich in die Hände der Prager Regierung. Benesch lehnt ab. Am selben Tag, dem 26. September 1938, hält Hitler seine berühmte Rede im Sportpalast, in der er die verhängnisvollen Sätze hinausschreit: »Ich habe Herrn Chamberlain versichert, daß das deutsche Volk nichts anderes will als Frieden. Ich habe ihm weiter versichert und wiederhole es hier, daß es – wenn dieses Problem gelöst ist – für Deutschland in Europa kein territoriales

Problem mehr gibt! Und ich habe ihm weiter versichert, daß ich dann am tschechischen Staat nicht mehr interessiert bin. Und das wird ihm garantiert. Wir wollen gar keine Tschechen!«

Gegenüber Chamberlains Berater Sir Horace Wilson äußert er wenige Stunden später: »Die tschechische Regierung hat jetzt nur noch zwei Möglichkeiten: Annahme oder Ablehnung des deutschen Vorschlages. Im letzteren Fall werde ich die Tschechoslowakei zerschlagen!«

»Unter diesen Umständen«, entgegnet Wilson und richtet sich hoch auf, »habe ich mich eines Auftrages des britischen Premierministers zu entledigen. Ich bitte Sie, Herr Reichskanzler, folgende Mitteilung zur Kenntnis zu nehmen: Wenn Frankreich bei der Erfüllung seiner vertraglichen Verpflichtungen aktiv in Feindseligkeiten gegen Deutschland verwickelt werden sollte, so würde sich das Vereinigte Königreich für verpflichtet halten, Frankreich zu unterstützen.«

Hitler braust wütend auf: »Wenn England und Frankreich losschlagen wollen, dann sollen sie es nur tun! Mir ist das vollständig gleichgültig. Ich bin auf alle Eventualitäten vorbereitet. Dann werden wir uns eben alle miteinander in der nächsten Woche im Krieg befinden!«

Das ist das Ende.

Frankreich ist entschlossen, für die Tschechoslowakei zu marschieren. Einen Tag vor Hitlers Sportpalastrede ist Daladier noch einmal mit Chamberlain zusammengetroffen. Wieder gibt es entscheidende Punkte aus ihrem Gespräch.

Daladier: »Ich bin der Meinung, daß eine Offensive zu Lande gegen Deutschland versucht werden sollte. Was den Luftkrieg angeht, so würde es möglich sein, gewisse wichtige deutsche militärische und Industriezentren anzugreifen.«

Chamberlain: »Was müßten wir tun, wenn wir uns einem deutschen Einfall in die Tschechoslowakei gegenübersehen, wie es in zwei bis drei Tagen der Fall sein kann? Ich wünsche sehr offen zu sprechen und zu sagen, daß die britische Regierung beunruhigende Berichte über den Zustand der französischen Luftwaffe erhalten hat. Was würde geschehen, wenn der Krieg erklärt wäre und ein Regen von Bomben auf Paris, auf die französischen Industriezentren, die militärischen Stützpunkte und Flugplätze niederginge? Kann Frankreich sich verteidigen, und wäre es in der Lage, wirklich darauf zu antworten?«

Daladier: »Bedeutet das nicht, daß wir nichts tun wollen?«

Bei stürmischem Wetter fliegt Daladier mit seinem Außenminister Georges Bonnet nach Paris zurück. Auf dem Flugplatz drängen die Journalisten zu der Maschine. Bonnet schlägt den Mantelkragen hoch. Über seine blassen Lippen kommen nur ein paar Worte: »Der Krieg scheint unvermeidbar.«

In Paris werden Gasmasken an die Zivilbevölkerung ausgegeben. In Berlin heulen die Sirenen für Luftschutzübungen. In London sitzt Chamberlain die halbe Nacht wach. Er arbeitet an seiner Parlamentsrede. Die von Hitler geforderte Frist ist abgelaufen. Morgen wird der Einmarsch erfolgen. Mit schweren Schriftzügen schreibt Chamberlain die Stichworte seiner Rede nieder: Eintritt Großbritanniens an der Seite Frankreichs in den Krieg . . .

Nur ein Hoffnungsfunke glimmt noch: Chamberlain hat an Mussolini die Bitte gerichtet, sich bei Hitler um einen Aufschub zu bemühen.

Während die Welt noch schläft, morgens um fünf Uhr, am 28. September 1938, wird der britische Botschafter in Rom aus dem Bett geholt. Er bekommt aus London die Anweisung, sofort zu Mussolini zu gehen und Chamberlains Vorschlag zu überbringen. Lord Perth sucht unverzüglich Außenminister Ciano auf. Um 11 Uhr setzt sich Mussolini selber ans Telefon und ruft Bernardo Attolico an, seinen Botschafter in Berlin.

Mussolini: »Hier ist der Duce, hörst du?«

Attolico: »Ja, ich höre.«

Mussolini: »Geh sofort zum deutschen Reichskanzler und sage ihm, die britische Regierung habe mir durch Lord Perth mitteilen lassen, daß sie meine Vermittlung in der sudetendeutschen Frage annehmen würde. Sage dem Führer, ich stünde hinter ihm: er möge beschließen! Aber sage ihm, ich hielte die Annahme des Vermittlungsvorschlages für sehr günstig. Hörst du?«

Attolico: »Ja, ich höre!«

Mussolini: »Eile!«

Und Attolico eilt. Fünf Minuten später schrillt das Telefon im Auswärtigen Amt Ribbentrops. Attolico vergißt jede Würde eines Botschafters und sprudelt die Nachricht auf Englisch in den Apparat. Man muß sie im Original sehen, um die Aufregung zu begreifen, die an diesem Morgen herrschte: »I have a personal message from il Duce. I must see the Führer at once, very urgent, quick, quick!« (Ich habe eine persönliche Botschaft vom Duce. Ich muß sofort den Führer sehen, sehr dringend, schnell, schnell!)

»Fahren Sie sofort in die Reichskanzlei«, wird ihm geantwortet. »Stecken Sie eine große italienische Flagge an Ihren Wagen, damit Sie sofort eingelassen werden . . .« Es geht jetzt wirklich um Minuten. Hitler wird aus einer Besprechung herausgeholt. Wieder vergißt Attolico alle protokollarischen Vorschriften. Schon über den Korridor ruft er Hitler entgegen, was er auszurichten hat.

»Sagen Sie dem Duce«, antwortet Hitler nach kurzem Überlegen, »daß ich seinen Vorschlag annehme.«

In London steht Chamberlain zu dieser Stunde schon vor dem Unterhaus und hat mit seiner schicksalsschweren Rede begonnen: »Heute stehen wir vor einer Situation, die vor 1914 nicht ihresgleichen gehabt hat«, sagt er mit bebender Stimme. Er ist entschlossen, jetzt der britischen Nation zu sagen, daß es Krieg geben wird. Da reicht ihm ein Parlamentssekretär einen Zettel.

Chamberlain wirft einen Blick darauf. Seine Züge erhellen sich. Er nimmt die vorbereiteten Notizen seiner bitteren Kriegsrede und zerreißt sie vor den Augen der Abgeordneten. Dann sagt er ruhig: »Ich habe dem Haus noch etwas mitzuteilen. Herr Hitler lädt mich ein, ihn morgen in München zu sehen. Monsieur Daladier und Signor Mussolini sind gleichfalls eingeladen. Ich hoffe, das Haus wird mich beurlauben, damit ich gehen und sehen kann, was ich aus dieser letzten Anstrengung zu machen vermag . . .«

Augenzeugen dieser erschütternden Szene berichten: »Ein Sturm des Beifalls brach im Unterhaus los. Nichts Ähnliches hat es gegeben seit dem Tage, da Sir Edward Grey am 4. August 1914 den Eintritt Englands in den Krieg verkündete.«

»Chamberlain flog nach München«, sagt Ankläger Alderman im Nünberger Ge-

Das Münchner Abkommen 1938: ›Es war so einfach . . .‹ Die Teilnehmer (v. l.): Botschafter Henderson, Göring, Chamberlain, Mussolini, Dolmetscher Schmidt, Hitler, Daladier

richtssaal, »wo es zu einer Zusammenkunft zwischen Chamberlain, Mussolini, Daladier und Hitler im Braunen Haus kam. Sie dauerte bis 30. September 1938, einem Freitag, an dem der Münchener Pakt unterschrieben wurde. Es genügt, wenn ich hier nur sage, daß dieses Abkommen die Abtretung des Sudetenlandes von der Tschechoslowakei an Deutschland vorsah. Man verlangte von der Tschechoslowakei, sich zu fügen.«

Es ist eine schwarze Stunde Europas. Großbritannien und Frankreich erkaufen den Frieden, indem sie die befreundete Tschechoslowakei opfern; allerdings können sie nicht ahnen, daß dieses Opfer vergeblich ist. Hitler denkt gar nicht daran, nun zufrieden zu sein und endlich Ruhe zu geben. Das Wort ›München‹ wird im politischen Leben der Welt zum Begriff einer fluchwürdigen Begebenheit.

Im Nürnberger Gefängnis erzählt Hermann Göring dem Gerichtspsychologen Gustave M. Gilbert: »Es war so einfach! Weder Chamberlain noch Daladier waren letzten Endes daran interessiert, auch nur ein bißchen für die Rettung der Tschechoslowakei zu riskieren. Das Schicksal der Tschechoslowakei wurde in drei Stunden besiegelt. Daladier fiel es überhaupt schwer, den Verhandlungen Aufmerksamkeit zu schenken. Er saß ungefähr so da . . .«

Göring streckt seine Beine aus, läßt sich auf seiner Pritsche zurückfallen und neigt seinen Kopf gelangweilt zur Seite.

»Alles, was er tat«, schildert er Daladiers Verhalten weiter, »war, von Zeit zu Zeit seine Zustimmung zu murmeln. Nicht der leiseste Einwand gegen irgend etwas . . .«

Göring schnippt mit den Fingern.

»Nicht einen Piep!« sagt er dazu. »Ich war belustigt, wie einfach das ganze Ding von Hitler gedreht werden konnte. Sie waren nicht einmal geneigt, der Form halber eine Rücksprache mit den Tschechen zu führen — nichts.«

Dann wiederholt Göring, was der französische Verbindungsmann zur tschechoslowakischen Regierung am Ende der Konferenz sagte: »Na gut, jetzt habe ich also das Urteil den Verurteilten zu überbringen.«

Die tschechoslowakische Delegation wartet indessen im Münchener Hotel Regina unter Gestapo-Bewachung auf das Ergebnis. Nachts um 1 Uhr 30 werden der Legationsrat im Außenministerium, Hubert Masařik, und zwei andere Herren aus Prag ins Braune Haus gebracht. Dort sind nur noch die Engländer und Franzosen anwesend.

›Die Atmosphäre war niederdrückend‹, schreibt Masařik. ›Die Franzosen waren unverkennbar betreten. Chamberlain gähnte ununterbrochen und ohne jedes Anzeichen von Verlegenheit. Es wurde uns ziemlich brutal erklärt, daß gegen das Urteil keine Berufung eingelegt werden könne. Wir verabschiedeten uns und gingen.‹

In Berlin empört sich der französische Botschafter André François-Poncet: »So behandeln wir die einzigen Verbündeten, die uns die Treue gehalten haben!« Und zu dem in Tränen schluchzenden tschechoslowakischen Gesandten Vojtech Mastny sagt er tröstend: »Alles geht vorüber; ein neuer geschichtlicher Augenblick beginnt, und der wird alles in Frage stellen.«

In Prag stellt der tschechoslowakische Außenminister fest: »Auf jeden Fall, wir sind nicht die letzten. Nach uns wird auch andere dasselbe Schicksal ereilen.«

Am 1. Oktober 1938, genau zu dem Zeitpunkt, den Hitler lange zuvor berechnet hat, marschiert die deutsche Wehrmacht in das Sudetenland ein. Benesch tritt zurück und geht nach Amerika. Über Europa breitet sich ein unbehaglicher, erstickender Frieden aus.

»Friede in unserer Zeit!« ruft Chamberlain in London auf dem Flugplatz den wartenden Journalisten entgegen. Er zieht den Münchener Vertrag aus der Tasche, hält das Papier in die Höhe, daß es im Wind flattert.

Friede in unserer Zeit: »Es ist nur der erste Schluck, der erste Vorgeschmack des bitteren Kelches, der uns Jahr für Jahr vorgesetzt werden wird«, sagt der Abgeordnete Winston Churchill prophetisch im Unterhaus. Und der britische Botschafter in Berlin, Nevile Henderson, schreibt an Außenminister Halifax: ›Für mich persönlich ist diese ganze Angelegenheit unendlich widerwärtig und peinlich. Ich wünsche, mir den Geschmack aus dem Munde zu spülen, und werde mich aus der Tiefe meines Herzens freuen, wenn Sie mich an einen anderen Platz versetzen können. Ich möchte nie wieder mit den Deutschen arbeiten . . .‹

Friede in unserer Zeit — am 21. Oktober, genau drei Wochen nach dem Einmarsch in das Sudetenland, unterschreiben Hitler und General Keitel eine Geheime Kommandosache, die in Nürnberg verlesen wird: »›Die künftigen Aufgaben der Wehrmacht und die sich daraus ergebenden Vorbereitungen für die Kriegsführung. Erledigung der Rest-Tschechei . . .‹« Genaue Anweisungen für Heer und Luftwaffe folgen. Ein weiteres Angriffsziel lautet: ›Inbesitznahme des Memellandes‹. Hitler sucht kaum noch nach Vorwänden.

»Am Abend des 14. März 1939«, fährt in Nürnberg Ankläger Alderman fort, »trafen auf Vorschlag des deutschen Botschafters in Prag Herr Hacha, Präsident der Tschechoslowakischen Republik, und Herr Chvalkovsky, sein Außenminister, in Berlin ein. Seit dem vorhergehenden Wochenende hatte die Nazipresse den Tschechen vorgeworfen, daß sie Gewalt gegen die Slowaken gebraucht hätten, gegen Angehörige der deutschen Minderheit und gegen Bürger des Deutschen Reiches. Es bestünde nunmehr die Notwendigkeit, so schnell wie möglich diesen Brandherd im Herzen Europas zu ersticken. Diese Friedensstifter!«

Bis 1 Uhr 15 nachts müssen Emil Hacha und František Chvalkovsky in Berlin warten, bis sie zu Hitler gebracht werden. Zur selben Stunde hat die Wehrmacht schon den Befehl zum Vormarsch auf Prag erhalten.

»So sind bei mir am Sonntag die Würfel gefallen«, sagt Hitler unverblümt zu dem tschechoslowakischen Staatsoberhaupt. »Morgen um 6 Uhr rückt von allen Seiten her die deutsche Wehrmacht in die Tschechei ein.«

»Hacha und Chvalkovsky«, erinnert sich Dolmetscher Schmidt, der dabei war, »saßen wie versteinert in ihren Sesseln. Nur an ihren Augen konnte man erkennen, daß es sich um lebende Menschen handelte.«

Hacha soll unterschreiben, daß die tschechischen Streitkräfte keinen Widerstand leisten werden und daß sich die restliche Tschechoslowakei unter den Schutz Hitlers stellt. Hermann Göring droht dem alten, achtzigjähren Hacha, daß im Falle einer Weigerung sofort deutsche Bombengeschwader starten und Prag in einen Trümmerhaufen verwandeln würden.

Es ist nachts drei Uhr. Hacha bricht unter einem Herzanfall zusammen. Hitlers Leibarzt Theodor Morell gibt ihm eine Spritze.

»Ich sehe ein, daß Widerstand zwecklos ist«, flüstert Hacha, nachdem er sich wieder aufgerichtet hat.

Um 3 Uhr 55 des 15. März 1939 unterschreiben er, Chvalkovsky, Hitler und Ribbentrop die vorbereitete Urkunde. Unter furchtbarem Schweigen der Welt zieht Hitler am nächsten Tag in Prag ein. Die Tschechoslowakei hat zu bestehen aufgehört...

In Nürnberg nimmt der britische Ankläger Sir David Maxwell-Fyfe Joachim von Ribbentrop ins Kreuzverhör.

Sir David: »Erinnern Sie sich daran, daß der Angeklagte Göring – gemäß seinen Aussagen vor Gericht – Präsident Hacha erklärt hat, er werde der deutschen Luftwaffe den Befehl erteilen, Prag zu bombardieren?«

Ribbentrop: »Wenn Göring das sagt, wird es selbstverständlich zutreffen.«

Sir David: »Erinnern Sie sich an Hitlers Worte, daß die deutschen Truppen um sechs Uhr morgens einmarschieren würden? Er schäme sich fast, zu sagen, daß auf jedes tschechische Bataillon eine deutsche Division komme?«

Ribbentrop: »Das ist möglich, daß so etwas gesagt worden ist. An Einzelheiten entsinne ich mich nicht.«

Sir David: »Stimmen Sie mit mir überein, daß dieses Abkommen durch Androhung einer Angriffsaktion seitens der deutschen Armee und Luftwaffe zustande gekommen ist?«

Ribbentrop: »Es ist sicher, da der Führer dem Präsidenten Hacha gesagt hat, daß die deutsche Armee einmarschieren würde, daß natürlich unter diesem Eindruck ... das ist richtig.«

Sir David: »Stimmen Sie mir bei, daß jenes Dokument durch unerträglichen Druck und Androhung eines Angriffs zustande gekommen ist?«

Ribbentrop: »So nicht, nein.«

Sir David: »Welchen weiteren Druck können Sie auf das Oberhaupt eines Staates ausüben, außer ihm zu drohen, daß Ihre Armee in überwältigender Stärke einmarschieren und Ihre Luftwaffe seine Hauptstadt bombardieren würde?«

Ribbentrop: »Krieg, zum Beispiel.«

In der Welt tritt ein drohender Umschwung ein. Der geprellte Chamberlain ergreift als erster das Wort: »Was ist aus der Erklärung ›Keine territorialen Ansprüche mehr‹ geworden? Was ist aus der Versicherung ›Wir wollen keine Tschechen‹ geworden? Wieviel Vertrauen kann man noch in die übrigen Zusicherungen setzen, die aus derselben Quelle stammen?«

Es ist klar: Die Geduld der Mächte ist erschöpft. Jeder weitere Schritt wird unweigerlich zum Krieg führen. Doch Hitler sieht die Realitäten nicht mehr. Am 23. Mai 1939 gibt er hohen Offizieren der Wehrmacht sein neues Ziel bekannt, ›bei erster passender Gelegenheit Polen anzugreifen‹. Er marschiert blind in den Abgrund.

9 Die Kristallnacht

Noch bevor Hitler seine geheimen Pläne verwirklicht und mit dem Angriff auf Polen in den Zweiten Weltkrieg stürzt, zeichnet sich eine andere erschreckende Entwicklung im Inneren Deutschlands ab. Das Gericht widmet diesen Tatsachen mehrere Verhandlungstage: ›Seit den frühesten Tagen der NSDAP‹, sagt die Anklageschrift mit nüchternen Worten, ›hat der Antisemitismus eine hervorragende Rolle in der nationalsozialistischen Gedankenwelt und Propaganda gespielt. Die Verfolgung der Juden wurde mit der Machtübernahme im Jahre 1933 zur offiziellen Staatspolitik.‹

In der Stadt des Prozesses, in Nürnberg, hatte Hermann Göring am 15. September 1935 die sogenannten Rassengesetze verkündet. Sie verboten Ehen und außerehelichen Verkehr zwischen Deutschen und Juden, sie entzogen den Juden die Rechte der deutschen Staatsbürgerschaft.

»Haben Sie die Nürnberger Gesetze proklamiert?« wird Göring im Zeugenstand von dem amerikanischen Hauptankläger Robert H. Jackson gefragt.

Göring: »Jawohl.«

Jackson: »Dann haben Sie am 26. April 1938 eine Verordnung erlassen, nach der jüdisches Vermögen angegeben werden mußte?«

Göring: »Wenn der Erlaß meine Unterschrift trägt, so kann kein Zweifel darüber bestehen.«

Jackson: »Am 26. April 1938 erließen Sie eine Verordnung, gemäß der jede Verfügung über jüdische Unternehmen von der Regierung zuvor genehmigt werden mußte?«

Göring: »Daran erinnere ich mich.«

Jackson: »Und dann veröffentlichten Sie am 12. November 1938 einen Erlaß, durch den eine Geldstrafe in Höhe von einer Milliarde Mark über alle Juden verhängt wurde?«

Göring: »Ich habe bereits ausgeführt, daß ich diese sämtlichen Gesetze gezeichnet habe und dafür die Verantwortung trage.«

Jackson: »Und haben Sie am 12. November 1938 einen Erlaß unterzeichnet, nach dem es den Juden untersagt war, Einzelhandelsgeschäfte zu besitzen oder ein selbständiges Handwerk auszuüben?«

Göring: »Ja, das waren alles Teile der Erlasse zum Ausscheiden des Judentums aus dem Wirtschaftsleben.«

Jackson: »Dann unterzeichneten Sie am 21. Februar 1939 einen Erlaß, nach dem die Juden alle käuflich erworbenen Wertsachen und Juwelen innerhalb von zwei Wochen an die Behörden abzuliefern hatten.«

Göring: »Ich erinnere mich nicht, aber es wird zweifelsohne stimmen.«

Jackson: »Haben Sie nicht ebenfalls, am 3. März 1939, einen Erlaß unterzeichnet über die Zeitspanne, in welcher Juden ihre Schmucksachen abliefern mußten?«

Göring: »Ich nehme an, daß es der Ausführungserlaß ist.«

Was hat dieses Kreuzverhör zu bedeuten? Es führt in gerader Linie zu einem der schrecklichsten Ereignisse der Vorkriegszeit und zu einem der erschütterndsten Dokumente des Nürnberger Prozesses. Die Vorgeschichte ist in Deutschland so gut wie unbekannt geblieben, auch wenn der 40. Jahrestag dieses Ereignisses, der ›Kristallnacht‹, im Jahre 1978 von der Öffentlichkeit stark beachtet worden ist:

Am 28. Oktober 1938 pochen Polizeibeamte an die Wohnungen von 17000 Juden in ganz Deutschland. Es handelt sich um Juden, die gestern noch die polnische Staatsangehörigkeit besessen haben. Die polnische Regierung hatte aber die Pässe dieser im Ausland lebenden Juden für ungültig erklärt, und Hitler ergreift die Gelegenheit, sich der nun Staatenlosen zu entledigen. Reinhard Heydrich, damals Leiter der Sicherheitspolizei und des SD, macht daraus die erste Judendeportation der modernen Geschichte.

An jenem 28. Oktober 1938, ein Jahr vor Kriegsbeginn, werden im ganzen Reich Tausende von Juden festgenommen, in Eisenbahnzüge und auf Lastwagen gepackt. Von ihrem Besitz dürfen sie nicht mehr mitnehmen, als sie tragen können. Dann rollen die Elendskolonnen zur polnischen Grenze. Bei der Grenzstation Benschen werden die Juden auf einem freien Gelände zusammengezogen und von Heydrichs Beamten über die Felder gejagt — ostwärts, dorthin, wo unsichtbar die Grenze verläuft. Alte Männer und Frauen brechen zusammen, werden mit Fußtritten wieder aufgescheucht, einige bleiben tot am Platze.

Die polnischen Posten sind unvorbereitet und dem Ansturm von Tausenden verjagter Menschen natürlich nicht gewachsen. Hitlers erste Massenaustreibung gelingt.

In dieser Tragödie liegt der Keim für neues Unheil. Unter den Vertriebenen befindet sich nämlich der Flickschuster Sendel Grynszpan mit Frau und Kindern. Von Polen aus, wo die Familie nun mit leeren Händen angekommen ist, schreibt er eine Postkarte an seinen Sohn Herszel Grynszpan, der sich in Paris aufhält. In bewegten Worten schildert er, was sich ereignet hat. Herschel Grünspan — unter diesem umschriebenen Namen wird er bald bekannt — faßt einen Entschluß, der entsetzliche Auswirkungen haben soll. Der Siebzehnjährige beschließt, das an seinen Eltern und Geschwistern geschehene Unrecht auf eigene Faust zu rächen. Morgens gegen halb acht Uhr, am 7. November 1938, betritt er in Paris ein Geschäft der Rue du Faubourg Saint-Martin. Er kauft einen Trommelrevolver. Kurz vor halb neun Uhr erscheint er damit im Hof der deutschen Botschaft in der Rue de Lille. Er ist entschlossen, den deutschen Botschafter, Graf Johannes von Welczek, zu töten.

Zufällig kommt in diesem Augenblick von Welczek von einem Morgenspaziergang zurück und überquert den Hof. Grünspan kennt den Botschafter nicht. Er tritt auf ihn zu und fragt, wo Graf von Welczek zu erreichen sei.

Der Botschafter verweist den Fremden an einen Amtsdiener namens Nagorka und setzt seinen Weg fort, ohne zu ahnen, daß er soeben einem Mordanschlag entgangen ist. Nagorka führt Grünspan zum Amtszimmer des Gesandtschaftsrates Ernst vom Rath, der für den Empfang von Besuchern zuständig ist. Vor der Tür muß Grünspan einen Augenblick warten. Dann kommt vom Rath heraus, um den unbekannten jungen Mann nach seinen Wünschen zu fragen.

Zweimal blitzt es in dieser Sekunde aus der Mündung von Grünspans Revolver. Schwer getroffen stürzt vom Rath zu Boden.

Obwohl Hitler gleich nach dem Eintreffen der Nachricht zwei seiner Ärzte eilig nach Paris schickt, und obwohl sich sofort französische Frontkämpfer als Blutspender melden, ist das Leben des deutschen Gesandtschaftsrates nicht mehr zu retten.

Vor der französischen Kriminalpolizei gibt Grünspan an, daß ihn die Nachricht von der brutalen Ausweisung seiner Angehörigen zu der Tat veranlaßt hat: »Von diesem Augenblick an«, sagt er, »habe ich beschlossen, zum Protest ein Mitglied der deutschen Botschaft zu töten. Ich habe die Juden rächen und die Aufmerksamkeit der Welt auf die Vorgänge in Deutschland lenken wollen.«

Die letzten Motive Grünspans sind auch heute noch nicht ausgeleuchtet. Seltsamerweise überlebte der Attentäter den Krieg in deutschen Gefängnissen und soll nach 1945 unter anderem Namen in Frankreich untergetaucht sein.

Grünspan ist einer zornigen Aufwallung gefolgt, ohne an die katastrophalen politischen Folgen zu denken. Seine unglückselige Tat gibt Vorwand und Auftakt zu neuen Judenverfolgungen in Deutschland. Was sich nun ereignet, wird im Nürnberger Prozeß aufgerollt.

Zwei Tage nach den Schüssen in der deutschen Botschaft, am 9. November 1938, feiern Hitler und seine alten Kämpfer wie alljährlich in München den mißglückten Putsch des Jahres 1923. Während des gemeinsamen Abendessens im Alten Rathaussaal, gegen 21 Uhr, erscheint ein Bote, der Hitler zuflüstert, daß vom Rath in Paris seinen Verletzungen erlegen ist. Hitler beugt sich zu dem neben ihm sitzenden Dr. Goebbels und redet eine Weile leise auf ihn ein. Dann verläßt er die Tafelrunde, ohne seine übliche Ansprache gehalten zu haben.

Niemand weiß, was zwischen Hitler und seinem Propagandaminister gesprochen wurde. Doch alles, was nun Schlag auf Schlag geschieht, ist offenbar eine Folge jenes Geflüsters. Hermann Göring, der an dem Abendessen nicht teilgenommen hat, sagt sieben Jahre später im Nürnberger Zeugenstand: »Wie ich später erfahren habe, hat bei diesem Essen, nachdem der Führer es verlassen hat, Goebbels bekanntgegeben, daß der schwerverwundete Gesandtschaftsrat den Verwundungen erlegen sei. Es gab eine gewisse Erregung, und daraufhin hat Goebbels scheinbar dann Worte über Vergeltung gesprochen und in seiner Art – er war vielleicht der allerschärfste Vertreter des Antisemitismus – sicherlich hier die Auslösung zu den Ereignissen gegeben. Ich selbst erfuhr von den Dingen tatsächlich erst bei meiner Ankunft in Berlin, und zwar sagte mir zunächst der Schaffner meines Wagens, in Halle habe er Brände gesehen. Eine halbe Stunde später ließ ich den Adjutanten vor, der mir meldete, daß es in der Nacht zu Krawallen gekommen sei, jüdische Geschäfte geplündert und Schaufenster eingeworfen seien, Synagogen seien angezündet worden. Mehr wußte er zunächst selbst nicht.«

Während Göring im Nachtzug nach Berlin fährt, während die deutsche Bevölkerung nichtsahnend schläft, wird von München aus eine ›spontane Volkserhebung‹ in Szene gesetzt. In ganz Deutschland gehen plötzlich jüdische Gotteshäuser in Flammen auf, über siebentausend jüdische Ladengeschäfte werden vollständig demoliert, zum Teil in Brand gesteckt, Zehntausende von Fensterscheiben werden eingeworfen, zwanzigtausend Juden aus den Betten geholt und verhaftet.

Goebbels will diese Ereignisse als Antwort des deutschen Volkes auf die Tat Herschel Grünspans hinstellen. In Wirklichkeit aber hat die ›Reichskristallnacht‹, wie der Berliner Volksmund das Geschehen bald nennt, nicht das geringste mit dem Volkswillen zu tun.

»Diese Gewaltakte«, sagt der amerikanische Ankläger William F. Walsh, »waren nicht örtliche antisemitische Demonstrationen, sondern wurden von einer Zentrale in Berlin geleitet und angeordnet. Dies geht aus einer Reihe von Fernschreiben hervor, die aus der Berliner Gestapo-Zentrale an die Polizeichefs in ganz Deutschland gesandt worden waren. Ich werde den erheblichen Teil eines dieser von Heydrich unterschriebenen vertraulichen Befehle verlesen: ›Auf Grund des Attentats gegen den Legationssekretär vom Rath in Paris sind im Laufe der heutigen Nacht — 9. auf 10. November — im ganzen Reich Demonstrationen gegen die Juden zu erwarten. Für die Behandlung dieser Vorgänge ergehen die folgenden Anordnungen:

Die Leiter der Staatspolizeistellen oder ihre Stellvertreter haben sofort nach Eingang dieses Einschreibens mit den für ihren Bezirk zuständigen politischen Leitungen — Gauleitung oder Kreisleitung — fernmündlich Verbindung aufzunehmen und eine Besprechung über die Durchführung der Demonstrationen zu vereinbaren. In dieser Besprechung ist der politischen Führung mitzuteilen, daß die deutsche Polizei vom Reichsführer SS die folgenden Weisungen erhalten hat:

a) Es dürfen nur solche Maßnahmen getroffen werden, die keine Gefährdung deutschen Lebens oder Eigentums mit sich bringen, zum Beispiel Synagogenbrände nur, wenn keine Brandgefahr für die Umgebung vorhanden ist. b) Geschäfte und Wohnungen von Juden dürfen nur zerstört, nicht geplündert werden. Die Polizei ist angewiesen, die Durchführung dieser Anordnungen zu überwachen und Plünderer festzunehmen.‹«

Im KZ Buchenwald wurden bereits zwei Wochen vor der Kristallnacht Notbaracken für die sogenannten ›Novemberjuden‹ gebaut, für jene 20 000 Juden, die dann im Zuge des ›spontanen Volkszorns‹ festgenommen und mißhandelt wurden (35 Juden starben daran). Sogar Julius Streicher, ›Frankens Judenfresser Nr. 1‹, wird von der nächtlichen Aktion seiner Genossen Hitler, Goebbels und Himmler überrumpelt.

»Am 9. November 1938 war ich nicht ganz wohl gewesen«, erklärt er vor dem Nürnberger Gericht. »Ich nahm am Essen teil und entfernte mich. Ich fuhr nach Nürnberg zurück und legte mich ins Bett. Gegen Mitternacht wurde ich geweckt. Mein Chauffeur sagte mir, der SA-Führer von Obernitz möchte den Gauleiter sprechen. Ich empfing ihn, und er sagte folgendes: ›Gauleiter, Sie waren schon weg, da nahm der Propagandaminister Dr. Goebbels das Wort und sagte: Der Gesandtschaftsrat vom Rath ist ermordet worden. Dieser Mord ist nicht der Mord des Juden Grünspan, sondern hier handelt es sich um die Ausführung einer Tat, die vom Gesamtjudentum gewollt sei. Es müsse nun etwas geschehen.‹

Ich weiß nicht, ob Goebbels gesagt hat, der Führer hätte es befohlen, ich erinnere mich nur, daß von Obernitz zu mir sagte, Goebbels hätte erklärt, es müßten die Synagogen angezündet werden, es müßten auch an jüdischen Geschäftshäusern die Fensterscheiben eingeschlagen und die Häuser demoliert werden. Ich sagte daraufhin zu

Kristallnacht 1938: Die ausgebrannte Synagoge in Berlin-Wilmersdorf (oben) und demolierte jüdische Geschäfte in der Innenstadt

Obernitz: ›Obernitz, ich halte es für falsch, Synagogen anzuzünden, und ich halte es in diesem Augenblick für falsch, jüdische Geschäftshäuser zu demolieren, ich halte diese Demonstrationen für falsch.‹ Obernitz gab zur Antwort: ›Ich habe den Befehl.‹

Dann sagte ich: ›Obernitz, ich übernehme hier keine Verantwortung.‹

Obernitz ging, die Tat geschah. Das, was ich hier unter Eid erklärt habe, wird bestätigt werden von meinem Chauffeur, der bei diesem nächtlichen Gespräch Zeuge war.«

Streichers Kraftfahrer, Fritz Herrwerth, wird anschließend von Anwalt Dr. Hanns Marx als Zeuge vernommen.

Dr. Marx: »Waren Sie in der Nacht vom 9. November Zeuge einer Unterredung Streichers mit dem SA-Führer von Obernitz?«

Herrwerth: »Jawohl.«

Dr. Marx: »Wo fand dieses Gespräch statt?«

Herrwerth: »An dem Abend ist Herr Streicher früher zu Bett gegangen als üblich. Ich ging in das Kasino der Gauleitung. Ich habe da Karten gespielt. Dann kam der damalige SA-Obergruppenführer von Obernitz und sagte zu mir, er muß dringend Herrn Streicher sprechen. Ich habe ihm zur Antwort gegeben, daß Herr Streicher bereits im Bett liegt. Er sagte mir, dann müsse ich ihn wecken, er würde die Verantwortung übernehmen.

Herr von Obernitz ist mit meinem Wagen damals in die Wohnung gefahren zu Herrn Streicher. Auf dem Wege in der Nacht ist mir aufgefallen, daß viele SA-Männer durch die Straßen gingen. Ich habe Herrn von Obernitz nach dem Grund gefragt. Herr von Obernitz sagte mir, daß sich heute nacht etwas abspielen wird. Es sollen die Judenwohnungen demoliert werden. Weiter hat er zu mir nichts gesagt.

Ich habe Herrn von Obernitz bis an das Bett von Herrn Streicher begleitet. Herr Obernitz hat dann Streicher Bericht gemacht über das, was sich in der Nacht abspielte. Herr Streicher war, wenn ich mich so ausdrücken darf, überrascht. Er sagte wörtlich zu Herrn Obernitz, das weiß ich noch ganz genau: ›Das ist falsch, so löst man nicht die Judenfrage. Tun Sie, was Sie geheißen worden sind, ich mache nicht mit. Sollte etwas vorkommen, daß Sie mich brauchen, dann können Sie mich holen.‹

Erwähnen kann ich noch, daß Herr von Obernitz gesagt hat, Hitler hätte gesagt, die SA soll sich mal austoben, und zwar als Sühne für den Fall, der sich in Paris damals abgespielt hatte. Herr Streicher ist in seinem Bett liegen geblieben.«

So bedenkenlos setzten sich Hitler und seine Handlanger über alles hinweg, so gewissenlos mißbrauchen sie den Namen des deutschen Volkes für ihr dunkles Werk. Morde, Sittlichkeitsverbrechen und Plünderungen ereignen sich unter dem Deckmantel dieser Nacht. Sogar das Oberste Parteigericht der NSDAP muß sich später mit den Vorgängen beschäftigen und kann dabei nicht an den Tatsachen vorbeigehen. In einem Bericht an Hermann Göring stellt der Oberste Parteirichter Walter Buch, der sich 1949 im Ammersee ertränkte, unverblümt fest — und auch dieses Dokument ist dem Nürnberger Gericht vorgelegt worden —: ›Die mündlich gegebenen Weisungen des Reichspropagandaleiters sind wohl von sämtlichen anwesenden Parteiführern so verstanden worden, daß die Partei nach außen nicht als Urheber der Demonstrationen in Erscheinung treten, sie in Wirklichkeit aber organisieren und durchführen sollte. Pg. Dr. Goebbels wird sie auch so gemeint haben. Sie konnten auch nur durch Dienststel-

Amtseinführung von Wirtschaftsminister Walther Funk durch Göring 1938

len der Partei und der Gliederungen mobilisiert werden. Auch die Öffentlichkeit weiß bis auf den letzten Mann, daß politische Aktionen wie die des 9. November von der Partei organisiert und durchgeführt sind, ob dies zugegeben wird oder nicht. Wenn in einer Nacht sämtliche Synagogen abbrennen, so muß das irgendwie organisiert sein und kann nur organisiert sein von der Partei.‹

Der Angeklagte Walther Funk, damals Reichswirtschaftsminister, erklärt im Nürnberger Zeugenstand: »Als ich am Morgen des 10. November in mein Ministerium fuhr, sah ich auf der Straße, in den Schaufenstern schon die Verwüstungen und hörte Näheres von meinen Beamten im Ministerium. Ich versuchte, Göring, Goebbels, wohl auch Himmler anzurufen. Schließlich gelang es mir, Goebbels zu erreichen, und ich erklärte ihm, daß dieser Terror ein Affront gegen mich persönlich sei, daß hierdurch wertvolle und unersetzliche Wirtschaftsgüter zerstört seien und daß unsere Beziehungen zum Ausland dadurch empfindlich gestört werden würden.«

Funk nimmt kein Blatt vor den Mund. Aus einer eidesstattlichen Erklärung geht hervor, was er wörtlich zu Goebbels sagte: »Sind Sie verrückt geworden, Goebbels, solche Schweinereien zu machen? Man muß sich schämen, ein Deutscher zu sein. Das ganze Ansehen im Ausland geht verloren. Ich bemühe mich Tag und Nacht, das Volksgut zu erhalten, und Sie werfen es mutwillig aus dem Fenster! Wenn diese Schweinerei nicht sofort aufhört, werfe ich den ganzen Dreck hin!«

Aber Funk ist zu schwach, um seine Drohung wahr zu machen. Im Gerichtssaal wird ein Vernehmungsprotokoll aus der Voruntersuchung verlesen. Die Stelle lautet:

»Frage: ›Sie wußten, daß die Plünderungen und all das, was man tat, auf Veranlassung der Partei geschah, nicht wahr?‹

Der Angeklagte Funk fängt an zu weinen und antwortet: ›Damals hätte ich zurücktreten sollen, im Jahre 1938. Deshalb bin ich schuldig, ich gestehe, daß ich als schuldiger Teil hier stehe.‹«

Ebenso wie Funk hat auch Göring seiner Empörung über die Vorfälle der Kristallnacht Ausdruck verliehen. Und ebenso wie Funk denkt auch er nicht an die menschliche Seite der organisierten Ausschreitungen. Voll Naivität erzählt er dem Nürnberger Gericht seine wirklichen Beweggründe: »Der Führer traf ebenfalls im Laufe des Vormittags in Berlin ein. Mittlerweile hörte ich, daß Goebbels mindestens als Urheber stark beteiligt war. Ich sagte dem Führer, es sei für mich unmöglich, daß derartige Vorgänge gerade jetzt geschähen. Ich gäbe mir die größte Mühe, im Vierjahresplan die gesamte Wirtschaft aufs äußerste zu konzentrieren. Ich hätte in Ansprachen das Volk aufgefordert, jede alte Zahnpastatube, jeden rostigen Nagel, jedes Altmaterial zu sammeln und zu verwenden. Es wäre unmöglich, daß ein Mann, der für diese Dinge nicht verantwortlich wäre [Goebbels], meine schwere wirtschaftliche Aufgabe dadurch stört, daß so viele wirtschaftliche Werte vernichtet werden.

Am Nachmittag sprach ich nochmals mit dem Führer. Unterdessen war Goebbels bei ihm gewesen, dem ich ebenfalls in unmißverständlicher Weise telefonisch meine Auffassung in sehr scharfen Worten durchgegeben hatte. Ich sagte ihm damals, ich hätte keine Lust, für seine unbeherrschten Äußerungen nachher wirtschaftlich die Zeche zu bezahlen. Während ich mit dem Führer sprach, kam Goebbels hinzu und begann mit seinen üblichen Äußerungen. Damals fiel auch zum erstenmal von seiner Seite der Vorschlag der Auferlegung einer Buße, und zwar nannte er eine ganz unverständlich hohe Summe. Nach kurzem Hin und Her über die Höhe wurde eine Milliarde festgelegt.

Ich machte den Führer aufmerksam, daß natürlich unter Umständen diese Summe Rückschläge auf das Steuereinkommen haben würde. Der Führer wünschte dann und befahl, daß nunmehr auch die wirtschaftliche Lösung durchgeführt würde. Er ordnete im großen und ganzen an, was zu geschehen habe. Ich habe dann die Sitzung des 12. November einberufen.«

Es wird eine Sitzung, in deren stürmischem Verlauf die Hauptakteure ihr wahres Gesicht zeigen. Es wird eine Sitzung, die über das Schicksal der Juden entscheidet. Wieder einmal waren eifrige Stenografen am Werk, um alle Äußerungen der Sitzungsteilnehmer festzuhalten. Wieder einmal ist das Protokoll gefunden worden, und zwar im Berliner Reichsluftfahrtministerium, wo die Sitzung stattgefunden hatte. Nun liegt das inhaltsschwere Aktenstück auf dem Tisch des Nürnberger Gerichts.

Jackson: »Können Sie uns sagen, wer damals außer Ihnen und Goebbels noch anwesend war?«

Göring: »Ich kann sie nur aus der Erinnerung anführen. Also, es waren da der Führer der Geheimen Staatspolizei in Berlin, Heydrich, es war da der Innenminister Dr. Frick, Dr. Goebbels haben Sie schon erwähnt; es war da der damalige Wirtschaftsminister Funk, der Finanzminister Graf Schwerin-Krosigk, von der Ostmark Fischböck. Es ist möglich, daß noch einige mehr dagewesen sind.«

Jackson: »Der Vertreter der Versicherungsgesellschaften, Hilgard, war auch einige Zeit anwesend?«

Göring: »Er wurde zu den speziellen Fragen gehört.«

Jackson nimmt das umfangreiche Dokument Punkt für Punkt durch. Bei der Eröffnung der Konferenz bezieht sich Göring auf einen Befehl Hitlers, wonach ›die Judenfrage jetzt einheitlich zusammengefaßt werden soll und so oder so zur Erledigung zu bringen ist‹. Jeder Kommentar erübrigt sich, wenn man den wörtlichen Aufzeichnungen folgt, die dem Gericht vorliegen.

Göring: »Meine Herren, diese Demonstrationen habe ich satt. Sie schädigen nicht den Juden, sondern schließlich mich, der ich die Wirtschaft als letzte Instanz zusammenzufassen habe. Wenn heute ein jüdisches Geschäft zertrümmert wird, wenn Waren auf die Straße geschmissen werden, dann ersetzt die Versicherung dem Juden den Schaden, und zweitens sind Konsumgüter zerstört worden. Es ist irrsinnig, ein jüdisches Warenhaus auszuräumen und anzuzünden, und dann trägt eine deutsche Versicherungsgesellschaft den Schaden, und die Waren, die ich dringend brauche — ganze Abteilungen Kleider und was weiß ich alles —, werden verbrannt. Da kann ich gleich die Rohstoffe anzünden, wenn sie hereinkommen.

Darüber möchte ich keinen Zweifel lassen, meine Herren: Es fallen jetzt Entscheidungen, und ich bitte die Ressorts inständig, nun aber Schlag auf Schlag die notwendigen Maßnahmen zur Arisierung der Wirtschaft zu treffen. Der Grundgedanke ist folgender: Der Jude wird aus der Wirtschaft ausgeschieden und tritt seine Wirtschaftsgüter an den Staat ab. Er wird dafür entschädigt. Die Entschädigung wird im Schuldbuch vermerkt und wird ihm zu einem bestimmten Prozentsatz verzinst. Davon hat er zu leben.«

Jackson: »Dann sprachen Sie ziemlich lange über die Art und Weise, wie Sie jüdische Geschäfte zu arisieren beabsichtigen. Stimmt das?«

Göring: »Jawohl.«

Jackson: »Und dann sprachen Sie über die Arisierung jüdischer Fabriken?«

Göring: »Jawohl.«

Jackson: »Wir gehen nun zu der Unterhaltung zwischen Ihnen und Heydrich über.«
Das Protokoll wird weiter verlesen, und die Anwesenden im Gerichtssaal können Zeugen der Besprechung in Görings Luftfahrtministerium werden.

Goebbels: »Es sind fast in allen deutschen Städten Synagogen niedergebrannt. Nun ergeben sich für die Plätze die vielfältigsten Verwendungsmöglichkeiten. Die einen Städte wollen sie zu Parkplätzen umgestalten, andere wollen dort wieder Gebäude errichten.«

Göring: »Wie viele Synagogen sind tatsächlich niedergebrannt?«

Heydrich: »Es sind im ganzen 101 Synagogen durch Brand zerstört, 76 Synagogen demoliert, 7500 zerstörte Geschäfte im Reich.«

Goebbels: »Ich bin der Meinung, daß das der Anlaß sein muß, die Synagogen aufzulösen. Die Juden müssen das bezahlen. Ich halte es auch für notwendig, jetzt eine Verordnung herauszugeben, daß den Juden verboten wird, deutsche Theater, Kinotheater und Zirkusse zu besuchen. Ich glaube, wir können uns das auf Grund unserer heutigen Theaterlage leisten. Die Theater sind sowieso überfüllt. Weiterhin halte ich es für notwendig, daß die Juden überall aus der Öffentlichkeit herausgezogen werden. Es ist heute noch möglich, daß ein Jude mit einem Deutschen ein gemeinsames Schlafwagenabteil benutzt. Es muß also ein Erlaß des Reichsverkehrsministers herauskommen, daß für Juden besondere Abteile eingerichtet werden und daß, wenn kein Platz ist, die Juden draußen im Flur zu stehen haben.«

Göring: »Das würde ich gar nicht extra einzeln fassen. Wenn wirklich der Zug überfüllt ist, glauben Sie: das machen wir so, da brauche ich kein Gesetz. Da wird er herausgeschmissen, und wenn er allein auf dem Lokus sitzt, während der ganzen Fahrt.«

Goebbels: »Dann muß eine Verordnung herauskommen, daß es den Juden verboten ist, deutsche Bäder und deutsche Erholungsstätten zu besuchen.«

Göring: »Man könnte ihnen ja eigene geben.«

Goebbels: »Aber nicht die schönsten. Es wäre auch zu überlegen, ob es nicht notwendig ist, den Juden das Betreten des deutschen Waldes zu verbieten. Heute laufen Juden rudelweise im Grunewald herum.«

Göring: »Also werden wir den Juden einen gewissen Waldteil zur Verfügung stellen und dafür sorgen, daß die verschiedenen Tiere, die den Juden verdammt ähnlich sehen — der Elch hat ja so eine gebogene Nase —, dahin kommen und sich da einbürgern.«

Goebbels: »Dann weiter, daß die Juden nicht in deutschen Anlagen herumsitzen können. Ich halte es für notwendig, daß man den Juden bestimmte Anlagen zur Verfügung stellt, nicht die schönsten, und sagt: Auf diesen Bänken dürfen die Juden sitzen. Es steht darauf: ›Nur für Juden.‹ Als letztes wäre noch folgendes vorzutragen. Es besteht tatsächlich heute noch der Zustand, daß jüdische Kinder in deutsche Schulen gehen. Ich halte es für notwendig, daß die Juden absolut aus deutschen Schulen entfernt werden.«

Göring: »Ich bitte dann, Herrn Hilgard von der Versicherung hereinzurufen ... Herr Hilgard, es handelt sich um folgendes. Durch den berechtigten Zorn des Volkes gegenüber den Juden sind eine Anzahl von Schäden im ganzen Reich angerichtet worden. Ich nehme an, daß ein Teil der Juden versichert ist. Hier wäre nun die Sache verhältnismäßig einfach, indem ich eine Verordnung mache, daß diese Schäden nicht von der Versicherung zu decken sind.«

Hilgard: »Bei der Glasversicherung, die eine sehr große Rolle spielt, ist der weitaus größere Teil der Geschädigten arisch. Das ist nämlich der Hausbesitz, der überwiegend in arischen Händen liegt, während der Jude in der Regel nur der Mieter des Ladens ist.«

Goebbels: »Da muß der Jude den Schaden bezahlen.«

Göring: »Es hat keinen Sinn. Wir haben keine Rohstoffe. Es ist alles ausländisches Glas, das kostet Devisen. Man könnte die Wände hochgehen!«

Hilgard: »Das Ladenfensterglas wird ausschließlich von der belgischen Glasindustrie fabriziert. Wir haben etwa mit Glasschäden für sechs Millionen zu rechnen. Nebenbei bemerkt, werden die Schäden die Hälfte einer Jahresproduktion der gesamten belgischen Glasindustrie sein. Von der Fabrikationsseite aus wird man ein halbes Jahr brauchen, um das Glas zu liefern, das zum Ersatz der Schäden notwendig ist.«

Göring: »So kann das nicht weitergehen. Das halten wir gar nicht aus. Unmöglich! Nun weiter. Wenn Waren jeder Art aus den Geschäften herausgenommen wurden ...«

Hilgard: »Der größte Fall, den wir auf diesem Gebiet haben, ist der Fall Margraf, Unter den Linden. Das Juweliergeschäft von Margraf. Der Schaden ist bei uns in Höhe von 1,7 Millionen angemeldet, weil der Laden vollkommen ausgeplündert worden ist.«

Göring: »Daluege und Heydrich, ihr müßt mir die Juwelen wieder herbeischaffen durch Riesenrazzien!«

Daluege: »Das ist schon angeordnet.«

Göring: »Wenn einer mit Juwelen in ein Geschäft kommt und sagt, er hätte sie gekauft, müssen sie ihm rücksichtslos weggenommen werden ohne große Geschichten.«

Heydrich: »Im übrigen ist in rund achthundert Fällen im Reich geplündert worden, aber wir sind dabei, das geplünderte Gut herbeizuschaffen.«

Göring: »Und die Juwelen?«

Heydrich: »Das ist schwer zu sagen. Sie sind zum Teil auf die Straße herausgeschmissen und dort aufgegriffen worden. Ähnliches hat sich bei Pelzläden abgespielt. Da hat sich natürlich die Menge draufgeworfen, hat Nerze, Skunkse und so weiter mitgenommen.«

Daluege: »Es wäre vor allen Dingen notwendig, von der Partei einen Befehl herauszugeben, daß sofort Meldung erstattet wird, wenn etwa die Nachbarsfrau einen Pelz umarbeiten läßt oder die Leute mit neuen Ringen und Armbändern ankommen.«

Hilgard: »Wir legen großen Wert darauf, Herr Generalfeldmarschall, daß wir an der Erfüllung unserer vertraglichen Pflichten nicht gehindert werden.«

Göring: »Das muß ich aber!«

Hilgard: »Es hängt einfach damit zusammen, daß wir im starken Maße auch internationale Geschäfte treiben und Wert darauf legen, daß das Vertrauen zu der deutschen Versicherung nicht gestört wird.«

Heydrich: »Man mag ruhig die Versicherung ausschütten, aber nachher bei der Auszahlung wird sie beschlagnahmt. Dann ist formell das Gesicht gewahrt.«

Hilgard: »Das, was Obergruppenführer Heydrich eben gesagt hat, möchte ich eigentlich auch für den richtigen Weg halten.«

Göring: »Die Schäden, die Sie an Juden auszuzahlen hätten, müssen Sie auch auszahlen, aber an den Finanzminister. Das Geld gehört dem Staat. Das ist ganz klar.«

Hilgard: »Ich darf vielleicht ausführen, daß nach meinen Schätzungen der Gesamtschaden in ganz Deutschland sich auf ungefähr 25 Millionen Mark belaufen wird.«

Heydrich: »Sachschaden, Inventar- und Warenschaden schätzen wir auf mehrere hundert Millionen.«

Göring: »Mir wäre lieber gewesen, ihr hättet zweihundert Juden erschlagen und nicht solche Werte vernichtet.«

Heydrich: »Fünfunddreißig Tote sind es.«

Göring: »Zunächst die Schäden, die der Jude gehabt hat, daß bei Margraf die Juwelen verschwunden sind. Die sind weg und werden ihm nicht ersetzt. Den Schaden hat er. Soweit die Juwelen von der Polizei wieder eingebracht werden, verbleiben sie dem Staat. Nun die anderen Dinge, die Waren, die auf die Straße geschmissen worden sind, geklaut worden sind, verbrannt sind. Auch den Schaden hat der Jude.«

Hilgard: »Ich denke gerade darüber nach, inwieweit die ausländischen Versicherungsgesellschaften betroffen werden.«

Göring: »Die müssen ja zahlen. Wir beschlagnahmen das. Der Jude muß den Schaden anmelden. Er kriegt die Versicherung, aber die wird beschlagnahmt. Es bleibt also im Endeffekt immerhin doch noch ein Verdienst für die Versicherungsgesellschaften, als sie einige Schäden nicht auszuzahlen brauchen. Herr Hilgard, Sie können schmunzeln!«

Hilgard: »Ich habe gar keinen Grund.«

Göring: »Erlauben Sie einmal! Ich müßte direkt Kippe mit euch machen, oder wie nennt man das sonst? Ich merke es am besten an Ihnen selbst. Ihr ganzer Körper schmunzelt. Sie haben einen großen Rebbes gemacht.«

Heydrich: »Durch die Arisierungen und die sonstigen Beschränkungen wird natürlich das Judentum arbeitslos. Wir erleben eine Verproletarisierung des Judentums. Ich muß also in Deutschland Maßnahmen treffen, die den Juden isolieren. Für die Isolierung möchte ich rein polizeiliche Vorschläge kurz unterbreiten, zum Beispiel die persönliche Kennzeichnung der Juden, indem man sagt: Jeder Jude muß ein bestimmtes Abzeichen tragen.«

Göring: »Eine Uniform!«

Heydrich: »Ein Abzeichen.«

Göring: »Aber lieber Heydrich, Sie werden nicht darum herumkommen, in ganz großem Maßstab in den Städten zu Gettos zu kommen. Die müssen geschaffen werden.«

Heydrich: »Das Getto in der Form vollkommen abgesonderter Stadtteile ist polizeilich nicht durchführbar.«

Göring: »Und in wirklich eigenen Städten?«

Heydrich: »Wenn ich sie in vollkommen eigene Städte tue, jawohl.«

Funk: »Der Jude muß ganz eng zusammenrücken.«

Heydrich: »Als Maßnahme würde ich weiter vorschlagen, daß man alle persönlichen Berechtigungen, wie Führerscheine, den Juden entzieht, daß man sie weiterhin in ihrer Freizügigkeit durch Aufenthaltsverbote beschränkt. Ich sehe nicht ein, warum der Jude überhaupt in Bäder gehen soll.«

Göring: »In Heilbäder, nein.«

Heydrich: »Dann würde ich dasselbe für Krankenhäuser vorschlagen. Dasselbe mit den öffentlichen Verkehrsmitteln.«

Göring: »Das muß alles durchgefiedelt werden. Diese Dinge müssen hintereinanderweg herauskommen. Noch eine Frage, meine Herren: Wie beurteilen Sie die Lage, wenn ich heute verkünde, daß dem Judentum als Strafe eine Milliarde als Kontribution auferlegt wird? Ich werde den Wortlaut wählen, daß die deutschen Juden in ihrer Gesamtheit als Strafe für das ruchlose Verbrechen und so weiter und so weiter eine Kontribution von einer Milliarde auferlegt bekommen. Das wird hinhauen. Die Schweine werden einen zweiten Mord so schnell nicht machen. Im übrigen muß ich noch einmal feststellen: Ich möchte kein Jude in Deutschland sein.

Das zweite ist folgendes: Wenn das Deutsche Reich in irgendeiner absehbaren Zeit in außenpolitische Konflikte kommt, so ist es selbstverständlich, daß wir in Deutschland in allererster Linie daran denken werden, eine große Abrechnung an den Juden zu vollziehen.«

Soviel aus dem Protokoll. Der Inhalt wird von Göring im Nürnberger Zeugenstand nicht bestritten; er läßt es bei einigen dünnen oder zynischen Ausflüchten bewenden. Auch hier Beispiele:

1. ›Da wird er herausgeschmissen, der Jude, und wenn er allein auf dem Lokus sitzt während der ganzen Fahrt.‹

Jackson: »Ist das richtig?«

Göring: »Ja. Ich war allmählich nervös geworden, wenn der Goebbels dauernd mit seinen Einzelsachen kommt. Da habe ich meinem Temperament gemäß die Ausdrükke geäußert.«

2. ›Mir wäre lieber, ihr hättet zweihundert Juden erschlagen und hättet nicht solche Werte vernichtet.‹

Jackson: »Lese ich das richtig?«

Göring: »Jawohl, das war eine Äußerung des Unmuts und der momentanen Erregung.«

Jackson: »Unwillkürlich aufrichtig, oder nicht?«

Göring: »Es war nicht ernstlich gemeint, das war ein Ausfluß einer momentanen Erregung über die ganzen Vorgänge, über die zerstörten Werte.«

3. ›Jeder Jude muß ein bestimmtes Abzeichen tragen: ‚Eine Uniform! Lieber Heydrich, Sie werden nicht darum herumkommen, in ganz großem Maßstab in den Städten zu Gettos zu kommen. Die müssen geschaffen werden.'‹

Jackson: »Haben Sie das gesagt?«

Göring: »Das habe ich gesagt. Es handelte sich damals darum, die Zusammenfassung der Juden in gewissen Teilen und Straßen der Städte durchzuführen, weil auf Grund der Mietordnung das anders nicht möglich war, und jeder einzelne Jude an sich, wenn diese Abzeichen gekommen wären, geschützt hätte werden können.«

Der Gelbe Stern als Schutzabzeichen – eine schlimmere Umkehrung der Tatsachen läßt sich kaum denken.

4. ›Daß die Juden eine Kontribution von einer Milliarde auferlegt bekommen. Das wird hinhauen. Im übrigen: Ich möchte kein Jude in Deutschland sein.‹

Jackson: »War das ein Witz?«

Göring: »Ich habe Ihnen genau gesagt, wie es zu der Auferlegung der einen Milliarde gekommen ist.«

Mehr weiß Hermann Göring nicht zu sagen. Doch alles, was da 1938 besprochen wurde, ist bald grausame Wirklichkeit geworden, einschließlich Abzeichen, Getto und Vernichtung.

10 Generalprobe Spanien

Deutschland führt Krieg, noch ehe der Krieg begonnen hat. Nur wenige Sätze sind es, die Hermann Göring als Zeuge im Nürnberger Prozeß über sein erstes militärisches Abenteuer sagt: »Als in Spanien der Bürgerkrieg ausgebrochen war, sandte Franco einen Hilferuf nach Deutschland um Unterstützung, besonders in der Luft. Der Führer überlegte sich, ich drängte lebhaft, die Unterstützung unter allen Umständen zu geben. Einmal, um der Ausweitung des Kommunismus an dieser Stelle entgegenzutreten, zum zweiten aber, um meine junge Luftwaffe bei dieser Gelegenheit in diesem oder jenem technischen Punkt zu erproben. Ich sandte mit Genehmigung des Führers einen großen Teil meiner Transportflotte und sandte eine Reihe von Erprobungskommandos meiner Jäger, Bomber und Flakgeschütze hinunter und hatte auf diese Weise Gelegenheit, im scharfen Schuß zu erproben, ob das Material zweckentsprechend entwickelt wurde. Damit auch das Personal eine gewisse Erfahrung bekam, sorgte ich für einen starken Umlauf, das heißt, immer wieder neue hin und die anderen zurück.«

Hinter dieser trockenen Aussage verbirgt sich ein gewissenloses Unternehmen, das dem deutschen Volk bis zum letzten Akt vorenthalten wurde.

Legion Condor! Geheime Kommandosache!

Was hier in Nürnberg angeschnitten wird, zeigt wieder einmal das vertraute Gesicht der Politik Hitlers und seiner Gefolgsmänner: Am 8. August 1936 versichert der deutsche Geschäftsträger in London, Otto Fürst von Bismarck, dem britischen Außenminister im Namen der Reichsregierung, ›daß die deutsche Regierung keine Waffen und Kriegsmaterialien nach Spanien geliefert hat und auch keine liefern wird‹.

Er sagt die Unwahrheit. Deutsche Soldaten und deutsche Waffen sind längst nach Spanien unterwegs, sind dort schon im Einsatz und werden in ununterbrochenem Strom nachgeliefert. Deutsche kämpfen in einem fremden Land, Deutsche müssen auf einem fernen Schlachtfeld ihr Leben lassen. Mütter weinen um ihre Söhne – aber es wird den Hinterbliebenen einfach verboten, über den Grund ihrer Trauer zu sprechen. Goebbels verbietet jede Nachricht darüber.

Es darf eben nicht wahr sein, denn das könnte internationale Verwicklungen geben. Göring will nur einmal ›einige technische Punkte seiner jungen Luftwaffe im scharfen Schuß erproben‹. Der spanische Bürgerkrieg kommt ihm wie gerufen.

Doch dieser Kampf jenseits der Pyrenäen führt schließlich im Oberkommando der Luftwaffe zu verhängnisvollen Trugschlüssen. Was in Spanien gutgegangen ist, so folgert man irrtümlich, muß sich auch in einem kommenden großen Krieg bewähren. Die verderblichen Fehler dieser Überlegungen liegen in folgenden Punkten:

1. In Spanien kämpfte ein Elitekorps gegen einen weit unterlegenen Feind.
2. Das Operationsfeld umfaßte vergleichsweise nur kurze Entfernungen.
3. Die deutschen Einheiten im spanischen Bürgerkrieg stellten keine großen Führungsprobleme.
4. Es handelte sich um eine verhältnismäßig kleine und deshalb gut mit Nachschub zu versorgende Truppe.

Spanien sollte das große Manöverfeld der deutschen Wehrmacht und das Modell für künftige Kriege sein. Tatsächlich war es aber nur ein Idealfall, der sich nicht mehr wiederholte. Millionen deutscher Soldaten müssen für diesen Irrtum ihrer Führung später in den Weiten Rußlands, in Afrika und auf anderen ausgedehnten Kriegsschauplätzen ihr Leben lassen.

Wie ist es zu diesem Abenteuer überhaupt gekommen? Spanien hat Jahre der Krise hinter sich: 1931 hat König Alfons XIII. abgedankt, die nachfolgende Republik erlebt bis 1936 achtundzwanzig Regierungswechsel. Schließlich, am 16. Februar 1936, kommt es zu Neuwahlen, bei denen die sozialistische Volksfront mit 256 von 473 Sitzen im Parlament rechtmäßig an die Macht gelangt. Da putschen die Generale. In Spanisch-Marokko erheben sich die Truppen gegen die neue Regierung. General Francisco Franco, Kommandeur auf den Kanarischen Inseln, fliegt nach Marokko und übernimmt die Führung des Aufstandes. In Nordspanien putscht General Mola. Zur selben Stunde gelingt General Queipo de Llano ein Handstreich: mit 180 Mann erobert er Sevilla.

Doch in den anderen spanischen Provinzen, in Madrid und Barcelona vor allem, ist der Aufstand mißlungen, die Regierung Herr der Lage. Die Aufständischen sitzen in der Klemme. Sie müssen entweder kapitulieren oder versuchen, die marokkanischen Truppen unter Francos Befehl von Afrika auf das spanische Festland zu bringen. Dazu fehlen Transportmittel. Die Offiziere, die sich auf den spanischen Kriegsschiffen am Aufstand beteiligen wollen, sind von den Matrosen kurzerhand niedergemacht worden. So befindet sich die Flotte restlos in der Hand der Regierung.

Hilfesuchend wendet sich Franco an Mussolini und Hitler. Zwei deutsche Kaufleute, die im marokkanischen Tetuan wohnen, dienen als Vermittler. Sie eilen nach Berlin und verhandeln mit Hermann Göring, der sofort die Chance ergreift: Hier kann er endlich einmal seine Luftwaffe loslassen! Hitler entschließt sich zur bewaffneten Intervention. Zunächst wird General Walter Warlimont zu Franco geschickt, aber viel wichtiger ist die Luftwaffenhilfe. Da die spanische Flotte ausfällt, bleibt nur der Luftweg, um die Truppen von Marokko über das Mittelmeer nach Spanien zu bringen.

Und tatsächlich baut Göring nun die erste Luftbrücke der Welt. Als private Firma getarnt, wird zunächst einmal die *Hispano-Marokkanische Transport-Aktiengesellschaft* gegründet, kurz *Hisma* genannt. Sie nimmt ihren Betrieb mit zwei Flugzeuggeschwadern namens *Pablos* und *Pedros* auf. Die Heereseinheiten bekommen den Decknamen *Imker*. Das Ganze nennt sich *Legion Condor* und wird in den Berliner Geheimakten unter der bemerkenswerten Tarnbezeichnung *Unternehmen Feuerzauber* geführt. Im Juli 1936 geht in Hamburg ein seltsamer Haufen von 85 jungen Zivilisten an Bord des Dampfers *Usamaro*. Es handelt sich um ›Touristen‹ der *Reisegesell-*

schaft Union, um ›Kaufleute‹, ›Techniker‹ und ›Fotografen‹, wie aus den Reisepässen hervorgeht. Und so viele Koffer und Kisten haben diese Reisenden bei sich! Leider geht eine Kiste beim Verladen entzwei. Heraus fällt eine 250-Kilo-Bombe. Die Schiffsbesatzung macht große Augen, beruhigt sich dann aber mit der Erklärung, es handle sich um ein ›Sonderkommando zur Rückeroberung der deutschen Kolonien‹.

Von Hamburg fährt die *Usaramo* nach Cadiz in Spanien. Unter den Reisenden befinden sich zehn Jagdflieger der deutschen Luftwaffe, zehn Kampfbesatzungen und Personal. In Spanien werden sie mit einer zweiten Gruppe zusammentreffen, die am 27. Juli 1936 mit mehreren Ju 52 direkt nach Sevilla geflogen ist. Noch am selben Tag wird die Luftbrücke gebaut. Zwischen Tetuan in Afrika und Jerez de la Frontera bei Sevilla bringen Görings Ju 52 in kurzer Zeit 12000 Marokkaner und 134000 Kilogramm Munition übers Mittelmeer. Jetzt kann Franco mit seinem Bürgerkrieg überhaupt erst richtig anfangen!

Natürlich schlittert die deutsche Transportgesellschaft glatt mitten in den Hexenkessel hinein: Nachdem das regierungstreue spanische Schiff *Jaime I* ein paar Salven zwischen die verdächtigen Ju's geballert hat, werden die Maschinen mit Abwurfvorrichtungen versehen, und es dauert nicht lange, bis die *Jaime* bei einem deutschen Bombardement schwer beschädigt wird. Dafür wird nun wieder die *Usaramo* mit ihrer *Reisegesellschaft Union* beim Eintreffen in Cadiz von einem rotspanischen Kreuzer beschossen, kann aber trotzdem ihre ›Kaufleute‹, ›Techniker‹ und ›Fotografen‹ nebst Gepäck an Land setzen.

Von Wilhelmshaven her nehmen die Panzerschiffe *Deutschland* und *Admiral Scheer* Kurs auf Spanien. Ihre Aufgabe ist es, den Schutz und den Abtransport deutscher Staatsangehöriger aus den bedrohten Bürgerkriegsgebieten zu gewährleisten – denn dieser Bürgerkrieg, durch Görings Luftbrücke erst eigentlich ins Rollen gekommen, stürzt nun ganz Spanien in Chaos, Zerstörung und entsetzliche Leiden.

Britische, französische, amerikanische und italienische Kriegsschiffe erscheinen ebenfalls vor Spaniens Küsten. Fluchtartig verlassen alle Ausländer das unglückliche Land. Allein in Málaga nehmen deutsche und italienische Handelsdampfer unter dem Schutz der Kriegsschiffe rund zweitausend Deutsche an Bord.

Aber während sich die Marine tatsächlich auf ihre Sicherungsaufgaben beschränkt, greift die Luftwaffe aktiv und direkt in die Kämpfe ein.

Sie steht damit nicht allein: Mussolini hat ebenfalls Truppen für Franco zur Verfügung gestellt, und auf der anderen Seite der Front ist die Sowjetunion mit Menschen und Kriegsmaterial der Regierung in Madrid zu Hilfe gekommen. Neben diesen von Moskau, Rom und Berlin Abkommandierten gibt es Freiwillige, die aus freien Stücken nach Spanien kommen: Menschen, die aus politischer Überzeugung kämpfen wollen, aber auch Landsknechtsnaturen und Abenteurer aus der ganzen Welt, Franzosen, Engländer, Polen, Amerikaner, Tschechen, Portugiesen, Skandinavier. Die einen treten in den Dienst Francos, die Mehrheit in die *Internationale Brigade* der Volksfrontregierung. Spanien ist plötzlich zum Schlachtfeld der Welt geworden. Aus dem Aufstand der Generale ist der erste ›ideologische‹, der erste ›weltanschauliche‹ Krieg des zwanzigsten Jahrhunderts entstanden.

Am 6. August 1936 schlägt die französische Regierung den Mächten vor, ein gemeinsames Verbot von Waffenlieferungen an die kriegführenden Parteien zu beschlie-

Nach der Generalprobe in Spanien: Göring schreitet mit Freiherr von Richthofen die Front der ›Legion Condor‹ ab

ßen. Am 31. August erweitert Paris diesen Vorschlag und regt die Bildung eines generellen Nichteinmischungsausschusses an, an dessen Gründungssitzung sich kurz darauf sechsundzwanzig europäische Staaten beteiligen – darunter auch Deutschland, Italien und die Sowjetunion. Ein schwerfälliger Apparat setzt sich in Bewegung. Vollversammlungen und Ausschüsse tagen, die Delegierten tauschen Beschuldigungen und Gegenbeschuldigungen aus.

Berlin versichert am 7. Dezember 1936 erneut, ›daß sich keine deutschen Truppen in Spanien befinden‹. Joachim von Ribbentrop, Deutschlands Vertreter im Nichteinmischungsausschuß, behauptet, ›daß sich 25 000 französische und 35 000 sowjetische Freiwillige in Spanien aufhalten‹. Iwan Maiski, der Vertreter der Sowjetunion, sagt indessen, ›daß sechstausend gut ausgerüstete Deutsche in Spanien kämpfen‹.

Ribbentrop gesteht in seinen im Nürnberger Gefängnis geschriebenen Denkwürdigkeiten: ›Diesen Ausschuß hätte man besser ‚Einmischungsausschuß' nennen sollen, denn die ganze Tätigkeit seiner Mitglieder bestand darin, die Einmischung ihres Landes in Spanien mehr oder weniger geschickt zu vertreten oder zu vertuschen. Es war eine höchst unerfreuliche Arbeit.‹

Am 8. März 1937 endlich faßt der Nichteinmischungsausschuß den Beschluß, eine internationale Land- und Seekontrolle einzurichten, die es verhindern soll, daß ausländische Kämpfer und Waffen nach Spanien gelangen. Großbritannien, Frankreich, Deutschland und Italien werden mit der Kontrolle beauftragt. Deutschland fällt die Aufgabe zu, mit seiner Flotte die ostspanische Küste von Cap de Gata bis Cap Oropesa zu überwachen. Man hat die Böcke zum Gärtner gemacht. Denn während offiziell

Nichteinmischung und Seekontrolle gespielt wird, rollen Menschen- und Materiallieferungen insgeheim und ungestört weiter. Wie sagt doch Göring in Nürnberg: ›Ich sandte einen großen Teil meiner Transportflotte und eine Reihe von Erprobungskommandos meiner Jäger, Bomber und Flakgeschütze, sorgte für einen starken Umlauf, das heißt, immer wieder neue hin und die anderen zurück.‹

Drei Jahre lang muß das spanische Volk mit diesem Bürgerkrieg und allen seinen Greueln und Verwüstungen die Zeche für Stalin, Mussolini und Hitler-Göring bezahlen. Niemals hätten die Kämpfe ohne die fremde Einmischung so lange gedauert.

Dabei sieht die Partie anfangs für Göring noch recht kläglich aus. Sein Luftwaffenkommando, die *Legion Condor,* besteht zunächst aus vier Staffeln Kampfflugzeuge, vier Staffeln Jäger, einer Aufklärungsstaffel und zwei Staffeln Seeflugzeuge; dazu kommen mehrere Batterien schwere Flakartillerie und Luftnachrichtenverbände. Generalmajor der Flieger Hugo Sperrle, in Spanien unter dem Decknamen Sander getarnt, hat keine rechte Freude an den Leistungen des ihm unterstellten Kommandos. Bei der ›Probe im scharfen Schuß‹, wie Göring es nannte, zeigen sich sofort die Mängel der Berliner Luftwaffenplanung. Der erste deutsche Jagdverband in Spanien hat von Göring sechs Maschinen vom Typ He 51 bekommen, einmotorige Doppeldecker, die ganz an die Flugzeuge des Ersten Weltkriegs erinnern. Sie sind so langsam, daß sie nicht einmal die Bomber der Gegenseite einholen können. Der Martin-Bomber der Volksfrontregierung zum Beispiel ist um fünfzig Stundenkilometer schneller, ganz zu schweigen von den Devoitines, Curtis' und den sowjetischen Ratas. Wenn die Deutschen Abschüsse erzielen, handelt es sich vorwiegend um die langsamen Nieuport-Jäger oder um Bréguet- und Potez-Bomber.

Als Symbol haben Görings Flieger einen Zylinderhut an ihre Maschinen gemalt. Niemand weiß warum, aber die ironische Erklärung der Besatzungen lautet: »Das ist der dreizehnte Zylinder unserer Motoren, mit dem wir fast so schnell sind wie die feindlichen Bomber.« Neidvoll blicken sie auf die modernen Fiat-Jäger und Savoia-Bomber, die Mussolini geschickt hat. Erst zu Weihnachten 1936 treffen aus Deutschland schnellere Maschinen ein, und zwar Messerschmitt-Jäger 109, Schnellbomber vom Typ He 111 und die ersten Sturzkampfbomber. Dazu kommt als Aufklärungsflugzeug die Do 17, als Seeflugzeug die He 59.

Während des ganzen Winters, bis zum Frühjahr 1937, liegt der Schwerpunkt des Einsatzes für die Legion Condor an der Zentralfront von Madrid. Sie bombardiert Flugplätze, die mit sowjetischen Maschinen belegt sind, sowie die Kriegshäfen Cartagena, Alicante und Málaga. Zum erstenmal bringt sie auch eine ganz neue Kampftaktik ins Gefecht: die Unterstützung der Erdtruppen durch Bombenangriffe und Tiefflüge. Trotzdem bleibt die spanische Hauptstadt uneinnehmbar. Der Kampf um Madrid frißt sich im Stellungskrieg fest.

Auf Vorschlag von General Sperrle wenden sich Legion Condor und spanische Truppen nun der Nordfront zu. Hier entwickeln sich heftige Kämpfe um Bilbao, das am 19. Juni 1937 in Francos Hände fällt. Eilig muß die Legion gleich darauf in den Raum westlich Madrid geworfen werden, wo Regierungstruppen mit einem Entlastungsangriff die Schlacht um Brunete entfesselt haben. Hier setzt die Gegenseite modernstes Material ein, und die Deutschen erleiden zusammen mit Francos Truppen schwere Verluste.

Zurück zur Nordfront! Kampfflugzeuge der Legion beteiligen sich an der Eroberung von Santander, an der Unterwerfung ganz Asturiens. Wieder nach Madrid, wo Franco erneut zu einem vergeblichen Angriff antritt. Die Ablenkungsoffensive der Regierungstruppen bei Teruel, das zweimal den Besitzer wechselt, läßt die Pläne des Generals scheitern.

Sommer 1938 ist es geworden. Vier Monate lang toben schwere Kämpfe am Ebro. Es ist die größte Materialschlacht seit dem Ersten Weltkrieg. Nun zeichnet sich auch schon die Wende ab. Die Legion Condor erringt die Luftherrschaft, besonders mit ihrer modernen Me 109. Die rechtmäßige spanische Regierung wird in eine hoffnungslose Lage gedrängt, nachdem sie am Ebro 75 000 Mann verloren hat. Weihnachten 1938 beginnt Franco den Angriff auf Katalonien, der Legion Condor fällt die Aufgabe zu, die Offensive aus der Luft vorzubereiten. Pausenlos werden die rückwärtigen Linien der Regierungsstreitkräfte bombardiert. Die Verwirrung ist ungeheuer. Am 9. Februar 1939 steht Franco als Sieger an den Pyrenäen. Einen Tag später wendet er sich zum letztenmal gegen Zentralspanien. Mit dem Fall von Madrid am 28. März 1939 ist der Bürgerkrieg beendet.

Deutsche Soldaten kämpften für eine Sache, die ein Betrug gewesen ist wie so vieles andere, was man ihnen in Berlin vorgaukelte. Denn während sie glaubten, für nationale Interessen und für den gerechten Sieg Francos ihr Leben aufs Spiel zu setzen, verfolgten Hitler und seine Handlanger ganz andere Ziele. Im Nürnberger Prozeß hat bereits ein Dokument deutlicher gesprochen als jeder Kommentar: das Protokoll Hoßbachs über die Geheimbesprechung bei Hitler am 5. November 1937. In dieser Sitzung sagt Hitler nach Hoßbachs Aufzeichnungen: ›Andererseits sei vom deutschen Standpunkt ein hundertprozentiger Sieg Francos auch nicht erwünscht; wir seien vielmehr an einer Fortdauer des Krieges und der Erhaltung von Spannungen im Mittelmeer interessiert.‹

Das sind die Tatsachen, von denen die Männer der Legion Condor nichts wissen, Tatsachen, die von der offiziellen Propaganda übertönt werden, denn auch für Dr. Josef Goebbels ist der spanische Bürgerkrieg eine günstige Gelegenheit, seine Methoden ›im scharfen Schuß‹ zu erproben. Wie sehr kommt es Goebbels gelegen, als am 29. Mai 1937 spanische Regierungsflugzeuge in einer Bucht der Insel Ibiza zwei Bomben auf das dort liegende Panzerschiff *Deutschland* werfen! Dreiundzwanzig Besatzungsangehörige des Schiffes werden dabei getötet, acht weitere erliegen später ihren Verwundungen. Hitler erfährt die Nachricht während der Bayreuther Festspiele. Er kehrt sofort nach Berlin zurück und befiehlt dem Panzerschiff *Admiral Scheer*, als Vergeltung die rotspanische Hafenstadt Almería zu beschießen. Das Bombardement erfolgt befehlsgemäß am 31. Mai 1937.

Die deutschen Zeitungen sind voll davon. Aber sie schweigen über ein anderes Bombardement, das wenige Wochen vorher, am 26. April 1937, stattgefunden hat. Es ist ein denkwürdiges Datum und eines der dunkelsten Blätter in den Annalen Hermann Görings.

An jenem 26. April des Jahres 1937 nämlich erscheint Görings Legion Condor über dem spanischen Städtchen Guernica: Bomben fallen – immer neue Bomben von immer neuen Flugzeugwellen herangetragen –, und zum erstenmal in der Geschichte unserer Welt fallen diese Fliegerbomben nicht auf Kampftruppen, militärische Anlagen oder Rüstungswerke, sondern auf zivile Wohnviertel, auf offene Straßen und Plätze, auf ungeschützte Häuser, auf Frauen und Kinder. Zum erstenmal richten sich die Bordwaffen der heulenden Tiefflieger nicht gegen Soldaten, sondern gegen fliehende Zivilisten.

Guernica! Guernica!

Alles, was der kommende Krieg mit sich bringen wird — hüben wie drüben —, hat sich damit in Spanien schon abgezeichnet. Wie sagt doch Göring in Nürnberg: ›Ich drängte lebhaft, um meine junge Luftwaffe bei dieser Gelegenheit zu erproben. Ich sandte Erprobungskommandos meiner Jäger, Bomber ...‹

Guernica!

Und während die Legion auf dem Heimweg nach Deutschland ist, enthüllt Hitler selbst am 28. April 1939 das Geheimnis des verschwiegenen Kriegszuges in einer Rede vor dem Reichstag: »Das deutsche Volk wird dann erfahren, wie tapfer seine Söhne auch auf diesem Platz für die Freiheit eines edlen Volkes mitgekämpft haben und damit letzten Endes für die Errettung der europäischen Zivilisation!«

»Mag kommen, was will«, ruft Göring am 3. Mai 1939 in Hamburg der Legion entgegen, »ihr habt bewiesen, daß wir unbesiegbar sind!« Zwanzigtausend Legionäre marschieren am 6. Juni 1939 in Berlin an Adolf Hitler vorüber — offen, bejubelt und allen feierlichen Versicherungen von gestern zum Trotz, daß niemals Deutsche in Spanien gekämpft hätten. Unbesiegbar, wie Göring sie genannt hat, werden die selben Männer morgen in einen neuen Krieg gestoßen: knapp drei Monate nach der Siegesparade von Berlin beginnt der Zweite Weltkrieg.

Krieg

1 Stalin und die Kannibalen

»Diese Urkunde ist von geschichtlicher Bedeutung!«

Mit dieser Erklärung leitet der amerikanische Ankläger Sidney S. Alderman in Nürnberg einen neuen Abschnitt des Prozesses ein. In der Verhandlung spiegelt sich, wie das Schicksal Deutschlands und der europäischen Völker nun dem explosiven Höhepunkt zutreibt.

»Das Originaldokument«, fährt Alderman gelassen fort, »wurde erbeutet. Wir glauben, daß die Echtheit der Urkunde außer jedem Zweifel steht. Ihre Echtheit ist von dem Angeklagten Keitel zugegeben worden. Diese Urkunde ist von so großer geschichtlicher Wichtigkeit, daß ich mich veranlaßt sehe, sie fast vollständig zu verlesen.«

Wieder liegt eines der sogenannten Schlüsseldokumente auf dem Richtertisch. Alderman erläutert: »Dadurch, daß Hitlers Adjutant Schmundt sorgfältig und peinlich genau Aufzeichnungen machte, verfügen wir auch hier wieder über eine Urkunde in seiner eigenen Handschrift, welche die Katze aus dem Sack läßt. Sie stellt das Protokoll einer Konferenz dar, die am 23. Mai 1939 im Arbeitszimmer des Führers in der neuen Reichskanzlei stattfand. Der Angeklagte Göring war anwesend, der Angeklagte Raeder war anwesend und der Angeklagte Keitel war anwesend.«

Das Datum – der 23. Mai 1939 – ist entscheidend. Zwei Monate nach Hitlers Einmarsch in Prag, zwei Monate nach Beendigung des spanischen Geheimkrieges der Legion Condor, und nicht viel mehr als drei Monate vor Ausbruch des Zweiten Weltkriegs fällt die Entscheidung über das Leben von Millionen Menschen.

»Es heißt, die Umstände den Forderungen anzupassen«, erklärt Hitler den Teilnehmern der Berliner Geheimkonferenz. »Ohne Einbruch in fremde Staaten oder Angreifen fremden Eigentums ist dies nicht möglich. Die zurückliegende Zeit ist wohl ausgenützt worden. Alle Schritte waren folgerichtig auf das Ziel ausgerichtet. Nationalpolitische Einigung der Deutschen ist erfolgt. Weitere Erfolge können ohne Bluteinsatz nicht mehr errungen werden.«

Dann entwickelt Hitler seine Pläne: »Danzig ist nicht das Objekt, um das es geht. Es handelt sich für uns um Arrondierung des Lebensraumes im Osten und Sicherstellung der Ernährung. In Europa ist keine andere Möglichkeit zu sehen. Zwingt uns das Schicksal zur Auseinandersetzung mit dem Westen, ist es gut, einen größeren Ostraum zu besitzen. Es entfällt also die Frage, Polen zu schonen, und bleibt der Entschluß, bei erster passender Gelegenheit Polen anzugreifen. An eine Wiederholung der Tschechei ist nicht zu glauben. Aufgabe ist es, Polen zu isolieren. Das Gelingen der Isolierung ist entscheidend. Daher muß sich der Führer endgültigen Befehl zum Losschlagen vorbehalten.

Ist es nicht sicher, daß im Zuge einer deutsch-polnischen Auseinandersetzung ein Krieg mit dem Westen ausgeschlossen bleibt, dann gilt der Kampf primär England und Frankreich. Grundsatz: Auseinandersetzung mit Polen — beginnend mit Angriff gegen Polen — ist nur dann von Erfolg, wenn der Westen aus dem Spiel bleibt. Ist das nicht möglich, dann ist es besser, den Westen anzufallen und dabei Polen zu erledigen.

Wie wird diese Auseinandersetzung aussehen? Der Krieg mit England und Frankreich wird ein Krieg auf Leben und Tod. Die Ansicht, sich billig loskaufen zu können, ist gefährlich; diese Möglichkeit gibt es nicht. Die Brücken sind dann abzubrechen, und es handelt sich nicht mehr um Recht oder Unrecht, sondern um Sein oder Nichtsein von achtzig Millionen Menschen.

Frage: Kurzer oder langer Krieg? Jede Wehrmacht beziehungsweise Staatsführung hat sich jedoch auch auf den Krieg von zehn- bis fünfzehnjähriger Dauer einzurichten. Es besteht kein Zweifel, daß der überraschende Überfall zu einer schnellen Lösung führen kann. Es ist jedoch verbrecherisch, wenn die Staatsführung sich auf die Überraschung verlassen wollte. Anzustreben bleibt, dem Gegner zu Beginn einen oder den vernichtenden Schlag beizubringen. Hierbei spielen Recht oder Unrecht oder Verträge keine Rolle. Dies ist nur möglich, wenn man nicht durch Polen in einen Krieg mit England hineinschlittert.

Vorzubereiten ist der lange Krieg neben dem überraschenden Überfall unter Zerschlagung der englischen Möglichkeiten auf dem Festlande. Das Heer hat die Position in Besitz zu nehmen, die für Flotte und Luftwaffe wichtig sind. Gelingt es, Holland und Belgien zu besetzen und zu sichern sowie Frankreich zu schlagen, dann ist die Basis für einen erfolgreichen Krieg gegen England geschaffen. Die Zeit entscheidet gegen England. Deutschland verblutet nicht zu Lande. Wichtig ist der rücksichtslose Einsatz aller Mittel. Ziel ist immer, England auf die Knie zu zwingen.«

Soviel sei aus dem Protokoll hier zusammengefaßt. Die von Adjutant Rudolf Schmundt aufgezeichneten Ausführungen Hitlers zeigen ganz klar, was die Welt zu erwarten hat.

»Welche Bedeutung hatte diese Besprechung?« fragt Rechtsanwalt Dr. Otto Stahmer in Nürnberg seinen Mandanten Hermann Göring.

Die Antwort des Angeklagten lautet: »Es war eine Besprechung, die der Führer abgehalten hat, wo er Ausführungen machte über die Lage und die sich aus dieser Lage für die Wehrmacht ergebenden Aufgaben. Es kam in erster Linie darauf an, die Wehrmacht rüstungsmäßig und bereitstellungsmäßig darauf hinzuweisen, daß er mit allen möglichen politischen Entwicklungen rechnet und sich selbst damit volle Freiheit der Entschließungen vorbehalten wollte.«

Kurz nachdem Hitler seine Absichten klargelegt hat, nehmen sie in der Wehrmacht handgreifliche Gestalt an. Der Oberbefehlshaber des Heeres, Walter von Brauchitsch, gibt den Heeresgruppen und Armeen genaue Anweisungen für die bevorstehenden Kampfhandlungen. Der Befehl beginnt mit den Worten: ›Operationsziel ist die Vernichtung der polnischen Wehrmacht. Die politische Führung fordert, den Krieg mit überraschenden, starken Schlägen zu eröffnen und zu schnellen Erfolgen zu führen.‹

Neben diesen geheimen Vorbereitungen läuft öffentlich die ›psychologische Kriegführung‹ des Propagandaministers Goebbels auf vollen Touren. Am 26. März 1939 bereits — zehn Tage nach Hitlers Einmarsch in Prag — gibt Goebbels der deutschen Presse Anweisung, ›über Ausschreitungen gegen Volksdeutsche in Polen‹ zu berichten. Was derartige Meldungen bedeuten, hat die Welt inzwischen zu begreifen gelernt.

Zwei Tage nach der Propagandaanweisung von Dr. Goebbels ist schon ein neuer Krisenherd in Europa vorhanden. Im Mittelpunkt steht der Freistaat Danzig, ein politisches Zwittergebilde aus dem Jahre 1920, ein alter Zankapfel zwischen Deutschland und Polen. Danzig steht unter internationaler Völkerbundaufsicht, aber sowohl Deutschland als auch Polen trachten danach, es ihrem Staatsgebiet anzuschließen. Es ist die Zündschnur am Pulverfaß.

Josef Beck, der polnische Außenminister, reagiert auf Goebbels' Propagandawelle rasch und empfindlich. Am 28. März 1939 erklärt er dem deutschen Botschafter in Warschau, Graf Helmuth von Moltke, ›daß jede Intervention der deutschen Regierung für eine Änderung des bestehenden Status in Danzig als ein Angriff gegen Polen betrachtet werden wird‹.

Beck kündigt sofortige Gegenaktionen der polnischen Regierung an, läßt aber dennoch seine Gesprächsbereitschaft durchblicken.

»Sie wollen auf den Spitzen der Bajonette verhandeln!« entgegnet von Moltke aufgebracht.

Beck bemerkt darauf kühl: »Nach Ihrem System.«

Mit den Hintergründen des Kriegsausbruches tritt der Nürnberger Prozeß in Probleme ein, die für alle Beteiligten Überraschungen bergen. Unbehaglich sehen auch die Richter der vier Siegernationen den Dingen entgegen, die nun unweigerlich enthüllt werden müssen. Die sowjetischen Richter, Generalmajor Iola T. Nikitschenko und Oberstleutnant Alexander F. Wolchkow, zeigen wie immer unbewegliche Gesichter. Aber die sowjetische Anklagevertretung unter ihrem Hauptankläger Generalleutnant Roman A. Rudenko bereitet sich darauf vor, gegen die Front der deutschen Verteidiger zu kämpfen: Sie will um jeden Preis verhindern, daß Dinge ans Licht gebracht werden, durch die die Sowjetunion auf eine Ebene mit den Angeklagten gestellt wird.

Um diesen hintergründigen Kampf zu verstehen, muß man sich an einige Tatsachen erinnern, die allen Prozeßteilnehmern in Nürnberg deutlich im Gedächtnis sind, über die aber gerade deshalb kaum ein Wort gesprochen wird.

1. Polen ahnt, daß es Hitlers nächstes Opfer werden soll. Es ist entschlossen, sich zu verteidigen. In Warschau überschätzt man allerdings die eigene Stärke und unterschätzt die Schlagkraft der neuen deutschen Wehrmacht.

2. In London und Paris erkennt man, daß Polen vom Westen her nicht wirksam geholfen werden kann, falls es von Deutschland angegriffen wird. Die einzige Macht, die Polen gegen Hitler verteidigen könnte, ist die östlich an Polen grenzende Sowjetunion.

3. In Warschau lehnt man diese Hilfe nachdrücklich ab. Die polnische Regierung erkennt richtig, daß sie damit nur ein anderes Übel eintauschen würde: Statt von Hitler würde Polen dann am Ende eben von Stalin geschluckt werden.

4. Auch in London und Paris zieht man diese Schlußfolgerung. Wenn Hitler Krieg macht, so lauten dort die Überlegungen, wird nach seiner Niederlage — mit der man

bestimmt rechnen kann — die Sowjetunion ihre Hand auf das aufgelöste Osteuropa legen. Das ist dem Westen durchaus unerwünscht.

5. Die einzige Möglichkeit, eine Ausdehnung der Sowjetunion nach Westen zu verhindern, besteht folglich darin, es gar nicht zum Krieg kommen zu lassen. Der Westen muß mit Moskau zusammengehen, um Hitler von einem Angriff auf Polen abzuschrecken.

6. In Moskau ist man ganz der gleichen Auffassung. Nur zieht man andere Schlüsse daraus: Wenn Hitler am Krieg gegen Polen gehindert wird, kann sich die Sowjetunion nicht nach Westen ausdehnen — deshalb muß Hitler zum Krieg gegen Polen ermutigt werden.

Mit diesem schrecklichen Kreislauf politischer Erwägungen wird die Kriegsmaschine erbarmungslos zum Rollen gebracht. Es gibt keinen Ausweg, nachdem Hitlers Eroberungsdrang das Gespenst entfesselt und auf die europäische Bühne gebracht hat. Hitler allerdings ist weit davon entfernt, die Gedankengänge zu ahnen oder gar zu begreifen, die er in den führenden Gehirnen des Westens und des Ostens ausgelöst hat. Er *kann* diese Gedankengänge gar nicht ahnen, weil sie auf seiner Niederlage beruhen und weil er diesen entscheidenden Punkt niemals in seine Pläne einkalkuliert.

Viel weitblickender als in Berlin zeigt man sich im politisch feinnervigen Rom. Der italienische Botschafter in Berlin, Bernardo Attolico, ist ein glänzender Kenner der inneren Verhältnisse Deutschlands. Er glaubt kein Wort der Friedensbeteuerungen und ist überzeugt, daß Hitler auch Italien an der Nase herumführt.

Das entspricht genau den Tatsachen: Während sich Hitler längst endgültig zum Krieg entschlossen hat, hält er seinen Bündnispartner Mussolini in dem Glauben, wenigstens innerhalb der nächsten drei Jahre den Frieden wahren zu wollen. Attolico dagegen bombardiert seine Regierung mit Warnungen, so daß der italienische Außenminister, Graf Galeazzo Ciano, schließlich in sein berühmt gewordenes Tagebuch schreibt: ›Die Beharrlichkeit Attolicos macht mich doch bedenklich. Entweder hat dieser den Kopf gänzlich verloren, oder er sieht und weiß etwas, von dem wir nichts ahnen.‹

Am 6. August 1939 ist der Verdacht, von Hitler hintergangen zu werden, in Rom so stark geworden, daß Ciano mit Mussolini darüber spricht. Ciano vertraut seinem Tagebuch an: ›Wir stimmen darin überein, daß wir einen Ausweg finden müssen. Der deutsche Weg führt zum Krieg, wir würden unter den für Italien ungünstigsten Bedingungen in den Krieg gehen: wir sind weit davon entfernt, unsere Vorbereitungen vervollständigt zu haben. Ich schlage dem Duce eine neue Zusammenkunft zwischen Ribbentrop und mir vor. Er ist sehr einverstanden damit.‹

Ciano eilt zu Ribbentrop, um den Frieden zu retten, um wenigstens die wahren Absichten Berlins zu erfahren.

Die Begegnung findet am 11. August 1939 auf Ribbentrops Schloß Fuschl bei Salzburg statt. Der RAM, wie der Reichsaußenminister in den deutschen Dokumenten meist genannt wird, liebt den großartigen Rahmen. Doch auch das ist ein Punkt, den die Anklagevertretung in Nürnberg nicht übersehen hat. Als Zeuge ist darüber der Dolmetscher Dr. Paul Otto Schmidt von dem britischen Ankläger Sir David Maxwell-Fyfe vernommen worden.

Sir David: »Hatte der Angeklagte Ribbentrop, ehe er sich mit Politik befaßte, ein Haus in Berlin-Dahlem, ich glaube Lenzallee 19. Gehörte das ihm?«

Dr. Schmidt: »Jawohl, das trifft zu.«

Sir David: »Hatte er dann, als er Außenminister war, sechs Häuser? Gestatten Sie, daß ich Ihrem Gedächtnis nachhelfe und sie einzeln aufzähle. Ein Haus in Sonnenburg mit einem Grundbesitz von 750 Hektar und einem privaten Golfplatz. Dann ein Haus in Tanneck bei Düren, in der Nähe von Aachen, wo er Pferde züchtete. Dann eines in der Nähe von Kitzbühel, von wo aus er auf die Gemsjagd ging. Dann noch selbstverständlich Schloß Fuschl; das ist in Österreich, nicht wahr?«

Dr. Schmidt: »In der Nähe von Salzburg, ja.«

Sir David: »Dann hatte er ein Jagdgut in der Slowakei, Pustepole genannt, nicht wahr?«

Dr. Schmidt: »Der Name ist mir geläufig. Ich weiß auch, daß hier Herr von Ribbentrop manchmal zur Jagd hingefahren ist, aber über die Besitzverhältnisse weiß ich nichts.«

Sir David: »Ja, und dann bewohnte er auch ein Jagdschloß in der Nähe von Podersan, das dem Grafen Czernin im Sudetenland gehört hatte. Sagen Sie mir, hatten Reichsminister eigentlich ein festes Gehalt?«

Dr. Schmidt: »Ja.«

Sir David: »Wieviel war das?«

Dr. Schmidt: »Das kann ich nicht sagen.«

Sir David: »Wurde das geheimgehalten?«

Dr. Schmidt: »Nein. Es lag mir aber fern, mich dafür zu interessieren.«

Sir David: »Vielleicht können Sie diese Frage beantworten: Hat irgendein früherer Reichsaußenminister sich sechs Häuser und Landgüter verschiedener Größe von seinem Gehalt leisten können?«

Dr. Schmidt: »Ob er es hat tun können, darüber kann ich nichts sagen, aber er hat es nicht getan.«

Nach diesem aufschlußreichen Intermezzo kann man Ribbentrops Schloß Fuschl als Schauplatz der Ministerbesprechung mit anderen Augen betrachten.

Ciano wird von seinem deutschen Kollegen schon in den Anfängen des Gesprächs mit unabänderlichen Tatsachen über den Haufen gerannt. Mit einem Ruck reißt Ribbentrop den Friedensvorhang beiseite und läßt den Italiener die nackte, erschreckende Wirklichkeit sehen.

In Nürnberg legt Ankläger Maxwell-Fyfe die dramatischen Abschnitte aus dem Tagebuch des Grafen Ciano dem Gericht vor. Langsam verliest er, was der italienische Außenminister über die Besprechung schreibt: »›Es war in seinem Schloß Fuschl, daß mich Ribbentrop, während wir darauf warteten, uns zu Tisch zu setzen, von dem Entschluß, die Lunte ins Pulver zu werfen, informierte, geradeso, als ob er mit mir über die unwichtigste und gewöhnlichste Verwaltungsangelegenheit spräche.

‚Nun also, Ribbentrop', fragte ich, während wir nebeneinander durch seinen Garten spazierten, ‚was wollt ihr? Den Korridor oder Danzig?'

‚Jetzt nicht mehr', dabei glitzerte er mich mit seinen eiskalten Augen an, ‚wir wollen den Krieg.'‹«

Ciano trifft diese Mitteilung wie ein Keulenschlag. In seinem Bericht nach Rom schreibt er verzweifelt: ›Ich habe dargelegt, wie alle gegenwärtigen Bedingungen der europäischen Politik die bewaffnete Intervention Frankreichs und Englands als unvermeidlich erscheinen lassen. Vergeblich.‹
Seinem Tagebuch vertraut er an: ›Sie waren davon überzeugt, daß Frankreich und Großbritannien unbewegt der Abschlachtung Polens zusehen würden. Darüber wollte Ribbentrop mit mir sogar während einer der düsteren Mahlzeiten, die wir im Österreichischen Hof in Salzburg einnahmen, eine Wette abschließen. Wenn die Engländer und Franzosen neutral blieben, sollte ich ihm ein italienisches Gemälde geben müssen, für den Fall ihres Kriegseintrittes versprach er mir eine Sammlung altertümlicher Waffen.‹

Es ist ein schamloses Spiel.

»In Graf Cianos Tagebuch«, sagt Sir David in Nürnberg, »findet sich dann noch eine weitere Eintragung: ›Ribbentrop weicht jedesmal aus, wenn ich ihn über die Einzelheiten der bevorstehenden deutschen Aktion befrage. Er hat ein schlechtes Gewissen. Er hat mich zu oft wegen der deutschen Absichten gegen Polen angelogen, so daß er jetzt mehr als verlegen sein muß. Der Wille zum Kampf ist unabänderlich. Jegliche Lösung, die Deutschland zufriedenstellen oder den Kampf vermeiden könnte, weist er zurück. Ich weiß mit Sicherheit, daß die Deutschen selbst dann, wenn alle ihre Forderungen erfüllt würden, gleichwohl angreifen würden, weil sie vom Teufel der Zerstörung besessen sind. Unsere Unterhaltung nimmt mitunter eine dramatische Wendung. Ich zögere nicht, meine Meinung in brutalster Weise auszusprechen. Aber das erschüttert ihn nicht im mindesten. Die Atmosphäre ist eiskalt. Während des Abendessens sprechen wir kein Wort. Wir mißtrauen einander. Ich habe zumindest ein reines Gewissen, er nicht.‹

Was weiß Ribbentrop im Zeugenstand darüber zu sagen?

Sir David: »Sie entsinnen sich doch wohl, laut dem Tagebuch des Grafen Ciano hat dieser Sie gefragt: ›Was wollen Sie, den Korridor oder Danzig?‹ Sie blickten ihn daraufhin an und antworteten: ›Nicht mehr: wir wollen den Krieg.‹ Entsinnen Sie sich?«

Ribbentrop: »Ja, das ist absolut unwahr. Ich habe Graf Ciano damals gesagt, das liegt in derselben Linie: ›Der Führer ist entschlossen, dieses Problem so oder so zu lösen.‹ Das war die Sprachregelung, die ich vom Führer bekommen habe. Daß ich gesagt haben sollte, wir wollen den Krieg, ist auch deshalb absurd, weil das für jeden Diplomaten klar ist, daß man so etwas überhaupt nicht sagt, nicht einmal dem allerbesten und vertrautesten Bundesgenossen, aber bestimmt nicht Graf Ciano.«

Was Ribbentrop im Gerichtssaal nicht ausspricht, schreibt er im Gefängnis in sein Erinnerungsbuch: ›Ich weiß bestimmt, daß es mindestens zwei Tagebücher Cianos gibt. Ein Tagebuch ist bestimmt gefälscht. Ciano war nicht nur eifersüchtig und eitel, sondern auch hinterlistig und unzuverlässig. Mit der Wahrheit nahm er es nicht genau.‹

Nun, Ribbentrop, dem in Nürnberg eine Unwahrheit nach der anderen nachgewiesen wurde, schrieb diese verzweifelten Sätze der Rehabilitierung 1946, wenige Wochen vor seiner Hinrichtung. Inzwischen ist die Echtheit von Cianos Tagebüchern jedoch historisch erhärtet. ›Wir wollen den Krieg‹ — dieses Wort Ribbentrops steht unverrückbar in der tragischen Geschichte Europas.

Am selben Tag, an dem es gesprochen wurde, am 11. August 1939, wird es in einer Unterredung zwischen Hitler und dem Völkerbundkommissar für Danzig, Professor Carl J. Burckhardt, bestätigt. Burckhardt ahnt Hitlers Absichten und fühlt im Laufe der Besprechung diplomatisch vor: »Ich möchte Ihnen eine Frage stellen: Soll ich meine Kinder in Danzig lassen?«

»Es kann jeden Tag in Danzig etwas geschehen«, gibt Hitler gelassen zur Antwort. »Ich glaube, daß Ihre Kinder besser in der Schweiz wären.«

Ciano erfährt die Tatsachen am nächsten Tag in Berchtesgaden von Hitler selbst. Nach seiner Besprechung mit Ribbentrop muß der italienische Außenminister nun von Deutschlands letzter Instanz anhören, was er in seinem Tagebuch festhält: ›Ich bin mir bald klar, daß nichts mehr zu machen ist. Hitler hat beschlossen, zuzuschlagen, und er wird zuschlagen. Unsere Einwände vermögen ihn nicht im geringsten davon abzuhalten. Er hört nur mit wenig Anteilnahme und ungerührt an, was ich ihm über das Unheil sage, das ein Krieg über das italienische Volk bringen wird.‹ In Rom bricht kalter Schrecken aus. Es steht jetzt fest, daß Hitler Krieg will. Die erste Reaktion Mussolinis auf diese Erkenntnis ist der Plan, die Beziehungen zu Deutschland abzubrechen, um Italien aus dem bevorstehenden Konflikt herauszuhalten. Auf der anderen Seite fürchtet er Hitlers Zorn, der sich in einer militärischen Operation gegen Italien entladen könnte.

›Er will die Trennung von Deutschland vorbereiten‹, schreibt Ciano über Mussolinis Haltung, ›aber behutsam vorgehen und die Beziehungen mit Berlin nicht schroff abbrechen.‹

Mussolini selbst weiß, daß jetzt die unabwendbare Stunde geschlagen hat. Resigniert sagt er zu seinen Mitarbeitern: »Es ist nutzlos, zweitausend Meter hoch in den Wolken zu fliegen. Vielleicht ist man dann dem Ewigen Vater näher — wenn es ihn gibt —, aber man ist weiter von den Menschen entfernt. Diesmal ist es der Krieg.«

Um sich herauszuhalten, verschanzt sich Italien zunächst hinter seiner schlechten Rohstofflage. Hitler scheint zu spüren, was in Rom vorgeht. In einem Schreiben fragt er daher bei Mussolini an, mit welchen Rohstoffen Deutschland Italien helfen könnte. Jetzt glaubt Mussolini die gewünschte Handhabe zu besitzen. Mit seinen Sachverständigen stellt er eine Wunschliste auf, die von Deutschland unmöglich erfüllt werden kann. Sie umfaßt siebzig Millionen Tonnen der seltensten und wertvollsten Rohstoffe, für deren Transport nach Italien siebzehntausend Güterzüge notwendig wären.

Noch in der Nacht sitzt Mussolini mit seinem Außenminister und Schwiegersohn Ciano zusammen, um den wahnwitzigen Katalog zu vervollständigen. Ciano schreibt in sein Tagebuch: ›Wir stellten die Liste auf; sie würde einen Stier töten, wenn er sie lesen könnte.‹

Das schwindelerregende Dokument verschlägt in Berlin wirklich allen Wirtschaftsexperten den Atem.

»Und bis wann braucht Italien diese Rohstoffe?« wird Botschafter Attolico vorsichtig gefragt. Der Italiener verlangt das Unmögliche lächelnd mit einem einzigen Wort: *»Subito«* — Sofort. Damit ist entschieden, daß man mit Italien wenigstens bei Ausbruch des Krieges nicht rechnen kann. Aber plötzlich ist das für Hitler auch nicht mehr so wichtig. Inzwischen ist nämlich ein Ereignis eingetreten, das in der ganzen Welt wie eine Bombe einschlägt: Ribbentrop ist nach Moskau geflogen und hat ein Bündnis zwischen Hitler und Stalin unterzeichnet. Mussolini ist damit im Kräftespiel unversehens an die dritte Stelle gerutscht.

In Nürnberg gehen die sowjetischen Ankläger in Verteidigungsstellung. Der Pakt zwischen Hitler und Stalin und der dann von beiden *gemeinsam* verübte Raubüberfall auf Polen muß die Sowjetrichter des Internationalen Tribunals in eine unmögliche Situation, Ankläger und Richter der anderen drei Siegermächte in eine äußerst peinliche Lage bringen. In den Korridoren und hundert Bürozimmern des Nürnberger Justizpalastes sind die Tatbestände dieses Prozeßabschnittes das Tagesgespräch, und um so heftiger wird diskutiert, je ängstlicher das Gericht dem heißen Eisen ausweicht.

Wie sieht die geschichtliche Wahrheit aus? Seit dem 12. August des schicksalsschweren Jahres 1939 verhandeln in Moskau britische und französische Militärs mit dem Sowjetmarschall Kliment Woroschilow. Sie wollen ein Bündnis zwischen dem Westen und der Sowjetunion zustande bringen. Dieser Pakt soll Polen schützen und Hitler von weiteren Aktionen abschrecken. Die Verhandlungen ziehen sich hin. Woroschilow steht auf dem militärisch ganz logischen Standpunkt, daß die Rote Armee im Ernstfall Hitler nur dann entgegentreten könne, wenn ihr gestattet würde, durch Polen zu marschieren. Das aber wird von der Regierung in Warschau nach wie vor abgelehnt.

Während sich die Gespräche an diesem Punkt festlaufen, hat man in Berlin die Gefahr erkannt: ein Bündnis zwischen Großbritannien, Frankreich und der Sowjetunion würde alle Pläne Hitlers zunichte machen. Es gibt für Deutschland nur einen Ausweg, nämlich selber ein Bündnis mit der Sowjetunion zu suchen. Über Wirtschaftsverhandlungen, die seit langem zwischen Berlin und Moskau laufen, wird der Faden aufgegriffen.

Am 16. August 1939 schlägt Ribbentrop einen Besuch in Moskau vor. Der beim Kreml akkreditierte deutsche Botschafter, Werner Graf von Schulenburg, spricht darüber mit dem sowjetischen Außenkommissar Wjatscheslaw Molotow. Molotow kann sich aber für diese Idee nicht erwärmen. Ein Bündnis zwischen den ideologischen Todfeinden Bolschewismus und Nationalsozialismus ist für ihn undenkbar.

In diesem Augenblick greift Stalin selbst ein. Er ist ein viel besserer Schachspieler, sieht viel mehr Züge voraus als sein festgefahrener Außenminister. Er weist Molotow an, den deutschen Botschafter erneut zu sich zu bitten und ihm zu sagen, daß die Sowjetregierung bereit ist, Ribbentrop zu empfangen und einen Pakt mit ihm abzuschließen. In einer Geheimsitzung des Politbüros hält Stalin am 19. August 1939 eine Rede, die so wichtig für den Gang der Dinge ist, daß hier einige Stellen daraus angeführt werden müssen: »Wir sind absolut überzeugt«, erklärt der Diktator den Sitzungsteilnehmern, »daß Deutschland, wenn wir einen Bündnisvertrag mit Frankreich und Großbritannien abschließen, sich gezwungen sehen wird, vor Polen zurückzuweichen. Auf diese Weise könnte der Krieg vermieden werden, und die anschließende Entwicklung wird bei diesem Zustand der Dinge einen für uns gefährlichen Charakter annehmen. Auf der anderen Seite wird Deutschland, wenn wir sein Angebot zu einem Nichtangriffspakt annehmen, sicher Polen angreifen, und die Intervention Frankreichs und Englands in diesem Krieg wird unvermeidlich werden.

Unter solchen Umständen werden wir viele Chancen haben, außerhalb des Konfliktes zu bleiben, und wir können mit Vorteil abwarten, bis die Reihe an uns ist. Das ist genau das, was unser Interesse fordert. Daher ist unsere Entscheidung klar: Wir müssen das deutsche Angebot annehmen und die französisch-englische Mission mit einer höflichen Ablehnung in ihre Länder zurückschicken. Ich wiederhole, daß es in unserem Interesse ist, wenn der Krieg zwischen dem Reich und dem anglo-französischen Block ausbricht. Es ist wesentlich für uns, daß der Krieg so lange wie möglich dauert, damit die beiden Gruppen sich erschöpfen. In der Zwischenzeit müssen wir die politische Arbeit in den kriegführenden Ländern intensivieren, damit wir gut vorbereitet sind, wenn der Krieg sein Ende nehmen wird.«

Stalins Konzept ist teuflisch, aber nichtsdestoweniger allen Gedankengängen in Berlin, London und Paris überlegen.

Stalin will Hitlers Krieg.

Zwei Tage nach der entscheidenden Sitzung des Politbüros wird die britisch-französische Militärmission nach Hause geschickt. Und abermals zwei Tage später, am 23. August 1939, schließt Ribbentrop in Moskau den Nichtangriffspakt zwischen Deutschland und der Sowjetunion ab. Die Welt erstarrt bei der Sensationsnachricht, ohne die Hintergründe auch nur zu ahnen.

Genau zwei Jahre später jedoch, am 23. August 1941, bald nach Beginn des mörderischen Krieges zwischen Deutschland und der Sowjetunion, erklärt Stalin öffentlich: »Man könnte fragen: Wie konnte es geschehen, daß sich die Sowjetregierung auf den Abschluß eines Nichtangriffspaktes mit solchen wortbrüchigen Leuten und Ungeheuern wie Hitler und Ribbentrop eingelassen hat? Ist hier nicht ein Fehler begangen worden? Natürlich nicht! Ein Nichtangriffspakt ist ein Friedenspakt. Ich denke, kein friedliebender Staat kann ein Friedensabkommen mit einem benachbarten Reich ablehnen, selbst wenn an der Spitze dieses Reiches solche Ungeheuer und Kannibalen stehen wie Hitler und Ribbentrop.«

Mit diesen bemerkenswerten Worten will Stalin vor der Welt den Kopf aus der Schlinge ziehen. Nicht so einfach können es sich die sowjetischen Ankläger und Richter in Nürnberg machen. Die deutsche Verteidigung hat in den Jahren 1945 und 1946 noch keine Kenntnis von der Politbüro-Rede Stalins, die erst später auch der deutschen Geschichtskunde zugänglich wurde. Die Verteidigung muß sich allein auf ein anderes Dokument beschränken, das freilich noch schwerwiegender ist.

Es handelt sich um das geheime Zusatzprotokoll zu dem in Moskau abgeschlossenen Nichtangriffspakt. In diesem Geheimprotokoll wird die Beute aus dem bevorstehenden Krieg gegen Polen zwischen Deutschland und der Sowjetunion geteilt. ›Abgrenzung der beiderseitigen Interessensphären in Osteuropa‹, heißt es in der Sprache des Dokumentes. Und weiter: ›Für den Fall einer territorial-politischen Umgestaltung in den zu den baltischen Staaten (Finnland, Estland, Lettland, Litauen) gehörenden Gebieten bildet die nördliche Grenze Litauens zugleich die Grenze der Interessensphären Deutschlands und der UdSSR. Für den Fall einer territorial-politischen Umgestaltung der zum polnischen Staate gehörenden Gebiete werden die Interessensphären Deutschlands und der UdSSR ungefähr durch die Linie der Flüsse Narew, Weichsel und San abgegrenzt. Hinsichtlich des Südostens Europas wird von sowjetischer Seite das Interesse an Bessarabien betont. Von deutscher Seite wird das völlig politische Desinteressement an diesen Gebieten erklärt.‹

Das Dokument, unterschrieben von Molotow und Ribbentrop, endet mit den Worten: ›Dieses Protokoll wird von beiden Seiten streng geheim behandelt werden.‹

Tatsächlich bleibt es bis zum März 1946 geheim. Um diese Zeit erfahren die deutschen Verteidiger in Nürnberg zum erstenmal von seiner Existenz. Das Gerücht verbreitet sich im Justizpalast, in den Zimmern der Anwälte wirkt es sensationell. Für die Juristen nämlich bedeutet es: Eine der Richternationen wird einer Tat beschuldigt, die den Angeklagten vorgeworfen wird: Vorbereitung des Angriffskrieges! Und wenn es gelingt, die Beteiligung der Sowjetunion am Angriffskrieg Hitlers zu beweisen, dann muß der ganze Prozeß mit einem Krach in sich zusammenbrechen ...

Die Irrwege des geheimen Zusatzprotokolls sind damals nicht genau bekanntgeworden. Der Verteidiger des Angeklagten Rudolf Heß und spätere bayerische Innenminister, Dr. Alfred Seidl, der das Dokument 1946 in seine Hände bekam, hat geschwiegen. Erst später hat er das Geheimnis gelüftet: Im März 1946, so berichtet Dr. Seidl, kommt er während einer Verhandlungspause in Nürnberg mit einem amerikanischen Journalisten ins Gespräch. Dieser verfügt über glänzende Beziehungen zum Außenministerium in Washington und spielt kurz darauf Dr. Seidl eine Fotokopie des Geheimprotokolls in die Hände.

Seidl ist fassungslos. Er ahnt sofort, daß ihm hier das Schicksal eine juristische Atombombe in den Schoß geworfen hat. Heute vertritt er die Meinung, daß die Fotokopie bewußt von einigen weitsichtigen Leuten des amerikanischen Außenministeriums an ihn lanciert wurde. Auf jeden Fall eilt der Anwalt zu dem Angeklagten Ribbentrop, der das Dokument als echt bezeichnet. Ebenso bestätigt der in Nürnberg als Zeuge anwesende Botschafter Dr. Friedrich Gaus die Echtheit. Nun begibt sich Seidl zu dem britischen Ankläger Sir David Maxwell-Fyfe. Dieser erkennt die Tragweite der plötzlich aufgetauchten Geisterpapiere und gibt dem deutschen Anwalt den köstlichen Rat, doch damit zu der sowjetischen Anklagebehörde zu gehen.

Auch das tut Dr. Seidl. Er meldet sich beim sowjetischen Hauptankläger Roman Rudenko, bekommt aber nur den Hilfsankläger N. D. Zorya zu sprechen — denselben übrigens, der sich wenig später noch während des Prozesses in Nürnberg ›beim Waffenreinigen‹ erschießt. Zorya erklärt Seidl: »Die sowjetische Delegation hält einen Gegenstand für eine solche Besprechung für nicht existent.«

Wahrscheinlich erklärt er das sogar guten Glaubens, und erst nachdem die Bombe im Gerichtssaal geplatzt ist, erfährt General Rudenko bei einer Rückfrage in Moskau, daß es wirklich ein geheimes Zusatzprotokoll gegeben hat.

Am 25. März 1946 läßt Dr. Seidl im Gerichtssaal die Mine ohne jede Vorwarnung hochgehen.

Dr. Seidl: »Eine Woche vor Ausbruch des Krieges und drei Tage vor dem geplanten Aufmarsch gegen Polen wurde zwischen diesen beiden Staaten noch ein geheimes Abkommen getroffen.«

Vorsitzender, Lordrichter Lawrence: »Dr. Seidl, Sie haben hoffentlich nicht die Vorschrift des Gerichtshofs vergessen, daß jetzt nicht die geeignete Gelegenheit ist, eine Rede zu halten?«

Dr. Seidl: »Ich beabsichtige nicht, eine Rede zu halten, sondern ich beabsichtige, einleitende Worte zu sagen zu einem Dokument, das ich dem Gerichtshof überreichen werde.«

Vorsitzender: »Dr. Seidl, wir haben das Dokument noch gar nicht gesehen. Haben Sie ein Exemplar für die Anklagebehörde? Haben die Anklagevertreter etwas dagegen, daß aus diesem Dokument verlesen wird?«

Roman Rudenko, Hauptankläger der Sowjetunion: »Herr Vorsitzender! Ich weiß nichts von dem Bestehen eines solchen Dokuments, und ich beanstande entschieden seine Verlesung. Ich weiß nicht, von welchen Geheimnissen, von welchen geheimen Abkommen der Verteidiger von Heß spricht. Ich würde sie zum mindesten als unbegründet kennzeichnen. Daher bitte ich, das Verlesen dieses Dokuments nicht zuzulassen.«

Dr. Seidl: »Unter diesen Umständen sehe ich mich gezwungen, den Außenkommissar der Sowjetunion, Molotow, als Zeugen zu laden.«

Vorsitzender: »Dr. Seidl! Das erste, was Sie zu tun haben, wäre, daß Sie dieses Dokument übersetzen lassen. Wir wissen nicht, was das Dokument enthält.«

Dr. Seidl: »In dem Dokument steht . . .«

Vorsitzender: »Nein, der Gerichtshof ist nicht bereit, von Ihnen zu hören, was in dem Dokument steht. Wir wollen das Dokument selber sehen, und zwar sowohl in Englisch als auch in Russisch. Wenn das erfolgt ist, werden wir diese Angelegenheit erneut behandeln.«

Damit ist die Sache zunächst abgebogen. Aber Dr. Seidl läßt nicht locker. Am 1. April 1946 nimmt er Ribbentrop als Zeugen ins Verhör.

Dr. Seidl: »Herr Zeuge! Die Präambel zu dem am 23. August 1939 zwischen Deutschland und der Sowjetunion abgeschlossenen Geheimvertrag hat ungefähr folgenden Wortlaut: ›Im Hinblick auf die gegenwärtige Spannung zwischen Deutschland und Polen wird für den Fall eines Konflikts folgendes vereinbart.‹«

Ribbentrop: »An den genauen Wortlaut entsinne ich mich nicht, aber ungefähr stimmt es so.«

Vorsitzender: »Dr. Seidl, welches Dokument werden Sie jetzt verlesen?«

Rudenko: »Ich möchte den Gerichtshof darauf hinweisen, daß wir hier nicht die Fragen erörtern, die sich mit der Politik der verbündeten Staaten befassen, sondern wir behandeln hier die konkreten Anschuldigungen gegen die deutschen Hauptkriegsverbrecher, und die Fragen der Verteidiger sind lediglich ein Versuch, die Aufmerksamkeit des Gerichtshofs abzulenken. Deshalb halte ich es für richtig, solche Fragen als nicht sachdienlich zurückzuweisen.«

Vorsitzender: »Dr. Seidl, Sie können die Fragen stellen.«

Nach dieser Entscheidung des Vorsitzenden kann Dr. Seidl das Problem endlich aufrollen. Ribbentrop greift den Faden erleichtert auf und sagt: »Es wurden ja auch dann die östlichen Gebiete Polens von den sowjetischen Truppen, die westlichen Gebiete von den deutschen Truppen besetzt. Es ist kein Zweifel, daß Stalin Deutschland niemals den Vorwurf eines Angriffskrieges über sein Vorgehen in Polen machen kann, da, wenn von einem Angriff hier gesprochen wird, dies auf beiden Seiten liegen würde.«

Doch mit dieser Aussage ist die Sensation schon vorbei. Ein Prozeß, vom Willen der Weltmächte geführt, kann nicht von einem Stück Papier über den Haufen geworfen werden, auch wenn der Inhalt noch so schwerwiegend ist. Zweimal noch versucht Dr. Seidl, das Geheimprotokoll in die Waagschale zu werfen, doch die endgültige Ablehnung durch das Gericht ist unvermeidlich, und dafür wird auch eine gute Begründung gefunden: Seidl weigert sich nämlich, bekanntzugeben, woher er das Dokument bekommen hat. So wird es dem Tribunal leicht, das ganze Zusatzprotokoll als ein ›Beweisstück zweifelhafter Herkunft‹ anzusehen und auszuschließen.

Die Argumentation Dr. Seidls, die Sowjets könnten als Mittäter nicht zugleich Richter sein, fällt damit ebenfalls unter den Tisch. Der Prozeß geht weiter — aber das geheime Zusatzprotokoll ist nicht aus der Welt geschafft worden: Es steht heute im Wortlaut in jedem guten Geschichtswerk, es ist eine historische Tatsache.

»Nur in der Sowjetunion und den Ostblockländern wird es auch heute noch totgeschwiegen«, erzählt uns Dr. Alfred Seidl 32 Jahre danach. Der Jurist, bis 1978 bayerischer Innenminister, freut sich noch heute diebisch über die Wirkung seiner Bombe, die einer der Höhepunkte des Nürnberger Prozesses war. In seinem Ministerium am Münchner Odeonsplatz, nur wenige Meter entfernt von der Feldherrnhalle, vor der 1923 Hitlers Putsch blutig endete, erzählte er uns: »Natürlich wußten die Westmächte Bescheid, welche Sensation sich da anbahnte. Als ich den Botschafter Gaus zum erstenmal auf das geheime Zusatzprotokoll ansprach, wurde unser Gespräch mitgehört. Die Kabel unter dem Tisch waren kaum zu übersehen. Und so bat ich den Zeugen, nicht mehr zu sagen, als was er später auch im Gericht sagen wolle. Heute weiß ich, daß im Mai 1945 etwa 2000 Mikrofilme mit geheimstem Material des Auswärtigen Amtes den Amerikanern übergeben worden waren. Darunter auch das Zusatzprotokoll, das man mir dann ein Jahr später zuspielte.«

Kaum sind die Unterschriften auf dieses Dokument gesetzt, löst Hitler den Krieg aus — und nimmt ein paar Stunden später den Angriffsbefehl wieder zurück.

Was ist geschehen? Aus unerklärlichen Gründen bekommt Europa noch ein paar Tage Gnadenfrist geschenkt. In Nürnberg erscheint Görings Hauptentlastungszeuge Birger Dahlerus.

2 Die letzten Hoffnungen

»Unter den Akten des Oberkommandos der Wehrmacht in Flensburg wurden zwei Reden gefunden, die Hitler auf dem Obersalzberg am 22. August 1939 vor den Oberbefehlshabern der Wehrmacht gehalten hat.«

Mit diesen Worten kommt der amerikanische Ankläger Sidney S. Alderman im Nürnberger Gerichtssaal auf die letzten Tage vor Ausbruch des Krieges zu sprechen. In Nürnberg werden die wesentlichen Stellen von Hitlers Ausführungen verlesen: »›Ich habe Sie zusammengerufen, damit Sie Einblick tun in die einzelnen Elemente, auf die sich mein Entschluß zu handeln aufbaut. Es war mir klar, daß es früher oder später zu einer Auseinandersetzung mit Polen kommen mußte. Ich faßte den Entschluß bereits im Frühjahr.‹«

Hitler bezieht sich damit auf seine Besprechung mit den Oberbefehlshabern vom 23. Mai 1939 in Berlin. Damals sagte er: »Es entfällt also die Frage, Polen zu schonen, und bleibt der Entschluß, bei erster passender Gelegenheit Polen anzugreifen.«

Nun ist es soweit.

Auf dem Obersalzberg sagt Hitler den Anwesenden ganz klar, warum er sich gerade jetzt zum Angriff auf Polen entschlossen hat. Alderman liest vor: »›Als Gründe führe ich an: Meine eigene Persönlichkeit und die Mussolinis. Wesentlich hängt es von mir ab, von meinem Dasein, wegen meiner politischen Fähigkeiten. In der Zukunft wird es wohl niemals wieder einen Mann geben, der mehr Autorität hat als ich. Mein Dasein ist also ein großer Wertfaktor. Ich kann aber jederzeit von einem Verbrecher, von einem Idioten beseitigt werden. Der zweite persönliche Faktor ist der Duce. Auch sein Dasein ist entscheidend. Der Duce ist der nervenstärkste Mann in Italien.

Auf der Gegenseite ein negatives Bild, soweit es die maßgebenden Persönlichkeiten betrifft. In England und Frankreich gibt es keine Persönlichkeit von Format. Unsere Gegner haben Führer, die unter dem Durchschnitt stehen. Keine Herren, keine Tatmenschen.

Neben den persönlichen Faktoren ist die politische Lage für uns günstig. Alle diese glücklichen Umstände bestehen in zwei bis drei Jahren nicht mehr. Niemand weiß, wie lange ich noch lebe. Deshalb Auseinandersetzung besser jetzt. Das Verhältnis zu Polen ist untragbar geworden. Jetzt ist der Zeitpunkt günstiger als in zwei bis drei Jahren. Attentat auf mich oder Mussolini könnte Lage zu unserem Nachteil ändern. Jetzt ist die Wahrscheinlichkeit noch groß, daß der Westen nicht eingreift. Wir müssen mit rücksichtsloser Entschlossenheit das Wagnis auf uns nehmen. Eiserne Nerven, eiserne Entschlossenheit. Ich habe nur Angst, daß mir noch im letzten Moment irgendein Schweinehund einen Vermittlungsplan vorlegt.‹«

Das ist die Sprache des Mannes, der öffentlich nie müde geworden ist, der Welt seinen Friedenswillen zu versichern. Noch am selben Tag entwickelt Hitler seine Pläne in einer zweiten Rede vor demselben Kreis weiter. Wieder werden die entscheidenden Stellen in Nürnberg verlesen: »›Eine lange Friedenszeit würde uns nicht guttun. Es ist also notwendig, mit allem zu rechnen. Vernichtung Polens im Vordergrund. Ich werde propagandistischen Anlaß zur Auslösung des Krieges geben, gleichgültig, ob glaubhaft. Der Sieger wird später nicht danach gefragt, ob er die Wahrheit gesagt hat oder nicht. Bei Beginn und Führung des Krieges kommt es nicht auf das Recht an, sondern auf den Sieg. Herz verschließen gegen Mitleid. Brutales Vorgehen. Der Stärkere hat das Recht. Größte Härte. Erste Forderung: Vordringen bis zur Weichsel und bis zum Narew. Unsere technische Überlegenheit wird die Nerven der Polen zerbrechen. Jede sich neubildende lebendige polnische Kraft ist sofort wieder zu vernichten. Fortgesetzte Zermürbung. Restlose Zertrümmerung Polens ist das militärische Ziel. Schnelligkeit ist die Hauptsache. Verfolgung bis zur völligen Vernichtung. Auslösung wird noch befohlen, wahrscheinlich Samstagmorgen.‹«

Samstagmorgen – das ist der 26. August 1939.

›Göring antwortet an den Führer mit Dank und der Versicherung, daß die Wehrmacht ihre Pflicht tun würde.‹ Damit schließen die Dokumente, deren Sinn und Inhalt in Nürnberg von keinem der Angeklagten bestritten wird.

Der Krieg ist beschlossene Sache.

Am 25. August 1939, wie er es vorausgesagt hat, erteilt Adolf Hitler der deutschen Wehrmacht den Befehl, am nächsten Morgen um 4 Uhr 45 den Angriff gegen Polen zu eröffnen.

Doch am Abend nimmt er überraschend diesen Befehl wieder zurück. Die Lage hat sich plötzlich geändert: Aus London ist die Nachricht eingetroffen, daß Großbritannien mit Polen einen Beistandspakt abgeschlossen hat, der ganz klar gegen einen deutschen Angriff gerichtet ist. Vor dieser Tatsache schrickt Hitler einen Augenblick lang zurück. Er hat zwar inzwischen selber einen Pakt mit der Sowjetunion in der Tasche, aber die Entschlossenheit der britischen Regierung, Polen im Fall eines Angriffs zu helfen, läßt ihn zaudern. So greift er einen Gedanken wieder auf, den er ebenfalls schon am 23. Mai 1939 seinen Oberbefehlshabern auseinandergesetzt hat: »Aufgabe ist es, Polen zu isolieren. Das Gelingen der Isolierung ist entscheidend.«

Gibt es jetzt noch eine Möglichkeit, Polen und Großbritannien wieder zu trennen? Mit anderen Worten: Könnte es jetzt noch gelingen, die britische Regierung dazu zu bewegen, trotz ihres Beistandspaktes der Vernichtung Polens tatenlos zuzusehen?

In dieser verfahrenen Situation tritt ein Mann auf die Bühne der Weltpolitik, von dem man vorher nie etwas gehört hat. Es ist der schwedische Ingenieur und Industrielle Birger Dahlerus. Ein Privatmann. Vor Jahren einmal ist er mit Hermann Göring bekannt geworden. Jetzt, in der großen Krise Europas, glaubt er, mit seinen geringen Kräften einem Weltkrieg entgegentreten zu können. Unversehens gerät er dabei in den Hexenkessel der Spannungen, von deren wahren Hintergründen er keine Ahnung hat. Doch sechs Jahre später wird er von dem Angeklagten Göring nach Nürnberg ge-

Die beiden Diktatoren: Benito Mussolini beim Staatsbesuch in Berlin mit Hitler: ›Ich bin bereit, mit ihm durch dick und dünn zu gehen.‹

rufen, um als Entlastungszeuge auszusagen. Zunächst wird er von Görings Verteidiger, Dr. Otto Stahmer, vernommen. Vor dem Gericht entrollt sich eine abenteuerliche Geschichte.

Dr. Stahmer: »Herr Dahlerus! Wollen Sie dem Gerichtshof erzählen, wie Sie dazu gekommen sind, sich als Privatmann und Schwede um eine Verständigung zwischen England und Deutschland zu bemühen?«

Dahlerus: »Ich kannte England sehr gut, da ich dort zwölf Jahre lang gelebt hatte, und ich kannte Deutschland ebenfalls sehr gut. Während eines Besuches in England Ende Juni 1939 fand ich überall absolute Entschlossenheit, daß die britische Bevölkerung keine weiteren Angriffsakte Deutschlands dulden würde. Am 2. Juli kam ich mit einigen Freunden im Constitutional Club zusammen. Wir besprachen die gegenwärtige Lage, und sie schilderten die allgemeine öffentliche Meinung Großbritanniens in ziemlich klarer Weise: England will den Frieden, aber nicht den Frieden um jeden Preis. Das deutsche Volk ist den Briten durchaus annehmbar, und es scheint keinen vernünftigen Grund für eine bewaffnete Auseinandersetzung zu geben. Wie das letztemal wird Deutschland mit Bestimmtheit wieder besiegt werden und wird auf dem Weg des Krieges weitaus weniger erreichen als durch friedliche Verhandlungsmethoden. England und seine Freunde werden ebenfalls schwer zu leiden haben, möglicherweise führt das das Ende der Zivilisation herbei.

Nachdem ich beobachtet hatte, daß man im Dritten Reich nicht geneigt war, unangenehme Berichte weiterzugeben, hielt ich es sowohl für meine Pflicht als auch für sehr wertvoll, wenn diese deutlichen britischen Meinungsäußerungen den höchsten deutschen Stellen mitgeteilt würden.«

Dr. Stahmer: »Herr Dahlerus, handelte es sich bei Ihren Freunden um Mitglieder des britischen Parlaments?«

Dahlerus: »Nein, es waren Leute aus der Geschäftswelt. Nachdem ich mich mit meinen Freunden über die Ratsamkeit einer Reise nach Deutschland geeinigt hatte, reiste ich ab und bekam eine Audienz bei Göring für den 6. Juli, vier Uhr nachmittags in Karinhall. Ich gab Göring bekannt, was ich in England beobachtet hatte, und betonte sehr stark, daß alles unternommen werden müßte, um die Möglichkeit eines Krieges zu vermeiden. Ich schlug ihm vor, man solle eine Zusammenkunft arrangieren, bei der er und einige andere deutsche Regierungsmitglieder die Gelegenheit hätten, mit Engländern zusammenzukommen, die mit den Zuständen absolut vertraut seien.

Am 8. Juli erhielt ich von Göring die Antwort, daß Hitler mit diesem Plan einverstanden sei. Die Zusammenkunft fand statt im Sönke-Nissen-Koog in Schleswig-Holstein, in der Nähe der dänischen Grenze. Das Haus gehört meiner Frau. Sieben Engländer, Göring, General Bodenschatz und Dr. Schöttl waren anwesend. Es war am 7. August, und die Besprechung begann damit, daß Göring die Engländer ersuchte, ihm irgendwelche Fragen vorzulegen.

Die Engländer ließen keinen Zweifel darüber aufkommen, daß, falls Deutschland versuchen würde, fremdes Gebiet zu besetzen, das britische Empire Polen beistehen würde. Göring erklärte auf sein Ehrenwort als Staatsmann und Soldat, daß, obwohl er die stärkste Luftflotte der Welt befehlige und versucht sein könnte, diese Luftflotte in den Kampf zu führen, er alles tun würde, was in seiner Macht stünde, um einen Krieg zu verhindern.«

Dr. Stahmer: »Waren an dieser Besprechung englische Parlamentsmitglieder beteiligt?«

Dahlerus: »Nein, nur englische Geschäftsleute. Die englischen Beteiligten reisten früh am 9. August von Deutschland ab und unterbreiteten sofort nach ihrer Rückkehr dem Foreign Office Bericht. Am 21. August erfuhr ich, daß zwischen Rußland und Deutschland ein Handelsabkommen abgeschlossen worden sei. Am nächsten Tag wurde dies zu einem Abkommen über andere politische Fragen erweitert. Am 23. August wurde ich telefonisch von Göring gebeten, falls möglich, sofort nach Berlin zu kommen.«

Dr. Stahmer: »Wies er auf die Bedrohlichkeit der Lage bei diesem Gespräch hin?«

Dahlerus: »Ja, Göring erklärte, daß die Lage in der Zwischenzeit sehr ernst geworden sei.«

Natürlich! Man muß sich an dieser Stelle daran erinnern, daß Hitler tags zuvor auf dem Obersalzberg den Kriegsbeginn schon auf den 26. August festgelegt hatte.

Dr. Stahmer: »Wann trafen Sie dann mit Göring zusammen?«

Dahlerus: »Ich kam am 24. August in Berlin an und kam nachmittags mit Göring zusammen. Er sagte mir, daß die Lage sehr ernst geworden sei, und zwar infolge der Tatsache, daß die Einigung zwischen Polen und Deutschland nicht zustandegekommen sei. Er fragte mich, ob ich nicht nach London reisen und dort die Lage erklären könnte.«

Dr. Stahmer: »Wann reisten Sie dann nach London ab?«

Dahlerus: »Am nächsten Morgen, am 25. August, einem Freitag. Am späten Nachmittag hatte ich dort eine wichtige Zusammenkunft mit Lord Halifax. Er teilte mir mit, daß am gleichen Tage Henderson, der britische Botschafter in Berlin, mit Hitler gesprochen habe. Lord Halifax gab dabei der Hoffnung Ausdruck, daß eine Einigung durchaus möglich sein dürfte, und daß er nicht glaube, daß meine Dienste weiter benötigt würden.«

Wieder ist das Datum wichtig: Es ist der 25. August, an dem Hitler morgens den Angriffsbefehl erteilt und ihn am Abend nach Bekanntwerden des britisch-polnischen Beistandspaktes zurücknimmt.

Dr. Stahmer: »Haben Sie an demselben Abend dann noch ein Ferngespräch mit Göring geführt?«

Dahlerus: »Ja. Um acht Uhr abends versuchte ich, ihn telefonisch zu erreichen. Göring eröffnete mir, daß die Lage überaus ernst geworden sei, und bat mich, doch alles zu tun, um eine Konferenz zwischen den Vertretern Englands und Deutschlands herbeizuführen. Ich kam am Samstag, dem 26. August, erneut mit Lord Halifax zusammen. Ich bat ihn, er möge doch der deutschen Regierung gegenüber betonen, daß die britische Regierung eine Verständigung wünsche. Ich schlug Lord Halifax vor, er solle doch ein Schreiben an Göring richten. Ich würde sofort nach Berlin reisen und es ihm persönlich überreichen. Lord Halifax beriet mit Chamberlain und schrieb sodann einen ausgezeichneten Brief, in dem er in sehr deutlicher und klarer Sprache darauf hinwies, daß die Regierung Seiner Majestät den Wunsch hätte, eine friedliche Lösung herbeizuführen.«

Dr. Stahmer: »Sind Sie dann mit diesem Brief nach Berlin zurückgeflogen?«

Dahlerus: »Jawohl, ich kam abends in Berlin an. Ich kam mit Göring in seinem Eisenbahnzug zusammen. Ich erklärte ihm, wie es in London aussehe, und betonte, daß kein Zweifel darüber bestehe, daß, falls die deutsche Regierung gegen Danzig vorginge, sie sich sofort mit England im Kriegszustand befinde.

Nachdem ich ihm diese Erklärung gegeben hatte, überreichte ich ihm auch das Schreiben. Er riß es auf, und nachdem er es gelesen hatte, legte er es vor mich und bat mich, es genau zu übersetzen, da es von größter Wichtigkeit sei, daß der Inhalt genau verstanden würde. Er ließ sofort seinen Adjutanten kommen, ließ den Zug an der nächsten Station anhalten und gab die Erklärung ab, er hätte den Eindruck, Hitler müßte sofort von dem Inhalt dieses Briefes unterrichtet werden.

Ich folgte ihm in einem Auto nach Berlin, und genau um zwölf Uhr nachts kamen wir bei der Reichskanzlei an. Göring ging sofort hinein, um Hitler zu sprechen, und ich ging in mein Hotel. Um 0 Uhr 15 erhielt ich dort den Besuch von zwei Offizieren, die mich ersuchten, sofort zu Hitler zu kommen. Sofort nach meinem Eintreffen wurde ich von ihm empfangen; er war allein mit Göring.«

Dr. Stahmer: »Schildern Sie diese Unterredung doch etwas ausführlicher.«

Dahlerus: »Hitler fing an, in seiner üblichen Art und Weise mir des längeren die deutsche Politik zu erklären. Das dauerte ungefähr zwanzig Minuten, und ich glaubte, daß sich mein Besuch als zwecklos erweisen würde. Als er über die Engländer und England schimpfte, unterbrach ich ihn und erklärte, daß ich als Arbeiter, als Ingenieur und als Leiter industrieller Unternehmungen in Großbritannien gearbeitet hätte, daß ich die englische Bevölkerung gut kenne und daß ich mit seinen Erklärungen nicht übereinstimmen könne.

Die Folge davon war eine lange Diskussion. Er stellte viele Fragen über England und über das englische Volk. Daraufhin fing er an, mir zu erklären, wie gut die deutschen Streitkräfte ausgerüstet seien. Dann schien er sehr aufgeregt, lief im Zimmer auf und ab, und zum Schluß geriet er in einen sehr erregten Zustand und eröffnete mir, daß, wenn es zu einem Krieg käme, er U-Boote, U-Boote und noch mehr U-Boote bauen werde. Er schien so zu sprechen, als ob er sich gar nicht bewußt sei, daß noch jemand im Zimmer war. Nach einer Weile schrie er, daß er Flugzeuge, Flugzeuge und noch mehr Flugzeuge bauen und daß er den Krieg gewinnen werde.

Nach einer Weile beruhigte er sich wieder. Zum Schluß bat er mich, sofort nach London abzureisen und seinen Standpunkt dort klarzulegen.«

Wirklich fliegt Dahlerus nach London zurück. In seinen Akten hat er einige absurde Angebote Hitlers, wie etwa: ›England soll Deutschland bei der Einverleibung von Danzig und dem polnischen Korridor behilflich sein‹, ›Deutschland versichert, das britische Weltreich mit der deutschen Wehrmacht zu verteidigen, wo immer es angegriffen werden sollte‹, ›Deutschland wünscht ein Abkommen oder Bündnis mit England‹.

Dahlerus fliegt noch mehrmals zwischen London und Berlin hin und her — freilich völlig zwecklos, denn er ahnt nicht, daß er nur ein Werkzeug für Hitlers Versuch ist, Großbritannien von seinem Beistandsversprechen abzubringen und ›Polen zu isolieren‹. Genau das aber ist der Punkt, an dem der britische Ankläger Sir David Maxwell-Fyfe einhakt, als er Dahlerus später ins Kreuzverhör nimmt.

Sir David: »Ich möchte Sie bitten, dem Gerichtshof ein oder zwei Dinge zu berichten, die Göring Ihnen nicht erzählt hat. Er sagte Ihnen nicht—oder doch? —, daß zwei Tage vorher, am 22. August, Hitler ihm und anderen deutschen Führern auf dem Obersalzberg gesagt hatte, daß es zu einem Konflikt mit Polen kommen mußte?«

Dahlerus: »Ich hatte niemals einen Hinweis oder eine Mitteilung über die politischen Absichten erhalten.«

Sir David: »Und ich glaube, er hat Ihnen auch nicht gesagt, daß Hitler erklärte: ›Unsere Aufgabe ist es, Polen zu isolieren.‹ Er hat niemals etwas zu Ihnen über die Isolierung Polens gesagt?«

Dahlerus: »Er hat niemals etwas in dieser Richtung gesagt.«

Sir David: »Hat er Ihnen gesagt, daß die Entscheidung getroffen war, Polen am Morgen des 26. August anzugreifen?«

Dahlerus: »Nein, in gar keiner Hinsicht.«

Sir David: »Hat Göring Ihnen jemals gesagt, warum der Angriffsplan vom 26. auf den 31. August verschoben wurde?«

Dahlerus: »Nein, er hat niemals etwas über den Angriffsplan gesagt.«

Sir David: »Er hat Ihnen nicht gesagt — ich zitiere Görings eigene Worte: ›Am Tage, an dem England offiziell Polen die Garantie gab, rief mich der Führer telefonisch an und sagte mir, daß er die geplante Invasion Polens abgestoppt habe. Er sagte mir: Ich muß erst mal sehen, ob wir den englischen Eingriff ausschalten können.‹ Göring hat Ihnen also niemals gesagt, daß zu der Zeit, als Sie nach London geschickt wurden, alles, was man von Ihnen wünschte, die Ausschaltung der englischen Intervention war?«

Dahlerus: »Durchaus nicht.«

Sir David: »Ich will nicht alles noch einmal wiederholen. Ich möchte aber mit Hilfe Ihres Buches (›Der letzte Versuch‹) feststellen, in welcher Gemütsverfassung sich die deutschen Machthaber damals befanden. Schlagen Sie bitte mit Bezug auf Hitler die Stelle auf — darf ich es Ihnen vielleicht nochmals vorlesen: ›‚Falls ein Krieg kommen sollte‘, sagte er, ‚dann werde ich U-Boote bauen, U-Boote bauen, U-Boote, U-Boote, U-Boote.‘ Und bei jedem Wort wurde seine Stimme lauter. Seine Stimme wurde immer undeutlicher, und zum Schluß konnte man ihm überhaupt nicht mehr folgen. Dann riß er sich zusammen, erhob seine Stimme, als wenn er vor einem großen Publikum spräche, und schrie und schrie: ‚Ich werde Flugzeuge bauen, Flugzeuge bauen, Flugzeuge, Flugzeuge, und ich werde meine Feinde vernichten.‘

Er erschien mir in diesem Augenblick eher als ein Phantom als ein richtiger Mensch. Seine Stimme wurde immer unklarer, und sein Benehmen war das eines vollkommen anomalen Menschen. Ich wußte nun, daß ich es mit einem Mann zu tun hatte, den man nicht als normal betrachten konnte.‹«

Über eine zweite Begegnung mit Hitler sagt Dahlerus: ›Er empfing mich zwar höflich, aber bereits von Anfang an wirkte er in seinem Auftreten anomal. Er kam geradewegs auf mich zu, stand da, sprach und starrte vor sich hin. Er roch so schlecht aus dem Mund, daß es Selbstüberwindung kostete, nicht einen Schritt zurückzutreten. Er wurde immer erregter, begann die Arme zu bewegen und schrie: ‚Wenn England ein Jahr kämpfen will, so werde ich ein Jahr kämpfen. Wenn England zwei Jahre kämpfen will, so werde ich zwei Jahre kämpfen.‘

Hier machte er eine Pause und schrie dann mit noch gellenderer Stimme und wilderen Gesten: ‚Wenn England drei Jahre kämpfen will, werde ich drei Jahre kämpfen.‘

Nun folgten den Armbewegungen Körperbewegungen, und als er am Schluß laut schrie: ‚Und wenn es erforderlich ist, will ich zehn Jahre kämpfen‘, schwenkte er seine geballte Faust und beugte sich so weit vor, daß diese fast den Boden berührte.‹

Sir David: »Dort steht, daß er seine Faust ballte und sich so weit bückte, daß sie beinahe den Fußboden berührte?«

Dahlerus: »Ja.«

Sir David: »Das also war der deutsche Reichskanzler. Jetzt bitte ich Sie, einen Moment über den deutschen Außenminister zu sprechen. Im allgemeinen, glaube ich, hatten Sie den Eindruck, daß von Ribbentrop alles tat, um Ihre Bemühungen zu stören und mißlingen zu lassen?«

Dahlerus: »Das ist richtig.«

Sir David: »Aber nach Görings Aussage tat er noch mehr. Wenn Sie sich erinnern, waren Sie gerade dabei, sich von Göring zu verabschieden, als Sie zu Ihrem letzten Besuch nach London fuhren.

›Bevor wir uns trennten‹, schreiben Sie in Ihrem Buch, ›sagte er, daß er mir bei dieser Gelegenheit danken möchte, falls wir uns nicht mehr wiedersehen würden. Ich war etwas überrascht über diese Verabschiedung und konnte nicht umhin, zu antworten, daß wir uns aller Wahrscheinlichkeit nach bald wiedersehen würden. Sein Gesichtsausdruck änderte sich, und er sagte feierlich: ‚Vielleicht, aber gewisse Leute tun, was sie nur tun können, um zu verhindern, daß Sie aus dieser Sache lebendig wieder herauskommen.‘‹ Und Sie schreiben weiter: ›Bei einer Zusammenkunft im Oktober desselben Jahres sagte mir Göring, daß Ribbentrop versucht hätte, es so einzurichten, daß mein Flugzeug abstürzte. Daher Görings ernster Gesichtsausdruck, als er sich von mir verabschiedete.‹ Das war also der Außenminister!«

Alle diese Männer, so sieht es heute aus, scheinen in einer unerforschlichen Traumwelt gelebt zu haben.

Edouard Daladier, Frankreichs Ministerpräsident, wendet sich noch am 26. August in einem persönlichen Schreiben beschwörend an Hitler: ›In einer so schweren Stunde glaube ich aufrichtig, daß kein edelgesinnter Mensch es verstehen könnte, daß ein Krieg der Zerstörung unternommen würde, ohne daß ein letzter Versuch einer friedlichen Lösung zwischen Deutschland und Polen stattfindet. Ihr Friedenswille könnte sich in aller Bestimmtheit dafür einsetzen, ohne der deutschen Ehre irgendwie Abbruch zu tun. Sie waren wie ich selbst Frontkämpfer im letzten Kriege. Sie wissen wie ich, welche Abscheu und Verurteilung die Verwüstungen des Krieges im Gewissen der Völker hinterlassen haben, ganz gleich, wie der Krieg endet. Wenn das französische und das deutsche Blut von neuem fließen wie vor fünfundzwanzig Jahren, in einem noch längeren und mörderischen Krieg, dann wird jedes der beiden Völker kämpfen im Vertrauen auf seinen eigenen Sieg. Siegen werden am sichersten die Zerstörung und die Barbarei.‹

Der französische Botschafter in Berlin, Robert Coulondre, bringt den Brief noch in den Abendstunden zu Hitler. Nach der Unterredung kehrt er niedergeschlagen in die Botschaft zurück und schreibt nach Paris: ›Vierzig Minuten lang habe ich den ergreifenden Brief des Ministerpräsidenten kommentiert. Ich habe alles gesagt, was mein Herz als Mensch und als Franzose mir eingeben konnte, um den Reichskanzler zu bewegen, einem allerletzten Versuch einer friedlichen Regelung zuzustimmen. Ich habe ihn im Hinblick auf seine geschichtliche Verantwortung im Namen der Menschheit beschworen, diese letzte Chance nicht vorübergehen zu lassen. Ich bat ihn, der ohne Blutvergießen ein Reich aufgebaut habe, um der Ruhe seines Gewissens willen kein Blut, weder das der Soldaten noch das von Frauen und Kindern, zu vergießen, bevor er sich nicht vergewissert habe, daß es unvermeidlich sei. Ich sagte ihm, daß sein Ansehen außerhalb Deutschlands groß genug sei, um durch eine Geste der Befriedung nicht beeinträchtigt zu werden. Die Männer, die ihn fürchteten, würden sich vielleicht wundern, ihn aber bestimmt bewundern; die Mütter jedoch würden ihn segnen. Ich habe ihn vielleicht gerührt, aber ich habe ihn nicht beeinflussen können. Sein Entschluß war bereits gefaßt.‹

›Ich weiß genau, daß Hitler den Krieg mit Polen will‹, erinnert sich Coulondre in seinen Memoiren an diese dramatische Besprechung: ›Seine Stimme klingt hart und trocken.‹

»In dieser entscheidenden Stunde«, sagt der Franzose damals zu Hitler, »stehen Sie, Herr Reichskanzler, vor dem Richterstuhl der Geschichte. Lassen Sie doch nicht das Blut der Soldaten, nicht das der Frauen und Kinder fließen . . .«

Ein paar Sekunden vergehen in Schweigen. Dann hört Coulondre, wie Hitler murmelt: »Ach, die Frauen und Kinder, daran habe ich oft gedacht.«

›Er sieht Ribbentrop an, der an seiner Seite steht und seit Beginn der Unterredung ein steinernes Gesicht gewahrt hat‹, schreibt der Franzose weiter. ›Dann richtet er sich auf, nimmt Ribbentrop beim Arm und führt ihn in eine Ecke des großen Raumes. Ich durchlebe einige Minuten wahnsinniger Hoffnung. Ist das alles nur eine Komödie gewesen?‹

»Es hat keinen Zweck«, sagt Hitler schließlich.

Die Unterredung ist beendet.

In der Tat ist die Situation nun völlig verfahren: Nur Großbritannien hofft noch, vermitteln zu können. London versucht, ein direktes Gespräch zwischen Berlin und Warschau in Gang zu bringen, und Hitler macht bei diesem Spiel mit, weil es immer noch sein Ziel ist, ›Polen zu isolieren‹. In Polen jedoch hat man das Beispiel des tschechoslowakischen Staatspräsidenten Hacha noch lebhaft in Erinnerung: Jeder Unterhändler, der aus Warschau nach Berlin käme, würde am Ende unter Druck gesetzt werden und alles preisgeben müssen. So ist man in Polen entschlossen, lieber zu kämpfen — ›und wenn wir dabei untergehen müssen‹.

Ein heldenhafter Entschluß — und doch verhängnisvoll, weil man in Warschau das Geheimabkommen zwischen Berlin und Moskau nicht kennt, weil niemand etwas von Hitlers viel weiterreichenden Plänen ahnt, weil die polnische Armee glaubt, mit der deutschen Wehrmacht fertigwerden zu können, und weil der polnische Generalstab annimmt, Frankreich werde sofort marschieren und den deutschen Westwall durchbrechen ›wie einen Wollfaden‹. Hitler wird es dadurch leicht gemacht, zu behaupten, er habe ›vergeblich auf einen bevollmächtigten polnischen Unterhändler gewartet‹.

Ribbentrop geht noch einen Schritt weiter. Bei einer mitternächtlichen Zusammenkunft liest er dem britischen Botschafter die Friedensvorschläge vor, ›die Deutschland gemacht hätte, wenn ein polnischer Unterhändler gekommen wäre‹.

Es ist der 30. August 1939.

Botschafter Nevile Henderson schreibt über das Mitternachtsgespräch: ›Ich sagte Herrn von Ribbentrop, daß Seiner Majestät Regierung ihr Bestes tun werde, um die Verhandlungen vernünftig zu gestalten. Herrn von Ribbentrops Antwort bestand darin, daß er ein längeres Dokument hervorzog, das er in deutscher Sprache laut und mit höchster Geschwindigkeit vorlas.‹

Henderson kann den Inhalt nicht verstehen.

›Als ich Herrn von Ribbentrop um den Text dieser Vorschläge bat‹, schreibt er weiter, ›behauptete er, daß es jetzt zu spät sei, da der Vertreter Polens bis Mitternacht nicht in Berlin eingetroffen sei.‹

»Was mag da wieder beschlossen worden sein?« fragt sich der Dolmetscher Dr. Paul Schmidt, der dabei war. »So ging es mir durch den Sinn, als sich der deutsche Außenminister mit bleichem Gesicht, zusammengekniffenen Lippen und flackernden Augen Henderson gegenüber an den kleinen Verhandlungstisch in Bismarcks ehemaligem Arbeitszimmer in der Wilhelmstraße 76 niederließ. Mit eisigem Gesichtsausdruck und betont steifer Förmlichkeit hatte er Henderson begrüßt und zum Platznehmen aufgefordert. Als Henderson die Anregung seiner Regierung vorbrachte, das Reich möge bei den Verhandlungen mit Polen das normale Verfahren befolgen, verlor Ribbentrop zum erstenmal die Fassung: ›Das kommt jetzt überhaupt nicht mehr in Frage‹, schrie er Henderson an. ›Ich kann Ihnen nur sagen, Herr Henderson, die Lage ist verdammt ernst!‹

Jetzt verlor auch der britische Botschafter die Nerven. Mit tadelnd erhobenem Zeigefinger schrie er Ribbentrop an: ›Sie haben soeben verdammt gesagt! Das ist nicht die Sprache eines Staatsmannes in einer so ernsten Stunde!‹

Ribbentrop sprang auf.

›Was haben Sie da eben gesagt?‹ brüllte er los. Henderson war auch aufgestanden. Beide Männer maßen sich mit funkelnden Augen ...«

Dann beruhigen sie sich wieder, bis Ribbentrop schließlich die deutschen Vorschläge verlesen hat.

»Henderson fragte«, berichtet Dr. Schmidt, »ob ihm der Text dieser Vorschläge zur Weiterleitung an seine Regierung überlassen werden könne. Das ist im diplomatischen Verkehr eigentlich etwas Selbstverständliches. Ich traute daher meinen Ohren kaum, als ich Ribbentrop sagen hörte: ›Nein, diese Vorschläge kann ich Ihnen nicht übergeben.‹ Henderson glaubte wohl auch, nicht richtig verstanden zu haben und wiederholte seine Frage. Wieder weigerte sich Ribbentrop. Er warf das Dokument auf den Tisch und erklärte: ›Es ist ja sowieso überholt, da der polnische Unterhändler nicht erschienen ist.‹«

Im Nürnberger Gerichtssaal spiegeln sich die Vorgänge in der Aussage des schwedischen Zeugen Birger Dahlerus: »Ich rief Forbes von der britischen Botschaft an. Er sagte mir, daß Ribbentrop sich geweigert hätte, die Note auszuhändigen, nachdem er sie in größter Schnelligkeit heruntergelesen hatte. Ich ging sofort zu Göring und sagte ihm, daß das unmöglich sei, daß man den Botschafter eines Weltreiches nicht derartig behandeln könnte. Ich schlug ihm vor, mir zu erlauben, Forbes anzurufen und Forbes den Inhalt der Note über das Telefon mitteilen zu dürfen.«

Dr. Stahmer: »Betonte Göring, daß er damit eine große Verantwortung übernähme, wenn er Ihnen diese Erlaubnis gäbe?«

Dahlerus: »Jawohl. Ich traf Henderson am Donnerstagmorgen, am 31. August, sprach mit ihm über die Note, und er bat mich, sofort zu dem polnischen Botschafter Lipski zu fahren, um ihm eine Abschrift zu geben.«

Dr. Stahmer: »Ist das geschehen?«

Dahlerus: »Er schickte Forbes mit mir zu Lipski, und ich las Lipski die Note vor; doch er schien den Inhalt nicht zu verstehen. Ich verließ deshalb das Zimmer, diktierte die Note dem Sekretär und überreichte sie ihm. In der Zwischenzeit erklärte Lipski Forbes gegenüber, daß er nicht daran interessiert wäre, über diese Note mit der deutschen Regierung zu diskutieren. Wenn es zu einem Krieg zwischen Polen und Deutschland käme, so wüßte er, daß eine Revolution in Deutschland ausbrechen und daß die Polen nach Berlin marschieren würden.«

›Lipski war im Gesicht weiß wie Leinen und wirkte außerordentlich nervös und niedergeschlagen‹, ergänzt Dahlerus in seinen Erinnerungen.

Sir David: »Herr Lipski litt während dieser sehr kritischen Tage an großer Überanstrengung?«

Dahlerus: »Er war sehr nervös.«

Sir David: »Und hat Sir George Forbes Ihnen nicht gesagt, daß Herr Lipski seine Absicht ganz klar ausgedrückt hat, daß das deutsche Angebot eine Verletzung der polnischen Souveränität sei, und daß Polen, falls es allein gelassen würde, allein kämpfen und allein sterben würde? War das die Gemütsverfassung, in der sich Lipski damals befand?«

Dahlerus: »Ja.«

Dr. Stahmer: »Sie sind dann am 1. September nochmals mit Göring zusammengetroffen?«

Dahlerus: »Ja. Nach einigem Zögern sagte er mir, daß der Krieg ausgebrochen sei, weil die Polen die Radiostation von Gleiwitz angegriffen und eine Brücke bei Dirschau gesprengt hätten. Später gab er mir mehr Einzelheiten, aus denen ich schloß, daß die ganze deutsche Wehrmacht zum Angriff gegen Polen eingesetzt war.«

Radiostation Gleiwitz, Brücke bei Dirschau — das sind die Fälle, von denen Hitler zu seinen Befehlshabern gesagt hat: ›Ich werde propagandistischen Anlaß zur Auslösung des Krieges geben, gleichgültig ob glaubhaft.‹ Die Beweise, die darüber in Nürnberg vorgebracht werden, könnten aus den Akten der Kriminalpolizei stammen. Doch bevor sie auf den Richtertisch gelegt werden, soll noch einmal Dahlerus zu Wort kommen.

Sir David: »Ich bitte Sie jetzt, nochmals Ihr Buch aufzuschlagen. Da ist eine Beschreibung der Zusammenkunft vom 1. September, dem Nachmittag des Tages, an dem Polen angegriffen worden war. Sie schreiben: ›Für ihn, das heißt Göring, war alles genau nach einem Plan eingerichtet, den nichts mehr umwerfen konnte. Er ließ die Staatssekretäre Körner und Gritzbach kommen, hielt ihnen einen langen Vortrag und überreichte jedem ein Ehrenschwert, das sie, wie er hoffte, im Krieg ruhmreich tragen würden. Man hatte den Eindruck, als ob alle diese Leute sich in einem Zustand von Trunkenheit befunden hätten.‹ Sind das Ihre Worte?«

Dahlerus: »Ja. Ihre geistige Verfassung hatte sich in ganz kurzer Zeit geändert.«

Sir David: »Mit anderen Worten: von den drei Hauptpersonen Deutschlands war der Kanzler ein anomaler Mensch, der Reichsmarschall war in einem verrückten Zustand von Trunkenheit, und der Außenminister — nach Görings Worten — ein Mörder, der Ihr Flugzeug zum Absturz bringen wollte. Vielen Dank.«

3 Vier Uhr fünfundvierzig

Am 1. September 1939, früh um 4 Uhr 50, gibt Major Sucharski, Kommandeur der polnischen Truppen auf der Westerplatte, folgende Funkmeldung nach Warschau: ›Um 4 Uhr 45 hat das Linienschiff *Schleswig-Holstein* das Feuer gegen die Westerplatte aus allen Rohren eröffnet. Die Beschießung dauert an.‹

Das ist die erste Nachricht, aus der die Welt den Beginn der Katastrophe erfährt. Zur gleichen Zeit, um 4 Uhr 45, ist die deutsche Wehrmacht auf Befehl Hitlers an allen Fronten zum Angriff gegen Polen aus ihren Bereitschaftsstellungen hervorgebrochen. Um zehn Uhr vormittags hält Hitler im Reichstag seine Rede, die auch den meisten Deutschen das Blut in den Adern gefrieren läßt. Er sagt darin einige Sätze, die später noch im Nürnberger Gerichtssaal nachhallen sollen: »Polen hat heute nacht zum erstenmal auf unserem eigenen Territorium auch mit bereits regulären Soldaten geschossen. Seit 5 Uhr 45« — und hier irrt er sich im ekstatischen Rederausch um eine Stunde —, »seit 5 Uhr 45 wird jetzt zurückgeschossen, und von jetzt ab wird Bombe mit Bombe vergolten!«

Polnische Soldaten haben deutschen Boden betreten und hier geschossen — das ist, nach Hitlers Worten, der Anlaß zum Krieg. Es ist der Anlaß, über den er bereits am 22. August 1939 zu seinen Oberbefehlshabern gesagt hat: ›Ich werde propagandistischen Anlaß zur Auslösung des Krieges geben, gleichgültig, ob glaubhaft.‹

Im Nürnberger Zeugenstand sitzt der ehemalige General Erwin Lahousen. Mit langsamen Worten spricht er die Eidesformel nach, die ihm der Vorsitzende vorliest: »Ich schwöre bei Gott dem Allmächtigen und Allwissenden, daß ich die reine Wahrheit sprechen und nichts verschweigen und nichts hinzufügen werde.« Die Vernehmung wird von dem amerikanischen Ankläger John Harlan Amen geführt.

Amen: »Wo sind Sie ausgebildet worden?«

Lahousen: »Ich bin in Österreich, in der Theresianischen Militärakademie in Wiener-Neustadt, ausgebildet worden.«

Amen: »Und wurden Sie der Nachrichtenabteilung zugeteilt?«

Lahousen: »Ich kam in die österreichische Nachrichtenabteilung. Das entspricht fachlich demselben Begriff, der in der deutschen Wehrmacht ›Abwehr‹ genannt wird.«

Amen: »Welche Stellung nahmen Sie nach dem Anschluß ein?«

Lahousen: »Nach dem Anschluß wurde ich automatisch in das Oberkommando der deutschen Wehrmacht in den gleichen Dienst übernommen, und zwar in die deutsche Abwehr, deren Chef damals Admiral Canaris war.«

Amen: »Admiral Canaris war Ihr unmittelbarer Vorgesetzter? Haben Sie von Zeit zu Zeit als sein persönlicher Vertreter gehandelt?«

Lahousen: »Ja.«

Amen: »Führte Canaris ein Tagebuch?«

Lahousen: »Ja, und zwar schon vor Beginn des Krieges. Ein Tagebuch, zu dem ich selbst viele Beiträge liefern mußte und geliefert habe.«

Amen: »Zu welchem Zweck führte Canaris dieses Tagebuch?«

Lahousen: »Wenn ich diese Frage beantworte, muß ich sie der Wahrheit gemäß mit den Worten wiederholen, die Canaris diesbezüglich an mich gerichtet hat: Sinn und Zweck dieses Tagebuches war – und durch mich spricht die Stimme von Canaris –, dem deutschen Volk und der Welt einmal jene zu zeigen, die die Geschicke dieses Volkes in dieser Zeit geführt und gelenkt haben.«

Amen: »Haben Sie Abschriften jener Eintragungen, die Sie in das Tagebuch machten, für sich behalten?«

Lahousen: »Ja, ich habe solche Abschriften mit Canaris' Wissen und Wollen zurückbehalten.«

Amen: »Haben Sie Ihr Gedächtnis bezüglich dieser Eintragungen aufgefrischt?«

Lahousen: »Jawohl.«

Amen: »Wurde die Abwehr jemals um irgendwelche Hilfe für den polnischen Feldzug gebeten?«

Lahousen: »Ja. So, wie es im Tagebuch meiner Abteilung aufgezeichnet erscheint, wurde diesem Unternehmen, das unmittelbar vor Beginn des polnischen Feldzuges lief, die Bezeichnung *Unternehmen Himmler* gegeben.«

Amen: »Wollen Sie dem Gerichtshof die Art der geforderten Hilfe erklären?«

Lahousen: »Die Angelegenheit, für die ich jetzt Zeugnis ablege, ist eine der mysteriösesten Aktionen, die sich in der Atmosphäre des Amtes Ausland-Abwehr abspielte. Mitte August erhielt sowohl die Abteilung Abwehr I als auch meine Abteilung, die Abwehrabteilung II, den Auftrag, polnische Uniformen und Ausrüstungsgegenstände, wie Feldbücher oder ähnliche polnische Dinge, für ein *Unternehmen Himmler* bereitzustellen oder herbeizuschaffen. Den Auftrag erhielt Canaris vom Wehrmachtführungsstab oder von der Abteilung Landesverteidigung. Ein Befehl, über den wir uns, also die betreffenden Abwehrchefs, schon damals eigene Gedanken machten, ohne zu wissen, um was es im letzten ging. Der Name Himmler sprach schon für sich.«

Amen: »An wen sollte die Abwehr das polnische Material liefern?«

Lahousen: »Diese Ausrüstungsgegenstände mußten bereitgestellt werden und wurden eines Tages von irgendeinem Mann der SS oder des SD – der Name ist im offiziellen Kriegstagebuch der Abteilung enthalten – abgeholt.«

Amen: »Wann wurde die Abwehr benachrichtigt, wie dieses polnische Material verwendet werden sollte?«

Lahousen: »Den wirklichen Zweck wußten wir damals nicht. Wir alle hatten allerdings damals schon den sehr erklärlichen Verdacht, daß hier eine ganz üble Sache gespielt würde. Dafür bürgt der Name des Unternehmens.«

Amen: »Haben Sie sodann von Canaris erfahren, was vor sich gegangen war?«

Lahousen: »Der tatsächliche Ablauf war folgender: Als der erste Wehrmachtsbericht erschien, der von einem Angriff der Polen oder polnischer Einheiten auf deutsches Gebiet sprach, sagte Piekenbrock, der den Bericht in der Hand hatte und vorlas: ›Jetzt wissen wir, wofür unsere Uniformen da waren.‹ Ich weiß nicht, ob es am gleichen Tage oder einige Tage später war, daß Canaris uns davon in Kenntnis setzte, daß mit diesen Uniformen Leute aus Konzentrationslagern verkleidet wurden, die dann irgendeine militärische Angriffshandlung gegen den Sender Gleiwitz durchführen sollten.«

Amen: »Haben Sie jemals erfahren, was mit den Leuten aus den Konzentrationslagern geschah, die polnische Uniformen trugen und den Zwischenfall verursachten?«

Lahousen: »Nach der Kapitulation habe ich in dem Lazarett, in dem ich lag, einen dort anwesenden SS-Hauptsturmführer befragt, wie sich die Dinge eigentlich zugetragen haben. Und der Mann, er hieß Birkel, sagte mir: ›Nach meiner Kenntnis sollen alle Leute des SD, die daran beteiligt gewesen sind, umgelegt, also getötet worden sein.‹ Das ist das letzte, was ich über diese Sache gehört habe.«

Soweit der Zeuge Lahousen über den ›propagandistischen Anlaß‹, mit dem Hitler den Krieg auslöste.

Noch deutlicher stehen die Vorgänge in einer eidesstattlichen Erklärung des früheren SD-Angehörigen Naujocks, die ebenfalls auf dem Nürnberger Richtertisch liegt: ›Ich, Alfred Helmut Naujocks, mache unter Eid folgende Erklärung:

1. Ich war von 1931 bis zum 19. Oktober 1944 ein Mitglied der SS und von seiner Gründung im Jahre 1934 bis Januar 1941 ein Mitglied des SD. Ich diente als Mitglied der Waffen-SS von Februar 1941 bis Mitte 1942.

2. Ungefähr am 10. August 1939 befahl mir Heydrich, der Chef des SD, einen Anschlag auf die Radiostation bei Gleiwitz in der Nähe der polnischen Grenze vorzutäuschen und es so erscheinen zu lassen, als wären Polen die Angreifer gewesen. Heydrich sagte: ‚Ein tatsächlicher Beweis für polnische Übergriffe ist für die Auslandspresse und für die deutsche Propaganda nötig.‘

Mir wurde befohlen, mit fünf oder sechs anderen SD-Männern nach Gleiwitz zu fahren, bis ich das Schlüsselwort von Heydrich erhielt, daß der Anschlag zu unternehmen sei. Mein Befehl lautete, mich der Radiostation zu bemächtigen und sie so lange zu halten, als nötig, um einem polnisch sprechenden Deutschen die Möglichkeit zu geben, eine polnische Ansprache über das Radio zu halten. Dieser polnisch sprechende Deutsche wurde mir zur Verfügung gestellt. Heydrich sagte, daß es in der Rede heißen solle, daß die Zeit für eine Auseinandersetzung zwischen Polen und Deutschen gekommen sei, und daß die Polen sich zusammentun und jeden Deutschen, der ihnen Widerstand leistet, niederschlagen sollten. Heydrich sagte mir damals auch, daß er Deutschlands Angriff auf Polen in wenigen Tagen erwarte.

Zwischen dem 25. und 31. August suchte ich Heinrich Müller auf, den Chef der Gestapo, der sich damals in der Nähe von Oppeln befand. In meiner Gegenwart erörterte Müller mit einem Mann namens Mehlhorn Pläne für einen Grenzzwischenfall, in dem vorgetäuscht werden sollte, daß polnische Soldaten deutsche Truppen angreifen. Dieser andere Vorfall sollte an einem Ort stattfinden, welcher, wie ich glaube, Hohenlinden hieß. Deutsche in der Anzahl von ungefähr einer Kompanie sollten dazu verwendet werden. Müller sagte, er hätte ungefähr zwölf oder dreizehn verurteilte Verbrecher, denen polnische Uniformen angezogen werden sollten, und deren Leichen auf dem Schauplatz der Vorfälle liegengelassen werden sollten, um zu zeigen, daß sie im Laufe der Anschläge getötet worden seien. Für diesen Zweck war für sie eine tödliche Einspritzung vorgesehen, die von einem Doktor gemacht werden sollte, der von Heydrich angestellt war; dann sollten ihnen auch Schußwunden zugefügt werden. Nachdem der Anschlag beendet war, sollten Mitglieder der Presse und andere Leute auf den Schauplatz geführt werden; weiter sollte ein polizeilicher Bericht angefertigt werden. Müller sagte mir, daß er von Heydrich Befehl hatte, einen dieser Verbrecher mir zur Verfügung zu stellen, für meine Tätigkeit in Gleiwitz. Das Kennwort, mit dem er diese Verbrecher nannte, war ‚Konserven'.

Der Vorfall in Gleiwitz, an dem ich teilnahm, wurde am Vorabend des deutschen Angriffs auf Polen ausgeführt. Am Mittag des 31. August bekam ich von Heydrich per Telefon das Schlüsselwort, daß der Anschlag um acht Uhr abends desselben Tages zu erfolgen habe. Heydrich sagte: ‚Um diesen Anschlag auszuführen, melden Sie sich bei Müller wegen der Konserven.'

Ich tat dies und wies Müller an, den Mann in der Nähe der Radiostation an mich abzuliefern. Ich erhielt diesen Mann und ließ ihn am Eingang der Station hinlegen. Er war am Leben, aber nicht bei Bewußtsein. Ich versuchte, seine Augen zu öffnen. Von seinen Augen konnte ich nicht feststellen, daß er am Leben war, nur von seinem Atmen. Ich sah keine Schußwunden, nur eine Menge Blut über sein ganzes Gesicht verschmiert. Wir nahmen die Radiostation wie befohlen, hielten eine drei oder vier Minuten lange Rede über einen Notsender, schossen einige Pistolenschüsse ab und verließen den Platz.‹

Das war der polnische Überfall auf den deutschen Sender Gleiwitz.

Nun also ist Hitlers Krieg Wirklichkeit. Wie es nicht anders zu erwarten war, halten sich Großbritannien und Frankreich an ihre Beistandsverpflichtungen, wenn das auch zunächst nur auf dem Papier zum Ausdruck kommt. Die beiden Westmächte fordern Deutschland auf, sofort alle Kampfhandlungen gegen Polen einzustellen und die deutschen Truppen zurückzuziehen. Am 3. September erklärt der britische Botschafter in Berlin Hitler und Ribbentrop: »Ich habe die Ehre, Sie davon zu unterrichten, daß, falls nicht am heutigen Tage, dem 3. September, bis elf Uhr vormittags britischer Sommerzeit, eine befriedigende Zusicherung im obenerwähnten Sinne von der deutschen Regierung erteilt wird und bei Seiner Majestät Regierung in London eintrifft, der Kriegszustand zwischen den beiden Ländern von der genannten Stunde an bestehen wird.«

»Hitler saß an seinem Schreibtisch«, berichtet Dolmetscher Dr. Paul Schmidt, »während Ribbentrop etwas rechts von ihm am Fenster stand. Ich blieb in einiger Entfernung vor Hitlers Tisch stehen und übersetzte ihm dann langsam das Ultimatum der britischen Regierung. Wie versteinert saß Hitler da und blickte vor sich hin. Er saß völlig still und regungslos an seinem Platz. Nach einer Weile, die mir wie eine Ewigkeit vorkam, wandte er sich Ribbentrop zu, der wie erstarrt am Fenster stehengeblieben war.

›Was nun?‹ fragte Hitler seinen Außenminister mit einem wütenden Blick in den Augen, als wolle er zum Ausdruck bringen, daß ihn Ribbentrop über die Reaktion der Engländer falsch informiert habe. Ribbentrop erwiderte mit leiser Stimme: ›Ich nehme an, daß die Franzosen uns in der nächsten Stunde ein gleichlautendes Ultimatum überreichen werden.‹

Auch im Vorraum herrschte bei dieser Ankündigung Totenstille. Göring drehte sich zu mir und sagte: ›Wenn wir diesen Krieg verlieren, dann möge uns der Himmel gnädig sein!‹«

Seit dem 3. September 1939, elf Uhr vormittags britischer Sommerzeit, ist aus dem Überfall auf Polen ein europäischer Krieg geworden, bei dem im Westen nicht ein einziger Schuß fällt. Großbritannien und Frankreich sehen Gewehr bei Fuß zu, wie Polen abgeschlachtet wird. Hätten sie sofort militärisch eingegriffen, so wäre wahrscheinlich eingetreten, was der angeklagte Chef des Wehrmachtsführungsstabes, Alfred Jodl, im Zeugenstand von Nürnberg sagte: »Wir waren zwar in der Lage, Polen allein zu zerschlagen, aber wir waren niemals in der Lage, einem konzentrischen Angriff dieser Staaten gemeinsam standzuhalten. Und wenn wir nicht schon im Jahre 1939 zusammenbrachen, so kommt das nur daher, daß die rund 110 französischen und englischen Divisionen im Westen sich während des Polenfeldzuges gegenüber den 23 deutschen Divisionen völlig untätig verhielten.«

So kann die Wehrmacht ihren ersten Blitzkrieg führen: Am 5. September überschreiten die deutschen Truppen die Weichsel, bis zum 10. September haben sie den Narew und den Bug erreicht, am 11. September stoßen sie über den San nach Lemberg vor, bis zum 18. September ist Warschau eingeschlossen und zur Übergabe aufgefordert. Vom Osten her marschiert seit dem 17. September auch die Rote Armee in Polen ein. Damit wird das Geheimabkommen wirksam, das Stalin und Hitler über die Teilung der Beute abgeschlossen haben. Zehn Tage noch, bis zum 27. September, hält sich die eingeschlossene Hauptstadt. Unter den Schlägen der Artillerie und den Bomben vor Görings Luftwaffe muß Warschau schließlich kapitulieren.

Zu diesem Bombardement — dem ersten in der Geschichte, dem eine Großstadt mit zwei Millionen Einwohnern ausgesetzt war — erklärt General Karl Bodenschatz im Nürnberger Zeugenstand: »Ich weiß nur, daß Warschau eine Festung war, die von der polnischen Armee besetzt war, und zwar sehr stark besetzt war; sehr gut bestückte Artillerie, die Forts waren besetzt, und daß zwei- oder dreimal Adolf Hitler angekündigt hat, man möge die Stadt von der Zivilbevölkerung räumen. Das wurde abgelehnt. Es wurden lediglich die ausländischen Gesandtschaften herausgeführt. Die polnische Armee war in der Stadt und verteidigte die Stadt hartnäckig, und zwar in einer ganz dichten Folge von Forts. Auch die Außenforts waren stark besetzt, und im Inneren der Stadt schoß schwere Artillerie nach außen. Die Festung Warschau ist daraufhin dann angegriffen worden, und zwar auch mit der Luftwaffe, aber erst, als man dieses Ultimatum, diese Anfrage Adolf Hitlers, ablehnte.«

In ähnlichem Sinne äußert sich der ehemalige Generalfeldmarschall Albert Kesselring (gestorben am 16. Juli 1960 in Bad Nauheim) in seiner Vernehmung durch Görings Verteidiger Dr. Otto Stahmer: »Ich habe als Chef der Luftflotte 1 diesen Angriff geführt. Warschau war nach deutschen Begriffen eine Festung und außerdem in hohem Maße luftverteidigt, erfüllte also alle Voraussetzungen der Haager Landkriegsordnung. Ich war selbst über Warschau und habe fast nach jedem Bombenangriff die Kommandeure über die Durchführung gesprochen; ich kann hier auf Grund eigener Einsichtnahme und Meldung versichern, daß das Menschenmögliche getan worden ist, um die militärischen Ziele zu treffen und die zivilen Ziele nach Möglichkeit zu schonen.«

Einmarsch in Polen: Deutsche Soldaten beseitigen die Grenzpfähle

Dr. Stahmer: »Können Sie also abschließend bestätigen, daß sich diese Angriffe durchaus im Rahmen der militärischen Notwendigkeit hielten?«

Kesselring: »Vollkommen.«

Das alles sieht also zunächst sehr korrekt, beinahe harmlos aus. Die dramatische Wendung zeigt sich erst in den weiteren Aussagen des Generals Lahousen.

Amen: »Erinnern Sie sich, daß Sie mit Canaris an Sitzungen im Führerhauptquartier kurz vor dem Fall von Warschau teilgenommen haben?«

Lahousen: »Ich nahm mit Canaris an einer Besprechung teil, die im Führerzug unmittelbar vor dem Fall Warschaus stattfand. Es war am 12. September 1939.«

Amen: »Wer war bei dieser Gelegenheit anwesend?«

Lahousen: »Bei dieser Gelegenheit waren anwesend: der damalige Außenminister von Ribbentrop, der Chef des OKW Keitel, der damalige Chef des Wehrmachtsführungsstabes Jodl, Canaris und ich.«

Amen: »Wollen Sie nun bitte Ihrem besten Wissen und Ihrer Erinnerung nach dem Gerichtshof in Einzelheiten genau erklären, was bei dieser Besprechung im Führerzuge gesagt wurde und was geschah?«

Lahousen: »Zuerst hatte Canaris eine kurze Besprechung mit Außenminister von Ribbentrop, in welcher Ribbentrop im großen die politischen Zielsetzungen bezüglich des polnischen Raumes erklärte. Dann hat Canaris auf seine schweren Bedenken wegen der ihm bekannten Absicht des Bombardements von Warschau hingewiesen, und zwar wurde von Canaris auf die verheerenden außenpolitischen Folgen diese geplanten Bombardements hingewiesen. Keitel antwortete darauf, daß diese Maßnahmen zwischen dem Führer und Göring direkt festgelegt worden seien und er, Keitel, darauf keinen Einfluß gehabt hätte.

Zum zweiten warnte Canaris in sehr eindringlicher Form vor den Maßnahmen, die ihm, Canaris, bekanntgeworden waren, nämlich den bevorstehenden Erschießungen und Ausrottungsmaßnahmen, die sich insbesondere gegen die polnische Intelligenz, den Adel, die Geistlichkeit, wie überhaupt alle Elemente, die als Träger des nationalen Widerstandes angesehen werden konnten, richten sollten. Canaris sagte damals ungefähr wörtlich: ›Für diese Methoden wird einmal die Welt auch die Wehrmacht, unter deren Augen diese Dinge stattfinden, verantwortlich machen.‹

Der damalige Chef des OKW, Keitel, erwiderte darauf, daß diese Dinge bereits vom Führer entschieden seien, und der Führer habe wissen lassen, daß, wenn die Wehrmacht diese Dinge nicht durchführen wolle, sie es sich gefallen lassen müsse, wenn neben ihr SS, Sicherheitspolizei und dergleichen Organisationen in Erscheinung träten und diese Maßnahmen ausführen würden. Das war ungefähr der wesentliche Sinn des Themas, betreffs der geplanten Erschießungs- und Ausrottungsmethoden in Polen.«

Amen: »Wurde etwas über eine sogenannte Säuberungsaktion gesagt?«

Lahousen: »Ja, der damalige Chef des OKW, Keitel, gebrauchte in diesem Zusammenhang einen Ausdruck, der jedenfalls von Hitler stammte, und der diese Maßnahmen als ›politische Flurbereinigung‹ bezeichnete.«

Amen: »Damit das Protokoll vollkommen verständlich ist: Welche genaueren Maßnahmen, sagte Keitel, wären bereits vereinbart worden?«

Lahousen: »Man hatte sich nach der Darstellung Keitels bereits über das Bombardement Warschaus und über die Erschießungen der von mir bezeichneten Volkskategorien oder Gruppen in Polen geeinigt.«

Amen: »Welche waren dies?«

Lahousen: »Das waren vor allem die polnische Intelligenz, Adel, Geistlichkeit und selbstverständlich die Juden.«

Amen: »Was wurde über eine mögliche Zusammenarbeit mit einer ukrainischen Gruppe gesagt?«

Lahousen: »Es wurde – und zwar von Keitel als Weitergabe einer Richtlinie, die er offenbar von Ribbentrop empfangen hatte – Canaris aufgetragen, in der galizischen Ukraine eine Aufstandsbewegung hervorzurufen, die die Ausrottung der Juden und Polen zum Ziel haben sollte.«

Amen: »Welche weiteren Besprechungen fanden dann statt?«

Lahousen: »Nach diesen Gesprächen im Arbeitswaggon Keitels verließ Canaris den Wagen und hatte noch eine kurze Unterredung mit Ribbentrop, der ihm – noch einmal auf das Thema Ukraine zurückkommend – sagte, es müsse der Aufstand oder die Aufstandsbewegung derart inszeniert werden, daß alle Gehöfte der Polen in Flammen aufgingen und alle Juden totgeschlagen würden.«

Amen: »Wer sagte das?«

Lahousen: »Das hat der damalige Außenminister Ribbentrop zu Canaris gesagt. Ich stand daneben.«

Amen: »Haben Sie irgendwie den geringsten Zweifel darüber?«

Lahousen: »Nein, darüber habe ich nicht den geringsten Zweifel. Es ist mir ganz besonders klar in Erinnerung, daß ›alle Gehöfte in Flammen aufgehen sollten‹. Das war einigermaßen neu. Ansonsten wurde nur von ›liquidieren‹ oder ›umlegen‹ gesprochen.«

Dr. Otto Nelte, Verteidiger Keitels: »Dem Angeklagten Keitel liegt daran, Ihnen die Frage vorzulegen, ob er bei der Bekanntgabe des Befehls für das Luftbombardement von Warschau nicht ausdrücklich darauf hingewiesen habe, daß dies nur geplant sei, wenn die Übergabe der Festung Warschau nach Aufforderung nicht erfolge, und erst, nachdem der Zivilbevölkerung freier Abzug angeboten war?«

Lahousen: »Nach meinem Wissen und bei Kenntnis der damaligen Lage ist es durchaus möglich, sogar wahrscheinlich, daß Keitel diese Bemerkung gemacht hat.«

Dr. Fritz Sauter, Verteidiger Ribbentrops: »Hat von Ribbentrop wirklich davon gesprochen, daß die Juden totgeschlagen werden sollen? Können Sie sich daran bestimmt erinnern?«

Lahousen: »Jawohl, daran kann ich mich bestimmt erinnern, weil ja Canaris darüber nicht nur mit mir, sondern auch mit anderen gesprochen und mich immer wieder als Zeugen angerufen hat.«

Ribbentrop selbst, der bei heiklen Fragen im Kreuzverhör meist sagt, er könne sich an Einzelheiten nicht erinnern, gibt zu diesem Punkt genauere Erklärungen ab: »Hier ist von dem Zeugen Lahousen gesagt worden, daß ich gesagt hätte, es müßten Häuser in Flammen aufgehen und die Juden müßten totgeschlagen werden. Ich möchte hier ganz kategorisch versichern, daß eine solche Äußerung von mir niemals stattgefunden hat. Canaris war damals bei mir in meinem Wagen, und es ist möglich – dessen entsinne ich mich nicht mehr so genau –, daß ich ihn nachher noch zwischen Tür und Angel gesehen habe. Anschließend hat er dann Instruktionen, die auf den Führer zurückzuführen waren, bekommen, wie er sich in Polen zu verhalten hat im Hinblick auf die ukrainischen oder auf sonstige Fragen. Die Äußerung, die mir hier zugeschoben wird, ist völlig sinnlos, denn es waren ja in der Ukraine die ukrainischen Dörfer, das waren Ukrainer, die da lebten, das waren ja unsere Freunde, das waren ja gar nicht unsere Feinde. Also wäre es völlig sinnlos gewesen von mir, zu sagen, daß hier diese Dörfer in Flammen aufgehen sollten. Was die Frage des Judentotschlagens anbetrifft, so kann ich nur eines sagen, daß dies meiner inneren Einstellung vollkommen widersprochen hätte, und daß die Frage von Totschlagen von Juden überhaupt nicht in irgendwelchen Gehirnen oder Gedanken damals war, so daß ich zusammenfassend sagen möchte, daß dies absolut unzutreffend ist.«

Kurz vor dieser Aussage Ribbentrops hat der ehemalige Staatssekretär im Auswärtigen Amt, Adolf Freiherr Steengracht van Moyland, im Zeugenstand gesessen. Der amerikanische Ankläger Amen hatte seltsame Fragen zu stellen.

Amen: »Ist Ihnen bekannt, daß Ribbentrop jeden Tag Brom eingenommen hat?«

Steengracht: »Das weiß ich nicht. Er hatte ...«

Amen: »Haben Sie jemals gesehen, daß er Brom einnahm, oder hat er Ihnen jemals gesagt, daß er es einnahm?«

Steengracht: »Ja, doch, ich erinnere mich jetzt, daß er irgendwelche rote Geschichten da nahm, aber ich habe nicht besonders darauf geachtet.«

Vorsitzender: »Sind wir irgendwie daran interessiert, ob er Brom einnahm oder nicht?«

Amen: »Jawohl, Euer Lordschaft, wir sind es, denn in seinen Verhören sagte er aus, daß sein Gedächtnis in bezug auf viele Ereignisse gelitten oder durch den übermäßigen Gebrauch dieser Medizin getrübt wurde.«

Wie immer dem sei – ob das Gedächtnis des deutschen Reichsaußenministers durch Drogen geschwächt war oder nicht –, die tatsächlichen Ereignisse lassen keinen Zweifel daran, daß nach dem Beginn des Kriegs der Terror überall in den besetzten Gebieten planmäßig organisiert worden ist.

Welche Ziele hat Hitler? Sein Hauptplan ist es, weiter nach Osten vorzustoßen – übrigens genauso, wie er es schon 1923 in seinem Buch *Mein Kampf* festlegte: ›Wir Nationalsozialisten müssen unverrückbar an unserem außenpolitischen Ziel festhalten, nämlich dem deutschen Volk den ihm gebührenden Grund und Boden auf dieser Erde zu sichern. Wenn wir aber von neuem Grund und Boden reden, können wir in erster Linie nur an Rußland und die ihm untertanen Randstaaten denken. Diese Aktion ist die einzige, die vor Gott und unserer deutschen Nachwelt einen Bluteinsatz gerechtfertigt erscheinen läßt . . .‹

Insgeheim werden im Oberkommando der Wehrmacht die Vorbereitungen für den Angriff auf die Sowjetunion getroffen, mit der Ribbentrop vor wenigen Wochen erst einen Nichtangriffspakt abgeschlossen hat. Doch darüber sagt Hitler am 23. November 1939 zu seinen Oberbefehlshabern unverblümt: »Verträge werden nur so lange gehalten, als sie zweckmäßig sind.«

Das einzige, was ihn nach dem Sieg über Polen noch vom Angriff auf die Sowjetunion abhält, ist der Westen. Großbritannien und Frankreich befinden sich mit Deutschland im Kriegszustand. Außer einigen Spähtruppgeplänkeln hat es aber im Westen noch keine Kampfhandlungen gegeben.

Hitler kann es nicht wagen, seine Absichten zu verwirklichen, solange er die beiden Westmächte im Rücken hat.

»Ich habe lange gezweifelt«, sagt er in derselben Besprechung zu den Oberbefehlshabern, »ob ich erst im Osten und dann im Westen losschlagen sollte. Grundsätzlich habe ich die Wehrmacht nicht aufgestellt, um nicht zu schlagen. Der Entschluß zu schlagen war immer in mir.«

Der amerikanische Ankläger Telford Taylor liest weiter aus dem wörtlichen Sitzungsprotokoll vor: »›Alles geht darauf hinaus, daß jetzt der Moment günstig ist. Es ist ein schwerer Entschluß für mich. Ich habe zu wählen zwischen Sieg oder Vernichtung. Ich wählte den Sieg. Mein Entschluß ist unabänderlich. Ich werde England und Frankreich angreifen zum günstigsten und schnellsten Zeitpunkt. Verletzung der Neutralität Belgiens und Hollands ist bedeutungslos. Kein Mensch fragt danach, wenn wir gesiegt haben. Wir werden die Verletzung der Neutralität nicht so idiotisch begründen wie 1914.‹«

Hitlers Absichten im Westen und Osten sind damit klar umrissen. Es gibt keinen Ausweg mehr, so scheint es. In Wirklichkeit *will* Hitler diesen Ausweg gar nicht, und dafür ist ein Vorfall bezeichnend, der hinter den Kulissen des Nürnberger Prozesses ans Licht gekommen ist. Nach der Zertrümmerung Polens taucht – ähnlich wie Birger Dahlerus – wieder ein mysteriöser Schwede zwischen den Mächten auf und führt Geheimverhandlungen. Es ist Baron Knut Bonde aus Stockholm.

Bonde glaubt, er könnte auf eigene Faust Frieden stiften. Er nimmt Fühlung mit Hermann Göring auf, der von dem Plan begeistert ist, und reist dann nach London, wo er eine vertrauliche Besprechung mit dem britischen Außenminister Lord Halifax hat. Bei dieser Zusammenkunft schlägt der schwedische Baron der britischen Regierung folgende Grundlagen für einen Frieden zwischen Deutschland und Großbritannien vor: ›Wiederherstellung eines polnischen Staates‹, ›Freiheit für die Tschechen‹.

Lord Halifax ist nicht abgeneigt, Friedensverhandlungen aufzunehmen, wenn Hitler bereit sei, ›eine Art polnischen Staat‹ anzuerkennen und den Tschechen ›eine gewisse Freiheit‹ zuzubilligen.

»Wir haben niemals gesagt, daß wir keinen Frieden mit Hitler machen würden«, erklärt Lord Halifax Baron Bonde. Dann fügt der britische Außenminister hinzu: »Wenn es jemanden in Deutschland gibt, der Frieden schließen könnte, dann ist es Göring.«

Mit dem Ergebnis zufrieden, fliegt Bonde nach Schweden zurück und läßt Göring durch einen Mittelsmann den Inhalt des Gespräches mitteilen. Göring verspricht, mit Hitler zu reden, und dann gleich Antwort zu geben. Doch diese Antwort bleibt aus. Mehrmals fragt London in den folgenden Monaten bei Bonde in Stockholm an, was nun aus der Sache geworden sei — aber das Angebot Großbritanniens bleibt in Berlin unbeachtet.

Im Mai 1946 erhält Rechtsanwalt Werner Bross in Nürnberg Kenntnis von den geheimen Friedensbemühungen. Er hat ein Schriftstück aufgetrieben, in dem Baron Bonde die Vorgänge genau schildert.

›Dieses Schriftstück zeigte ich nun heute abend Göring‹, schreibt Bross in seinen Erinnerungen. ›Er las mit Interesse, dann meinte er jedoch: ‚Es ist wenig damit anzufangen, da ja nichts aus den Friedensbemühungen geworden ist.' Mich wunderte sehr, daß Göring so wenig erfreut über dieses Zeugnis seiner Friedensliebe war. Aber ich sollte den Grund, warum er jetzt nichts mehr von der Angelegenheit verlauten lassen wollte, sogleich erfahren. Als ich nämlich danach fragte, was Hitler denn auf die Vorschläge des Foreign Office geantwortet habe, erzählte Göring: ‚Ich kam zum Führer und berichtete über Bondes Besuch in London. Als ich die Vorschläge des Lord Halifax mitteilte, meinte Hitler: Eine Art polnischer Staat — darüber läßt sich reden. Aber mehr Freiheit für die Tschechen — das kommt überhaupt nicht in Frage.'

Das war es also! Hitler hatte Friedensangebote ausgeschlagen, die uns heute außerordentlich günstig, ja einmalig erscheinen. Nur ein einziges, durchaus gerechtfertigtes Zugeständnis hätte Hitler machen müssen — den Tschechen mehr Freiheit einzuräumen. Also nicht einmal der Verzicht auf dieses gewaltsam annektierte Stück fremden Volksbodens wurde verlangt, sondern nur eine gewisse Freiheit für die dort lebende Bevölkerung.

Göring war sich wohl vollkommen im klaren, wie das Bekanntwerden dieser Umstände das Andenken Hitlers beim deutschen Volk beeinträchtigen mußte, und darum wollte er lieber auf den kleinen persönlichen Vorteil im Prozeß verzichten, um Hitler zu schonen. Treue über den Tod hinaus zu dem Mann, der den ihm ‚aufgezwungenen Krieg' auch dann nicht beendete, als er solche großartige Gelegenheit dazu erhielt! Obwohl Göring sagte, er wolle sich die Sache noch überlegen, ist er nie mehr darauf zurückgekommen.‹

Natürlich hat das deutsche Volk nie etwas über diese Dinge erfahren. Es wird in dem Glauben gelassen, Hitlers friedliche Absichten seien überall auf Ablehnung gestoßen — und so bliebe nur die Wahl, den Kampf fortzusetzen.

4 Die Ausgeburt der Hölle

Der Blitzkrieg in Polen hat Hitler ein trügerisches Gefühl unüberwindlicher Stärke gegeben. Schon ein halbes Jahr nach dem Sieg über den östlichen Nachbarn marschiert die Wehrmacht erneut. Der britische Hauptankläger in Nürnberg, Sir Hartley Shawcross, gibt eine Zusammenfassung der Vorgänge: »Am 9. April 1940 drangen die deutschen Streitkräfte in Norwegen und Dänemark ohne Warnung und ohne Kriegserklärung ein. Es war ein Bruch der nachdrücklichsten Friedensversicherungen, die man gegeben hatte.

Während mehrerer Jahre hatte der Angeklagte Rosenberg in seiner Eigenschaft als Chef des Außenpolitischen Amtes der NSDAP sich für die Förderung einer Fünften Kolonne in Norwegen interessiert. Er schuf ein enges Verhältnis mit der *Nasjonal Samling,* einer politischen Gruppe, der der Verräter Vidkun Quisling vorstand. Im August 1939 wurde ein besonderer vierzehntägiger Kursus in der Schule des Außenpolitischen Amtes in Berlin abgehalten, an dem fünfundzwanzig Anhänger teilnahmen, die von Quisling ausgewählt waren. Diese ›verläßlichen‹ Männer sollten die Gebiets- und Sprachexperten für Deutschlands Spezialtruppen sein. Das Ziel war, durch einen Putsch, in dem Quisling seine Hauptgegner, einschließlich des Königs, verhaften sollte, jeden militärischen Widerstand von Anfang an auszuschalten. Gleichzeitig mit dieser Tätigkeit traf Deutschland seine militärischen Vorbereitungen.«

Alfred Rosenberg scheint nach allen Beweisen als erster den Gedanken gehabt zu haben, die deutsche Macht in den ›germanischen Norden‹ auszudehnen. Auf der Suche nach Verbündeten wendet er sich an den Oberbefehlshaber der Kriegsmarine, Großadmiral Erich Raeder. Die Marine, so schätzt Rosenberg, dürfte ebenfalls am Nordraum interessiert sein. In einer Denkschrift an Raeder, die in Nürnberg verlesen wird, führt Rosenberg aus, nachdem er eine eingehende Besprechung mit Quisling gehabt hat: ›Die Ausgebildeten (aus dem Schulungskurs des Außenpolitischen Amtes) müßten dann so schnell wie möglich nach Norwegen. Die Besetzung einiger wichtiger Zentralen in Oslo müßte schlagartig erfolgen, und zu gleicher Zeit müßte die deutsche Flotte nebst entsprechenden Kontingenten der deutschen Armee an einer vorgesehenen Bucht vor der Einfahrt von Oslo auf besonderen Ruf der neuen norwegischen Regierung eingesetzt werden.‹

Schon am 3. Oktober 1939 — einen Monat nach dem Angriff auf Polen — befaßt sich Raeder näher mit dem Rosenberg-Plan. Er setzt im Oberkommando der Marine einen Fragebogen in Umlauf, aus dem der britische Ankläger Elwyn Jones in Nürnberg einige Stellen zitiert: ›Folgende Fragen sind zu prüfen:

1. Welche Orte in Norwegen kommen als Stützpunkte in Frage?
2. Kann die Gewinnung der Stützpunkte, sofern es kampflos nicht möglich ist, gegen den Willen Norwegens militärisch erzwungen werden?‹

Gleich darauf wird auch der Oberbefehlshaber der Unterseeboote, Karl Dönitz, aktiv. Er arbeitet ein Memorandum aus, das dem Gericht vorliegt und über das Elwyn Jones sagt: »Wahrscheinlich bezieht es sich auf den Fragebogen des Angeklagten Raeder. Es ist als ›Geheime Kommandosache‹ gekennzeichnet. Gegenstand: ›Stützpunkte in Norwegen‹. Ich möchte den letzten Absatz verlesen: ›Es wird daher beantragt: Einrichtung eines Stützpunktes in Drontheim. Einrichtung einer Versorgungsmöglichkeit mit Betriebsstoffen in Narvik als Ausweiche.‹

Der Norwegen-Einfall ist in dieser Beziehung kein typischer Naziangriff, nämlich insofern nicht, als Hitler überredet werden mußte, sich auf ihn einzulassen. In erster Linie waren es Raeder und Rosenberg, die ihn überredeten. Die Dokumente werden beweisen, daß der Angeklagte Raeder seinen Standpunkt in bezug auf Norwegen beharrlich durchzusetzen suchte.«

Gelegenheit dazu bietet eine Konferenz des Kriegsmarine-Stabes im Führerhauptquartier am 12. Dezember 1939. Außer Hitler und Raeder nehmen Wilhelm Keitel und Alfred Jodl an der Besprechung teil. Wieder liegt das Sitzungsprotokoll auf dem Richtertisch von Nürnberg. Raeder selbst hat es geschrieben, und Ankläger Jones verliest: »Der Bericht trägt die Überschrift *Angelegenheit Norwegen*. Ich lenke die Aufmerksamkeit des Hohen Gerichtshofes auf den 4. Absatz, der lautet: ›Der Führer erwog, Quisling persönlich zu sprechen, um Eindruck von ihm zu gewinnen. Ob d. M. (Oberbefehlshaber der Marine, Raeder) schlägt vor: Falls der Führer günstigen Eindruck erhalte, sollte OKW Erlaubnis bekommen, mit Quisling Pläne zur Vorbereitung und Durchführung der Besetzung a) auf friedlichem Wege — das heißt deutsche Wehrmacht von Norwegen gerufen —, oder b) auf gewaltsame Weise zu vereinbaren.‹

Der Bericht sagt weiter: ›Auf Grund der Besprechung des Führers mit Quisling am 14. Dezember 1939 nachmittags gab der Führer den Befehl zur Vorbereitung des Norwegen-Unternehmens durch OKW.‹«

Damit sind Rosenbergs und Raeders Pläne gebilligt worden, die Wehrmacht trifft ihre Vorbereitungen. Hitler beginnt sogar zu drängen, und am 27. Januar 1940 gibt Keitel einen Befehl heraus, in dem es heißt: ›Geheime Kommandosache. Chef-Sache. Nur durch Offizier. Betrifft Studie ‚N'. Der Führer und Oberbefehlshaber der Wehrmacht wünscht, daß die Studie ‚N' unter seinem persönlichen, unmittelbaren Einfluß und im engsten Zusammenhang mit der Gesamtkriegsführung weiter bearbeitet wird. Aus diesen Gründen hat der Führer mich beauftragt, die Leitung der weiteren Vorarbeiten zu übernehmen. Hierzu wird vom OKW ein Arbeitsstab gebildet, der gleichzeitig den Kern des künftigen Operationsstabs darstellt. Die gesamte weitere Bearbeitung erfolgt unter dem Stichwort *Weserübung*.‹

Hitler ist plötzlich ganz besessen von dem Unternehmen. In Nürnberg wird ein Befehl verlesen, den er am 1. März 1940 herausgibt — natürlich ebenfalls als Geheime Kommandosache. Darin sagt ›der Führer und Oberste Befehlshaber der Wehrmacht‹ unter anderem: ›Grenzübertritt gegen Dänemark und Landung in Norwegen hat gleichzeitig zu erfolgen. Die Unternehmungen sind mit größtem Nachdruck so schnell wie möglich vorzubereiten. Von größter Bedeutung ist, daß unsere Maßnahmen die nordischen Staaten überraschend treffen. Dem haben alle Vorbereitungen, insbesondere die Art der Bereitstellung des Landeraums der Truppen, ihre Einweisung und ihre Verladung Rechnung zu tragen. Können Vorbereitungen für die Verschiffung nicht mehr geheimgehalten werden, sind Führern und Truppe andere Ziele vorzutäuschen. Die Luftwaffe hat nach erfolgter Besetzung die Luftverteidigung sowie die Ausnutzung der norwegischen Basis für die Luftkriegführung gegen England sicherzustellen.‹

Das ist Hitlers Befehl: ›Basis für die Luftkriegführung gegen England sicherzustellen . . .‹ Das ist einer der Hauptgründe für das ganze Unternehmen. Nachdrücklich heißt es im selben Befehl: ›Hierdurch soll englischen Übergriffen nach Skandinavien und der Ostsee vorgebeugt, unsere Erzbasis in Schweden gesichert und für Kriegsmarine und Luftwaffe die Ausgangsstellung gegen England erweitert werden.‹

Wie in allen früheren Fällen ist Hitler bestrebt, auch im Fall *Weserübung* seine wahren Absichten zu verschleiern. So heißt es in seiner Geheimen Kommandosache noch: ›Grundsätzlich ist anzustreben, der Unternehmung den Charakter einer friedlichen Besetzung zu geben, die den bewaffneten Schutz der Neutralität der nordischen Staaten zum Ziel hat.‹

Inzwischen hat die Welt aber gelernt, was unter solchen Formulierungen zu verstehen ist, wenn sie aus dem Führerhauptquartier kommen. In Nürnberg hat die Verteidigung versucht, trotz der eindeutigen Sprache der hier angeführten Dokumente aus dem Überfall eine notgedrungene Sicherungsmaßnahme gegen eine von England geplante Landung in Norwegen zu machen. Die Daten der Vorbereitung, die bis in den September 1939 zurückgehen, lassen diese Deutung aber nicht zu.

»Es wurde erklärt«, tritt Sir Hartley Shawcross dem Einwand entgegen, »daß England und Frankreich Pläne schmiedeten, um in Norwegen einzufallen und es zu besetzen, und daß die Regierung Norwegens bereit sei, in einem solchen Falle sich einverstanden zu erklären. Sogar wenn die Beschuldigungen wahr gewesen wären — und sie waren offenbar falsch* —, würden sie keine denkbare Rechtfertigung für eine Invasion ohne Warnung, ohne Kriegserklärung, ohne einen Versuch der Vermittlung oder Schlichtung bilden. Ein Angriffskrieg ist nicht weniger ein Angriffskrieg, weil der Staat, der ihn führt, glaubt, daß andere Staaten eine ähnliche Aktion in der Zukunft vornehmen würden. Die Angelegenheit ist jedoch unerheblich, da ja in der Tat durch das Beweismaterial reichlich klargestellt ist, daß die Invasion dieser beiden Länder für völlig andere Zwecke unternommen wurde. Sie war lange bevor irgendeine Frage eines Neutralitätsbruchs oder eine Besetzung Norwegens durch England jemals hätte eintreten können, geplant.«

Die Ereignisse selbst sprechen eine deutliche Sprache. Elwyn Jones liest aus einem Bericht der dänischen Regierung: »›Am 9. April 1940, um 4 Uhr 20 morgens, erschien der deutsche Gesandte in Begleitung des Luft-Attachés der Gesandtschaft in der Privatwohnung des dänischen Außenministers. Der Gesandte erklärte sogleich, Deutschland besäße positive Beweise, daß England die Besetzung von Stützpunkten in Dänemark und Norwegen plane. Aus diesem Grunde überschritten nun deutsche Soldaten

* Shawcross mochte in gutem Glauben gesprochen haben, denn die britisch-französischen Invasionspläne wurden erst durch ein Weißbuch der britischen Regierung im Jahre 1952 bekannt.

die Grenze. In Kürze würden deutsche Bombenflugzeuge über Kopenhagen sein; sie hätten Befehl, vorläufig keine Bomben zu werfen. Es sei nun Sache der Dänen, Widerstand zu verhüten, da jeder Widerstand die furchtbarsten Folgen zeitigen würde.‹«

Die Bombendrohung ist nicht neu; auch Prag und der tschechoslowakische Staatspräsident Hacha haben sie über sich ergehen lassen müssen. Wieder wird es ein recht leichter Handstreich für die deutsche Wehrmacht. Der britische Botschafter in Kopenhagen, Howard Smith, hat darüber seinem Außenministerium berichtet: ›Früh am Morgen, ungefähr um fünf Uhr, dampften drei kleine Transportschiffe in den Eingang des Kopenhagener Hafens, während eine Anzahl von Flugzeugen über ihnen kreiste. Die nördliche Batterie gab einen Warnungsschuß auf die Flugzeuge ab. Mit dieser Ausnahme leisteten die Dänen keinen weiteren Widerstand, und die deutschen Fahrzeuge machten an den Kais im Freien Hafen fest. Ungefähr achthundert Soldaten landeten in voller Ausrüstung und marschierten zum *Kastellet*, der alten Festung von Kopenhagen. Das Tor war geschlossen. Daher sprengten die Deutschen es mit Sprengstoff. Die Besatzung leistete keinen Widerstand, und es scheint, daß sie völlig überrascht war.

Nach der Besetzung wurde eine Abteilung nach Amalienborg, der königlichen Burg, geschickt, wo sie die dänischen Wachtposten angriff und dabei drei Posten, einen von ihnen tödlich, verwundete. Unterdessen überflog eine große Anzahl von Bombenflugzeugen in geringer Höhe die Stadt. Die Widerstandsmöglichkeiten der Streitkräfte waren durch das Ausmaß der offensichtlichen Überraschung verringert. So fuhr zum Beispiel der leitende Beamte vom Dienst des Kriegsministeriums am Morgen des 9. April im Kraftwagen nach Kopenhagen; er fuhr lustig an einem Wachtposten, der ihn anrief, vorbei, ohne in seiner seligen Unwissenheit zu merken, daß es nicht einer seiner eigenen Männer war. Erst eine Kugel, die durch die Klappe seines Mantels ging, war imstande, ihn zu ernüchtern ...‹

Soweit Howard Smith in seinem Erlebnisbericht. In Norwegen allerdings spielen sich die Dinge etwas anders ab. Noch einen Monat vor dem Überfall schreibt der Chef des Wehrmachtsführungsstabes, Alfred Jodl, in sein Tagebuch: ›Große Besprechung über *Weserübung* mit drei Oberbefehlshabern. Feldmarschall (Göring) tobt sich aus, da bisher nicht befaßt. Reißt Aussprache an sich und will beweisen, daß alle bisherigen Vorbereitungen nichts taugen.‹

Am 13. März 1940 schreibt Jodl: ›Führer gibt den Befehl zur *Weserübung* noch nicht. Er ist auf der Suche nach einer Begründung.‹ Diese Eintragung zeigt wieder deutlich, daß es sich keineswegs darum handelte, einer britischen Landung zuvorzukommen.

Jodl selbst enthüllt seine eigene Angriffslust mit der nächsten Tagebuchbemerkung vom 28. März: ›Einzelne Seeoffiziere scheinen bezüglich *Weserübung* laurig zu sein und bedürfen einer Spritze.‹

Rosenbergs Idee, Raeders Vorarbeiten, Keitels Planung, Hitlers Befehl und Jodls Spritze tun am 9. April 1940 ihre Wirkung: Die deutsche Kriegsmarine landet an zahlreichen Punkten der norwegischen Küste. Wie in Dänemark, so wird auch hier ein völliger Überraschungserfolg erzielt. Eines der unglaublichsten Dokumente des Nürnberger Prozesses sind in diesem Zusammenhang die *Allgemeinen Anordnungen* vom 4. April 1940, wie sie von der Kriegsmarineleitung ausgearbeitet wurden. Elwyn Jones liest das erbeutete Schriftstück vor: »›Die Sperrbrecher sollen als Handelsdampfer getarnt mit gesetzten Lichtern unauffällig in den Oslofjord eindringen. Anrufe von Küstensignalstellen und Bewachern sind durch Vortäuschung englischer Dampfernamen zu beantworten. Die Tarnung als englische Fahrzeuge muß möglichst lange durchgeführt werden. Alle Morseanrufe norwegischer Schiffe werden in englischer Sprache erwidert. Auf Anfrage einen Text etwa folgenden Inhalts wählen: ‚Anlaufe Bergen zu kurzem Aufenthalt, keine feindlichen Absichten.‘

Auf Anrufe ist mit englischen Kriegsschiffnamen zu antworten:

Köln	=	H. M. S. *Cairo*
Königsberg	=	H. M. S. *Calcutta*
Karl Peters	=	H. M. S. *Faulknor*
Leopard	=	H. M. S. *Halycon*
Wolf	=	*british destroyer* (britischer Zerstörer)
S-Boote	=	*british motor torpedoboats*

Vorsorge treffen, daß englische Kriegsflagge beleuchtet werden kann. Folgendes gilt als Anhalt und Richtlinie, wenn eine eigene Einheit sich gezwungen sieht, die Anrufe passierender Fahrzeuge zu beantworten:

Auf Aufforderung zum Stoppen: 1. *Please repeat last signal* (Bitte wiederholen Sie Ihr letztes Signal)! 2. *Impossible to understand your signal* (Unmöglich, Ihr Signal zu verstehen).

Bei Warnungsschuß: *Stop firing; british ship! Good friend!* (Feuer einstellen; britisches Schiff! Gut Freund!)

Bei Fragen nach Zweck und Ziel: *Going Bergen, chasing German steamers!* (Wir sind auf dem Weg nach Bergen, jagen deutsche Dampfer!)‹

Trygve Lie, der spätere Generalsekretär der Vereinten Nationen, hat noch als Oberbefehlshaber der norwegischen Streitkräfte eine Erklärung für das Nürnberger Gericht ausgearbeitet, aus der Jones vorliest: »›Der deutsche Angriff kam überraschend, und alle überfallenen Städte entlang der Küste wurden planmäßig mit nur geringen Verlusten besetzt. Der Plan (Quislings), den König, Mitglieder der Regierung und des Parlaments gefangenzunehmen, mißlang trotz des unerwarteten Überfalles, und der Widerstand im ganzen Lande wurde organisiert.‹«

Sir Hartley Shawcross sagt abschließend: »Aber so tapfer auch der Widerstand war, der eiligst im ganzen Lande organisiert wurde, so konnte doch gegen den lange geplanten Überraschungsangriff nichts getan werden. Am 10. Juni hörte der militärische Widerstand auf. Damit war ein weiterer Angriffsakt vollendet.«

Die Wirkung des Überfalls ist in der übrigen Welt ungeheuerlich. Selbst die Gutwilligsten, die den Angriff auf Polen noch mit deutschen Interessen in Danzig und im Korridor zu entschuldigen suchten, sind nun belehrt. Mit der Besetzung von Dänemark und Norwegen hat Hitler die ganze Welt gegen Deutschland in Stellung gebracht. Neville Chamberlain, britischer Premierminister und kurz darauf von Winston Churchill abgelöst, hat die Gefühle der Völker in einer Rede am 16. April 1940 zum Ausdruck gebracht. Er sagte: »Dies ist die letzte Missetat der Ausgeburt der Hölle in Deutschland! Jedes Opfer der deutschen Roheit fügt denen, die

Deutschland bereits verurteilt haben, neue Millionen Menschen hinzu, die wissen, daß kein Volk sicher sein kann, bis dieser tolle Hund unschädlich gemacht ist.«

Doch Hitler, ›dieser tolle Hund‹, kennt keine Maßstäbe mehr. Kaum sind Dänemark und Norwegen überrannt, nimmt er seine weiter ausgreifenden Pläne wieder auf.

»Das nächste Dokument«, sagt ein anderer britischer Ankläger, G. D. Roberts, »bezieht sich auf Hitlers Konferenz vom 23. Mai 1939. Es ist zunächst interessant, auf der ersten Seite festzustellen, wer zugegen war: der Führer, Göring, Admiral Raeder, Brauchitsch, Generaloberst Keitel und verschiedene andere, die nicht angeklagt sind. Der Zweck der Konferenz war eine Untersuchung der Lage. Dann darf ich mich auf die dritte Seite beziehen: ›Die holländischen und belgischen Luftstützpunkte müssen militärisch besetzt werden. Auf Neutralitätserklärungen kann nichts gegeben werden. Erstrebenswert ist es, eine neue Verteidigungslinie auf holländischem Gebiet bis Zuider-See zu gewinnen.‹

Auf Neutralitätserklärungen kann nichts gegeben werden – und dabei ist der Großadmiral anwesend, der Luftfahrtminister und Chef der deutschen Luftwaffe, und auch General Keitel. Alle sind anwesend, und alle ihre späteren Handlungen zeigen, daß sie damit einverstanden waren: Gib dein Wort und brich es! Das ist ihr Ehrenkodex . . .«

Vorsitzender: »Herr Roberts, es wäre besser, wenn Sie sich so weit wie möglich nur auf das Dokument beschränken würden.«

Die Mahnung von Lordrichter Lawrence führt die Verhandlung auf reine Tatsachen zurück: »Am 10. Mai 1940 begann ungefähr um fünf Uhr morgens der deutsche Einfall in Belgien, Holland und Luxemburg«, sagt der britische Hauptankläger, Sir Hartley Shawcross.

Nach langem Schwanken, ob er zuerst im Westen oder im Osten Krieg führen soll, hat sich Hitler für den Westen entschieden. Mit rasch geführten Schlägen will er Frankreich und England niederstrecken, um sich dann endlich gegen die Sowjetunion wenden zu können.

Hitler und seine Strategen haben keine Möglichkeit gesehen, das als unüberwindlich geltende Befestigungswerk des Franzosen André Maginot zu durchbrechen. Deshalb wählen sie den Weg durch die neutralen, ungeschützen Länder Holland, Belgien und Luxemburg. Doch der Krieg gegen Frankreich ist nicht der einzige Grund für die Mißachtung der drei Neutralen. Schon im Jahre 1938, am 25. August, hat Görings Luftwaffe eine Studie ausgearbeitet, eine Geheime Kommandosache, die im Nürnberger Gerichtssaal verlesen wird: ›Für die Kriegsführung in Westeuropa‹, heißt es in dem lange vor Kriegsbeginn entstandenen Schriftstück, ›gewinnt der belgisch-niederländische Raum, insbesondere als Vorfeld der Luftkriegsführung, eine gegenüber dem Weltkrieg erheblich gesteigerte Bedeutung. Belgien und die Niederlande in deutschen Händen bedeuten einen außerordentlichen Vorteil in der Luftkriegsführung gegen Großbritannien und Frankreich . . .‹

Noch kurz vor Ausbruch des Krieges, am 26. August 1939, ›wurden durch die deutschen Gesandten dem König der Belgier, der Königin der Niederlande und der Regierung des Großherzogtums Luxemburg in feierlicher Weise Erklärungen überreicht, die die betreffenden Regierungen der Absicht, ihre Neutralität zu respektieren, versicherten‹.

Damit erneuerte Deutschland sein schon 1937 gegebenes Garantieversprechen. Sir Hartley Shawcross fährt fort: »Aber zur Armee sagte Hitler: ›Wenn Holland und Belgien besetzt sind und gehalten werden, so ist ein erfolgreicher Krieg gegen England sichergestellt.‹

Am 6. Oktober wiederholt Hitler seine Freundschaftsversicherungen Belgien und Holland gegenüber. Am 9. Oktober 1939 jedoch gab Hitler eine Weisung für die Führung des Krieges heraus. Er sagte darin folgendes: ›Für die Weiterführung der militärischen Operationen befehle ich: Am Nordflügel der Westfront ist durch den luxemburgisch-belgischen und holländischen Raum eine Angriffsoperation vorzubereiten. Dieser Angriff muß so stark und so frühzeitig als möglich geführt werden. Zweck dieser Angriffsoperation ist es, möglichst viel holländischen, belgischen und nordfranzösischen Raum als Basis für eine aussichtsreiche Luft- und Seekriegsführung gegen England zu gewinnen.‹

Nichts könnte das Ziel, das hinter der Invasion dieser drei Länder stand, klarer umschreiben, als dieses Dokument es zum Ausdruck bringt. Die einzige Schuld dieser drei unglücklichen Länder war, daß sie dem deutschen Eindringling bei seinem Vorhaben gegen England und Frankreich im Wege standen — und das genügte, um sie zu überfallen.«

Hitler nimmt sich nicht mehr die Mühe, einen glaubwürdigen Vorwand zu erfinden. Er legt eine alte Walze auf und denkt, sie sei gut genug: Während seit 4 Uhr 30 die deutsche Wehrmacht im Vormarsch ist, spiegeln die Ereignisse in Belgien das beschämende Vorgehen Hitlers in allen drei überfallenen Ländern wider. Der britische Ankläger Roberts verliest in Nürnberg einen offiziellen Bericht der belgischen Regierung darüber: »›Um 8 Uhr 30 kam der deutsche Botschafter in das Ministerium für Auswärtige Angelegenheiten. Als er das Zimmer des Ministers betrat, begann er, ein Papier aus der Tasche zu ziehen. Herr Spaak (der belgische Außenminister) unterbrach ihn: ‚Verzeihung, Herr Botschafter, ich spreche zuerst! Herr Botschafter, die deutsche Armee hat soeben unser Land angegriffen. Es ist das zweite Mal in fünfundzwanzig Jahren, daß Deutschland einen verbrecherischen Angriff auf ein neutrales und loyales Belgien unternommen hat. Was soeben geschehen ist, ist vielleicht noch abscheulicher als der Überfall von 1914. Kein Ultimatum, keine Note, kein Protest irgendwelcher Art wurde je zuvor der belgischen Regierung übermittelt. Erst durch den Angriff selbst hat Belgien erfahren, daß Deutschland die von ihm am 13. Oktober 1937 gegebenen und bei Kriegsausbruch freiwillig erneuerten Garantien verletzt hat. Der deutsche Angriffsakt, für den es keinerlei Rechtfertigung gibt, wird das Gewissen der Welt tief erschüttern. Die Geschichte wird Deutschland verantwortlich machen. Belgien ist entschlossen, sich zu verteidigen. Seine Sache, die die des Rechtes ist, kann nicht verloren sein.‘

Der Botschafter konnte dann den Inhalt der von ihm überreichten Note verlesen: ‚Ich bin von der Reichsregierung angewiesen‘, sagte er, ‚die folgende Erklärung abzugeben: Um der Invasion Belgiens, Hollands und Luxemburgs zuvorzukommen, für die Großbritannien und Frankreich deutlich gegen Deutschland gerichtete Vorbereitungen getroffen haben, sieht sich die Deutsche Reichsregierung genötigt, die Neutralität der drei genannten Länder mit Waffengewalt sicherzustellen. Zu diesem Zweck wird die Reichsregierung Streitkräfte größten Umfanges einsetzen, so daß jeglicher

Lagebesprechung: Jodl erklärt seinem Führer die militärischen Operationen

Widerstand nutzlos ist. Im Falle irgendwelchen Widerstandes setzt Belgien die Zerstörung seines Landes und seine Unabhängigkeit aufs Spiel . . .'

Mitten in dieser Mitteilung unterbrach Herr Spaak den Botschafter: ‚Übergeben Sie mir das Dokument', sagte er, ‚ich möchte Ihnen eine so peinliche Aufgabe gerne ersparen.' Nach Durchlesen der Note beschränkte sich Herr Spaak darauf, zu bemerken, daß er bereits mit dem soeben geäußerten Protest geantwortet habe.‹«

Fast ebenso peinlich wie die Unterredung in den Morgenstunden des 10. Mai 1940 ist eine Zeugenvernehmung im Nürnberger Gerichtssaal, das Kreuzverhör des britischen Anklägers Roberts mit dem ehemaligen Generalinspekteur der Luftwaffe, Feldmarschall Erhard Milch. Bei der Kapitulation des hohen Offiziers war es übrigens zu einer tragikomischen Episode gekommen. Milch ergab sich seinem Kontrahenten, einem jungen englischen General, so, wie es alter preußischer Tradition entsprach. Er grüßte vorschriftsmäßig, indem er mit seinem Marschallstab an die Mütze tippte und diesen dann feierlich seinem Gegner überreichte. Der englische General nahm den Marschallstab, hielt ihn prüfend in der Hand und haute ihn dann Milch so hart an den Kopf, daß dieser zu Boden sank. Doch zurück zu Milchs Zeugenvernehmung durch Ankläger Roberts.

Roberts: »Sie waren bei einer Besprechung anwesend, die am 23. Mai 1939 in der Reichskanzlei abgehalten worden ist. Ich möchte Sie daran erinnern, wer außerdem noch anwesend war: Es waren der Führer, Göring, Raeder, von Brauchitsch, Keitel, Halder, General Bodenschatz, Warlimont. Es handelte sich durchwegs um Führer der deutschen Streitkräfte. Stimmt das?«

Milch: »Ja.«

Roberts: »Würden Sie sie auf Grund Ihrer Kenntnis als Ehrenmänner bezeichnen?«

Milch: »Jawohl.«

Roberts: »Ist es eine der Eigenschaften eines Ehrenmannes, sein Wort zu halten?«

Milch: »Jawohl.«

Roberts: »Sie wußten doch, nicht wahr, daß Deutschland sein Ehrenwort gegeben hatte, die Neutralität Belgiens, Hollands und Luxemburgs zu respektieren?«

Milch: »Ich nehme das an, ich kenne die einzelnen Verabredungen nicht, aber ich nehme es an.«

Roberts: »Wissen Sie nicht, daß kaum einen Monat vor dieser Sitzung, also am 28. April, Hitler im Reichstag eine Versicherung abgegeben hatte, die Neutralität einer großen Anzahl europäischer Länder zu respektieren, einschließlich der drei von mir erwähnten Länder?«

Milch: »Ich nehme an, jawohl.«

Roberts: »Erinnern Sie sich, daß bei der Besprechung Hitler die folgenden Worte gebrauchte: ›Die holländischen und belgischen Luftstützpunkte müssen militärisch besetzt werden. Auf Neutralitätserklärungen kann nichts gegeben werden. Hierbei spielen Recht oder Unrecht oder Verträge keine Rolle.‹ Erinnern Sie sich, daß diese Worte gebraucht worden sind?«

Milch: »Ich kann mich nicht genau daran erinnern, in welchem Wortlaut gesprochen wurde.«

Roberts: »Wurde von einem dieser Ehrenmänner Protest erhoben gegen den Bruch von Deutschlands gegebenem Wort?«

Milch: »Bei dieser Besprechung war es für keinen der Anwesenden möglich, überhaupt zu sprechen, sondern Hitler stand an einem Pult vor uns und hielt eine Ansprache, und nach der Ansprache ging er weg. Eine Aussprache hat nicht stattgefunden, wurde von ihm nicht zugelassen.«

Roberts: »Sie meinen, Zeuge, es war für einen Ehrenmann unmöglich, seine Ehre zu schützen?«

Milch: »Ich kann mich eben an den Wortlaut dessen, was Hitler gesagt hat, nicht genau erinnern . . .«

Wie dem auch sei, das Oberkommando der Wehrmacht tut ganze Arbeit. Achtzehn Tage nur vermag Belgien Widerstand zu leisten, ehe König Leopold III. sich gezwungen sieht, die Kapitulation zu unterschreiben. Vier Tage dauert der Widerstand der Niederlande.

»Um den Feldzug in den Niederlanden so rasch wie möglich zu beenden«, erklärt Hermann Göring im Zeugenstand, »hatte ich den Einsatz der Fallschirmdivision in den Rücken des gesamten holländischen Aufmarsches gegen Deutschland vorgeschlagen, vor allem, um die drei entscheidenden Brücken bei Moerdijk, Dordrecht und Rotterdam in die Hand zu bekommen. Während bei Moerdijk und Dordrecht die Sache schnell überwunden wurde, geriet der Teil in Rotterdam in eine schwierige Lage. Er wurde zunächst von holländischen Kräften eingeschlossen.«

Damit tritt einer der Fälle des Krieges ein, die später immer neues Unheil gezeugt und heraufbeschworen haben: das Luftbombardement von Rotterdam. Die Verwüstung der Stadt durch Görings Luftwaffe, der tausendfältige Tod der Zivilbevölkerung unter Trümmern, Bomben und Bränden wird zum schrecklichen Symbol einer Entwicklung, die in Coventry und London, Dresden und Berlin ihre entsetzlichen Höhepunkte fand. Generalfeldmarschall Albert Kesselring ist im Nürnberger Gerichtssaal zu diesen Vorgängen als Zeuge befragt worden. Zunächst von Görings Verteidiger.

Dr. Stahmer: »Waren Sie an dem Angriff auf Rotterdam beteiligt?«

Kesselring: »Als Luftwaffenchef 2, der ich inzwischen geworden war. Das Luftlandekorps befehligte General Student, der auch die Unterstützung seiner Fallschirme durch einen Bombenangriff anforderte. Der Angriff wurde planmäßig und zeitgemäß durchgeführt. Wenn tatsächlich gegen meine innere Überzeugung der Angriff nicht mehr der Lage entsprochen haben sollte, so ist das außerordentlich zu bedauern. Ich stelle hier jedoch eindeutig fest, daß dieser Fall dann unter die Fälle zu rechnen ist, die zu den unabwägbaren Zufälligkeiten im Kriegsgeschehen gehören, und die leider, wie es die Außenwelt nicht weiß, bei allen Wehrmachtteilen aller Länder häufiger vorkommen, als man erwarten sollte.«

Dr. Stahmer: »Worauf ist es zurückzuführen, daß es noch zu großen Bränden in der Stadt Rotterdam kam?«

Kesselring: »Es ist eine Erfahrungstatsache des Krieges, daß die Hauptzerstörungen nicht durch Bombenangriffe schlechthin, sondern durch die Verbreitung des Brandes eintreten. Leider hat hier eine Bombe eine Margarinefabrik getroffen, so daß dieses Öl ausgelaufen ist und den Brand weiterverbreitet hat.«

Dr. Stahmer: »Welche militärischen Folgen hatte dieser Angriff hervorgerufen?«

Kesselring: »Die unmittelbare Folge war die Kapitulation der holländischen Armee.«

Im Kreuzverhör durch den britischen Ankläger Sir David Maxwell-Fyfe wird das Bombardement von anderer Seite beleuchtet.

Sir David: »Wissen Sie, zu welcher Tageszeit die Bombardierung Rotterdams begann?«

Kesselring: »Meines Wissens in den frühen Mittagsstunden, so um 14 Uhr, glaube ich.«

Sir David: »Wissen Sie, daß seit 10 Uhr morgens Verhandlungen über die Kapitulation im Gange waren?«

Kesselring: »Nein.«

Sir David: »Wußten Sie, daß um 12 Uhr 15 ein holländischer Offizier zu den deutschen Linien hinüberging und mit General Schmidt und General Student zusammentraf, und daß General Schmidt die vorgeschlagenen Bedingungen der Kapitulation um 12 Uhr 35 schriftlich niederlegte?«

Kesselring: »Nein, unbekannt.«

Sir David: »Das wurde Ihnen niemals mitgeteilt?«

Kesselring: »Nicht mitgeteilt, zumindest mir nicht in Erinnerung.«

Sir David: »Sie sehen, Zeuge, es sind 55 Minuten vor dem Beginn des Bombardements und ...«

Kesselring: »Das Wesentliche wäre gewesen, daß von seiten des Generals Student der Angriff als solcher abgesagt worden wäre. Diese Absage des Angriffs ist an mich nicht gekommen, auch nicht an den Verband.«

Sir David: »Wenn man diese Mitteilung an die Flugzeuge weiterleiten und die Bombardierung hätte aufhalten wollen, hätte dies doch leicht durch Funkverkehr geschehen können?«

Kesselring: »Meines Erachtens ja.«

Sir David: »Nun behaupte ich, daß jedermann diese Bombenflugzeuge herüberfliegen sah. Student sah die Bomber herüberfliegen. Sie wissen das doch, nicht wahr?«

Kesselring: »Ja.«

Sir David: »Wenn dieser Angriff irgendeine taktische Bedeutung zur Unterstützung Ihrer Truppen gehabt hätte, hätte er abgeblasen werden können, nicht wahr?«

Kesselring: »Jawohl, wenn die taktische Lage hier bekannt gewesen wäre.«

Sir David: »Wenn in ehrlich gemeinten Verhandlungen Kapitulationsbedingungen vereinbart worden sind, kann man von einem Soldaten erwarten, daß er den Angriff abbläst, nicht wahr?«

Kesselring: »Wenn keine anderen Bestimmungen vereinbart waren, ja.«

Sir David: »Wenn man die Möglichkeit gehabt hätte, den Angriff abzublasen, wäre nichts leichter gewesen, als dies tatsächlich durchzuführen. Ich möchte ganz klar zum Ausdruck bringen, daß der Angriff auf Rotterdam den Zweck verfolgte, die Holländer durch Terror zur Kapitulation zu zwingen.«

Trotz dieser Darstellungen ist es nötig, auch noch zu Ende zu hören, was Göring selbst im Zeugenstand sagt: »Ich befahl der Luftflotte den Einsatz eines Geschwaders. Das Geschwader startete in drei Gruppen, eine Gruppe hatte etwa 25 bis 30 Flugzeuge. Als die erste Gruppe kam, war die Kapitulationsverhandlung in Gang, aber mit noch keinem klar erkenntlichen Ziel. Trotzdem wurden rote Leuchtsignale abgeschossen. Die erste Gruppe faßte diese Leuchtsignale nicht auf, sondern warf verabredungsgemäß ihre Bomben genau in jenen Teil, der befohlen war. Die zweite und dritte darauffolgende Gruppe erfaßte die roten Leuchtzeichen, machte kehrt und warf ihre Bomben nicht ab. Eine Funkverbindung zwischen Rotterdam über mein Hauptquartier, Luftflotte 2, zur Division, Divisionsgeschwader-Bodenstelle. Von hier war eine Funkverbindung zu den Flugzeugen gegeben. Das Wesentliche aber ist, daß Rotterdam zu den Flugzeugen direkt nicht funken konnte und deshalb rote Leuchtsignale abgeschossen hat.

Die große Zerstörung erfolgte nicht durch Bomben, sondern, wie gesagt, durch Brand. Das Ausbreiten des Feuers hatte seinen Grund durch die Entzündung dieser großen Mengen von Fetten und Öl. Zum zweiten, ich möchte das ausdrücklich betonen, hätte bei einem energischen Eingreifen der Rotterdamer Feuerwehr die Ausbreitung des Brandes durchaus, trotz auftretenden Sturmes, verhindert werden können...«

Damit ist das Thema in Nürnberg verlassen worden. Die Zeitereignisse des Jahres 1940 dulden keinen längeren Aufenthalt. In Frankreich stoßen die Panzerkeile der deutschen Wehrmacht vor.

5 Seelöwe, Anfang vom Ende

Wie Goebbels später millionenfach verbreiten läßt, war es die Genialität des ›größten Feldherrn aller Zeiten‹, die zum überraschend schnellen Sieg in Frankreich geführt hat. Inzwischen ist es allerdings eine geschichtlich feststehende Tatsache, daß nicht Hitler, sondern General Erich von Manstein den Plan entworfen hat, dem sein französischer Gegenspieler, General Maurice Gamelin, nicht gewachsen war.

Fünf Tage nach Beginn der deutschen Invasion telefoniert der französische Ministerpräsident Paul Reynaud verzweifelt mit London. Das Gespräch hat Churchill in der Privatwohnung erreicht.

»Wir sind geschlagen!« ruft Reynaud. »Wir haben die Schlacht verloren ...«

»Das kann doch unmöglich so schnell gekommen sein«, antwortet Churchill völlig überrascht.

»Unsere Front ist bei Sedan durchbrochen«, erklärt der französische Regierungschef. »Die Deutschen strömen mit großen Infanteriemassen hinter den Panzern durch ...«

»Hören Sie!« ruft Churchill in den Apparat. »Wir müssen durchhalten ...«

Aber Reynaud hat schon aufgegeben: »Die feindlichen Kräfte sind zu stark und zu schnell«, sagt er. »Sie operieren mit Sturzkampfbombern zusammen. Es ist vernichtend. Der Keil wird stündlich breiter und stärker, Richtung Laon-Amiens. Wir sind besiegt. Wir haben die Schlacht verloren ...«

Es nützt nichts, daß General Gamelin durch General Maxime Weygand ersetzt und dieser kurz darauf von Marschall Henri Pétain abgelöst wird: Frankreich bricht zusammen. Das britische Expeditionskorps ist im Hafen von Dünkirchen zusammengedrängt und sieht seiner Vernichtung durch die nachstoßenden Kräfte des Generals Ewald von Kleist entgegen. Da rettet sie ein Wunder.

Karl von Rundstedt, der Oberkommandierende der Heeresgruppe Mitte, wird aus dem Führerhauptquartier angerufen. Das Gespräch ist überliefert. Hitler selbst hat sich eingeschaltet; die Stimme am anderen Ende der Leitung sagt: »Herr General, ich habe Ihnen einen Befehl des Führers zu übermitteln. Betrifft Ihre weiteren Operationen im Raum Dünkirchen. Geben Sie an die Panzergruppe Kleist den Befehl weiter, die Linie des St.-Omer-Kanals nicht zu überschreiten.«

»Das ist doch wohl nicht Ihr Ernst!« ruft Rundstedt wie vor den Kopf geschlagen. »Unsere Panzerdivisionen befinden sich in zügigem Vorgehen auf die Stadt!«

»Der Kanal darf nicht überschritten werden«, beharrt die Stimme aus dem Führerhauptquartier.

»Das ist völlig unmöglich!« sagt Rundstedt.

»Es handelt sich um einen persönlichen Befehl des Führers!«

»Dann — Ende.«

»Ende.«

Die deutschen Panzer bleiben stehen. Kleist, der den Befehl zu umgehen versucht hat und noch weiter vorgestoßen ist, muß seine Verbände auf die vorgeschriebene Linie zurückziehen. So können die Briten fast ihr gesamtes Expeditionsheer — rund 338 000 Soldaten — einschiffen und auf ihre Insel zurückbringen.

Die Ursache für das ›Wunder von Dünkirchen‹, das nur Propagandaminister Goebbels zu einer vernichtenden Niederlage der Briten gestempelt hat, ist heute eindeutig geklärt: Göring hatte bei Hitler darauf gedrängt, Dünkirchen der Luftwaffe zu überlassen. Er dachte, seine Flieger könnten es allein schaffen, und Hitler stimmte ihm bei. Doch nachdem die Öltanks im Hafen von Dünkirchen zu brennen begonnen haben, liegt tagelang eine dichte Rauchwolke über dem Gelände — und Görings Luftwaffe kann nicht einmal mehr sehen, wie sich die Streitkräfte von Lord Gort unter dem Schutz des Qualms dem Zugriff entziehen.

Das gerettete Elitekorps wird bald darauf zum Grundpfeiler der Inselverteidigung und zu einem der Hauptgründe dafür, weshalb Hitler es nicht wagen kann, nach der Niederwerfung Frankreichs Großbritannien anzugreifen. Churchill selbst bestätigt das schon am 4. Juni 1940 in einer Unterhausrede: »Wenn wir die Frage der Verteidigung unseres Landes gegen eine Invasion aufwerfen, so ist natürlich die Frage entscheidend, daß wir derzeit auf der Insel unvergleichlich stärkere Streitkräfte besitzen, als wir sie in irgendeinem Augenblick dieses Krieges besessen haben.«

Görings Ehrgeiz und die Kurzsichtigkeit des ›größten Feldherrn aller Zeiten‹ haben damit schon in Dünkirchen die spätere Wende des Krieges begründet.

Am 22. Juni 1940 feiert Hitler seinen scheinbar größten Triumph. An diesem Tag unterschreiben die Franzosen im Walde von Compiègne die deutschen Waffenstillstandsbedingungen. Wie aus Wochenschauaufnahmen und von Fotografien bekannt ist, führt Hitler bei dieser Gelegenheit einen Freudentanz auf und schlägt sich lachend auf die Schenkel. Er ist überzeugt, daß der Krieg endgültig gewonnen und Großbritannien klein beigeben muß.

Diese Illusion bricht gleich darauf zusammen. Aus London ertönt dumpf und entschlossen Churchills Stimme: »Obgleich große Gebiete von Europa und viele alte, ruhmreiche Staaten unter das Joch der Gestapo und der scheußlichen Naziherrschaft gefallen sind oder noch fallen mögen, werden wir nicht wanken noch weichen. Wir werden bis ans Ende durchhalten. Wir werden unsere Insel verteidigen, was es auch kosten mag. Wir werden an den Küsten kämpfen, auf den Landungsplätzen, auf den Feldern und in den Straßen und auf den Hügeln. Wir werden uns niemals ergeben. Und selbst wenn, was ich keinen Augenblick glaube, diese Insel oder ein großer Teil von ihr unterjocht und ausgehungert werden sollte, dann würde unser Reich jenseits des Meeres den Kampf fortsetzen.«

Hitler antwortet mit einer Geheimanweisung an Keitel und Jodl. Sie trägt das Datum vom 16. Juli 1940 und wird im Nürnberger Gerichtssaal verlesen: »›Da England trotz seiner militärisch aussichtslosen Lage noch keine Anzeichen einer Verständigungsbereitschaft zu erkennen gibt, habe ich mich entschlossen, eine Landungsopera-

Das Wunder von Dünkirchen: Rückzug bei Tee und Bisquits

tion gegen England vorzubereiten und, wenn nötig, durchzuführen. Die englische Luftwaffe muß moralisch und tatsächlich so weit niedergekämpft sein, daß sie keine nennenswerte Angriffskraft dem deutschen Übergang gegenüber mehr zeigt.‹«

Der britische Hauptankläger Sir Hartley Shawcross fügt hinzu: »Der Angeklagte Göring und seine Luftwaffe machten zweifellos die stärksten Anstrengungen, diese Bedingung zu erfüllen. Aber obgleich die Bombardierung der Städte Englands und seiner Dörfer durch den düsteren Winter 1940—1941 hindurch fortgesetzt wurde, kam der Feind schließlich doch zu der Einsicht, daß England mit diesen Mitteln nicht unterjocht werden könne.«

Das Unternehmen *Seelöwe* — das ist der Deckname für Hitlers Englandplan — wird zur ersten entscheidenden Niederlage. Der *Blitz,* wie Görings Luftschlacht um die britische Insel genannt wird, ist eine Kette von Verlusten. Zum erstenmal in diesem Krieg stößt Hitler auf einen Gegner, den er nicht einfach niederwerfen kann. General Ironside, zu dieser Zeit britischer Oberkommandierender, läßt auf Weisung Churchills ganz Großbritannien in einen Igel verwandeln. Jeder Mann, jede Frau, jedes Kind, jeder Greis wird mit Verteidigungsaufgaben betraut, jede Flinte wird zur Waffe, jedes Haus ein von Sandsäcken starrender Bunker, jeder Golfplatz zum Minenfeld, jeder Landstreifen zum Panzergraben. Die Flugzeugproduktion — im Januar noch 802 Maschinen — schnellt bis zum Juni auf 1591 empor.

»Die Insel ist ein Hornissennest«, sagt Churchill.

»Herr Churchill hat offenbar die aussichtslose Situation Englands noch nicht eingesehen«, meint Hitler am 21. Juli 1940 bei einer Besprechung im Führerhauptquartier. Die Zusammenkunft dient den Vorbereitungen zur Landung. Aus den Dokumenten ist ersichtlich, was dabei gesprochen wurde. Der Oberbefehlshaber der Kriegsmarine, Raeder, stellt in der Diskussion folgende Frage: »Es interessiert mich, zu wissen, ob der Herr Reichsmarschall glaubt, folgende Aufgaben übernehmen zu können: 1. die britische Luftwaffe in ihrer Hauptmacht zu vernichten, und 2. die britische Flotte am Angriff auf die Landungstruppen zu hindern?«

Göring: »Ich halte diese Frage für völlig überflüssig. Innerhalb kürzester Zeit werde ich den totalen Luftkrieg proklamieren und von heute auf morgen 2500 Kampfflugzeuge über die britischen Inseln herfallen lassen. An der Luftwaffe wird jedenfalls die Invasion nicht scheitern.«

Hitler: »Es muß möglich sein, in den ersten vier Tagen zehn Divisionen an Land zu bringen, ausreichend zur Bildung eines stabilen Brückenkopfes. Acht Tage nach Invasionsbeginn hat mit ausreichenden Reserven im Brückenkopf der erste Vorstoß auf einer Linie etwa von der Themsemündung südlich von London vorbei nach Portsmouth zu erfolgen.«

Jodl: »Nach den bisherigen Unterlagen soll der ersten Invasionswelle die 6. Armee folgen. Die Marine erklärt, daß sie innerhalb von sechs Wochen den Großteil von nur 25 Divisionen nach England überführen könne. Hier besteht doch ein Widerspruch.«

Hitler: »Es ist keine Rede von nur 25 Divisionen! Wir müssen mindestens 40 Divisionen auf die Insel bringen.«

Raeder: »Für 40 Divisionen kann die Marine keine Transportgarantien geben.«

Halder: »Dann ist das kompletter Selbstmord. Ich könnte die gelandeten Truppen ebensogut durch eine Hackmaschine gehen lassen!«

Aber Hitler läßt nicht locker. Mit Hochdruck werden Vorbereitungen getroffen, selbst Flußdampfer und Rheinschlepper bekommen provisorische Einrichtungen für den Landungseinsatz, überall im Westen sind die deutschen Truppen mit Verschiffungs- und Invasionsübungen beschäftigt.

Am 15. August 1940 beginnt Görings *Blitz*. Mit 2600 Flugzeugen aller Art greift er Südengland an. Davon werden 76 Maschinen, meistens Bomber, von den Briten abgeschossen – der erste bittere Vorgeschmack von der Schlagkraft der Royal Air Force. Es gelingt der Luftwaffe auch in den folgenden Wochen und Monaten nicht, die Luftherrschaft über dem Kanal oder über Großbritannien herzustellen. Die pausenlosen Luftangriffe auf London bleiben weit davon entfernt, die Insel kapitulationsreif zu machen. Göring muß Verluste einstecken, die sich nie mehr aufholen lassen: innerhalb von drei Monaten verliert er 2500 Flugzeuge über England, und mit ihnen die Elite der Besatzungen.

Trotzdem ruft Hitler noch am 4. September 1940 im Berliner Sportpalast aus: »Was auch kommen mag, England wird niederbrechen, so oder so. Wir werden ihre Städte ausradieren! Und wenn man in England sehr neugierig ist und fragt: Ja, warum kommt er denn nicht?, dann sage ich: Beruhigt euch, er kommt!«

Und Joachim von Ribbentrop, Hitlers Außenminister, versichert bei einem Besuch in Rom: »Entgegen den Vorhersagen der Meteorologen ist das Wetter für großangelegte Operationen gegen England in den letzten Wochen außerordentlich ungünstig gewesen. Trotzdem, Duce, hat Deutschland die Überlegenheit in der Luft erkämpft.«

Nur der deutsche Admiralstab gibt sich keinen Illusionen mehr hin. Am 10. September 1940 bringt er in einer Beurteilung kühl zu Papier: ›Es bestehen keine Anzeichen für die Niederlage der feindlichen Luftwaffe über Südengland und in der Kanalzone, und das ist für die weitere Beurteilung der Lage von entscheidender Bedeutung.‹

Hitler selbst muß schließlich einsehen, daß er Großbritannien im gegenwärtigen Augenblick nicht besiegen kann. In Nürnberg hat Kesselring abschließende Angaben darüber gemacht, als er von dem amerikanischen Hauptankläger befragt wurde.

Jackson: »Haben Sie nicht die Invasion von England befürwortet, und war die Luftwaffe nicht bereit?«

Kesselring: »Die Luftwaffe war unter gewissen Voraussetzungen bereit, diese Aufgabe zu erfüllen.«

Jackson: »Und Sie haben dem Reichsmarschall sehr dringend geraten, mit der Invasion sofort nach Dünkirchen zu beginnen, nicht wahr?«

Kesselring: »Ja, und ich habe diese Auffassung auch noch später vertreten.«

Jackson: »Und die Invasion wurde nur deshalb nicht ausgeführt, weil die Ausrüstung mit Seefahrzeugen nicht ausreichend war?«

Kesselring: »Jawohl.«

Aber Marinechef Erich Raeder sagt im selben Zeugenstand: »Im Laufe des September 1940 glaubten wir noch daran, daß die Landung durchgeführt werden könnte. Als Vorbedingung aber wurde anerkannt, daß dazu die Luftherrschaft auf unserer Seite sein müßte. Es stellte sich heraus, daß die Luftherrschaft nicht in genügendem Maße hergestellt werden konnte, und infolgedessen wurde gesagt, daß die Landung auf das Frühjahr des nächsten Jahres verschoben werden sollte.«

Außerdem ergeben sich plötzlich eine Menge anderer Notwendigkeiten. Italien, das sich bisher als ›mit Deutschland verbündet, aber nicht kriegführend‹ bezeichnet hat, ist am 10. Juni 1940 doch in den Krieg eingetreten, um sich noch ein Beutestück aus dem zusammenbrechenden Frankreich zu sichern. Im Oktober desselben Jahres unternimmt Mussolini einen Angriff gegen Griechenland, und bald muß ihm die deutsche Wehrmacht zu Hilfe kommen, weil sich die Griechen überlegen zeigen. Ebenso muß sich Hitler dazu entschließen, Italien in Afrika beizustehen.

Sein eigentliches Ziel bleibt aber unverrückbar bestehen: die Vernichtung der Sowjetunion. Noch während die Luftschlacht um Großbritannien tobt, gibt Hitler am 18. Dezember 1940 seine berühmt gewordene *Weisung 21* heraus. Sie wird ebenfalls in Nürnberg verlesen: »›Die deutsche Wehrmacht muß darauf vorbereitet sein, auch vor Beendigung des Krieges gegen England Sowjetrußland in einem schnellen Feldzug niederzuwerfen. Vorbereitungen sind schon jetzt in Angriff zu nehmen und bis zum 15. Mai 1941 abzuschließen.‹« Das Dokument trägt Hitlers Unterschrift und ist von Jodl und Keitel gegengezeichnet. Deckname für den Angriff ist *Fall Barbarossa.*

Doch noch ehe der 15. Mai heranrückt, läßt sich Hitler in andere Verwicklungen ein, so daß dieser Termin zurückgestellt werden muß. Jugoslawien tritt dem Dreimächtepakt Berlin-Rom-Tokio bei, erlebt kurz darauf einen Regierungssturz — und nun muß die Wehrmacht wieder einmal marschieren.

Am 27. März 1941 hält Hitler mit den Oberbefehlshabern eine Besprechung ab. »Unter den Anwesenden«, sagt der britische Ankläger H. J. Phillimore, »befanden sich der Reichsmarschall, der Angeklagte Keitel, der Angeklagte Jodl und der Angeklagte Ribbentrop. Ich möchte einen Teil von Hitlers Erklärung verlesen: ›Führer ist entschlossen, Jugoslawien militärisch und als Staatsgebilde zu zerschlagen. Angriff wird beginnen, sobald die hierfür geeigneten Mittel und Truppen bereitstehen.‹

Und dann haben wir auf Seite 5 der Urkunde eine kurze Stelle, die ich verlesen möchte: ›Der Luftwaffe kommt als Hauptaufgabe zu, so frühzeitig wie möglich beginnend, die jugoslawische Fliegerbodenorganisation zu zerschlagen und die Hauptsadt Belgrad in rollenden Angriffen zu zerstören.‹ Natürlich wissen wir heute, wie erbarmungslos dieses Bombardement ausgeführt wurde, als die Wohnbezirke Belgrads um sieben Uhr am 6. April bombardiert wurden.«

Am 6. April, dem Tag der Verwüstung Belgrads, marschiert Hitler auch über die Grenzen Griechenlands. Einmal, um den dort festgefahrenen und bedrohten italienischen Streitkräften zu Hilfe zu kommen, zum anderen aber auch, um zu verhindern, daß die Briten den Griechen beistehen und sich auf der Halbinsel festsetzen.

Blitzschnelles Handeln war notwendig, wie Hitler sich ausdrückt, aber in Nürnberg weist Sir Hartley Shawcross nach, daß es sich wieder einmal um einen von langer Hand vorbereiteten Überfall handelt: »Am 12. November 1940 wies Hitler in einem streng geheimen Befehl das Oberkommando des Heeres an, Vorbereitungen zur Besetzung Griechenlands zu treffen. Am 13. Dezember erließ Hitler eine Weisung über die *Aktion Marita,* wie die Invasion Griechenlands genannt werden sollte. In dieser Weisung wurde erklärt, daß die Invasion Griechenlands geplant wäre und stattfinden sollte, sobald sich die Wetterbedingungen günstig gestalteten.«

Der Krieg nimmt immer ungeheuerlichere Ausmaße an. Zerstörungswut und Grausamkeit nehmen zu. Ein furchtbares Gleichnis dafür sind die Geschehnisse auf der griechischen Insel Kreta. Im Gerichtssaal von Nürnberg wird aus dem Bericht der griechischen Regierung vorgetragen: »›Bald nach der Einnahme der Insel Kreta durch die Deutschen wurden die ersten Vergeltungsmaßnahmen durchgeführt: Eine große Anzahl meist ganz unschuldiger Menschen wurde erschossen, und die Dörfer Skiki, Brassi und Kanades wurden niedergebrannt als Vergeltungsmaßnahme für die Tötung einiger deutscher Fallschirmjäger durch Angehörige der dortigen Polizei während der Invasion der Insel Kreta. Wo früher diese Ortschaften gestanden hatten, wurden Gedenktafeln mit folgender Aufschrift in griechischer und deutscher Sprache errichtet: ‚Zerstört als Vergeltungsmaßnahme für die bestialische Ermordung eines Zuges von Fallschirmjägern und eines Pionierhalbzuges aus dem Hinterhalt durch bewaffnete Männer und Frauen.‘‹«

Der Krieg zeigt sein nacktes Gesicht. Mit dem Angriff auf die Sowjetunion fallen dann auch die letzten Schranken. Hitler hat längst den Boden der Wirklichkeit verlassen. ›Sowjetrußland in einem schnellen Feldzug niederzuwerfen‹ ist bei ihm zur Wahnidee geworden. Wie katastrophal für das deutsche Volk er sich dabei verrechnet, geht aus einigen seiner Äußerungen hervor.

Zu Jodl sagt er: »Wir brauchen die Tür nur einzutreten, und das ganze morsche Gebäude kracht zusammen.«

Zu den Oberbefehlshabern am 31. Juli 1940: »Je eher Rußland zerschlagen ist, desto besser. Der Angriff hat nur Zweck, wenn der russische Staat mit einem Schlag bis in seine Wurzeln erschüttert wird. Wenn wir im Mai 1941 losschlagen, haben wir fünf Monate Zeit, um die Sache zu erledigen.«

»Im März 1941«, sagt Sir Hartley Shawcross in Nürnberg, »waren die Pläne bereits so weit vorgeschritten, daß darin Bestimmungen aufgenommen waren, nach welchen das russische Gebiet in neun Einzelstaaten unter der Verwaltung von Reichskommissaren aufgeteilt werden sollte. Zur selben Zeit bestanden detaillierte Pläne für die wirtschaftliche Ausnutzung des Landes unter Aufsicht des Angeklagten Göring. Es ist bezeichnend, daß am 2. Mai 1941 eine Besprechung von Staatssekretären hinsichtlich des Planes *Barbarossa* stattfand. Während dieser Besprechung wurde folgendes festgestellt: ›Der Krieg ist nur weiterzuführen, wenn die gesamte Wehrmacht im dritten Kriegsjahr aus Rußland ernährt wird. Hierbei werden zweifellos -zig Millionen Menschen verhungern, wenn von uns das für uns Notwendige aus dem Lande herausgeholt wird.‹ Darüber machte man sich aber anscheinend keine Sorgen.«

Es gibt keine Maßlosigkeit, zu der sich Hitler in diesen Tagen nicht hinreißen ließe. Während *Barbarossa* vor der Tür steht und England zu den Akten gelegt worden ist, befaßt er sich in neuen Weisungen mit neuen Eroberungen: Unter dem Decknamen *Felix* wird ein Handstreich gegen Gibraltar erwogen, unter dem Tarnwort *Isabella* die Besetzung Portugals. Kein Fleck Europas ist mehr sicher.

Wissen die Russen, was ihnen bevorsteht? Noch im November 1940 kommt der sowjetische Außenkommissar Wjatscheslaw M. Molotow zu einem Besuch nach Berlin. Der Partner des deutsch-sowjetischen Nichtangriffspaktes wird von seinem Kollegen Ribbentrop mit den Worten empfangen: »Keine Macht der Erde kann etwas an der Tatsache ändern, daß für das Britische Reich nunmehr der Anfang vom Ende gekommen ist. England ist geschlagen, und es ist nur noch eine Frage der Zeit, wann es schließlich seine Niederlage zugeben wird.«

In diesem Augenblick geben die Sirenen Fliegeralarm. Ribbentrop muß seinen Gast wohl oder übel in den Keller bitten und dort das Gespräch fortführen. Nachher meint Molotow etwas belustigt: »Wenn England geschlagen und machtlos ist, weshalb haben wir dann diese Unterhaltung im Luftschutzbunker geführt?«

Noch ein anderer Gast kommt um diese Zeit nach Berlin: der Außenminister des verbündeten Japan, Josuke Matsuoka. Er ist über Hitlers wahre Absichten ebenso im Ungewissen wie der italienische Bundesgenosse des Dreierpaktes. Aber er ahnt schließlich, was gespielt wird und hebt entsetzt den Kopf, als ihm Ribbentrop sagt: »Wenn die Sowjetunion eines Tages eine Haltung einnehmen sollte, die Deutschland als Drohung ansieht, dann wird der Führer Rußland zerschlagen.«

Matsuoka fährt anschließend nach Moskau und schließt dort einen Neutralitätspakt zwischen der Sowjetunion und Japan ab. Er hat die wahnwitzigen Illusionen erkannt, denen man sich in Berlin bezüglich der russischen Stärke hingibt, und will wenigstens sein eigenes Land aus diesem Abenteuer heraushalten.

6 Unternehmen Barbarossa

Zwei Schreibmaschinenzeilen, die inhaltsschwersten für das deutsche Volk, werden im Nürnberger Prozeß von dem amerikanischen Anklagevertreter Sidney S. Alderman verlesen. Sie stammen aus einer Geheimen Kommandosache und lauten: »›Zeitplan Barbarossa. Der Führer hat entschieden: Beginn Barbarossa 22. Juni‹«

Am 22. Juni 1941, morgens 3 Uhr 30, tritt die Wehrmacht nach dem Zeitplan ihres Oberbefehlshabers zum Kampf gegen die Sowjetunion an. Die Träume, denen sich Hitler und seine engsten Gefolgsleute hingeben, sind aus den Nürnberger Akten in erschreckender Deutlichkeit zu erkennen. Alderman greift zuerst einen Führererlaß heraus, der über zwei Monate vor Angriffsbeginn geschrieben wurde: ›Ich ernenne den Reichsleiter Alfred Rosenberg zu meinem Beauftragten für die zentrale Bearbeitung der Fragen des osteuropäischen Raumes. 20. April 1941. Adolf Hitler.‹

Wenig mehr als vierzehn Tage nach dieser Ernennung hat Rosenberg in seinem neuen Amt schon eine Denkschrift ausgearbeitet, aus der seine Pläne hervorgehen: »›Politisches Ziel einer kriegerischen Auseinandersetzung kann nur sein‹«, verliest Alderman aus dem Dokument, »›das Deutsche Reich für Jahrhunderte von dem großrussischen Druck zu befreien. Deshalb muß dieser Riesenraum seinen geschichtlichen und völkischen Gegebenheiten entsprechend in Reichskommissariate aufgegliedert werden. Das Reichskommissariat Ostland, einschließlich Weißruthenien, wird die Aufgabe haben, in Form einer Hinentwicklung zu einem eingedeutschten Protektorat einen immer engeren Anschluß an Deutschland vorzubereiten. Die Ukraine soll ein selbständiger Staat im Bündnis mit Deutschland werden, Kaukasien mit den anschließenden Nordgebieten ein Föderativstaat mit einem deutschen Bevollmächtigten. Das eigentliche Rußland muß sich selbständig für die Zukunft einrichten.

Ziel eines Reichskommissariats für Estland, Lettland, Litauen und Weißruthenien muß es sein, die Form eines deutschen Protektorats zu erstreben und dann durch Eindeutschung rassisch möglicher Elemente, durch Kolonisierung germanischer Völker und durch Aussiedlung nicht erwünschter Elemente dieses Gebiet zu einem Teil des Großdeutschen Reiches umzuwandeln. Das Baltische Meer muß ein germanischer Binnensee werden unter großdeutscher Obhut.‹«

Dann fährt Alderman fort: »Nachdem sie sorgfältig den Einfall in die UdSSR vorbereitet hatten, machten sich die Naziverschwörer daran, ihre Pläne zu verwirklichen. Am 22. Juni 1941 ergossen sich ihre Armeen über die Grenzen der UdSSR, und um diese Tat des Treubruchs der Welt kundzutun, erließ Hitler am Tag des Angriffs eine Proklamation. Ich möchte jetzt hier nur einen Satz daraus zitieren: ›Ich habe mich daher heute entschlossen, das Schicksal Europas nochmals in die Hände unserer Soldaten zu legen.‹

Diese Ankündigung teilte der Welt mit, daß die Würfel gefallen waren. Die fast ein Jahr vorher im Dunkeln ersonnenen Pläne trugen nun ihre Früchte. Das führt uns zur Betrachtung der Motive für den Angriff. Ich glaube, es wird genügen, dem Gerichtshof einige Eintragungen vorzulesen, die Berichte des deutschen Botschafters in Moskau bis zum Juni 1941 enthalten.«

So schreibt der deutsche Botschafter, Friedrich Werner Graf von der Schulenburg, noch am 4. Juni: ›Russische Lieferungen laufen voll zufriedenstellend. Russische Regierung bestrebt, alles zu tun, um Konflikt mit Deutschland zu vermeiden.‹

Und am 7. Juni 1941 berichtet von der Schulenburg nach Berlin: ›Alle Beobachtungen zeigen, daß Stalin und Molotow, die für die russische Außenpolitik allein maßgebend sind, alles tun, um Konflikt mit Deutschland zu vermeiden. Darauf deutet Gesamthaltung der Regierung, ebenso wie die Stellungnahme der Presse, die alle Deutschland betreffenden Ereignisse in einwandfreier, sachlicher Weise behandelt. Die loyale Erfüllung der mit Deutschland geschlossenen Wirtschaftsabkommen beweist das gleiche.‹

Natürlich darf das deutsche Volk nicht erfahren, was sein eigener Botschafter berichtet. Dem deutschen Volk wird gesagt, daß die Sowjetunion Vorbereitungen zu einem Angriff auf das Reich getroffen habe. Der deutsche Einmarsch sollte diesen Plänen nur wieder einmal blitzschnell zuvorkommen.

Gewissenlos werden Millionen Deutsche in die Katastrophe gejagt . . . oder sah die Wirklichkeit anders aus? Vom Zeitpunkt der ersten Planungen bis zur Wende in Stalingrad hat ein Mann Gelegenheit gehabt, hinter die Kulissen zu blicken: der spätere Generalfeldmarschall Friedrich Paulus, der am 1. Februar 1957 in Dresden starb. Völlig unerwartet wird er am 11. Februar 1946 von der sowjetischen Anklagebehörde als Zeuge aufgerufen. Der Heerführer, dessen Name unzertrennlich mit dem Untergang der 6. Armee in Stalingrad verbunden ist, tritt schlank, gelassen und mit undurchdringlichem Gesichtsausdruck in die kalte Scheinwerferbeleuchtung des Gerichtssaales.

Roman Rudenko, der sowjetische Hauptankläger, nimmt die erste Vernehmung des Zeugen vor. Nach ihm haben die deutschen Verteidiger Gelegenheit, Fragen zu stellen. Langsam spricht Paulus die Eidesformel nach, die ihm Lordrichter Lawrence vorliest: ». . . daß ich die reine Wahrheit sagen, nichts verschweigen und nichts hinzusetzen werde.«

Rudenko: »Sie sind Generalfeldmarschall der früheren deutschen Armee?«

Paulus: »Jawohl.«

Rudenko: »Zuletzt waren Sie Oberbehlshaber der 6. Armee vor Stalingrad?«

Paulus: »Jawohl.«

Rudenko: »Sagen Sie, Herr Zeuge, was wissen Sie über die Vorbereitungen der Hitler-Regierung und des deutschen Oberkommandos für einen bewaffneten Überfall auf die Sowjetunion?«

Paulus: »Aus persönlichem Erleben kann ich hierzu folgendes berichten: Am 3. September 1940 trat ich meinen Dienst beim Oberkommando des Heeres als Oberquartiermeister I des Generalstabes an. Bei meinem Dienstantritt fand ich in meinem Arbeitsbereich unter anderem eine noch unfertige operative Ausarbeitung vor, die einen Angriff auf die Sowjetunion behandelte. Diese operative Ausarbeitung war ausgeführt worden von dem damaligen Generalmajor Marx, Chef des Generalstabes der 18. Armee. Der Generalstabschef des Heeres, Generaloberst Halder, wies mir die Weiterführung dieser Arbeit zu, und zwar auf folgender Grundlage: Es sollte eine Prüfung der Angriffsmöglichkeiten gegen Sowjetrußland vorgenommen werden, und zwar hinsichtlich des Geländes, des Kräfteansatzes, des Kräftebedarfs und so weiter. Es war dazu noch angegeben, daß etwa 130 bis 140 deutsche Divisionen für diese Operation zur Verfügung stehen würden. Es war ferner von Anfang an die Ausnutzung des rumänischen Gebiets für den Aufmarsch des deutschen Südflügels mit in Rechnung zu stellen. Es waren dann ferner noch als Absicht des OKW die Ziele der Operation angegeben:

1. Vernichtung der in Weißrußland stehenden Teile der russischen Wehrmacht; verhindern, daß kampfkräftige Teile in die Tiefe des russischen Raumes entkommen.

2. Erreichen einer Linie, aus der die russische Luftwaffe nicht mehr wirksam Reichsgebiet angreifen konnte, und als Endziel war gegeben das Erreichen der Linie Wolga-Archangelsk.

Die Ausarbeitung, die ich eben gekennzeichnet habe, fand Anfang November ihren Abschluß durch zwei Kriegsspiele, mit deren Leitung der Generalstabschef des Heeres mich beauftragte. In dieser Zeit, am 18. Dezember 1940, gab das Oberkommando der Wehrmacht die Weisung Nummer 21 heraus. Dies war die Grundlage für alle militärischen und wirtschaftlichen Vorbereitungen. Beim Oberkommando des Heeres wirkte sich die Verfügung dahin aus, daß nunmehr darangegangen wurde, die Aufmarschanweisungen für die Truppen zu entwerfen und auszuarbeiten. Diese ersten Aufmarschanweisungen wurden am 3. Februar 1941 auf dem Obersalzberg von Hitler genehmigt. Für den Angriffsbeginn hatte das Oberkommando der Wehrmacht die Zeit berechnet, die es ermöglichen würde, auf dem russischen Territorium größere Truppenbewegungen durchzuführen; das wurde von Mitte Mai ab erwartet. Dieser Termin erfuhr eine Änderung, als Hitler sich Ende März entschlossen hatte, Jugoslawien anzugreifen. Infolge dieses Entschlusses mußte der Angriffsbeginn um etwa fünf Wochen verschoben werden.«

Rudenko: »Unter welchen Umständen wurde der bewaffnete Überfall auf die UdSSR durchgeführt?«

Paulus: »Der Angriff auf die Sowjetunion erfolgte, wie ich ausgeführt habe, nach einem von langer Hand vorbereiteten und sorgsam getarnten Plan. Ein großes Täuschungsunternehmen, das von Norwegen und von der französischen Küste organisiert wurde, sollte die Absicht einer Landung in England im Juni 1941 vortäuschen und die Aufmerksamkeit vom Osten ablenken.«

Rudenko: »Wie würden Sie die Ziele bezeichnen, die Deutschland mit dem Überfall auf die Sowjetunion verfolgte?«

Paulus: »Die Zielsetzung Wolga-Archangelsk, die weit über die deutsche Kraft ging, charakterisiert an sich schon die Maßlosigkeit der Eroberungspolitik Hitlers und der nationalsozialistischen Staatsführung. Strategisch hätte das Erreichen dieser Ziele die Zerschlagung der Streitkräfte der Sowjetunion bedeutet.

Wie sehr es Hitler auf die Gewinnung wirtschaftlicher Ziele in diesem Krieg ankam, dafür kann ich ein Beispiel anführen, das ich persönlich erlebt habe. Am 1. Juni 1942,

Kronzeuge gegen die Angeklagten: Generalfeldmarschall Paulus, Oberbefehlshaber der 6. Armee, von den Russen als Zeuge der Anklage aufgeboten, geriet in Nürnberg ins Zwielicht

gelegentlich einer Oberbefehlshaber-Besprechung im Bereich der Heeresgruppe Süd im Poltawa, erklärte Hitler: ›Wenn ich das Öl von Maikop und Grozny nicht bekomme, dann muß ich diesen Krieg liquidieren.‹

Zusammenfassend möchte ich sagen: Die gesamte Zielsetzung bedeutete die Eroberung zwecks Kolonisierung der russischen Gebiete, unter deren Ausnutzung und Ausbeutung und mit deren Hilfsmitteln der Krieg im Westen zu Ende geführt werden sollte, mit dem Ziele der endgültigen Aufrichtung der Herrschaft über Europa.«

Rudenko: »Die letzte Frage: Wen halten Sie für schuldig an der verbrecherischen Entfesselung des Krieges gegen die Sowjetunion?«

Vorsitzender: »Der Gerichtshof möchte General Rudenko auf folgendes aufmerksam machen: Der Gerichtshof ist der Ansicht, daß eine Frage, wie Sie sie gerade gestellt haben, nämlich, wer schuldig an dem Angriff auf das Sowjetgebiet sei, eine der Hauptfragen ist, die der Gerichtshof zu entscheiden hat. Es ist also nicht eine Frage, über die der Zeuge seine Meinung äußern sollte.«

Rudenko: »Vielleicht gestattet mir der Gerichtshof, die Frage etwas anders zu formulieren?«

Vorsitzender: »Ja.«

Rudenko: »Wer von den Angeklagten war aktiver Teilnehmer an der Entwicklung des Angriffskrieges gegen die Sowjetunion?«

Paulus: »Von den Angeklagten, soweit sie in meinem Blickfeld lagen, die ersten militärischen Berater Hitlers. Das ist der Chef des Oberkommandos der Wehrmacht, Keitel, der Chef des Wehrmachtsführungsstabes, Jodl, und Göring in seiner Eigenschaft als Reichsmarschall, als Oberbefehlshaber der Luftwaffe und als Bevollmächtigter auf dem rüstungswirtschaftlichen Gebiet.«

Vorsitzender: »Wünscht ein Herr von der Verteidigung Fragen zu stellen?«

Dr. Otto Nelte, Verteidiger Keitels: »Habe ich Sie richtig verstanden, daß Sie sagten, Sie hätten schon im Herbst 1940 erkannt, daß Hitler die Sowjetunion angreifen wollte?«

Paulus: »Es war aus der Art des Auftrages zu entnehmen, daß diese theoretische Vorarbeit auch ihre praktische Durchführung erfahren würde.«

Dr. Nelte: »Hat man eigentlich im Kreise des Generalstabs des Heeres über diese Dinge gesprochen?«

Paulus: »Ja, man hat darüber gesprochen. Man hat seine großen Bedenken dahin geäußert.«

Dr. Nelte: »Waren Sie fest überzeugt, daß es sich um einen glatten Überfall auf die Sowjetunion handeln mußte?«

Paulus: »Die Anzeichen dafür schlossen dies jedenfalls nicht aus.«

Dr. Nelte: »Sind in Erkenntnis dieser Tatsache Ihrerseits oder seitens des Generalstabs des Heeres oder des Oberbefehlshabers des Heeres Vorstellungen bei Hitler erhoben worden?«

Paulus: »Es ist mir persönlich nicht bekannt.«

Dr. Nelte: »Haben Sie selbst gegenüber Generaloberst Halder oder dem Oberbefehlshaber von Brauchitsch Ihre schweren Bedenken geltend gemacht?«

Paulus: »Wenn ich richtig urteile, soll ich hier als Zeuge auftreten für die Vorgänge, die den Angeklagten vorgeworfen werden. Ich bitte deshalb den Gerichtshof, mich von der Beantwortung dieser auf mich zielenden Fragen zu entbinden.«

Dr. Nelte: »Herr Feldmarschall, Sie wissen offenbar nicht, daß Sie auch zu dem Kreise der Angeklagten gehören, denn Sie gehören zu der als verbrecherisch angeklagten Organisation der Oberbefehlshaber.«

Paulus: »Und daher habe ich eben gebeten, von der Beantwortung dieser mich betreffenden Fragen entbunden zu werden.«

Dr. Nelte: »Ich bitte den Hohen Gerichtshof, darüber zu entscheiden.«

Vorsitzender: »Der Gerichtshof ist der Ansicht, daß Sie die Fragen beantworten müssen.«

Paulus: »Ich kann mich nicht erinnern, mit dem Oberbefehlshaber des Heeres darüber gesprochen zu haben, dagegen mit dem mir vorgesetzten Generalstabschef.«

Dr. Nelte: »Teilte er auch Ihre Ansichten?«

Paulus: »Er teilte die Ansichten der großen Sorge vor einem derartigen Vorhaben.«

Dr. Nelte: »Aus militärischen oder moralischen Gründen?«

Paulus: »Aus den vielseitigsten Gründen, sowohl militärischen als auch moralischen.«

Dr. Nelte: »Es steht also fest, daß Sie und der Generalstabschef Halder diese Tatsachen kannten, die den Krieg gegen Rußland als einen verbrecherischen Überfall dartun, und daß Sie trotzdem nichts unternommen haben. Sie sind dann später Oberbefehlshaber der 6. Armee geworden?«

Paulus: »Jawohl.«

Dr. Nelte: »Sie haben also in Kenntnis der eben festgestellten Tatsachen die Führung der Armee übernommen, die auf Stalingrad vorgestoßen ist. Hatten Sie keine Bedenken, sich zum Werkzeug des von Ihnen als verbrecherisch angesehenen Angriffs zu machen?«

Paulus: »So, wie die Lage damals sich für den Soldaten darstellte, in Verbindung auch mit der außerordentlichen Propaganda, die getrieben wurde, habe ich damals wie so viele geglaubt, meinem Vaterlande gegenüber meine Pflicht tun zu müssen.«

Dr. Nelte: »Aber Sie kannten doch die Tatsachen, die dem entgegenstanden?«

Paulus: »Die Tatsachen, wie sie nachher klargeworden sind, gerade durch meine

Stalingrad 1942: Not der Soldaten . . .

Erlebnisse als Oberbefehlshaber der 6. Armee, die ihren Höhepunkt bei Stalingrad erreichten, kannte ich nicht. Auch diese Erkenntnis eines verbrecherischen Überfalls ist mir erst später bei der Überlegung der ganzen Zusammenhänge gekommen, denn vorher hatte ich nur einen Einblick in Ausschnitte.«

Dr. Nelte: »Dann muß ich also Ihre Bezeichnung ›verbrecherischer Überfall‹ als eine nachträgliche Erkenntnis auffassen?«

Paulus: »Jawohl.«

Dr. Nelte: »Erkennen Sie auch anderen, die nicht so nahe an der Quelle saßen, den guten Glauben zu, daß Sie für ihr Vaterland das Beste wollten?«

Paulus: »Natürlich.«

Dr. Fritz Sauter, Verteidiger der Angeklagten Funk und Schirach: »Eine andere Frage. Nachdem Stalingrad eingeschlossen und die Lage aussichtslos geworden war, sind mehrere Ergebenheitstelegramme aus der Festung heraus an Hitler gesandt worden. Wissen Sie davon?«

Paulus: »Ich weiß von sogenannten Ergebenheitstelegrammen nur vom Schluß, wo versucht wurde, über dieses Furchtbare, was dort geschehen war, noch einen Sinn herauszufinden, um diesem ganzen Leiden und Sterben der Soldaten noch einen Sinn zu geben. Infolgedessen wurden diese Dinge in dem Telegramm als Heldentat, die für immer in der Erinnerung bleiben sollte, hingestellt. Ich bedaure, daß ich damals, aus der ganzen Situation geboren, das habe durchgehen lassen und das nicht unterbunden habe.«

Dr. Sauter: »Die Telegramme stammen von Ihnen.«

Paulus: »Ich weiß nicht, welche Telegramme gemeint sind, mit Ausnahme des letzten.«

Dr. Sauter: »Mehrere Ergebenheitstelegramme, in denen ›Aushalten bis zum letzten Mann‹ versprochen worden war, also diejenigen Telegramme, über die das Volk entsetzt war, die sollen Ihre Unterschrift haben.«

Paulus: »Dann bitte ich, mir die vorzulegen, die sind mir nicht bekannt.«

Dr. Sauter: »Wissen Sie, was in dem letzten Telegramm stand?«

Paulus: »In dem letzten war kurz skizziert die Leistung, die die Armee vollbracht hat, und herausgestrichen, daß dieses Nichtkapitulieren als Beispiel für die Zukunft gelten möge.«

Dr. Sauter: »Die Antwort darauf war, glaube ich, Ihre Beförderung zum Generalfeldmarschall?«

Paulus: »Das ist mir nicht bekannt, daß das eine Antwort darauf war.«

Dr. Sauter: »Aber Sie sind doch zum Generalfeldmarschall befördert worden und tragen diesen Titel?«

Paulus: »Ich muß ja den Titel nehmen, der mir verliehen worden ist.«

Dann kommt der Verteidiger auf eine schriftliche Erklärung zu sprechen, die Paulus während seiner Kriegsgefangenschaft gegenüber den Sowjets abgegeben hat.

Dr. Sauter: »In dieser Erklärung befindet sich der Schlußsatz: ›Ich trage die Verantwortung dafür, daß ich der Durchführung meines Befehls vom 14. Januar 1943 über die Abgabe aller Kriegsgefangenen . . .‹, das heißt aller russischen Kriegsgefangenen . . .«

Paulus: »Jawohl.«

Dr. Sauter: »›. . . an die russische Seite nicht überwacht habe, ferner, daß ich mich der Gefangenenfürsorge‹ – für die russischen Gefangenen – ›nicht mehr gewidmet habe.‹ Mir fällt auf, Herr Zeuge, und ich bitte Sie, mir darüber eine Erklärung abzugeben, warum haben Sie denn in diesem ausführlichen Schreiben die Hunderttausende von deutschen Soldaten ganz vergessen, die unter Ihrem Oberbefehl standen und unter Ihrem Oberbefehl Freiheit, Gesundheit und Leben verloren haben? Kein Wort davon!«

Paulus: »Darum handelt es sich in diesem Schreiben nicht. Dieses Schreiben an die Sowjetregierung setzte sich auseinander mit dem, was in dem Kessel von Stalingrad der russischen Zivilbevölkerung und den russischen Kriegsgefangenen angetan worden ist. An diesem Platz konnte ich für meine Soldaten nicht sprechen.«

Dr. Sauter: »Nein, kein Wort finden?«

Paulus: »Nein, konnte ich hier nicht sprechen, sondern das hätte an anderem Orte geschehen müssen. Ich habe um den 20. Januar herum in Zusammenfassung ausgeführt, daß die Zustände des Elends und des Leidens durch Kälte, Hunger und Seuchen ein Maß angenommen hatten, daß die Zustände unerträglich geworden und daß ein Weiterkämpfen über die menschliche Kraft ging. Die mir darauf von der Obersten Führung erteilte Antwort lautete: ›Kapitulation ausgeschlossen. Die 6. Armee erfüllt ihre historische Aufgabe damit, durch Aushalten bis zum Äußersten den Wiederaufbau der Ostfront zu ermöglichen.‹«

Dr. Sauter: »Und deshalb haben Sie dann an der Fortführung des von Ihnen geschilderten Verbrechens bis zum letzten Ende mitgewirkt?«

Paulus: »Das ist richtig.«

Dr. Sauter: »Dann würde mich noch interessieren: War Ihnen nicht von Anfang an

Stalingrad 1942: Not der Zivilbevölkerung . . .

klar, als Sie mit der Ausarbeitung der Pläne für den Überfall auf Rußland beauftragt wurden, daß dieser Überfall nur unter Verletzung völkerrechtlicher Verträge ausgeführt werden konnte?«

Paulus: »Es war mir klar, daß ein Überfall nur erfolgen konnte unter Verletzung des Vertrages, der seit dem Herbst 1939 mit Rußland bestanden hat.«

Dr. Sauter: »Ich habe sonst keine Fragen, danke sehr.«

Professor Dr. Franz Exner, Verteidiger des Angeklagten Alfred Jodl: »Herr Zeuge, im Februar 1941 begannen unsere Transporte nach dem Osten. Können Sie sagen, wie stark damals die russischen Kräfte entlang der deutsch-russischen Demarkationslinie und der rumänischen Grenze gewesen sind?«

Paulus: »Die Nachrichten, die über Rußland und die russischen Kräfte eingelaufen waren, waren so außerordentlich lückenhaft und gering, daß wir sehr lange überhaupt kein Bild hatten.«

Dr. Exner: »Sie haben damals Kriegsspiele veranstaltet?«

Paulus: »Das war Anfang Dezember.«

Dr. Exner: »Ja, da werden Sie doch wohl zugrunde gelegt haben die Nachrichten, die Sie tatsächlich hatten über die Stärke des Gegners?«

Paulus: »Das waren damals Annahmen.«

Dr. Exner: »Nun, Sie haben intensiv mitgearbeitet an diesem Operationsplan. Sagen Sie mir, wodurch unterscheidet sich diese Art Ihrer Tätigkeit von der Tätigkeit Jodls?«

Paulus: »Sie unterscheidet sich dadurch, daß er an seiner Stelle den Gesamtüberblick hatte, während mir nur ein Ausschnitt vermittelt wurde.«

Dr. Exner: »Aber die Tätigkeit war in beiden Fällen eine generalstäblerische Vorbereitung des Krieges, nicht wahr?«

Paulus: »Ja.«

Dr. Exner: »Sagen Sie, warum haben Sie nicht — als in Stalingrad die Lage so hoffnungslos und furchtbar wurde, wie Sie angedeutet haben — trotz des Gegenbefehls des Führers einen Ausbruch versucht?«

Paulus: »Weil es damals so hingestellt wurde, als ob durch das weitere Aushalten der von mir geführten Armee das Schicksal des deutschen Volkes abhinge.«

Dr. Exner: »Wissen Sie, daß Sie das Vertrauen Hitlers in besonderem Maße genossen haben?«

Paulus: »Dies ist mir nicht bekannt.«

Dr. Exner: »Wissen Sie, daß er bereits bestimmt hatte, daß Sie der Nachfolger Jodls werden sollten, wenn Stalingrad erledigt wäre, weil er mit Jodl nicht mehr zusammenarbeiten wollte?«

Paulus: »Das ist mir in dieser Form nicht bekannt geworden, sondern lediglich als ein Gerücht.«

Dr. Hans Laternser, Verteidiger des Generalstabs und des Oberkommandos der Wehrmacht: »War Ihnen bekannt, daß im Jahre 1939 die Sowjetunion mit unverhältnismäßig starken Kräften in Polen einmarschiert ist, die nach Meinung der deutschen militärischen Sachverständigen in keinem Verhältnis zu der zu lösenden militärischen Aufgabe gestanden haben?«

Paulus: »Über die Stärke des Einmarsches war ich nicht im Bilde. Ich habe nie etwas gehört über das Erstaunen über die Stärke der Kräfte, die dort zum Einmarsch gekommen sind.«

Dr. Laternser: »Wissen Sie, daß bereits vor dem deutschen Aufmarsch an der Ostgrenze weit überlegene sowjetrussische Kräfte an der Ostgrenze standen, insbesondere sehr starke Panzerkräfte im Raume Bialystok?«

Paulus: »Nein, in dieser Form ist mir das nicht bekannt geworden.«

Dr. Laternser: »Wurden die ersten Divisionen vom Westen nach Osten nicht erst dann verlegt, nachdem bereits sehr starke sowjetrussische Kräfte an der Ostgrenze standen?«

Paulus: »Über die Zusammenhänge der Truppenbewegungen bin ich nicht im Bilde, da ich an der praktischen Bearbeitung nicht teilgenommen habe.«

Dr. Laternser: »Herr Zeuge, waren Sie bei der Besprechung des Generalstabs am 3. Februar 1941 auf dem Obersalzberg zugegen?«

Paulus: »Jawohl.«

Dr. Laternser: »Wissen Sie, daß damals die Stärke des sowjetrussischen Aufmarsches mit 100 Schützendivisionen, 25 Kavalleriedivisionen und 30 mechanisierten Divisionen vorgetragen wurde, und zwar, wie ich glaube, von Generaloberst Halder?«

Paulus: »Ich kann mich nicht mehr daran erinnern.«

Dr. Laternser: »Aber Herr Zeuge, eine derartige Besprechung ist doch sicher eine ungewöhnliche Besprechung gewesen ...«

Paulus: »Ja.«

Dr. Laternser: »... und ich glaube, daß man von dieser Besprechung mindestens doch den Eindruck mitgenommen haben müßte, daß es sich um einen starken Aufmarsch an der Ostgrenze handelt.«

Paulus: »Ich habe jedenfalls diesen Eindruck nicht mehr in meiner Erinnerung.«

Dr. Laternser: »Ich habe keine weiteren Fragen mehr.«

Iola Nikitschenko, sowjetischer Richter: »Ist Ihnen über die Anweisungen, welche von den Regierungsorganen in Deutschland und vom Oberkommando über die Behandlung der Sowjetbevölkerung durch die Armee gegeben wurden, etwas bekannt?«

Paulus: »Ich erinnere mich, daß eine Weisung ergangen ist, es kann sich aber auch um Sonderbefehle handeln, die zum Ausdruck brachten, daß auch der Bevölkerung gegenüber keine falsche Rücksicht zu nehmen sei.«

Nikitschenko: »Was meinen Sie mit ›keine falsche Rücksicht nehmen‹?«

Paulus: »Das bedeutete, daß nur die militärischen Notwendigkeiten für alle Maßnahmen Gültigkeit haben sollten.«

Vorsitzender: »Gab es Divisionen, die ausschließlich aus SS-Truppen bestanden und die unter Ihrem Kommando waren?«

Paulus: »Ich habe unter meinem Kommando keine SS-Truppen gehabt. Auch im Kessel von Stalingrad hatte ich keine SS-Verbände.«

Vorsitzender: »Hatten Sie irgendwelche Zweigstellen der Gestapo bei Ihrer Armee?«

Paulus: »Nein, hatte ich auch nicht.«

Damit ist das Verhör des Zeugen beendet. Mit der Katastrophe von Stalingrad ist das Unternehmen *Barbarossa* besiegelt. Hitlers letzter Schritt ins Unermeßliche bringt ihm schließlich den Untergang und reißt das deutsche Volk mit in den Abgrund. Alles ist auf verhängnisvollen Illusionen aufgebaut. In einer letzten Besprechung vor dem Angriff fabuliert Hitler am 14. Juni 1941 gegenüber seinen Generalen vom ›Märchen der russischen Rüstung‹, aber der Oberbefehlshaber der 1. Panzerarmee, Kleist, muß später gestehen: »Meine Panzerarmee umfaßte 600 Kampfwagen. Demgegenüber verfügte die Heeresgruppe Budjonny, die uns im Süden entgegentrat, über etwa 2400 Panzer.«

Hitlers Eigenschaft, vor allen unangenehmen Dingen die Augen zu verschließen, tritt auch hier in Erscheinung. Kaum sind vierzehn Tage seit dem Angriff vergangen, sagt er schon wie nebenbei zu seiner Umgebung: »Praktisch hat Rußland diesen Krieg schon verloren.« Noch vor Beginn des Winters 1941 will er die Sowjetunion vernichtet haben. Er ist seiner Sache so sicher, daß er sich schon mit weiteren Plänen beschäftigt. Alfred Rosenberg, der angeklagte Reichsminister für die besetzten Ostgebiete, hat ja bereits das Wort vom ›Großdeutschen Weltreich‹ geprägt, und tatsächlich will Hitler nach dem Sieg über Rußland seine Macht noch weiter ausdehnen. Der amerikanische Ankläger Sidney S. Alderman bringt überraschende Dokumente zum Beweis dafür: »Daß der Gesamtplan«, sagt er, »auch einen Angriffskrieg gegen die Vereinigten Staaten einschloß, läßt sich aus einer Rede des Angeklagten Göring vom 8. Juli 1938 ersehen, als die Verschwörer Österreich schon gewaltsam annektiert hatten und ihre Pläne gegen die Tschechoslowakei vervollkommneten. Diese Rede wurde vor Vertretern der Flugzeugindustrie gehalten, und die Abschrift, die wir haben, wurde in einem geheimen Memorandum an General Udet übermittelt.«

In dieser Rede sagt Göring ein Jahr vor Kriegsbeginn: »Ich vermisse noch vollkommen den Bomber, der mit fünf Tonnen Bombenlast nach New York und zurück fliegt. Ich würde über einen solchen Bomber außerordentlich glücklich sein, um endlich einmal dem Hochmut dort drüben etwas das Maul zu stopfen!«

»Im Herbst 1940«, fährt Alderman fort, »stand der Krieg gegen die Vereinigten Staaten von Amerika für einen späteren Zeitpunkt auf dem militärischen Programm. Dies ist aus einer Urkunde zu erkennen, die wir in den Akten der deutschen Luftwaffe erbeutet haben. Das Memorandum trägt das Datum des 29. Oktober 1940, und ich werde den fünften Absatz zitieren: ›Den Führer beschäftigt im Hinblick auf eine spätere Kriegsführung gegen Amerika die Frage der Besetzung der Atlantischen Inseln. Seitens der Luftwaffe ist eine kurze Beurteilung über die Möglichkeit der Inbesitznahme von Flugstützpunkten sowie deren Halten und die Frage der Versorgung notwendig.‹

Im Juli 1941, in der ersten Begeisterung über seine Anfangserfolge gegen die Sowjetunion, unterzeichnete der Führer einen Befehl für weitere Vorbereitungen zu einem Angriff auf die Vereinigten Staaten. Dieser Geheimbefehl ist in den Akten der deutschen Kriegsmarine gefunden worden. Ich lese: ›Auf Grund der angekündigten Absichten für die künftige Kriegführung gebe ich folgende Richtlinien: Die militärische Beherrschung des europäischen Raumes nach der Niederwerfung Rußlands erlaubt es, den Umfang des Heeres demnächst wesentlich zu verringern. Im Rahmen der herabgesetzten Heeresstärke wird die Panzerwaffe eine starke Vermehrung erfahren. Die Rüstung der Kriegsmarine ist auf diejenigen Maßnahmen zu begrenzen, die unmittelbar der Kriegführung gegen England und eintretendenfalls gegen Amerika dienen.‹«

Schon fünf Monate später, am 11. Dezember 1941, macht Hitler seine Ankündigung wahr: Deutschland erklärt den Vereinigten Staaten den Krieg!

Doch wie anders sehen nun die Voraussetzungen aus. Weder die Sowjetunion noch Großbritannien sind zuvor besiegt worden – im Gegenteil: die britische Luftüberlegenheit macht sich nun auch auf dem Kontinent empfindlich bemerkbar, und im Osten ist der deutsche Angriff vor Moskau hoffnungslos steckengeblieben. Außerdem erweist sich der Schlag Japans gegen die amerikanische Flotte in Pearl Harbour vom 7. Dezember 1941 – der Hitler den Mut zu seiner Kriegserklärung gab – als keineswegs tödlich. Auf dem afrikanischen Kriegsschauplatz müssen die italienischen und deutschen Truppen den vorstürmenden Engländern weichen. Die Wende zeichnet sich ab.

Der Nürnberger Gerichtshof hat sich nicht mit den weiteren Phasen des Zweiten Weltkrieges beschäftigt: sie sind geschichtsbekannt und bildeten keinen Gegenstand der Beweisaufnahme. Dagegen ist vieles, was hinter den Fronten geschah und befohlen wurde, in den Anklagekomplexen *Kriegsverbrechen* und *Verbrechen gegen die Menschlichkeit* vor dem Tribunal zur Sprache gekommen und hat sich – durch Dokumente und Zeugenaussagen unwiderlegbar erhärtet – zu einem der schrecklichsten Bilder in der Geschichte der Menschheit verdichtet.